historia y cultura

Dirigida por Luis Alberto Romero

LATINOAMÉRICA
LAS CIUDADES
Y LAS IDEAS

josé luis romero

grupo editorial
siglo veintiuno

siglo xxi editores, méxico
CERRO DEL AGUA 248, ROMERO DE TERREROS
04310 MÉXICO, D.F.
www.sigloxxieditores.com.mx

siglo xxi editores, argentina
GUATEMALA 4824, C1425BUP
BUENOS AIRES, ARGENTINA
www.sigloxxieditores.com.ar

salto de página
ALMAGRO 38
28010 MADRID, ESPAÑA
www.saltodepagina.com

biblioteca nueva
ALMAGRO 38
28010 MADRID, ESPAÑA
www.bibliotecanueva.es

anthropos
DIPUTACIÓN 266, BAJOS
08007 BARCELONA, ESPAÑA
www.anthropos-editorial.com

Romero, José Luis
 Latinoamérica: Las ciudades y las ideas.- 3ª ed. 2ª reimpr.- Buenos Aires: Siglo Veintiuno Editores, 2014.
 416 p.; 21x14 cm.- (Historia y cultura // dirigida por Luis Alberto Romero)

 ISBN 978-987-629-152-1

 1. Sociología de la cultura I. Título
 CDD 306

© Herederos de José Luis Romero

© 2001, Siglo Veintiuno Editores Argentina S.A.

Diseño de portada: Peter Tjebbes

ISBN 978-987-629-152-1

Impreso en Artes Gráficas Delsur // Almirante Solier 2450, Avellaneda
en el mes de marzo de 2014

Hecho el depósito que marca la ley 11.723
Impreso en Argentina // Made in Argentina

ÍNDICE

PRÓLOGO, *por* LUIS ALBERTO ROMERO   I

INTRODUCCIÓN   9

1. LATINOAMÉRICA EN LA EXPANSIÓN EUROPEA   21
   1. La primera expansión europea hacia la periferia, 22; 2. El papel de las ciudades en la expansión hacia la periferia, 27; 3. Actitudes señoriales y actitudes burguesas, 29; 4. El ajuste de la sociedad feudoburguesa, 31; 5. La segunda expansión europea hacia la periferia, 34; 6. Las sociedades que crearon los imperios, 38

2. EL CICLO DE LAS FUNDACIONES   45
   1. Las ciudades y las funciones preestablecidas, 47; 2. Los grupos urbanos originarios, 57; 3. El acto fundacional, 61; 4. La mentalidad fundadora, 64

3. LAS CIUDADES HIDALGAS DE INDIAS   69
   1. La formación de una sociedad barroca, 73; 2. Los procesos políticos, 80; 3. Hidalguía y estilo de vida, 84; 4. De la traza desnuda a la ciudad edificada, 99; 5. De la mentalidad conquistadora a la mentalidad hidalga, 108

4. LAS CIUDADES CRIOLLAS   119
   1. Vieja y nueva economía, 121; 2. Una sociedad criolla, 123; 3. La nueva fisonomía urbana, 137; 4. Reformas y revoluciones, 150; 5. Las burguesías criollas: ilustración y cambio, 159

5. LAS CIUDADES PATRICIAS   173
   1. La ciudad y el campo, 176; 2. Burguesías y patriciados, 197; 3. La lucha por las ideologías, 205; 4. Vista de la ciudad, 217; 5. Una convivencia acriollada, 227

6. LAS CIUDADES BURGUESAS   247
   1. Transformaciones o estancamiento, 250; 2. La movilidad de las sociedades urbanas, 259; 3. El ejemplo de Haussmann, 274; 4. La cotidiana imitación de Europa, 283; 5. Tensiones y enfrentamientos, 300; 6. El apogeo de la mentalidad burguesa, 307

7. LAS CIUDADES MASIFICADAS 319
1. La explosión urbana, 322; 2. Una sociedad escindida, 331; 3. Metrópolis y rancherías, 349; 4. Masificación y estilo de vida, 363; 5. Masificación e ideología, 378

ÍNDICE DE AUTORES CITADOS 391

A María Luz, María Sol y Luis Alberto

PRÓLOGO

En junio de 1976, dos meses después del golpe que inició en la Argentina la más reciente y sangrienta dictadura militar, apareció en Buenos Aires la primera edición de *Latinoamérica: las ciudades y las ideas*, de José Luis Romero. La editorial que lo publicó, Siglo Veintiuno Argentina, acababa de ser allanada por los militares; varios de sus directivos fueron puestos en prisión y otros abandonaron el país, y finalmente la editorial fue cerrada. En septiembre de 1976 apareció en México una segunda edición. En diciembre de ese mismo año apareció el libro *Conversaciones con José Luis Romero*, un conjunto de entrevistas realizadas un par de meses antes por el historiador Félix Luna; el editor del libro, el periodista Jacobo Timerman, "desapareció" unos meses después, víctima de la represión militar. Pese al clima opresivo, mi padre esperó con muchas expectativas ambas publicaciones: pensaba que, en el duro ciclo que se iniciaba, su palabra y su presencia podían ayudar a salvar algo de lo mucho que empezaba a ser destruido. Pocos meses después, en marzo de 1977, murió imprevistamente, en Tokio, durante una reunión de la Universidad de las Naciones Unidas. Faltaban pocos días para que cumpliera 68 años.

La repercusión inicial de *Latinoamérica: las ciudades y las ideas* fue escasa. En la Argentina, las aulas universitarias estaban vacías y quienes podían leerlo con interés estaban muertos, exiliados o encerrados en sus casas. Tampoco interesó al mundo académico internacional: prácticamente no hubo comentarios en los *Journal*, quizá porque el libro no seguía los cánones formales, no tenía citas a pie de página ni recogía las "cuestiones en debate". El libro fue conociéndose lentamente: Tulio Halperín-Donghi señaló su calidad excepcional; Richard Morse, Jorge Enrique Hardoy, Ángel Rama y Leopoldo Zea lo hicieron leer a sus alumnos, y Rafael Gutiérrez Girardot emprendió una tarea casi misional de difusión, que remató años después en una edición clandestina, realizada en Medellín por un grupo de alumnos suyos, ávidos lectores que no podían acceder a un ejemplar de una obra casi recóndita. Poco a poco el libro hizo su camino: por gestión de Ruggiero Romano se tradujo en Italia, y por la de Juan Carlos Torchia Estrada en Estados Unidos; luego se reeditó en Colombia y ahora llega a Brasil, por el empeño de otro de los buenos y fieles lectores, el profesor Afonso Carlos Marques dos Santos. En buena hora. *Latinoamérica: las ciudades y las ideas* no sólo es una interpretación sugerente de la historia de América Latina, sino también una de las obras más logradas de un historiador notable y singular.

El joven historiador

José Luis Romero nació en Buenos Aires en 1909. Sus padres y sus siete hermanos eran españoles, recién llegados a la Argentina. Unos años después murió el padre, y "el niño" quedó a cargo del hermano mayor. Francisco Romero era militar, ingeniero, y también uno de los más notables filósofos de la Argentina; transmitió a José Luis el gusto por la historia, las novelas, la filosofía y el *meccano*, un juego de piezas metálicas con el que podían construirse puentes, barcos o casas. Juntos frecuentaban a Alfredo Palacios, el conocido político socialista, que vivía muy cerca de la casa familiar, en el viejo Palermo. En la adolescencia José Luis, que estudió en la Escuela Normal "Mariano Acosta", agregó un nuevo entretenimiento, el boxeo, y desarrolló un físico vigoroso y compacto. A los veinte años era un apasionado de la música moderna —que trajo a Buenos Aires Ernest Ansermet–, la ópera y la pintura; con dos amigos, Horacio Coppola y Jorge Romero Brest —que habrían de ser un excepcional fotógrafo y un notable crítico de arte–, editó en 1929 una revista de humanidades, arte y literatura, *Clave de Sol*.

Por entonces Francisco —que se había retirado del Ejército y era profesor en la Universidad de La Plata— lo llevó allí para estudiar historia. No se entusiasmó demasiado con sus profesores, cultores del documentalismo erudito, salvo con Pascual Guaglianone, orientalista, humanista y algo anarquista. Con él, y luego con Clemente Ricci en Buenos Aires, se orientó hacia la historia antigua y se doctoró finalmente en 1939 con una tesis sobre los Gracos y la crisis de la república romana. Por entonces, La Plata tenía una intensa vida intelectual, en la que brillaba Alejandro Korn, filósofo, maestro de su hermano, y en torno a él, un amplio círculo de jóvenes intelectuales, partidarios de la reforma universitaria y del socialismo. Allí, José Luis trabó amistad con Arnaldo Orfila Reynal —luego fundador de Siglo XXI Editores—, y se convirtió en discípulo de don Pedro Henríquez Ureña, destacado intelectual y humanista dominicano, de quien recibió, en los bisemanales viajes en tren a La Plata, las más variadas lecciones sobre las humanidades y la vida.

Francisco Romero y Pedro Henríquez Ureña fueron los dos maestros reconocidos por el joven historiador, que en 1933 se casó con una platense graduada en filosofía, Teresa Basso. A fines de 1935 la pareja emprendió un largo viaje por Europa: en el barco, José Luis escuchó a la soprano Claudia Muzio, una de sus pasiones, que cantó para los pasajeros; en París trató con todo el mundo intelectual y político, incluyendo al socialista Léon Blum; allí, en Alemania, en Bélgica, en Inglaterra y en España, empezó a tomar contacto con lo que sería su gran tema de estudio: la cultura occidental. A poco de regresar, pronunció en la Universidad de Santa Fe una conferencia sobre "La formación histórica", que hoy puede leerse en uno de sus libros, *La vida histórica*. Como ha subrayado Tulio Halperín-Donghi, el joven de 27 años formula allí su proyecto completo de historiador, que desarrolló casi puntualmente a lo largo de los cuarenta años siguientes.

El proyecto

El proyecto consistía en el estudio del "mundo occidental": el núcleo originario, constituido en el rincón del Imperio romano en disgregación, y las áreas incorporadas durante sus sucesivas expansiones, desde la inicial del siglo XI, con las Cruzadas, hasta la más reciente del siglo XIX y XX. La del siglo XVI incluyó en la órbita del mundo occidental a Latinoamérica y la Argentina, y las hizo parte de ese proceso, con muchos rasgos comunes y otros tantos específicos: en un juego de iluminaciones recíprocas, estudiar el núcleo europeo central permitía entender lo argentino y latinoamericano, y a la inversa.

El núcleo inicial se constituyó en la crisis del Imperio romano, recogiendo y reelaborando los legados del mundo clásico, del germano y del cristianismo para dar origen a algo nuevo: el mundo occidental. Al adoptar esta periodización, José Luis Romero también trazaba una línea entre su período inicial de historiador de la antigüedad grecorromana y este nuevo, en el que durante mucho tiempo se definió como medievalista, antes de identificarse como historiador de las burguesías y el mundo urbano.

En la llamada Edad Media distinguió el largo proceso de conformación, estabilización y ordenamiento del mundo feudal —el "orden cristiano feudal"—, y un nuevo proceso de génesis, crisis y "revolución": el surgimiento del mundo burgués, en las nuevas o renacidas ciudades amuralladas, la formación de una sociedad profana y de una mentalidad disidente respecto del orden cristiano feudal. En el momento inicial de la emergencia —tal es el sentido que asignaba a esa "revolución"— seguía el largo proceso de acomodamiento de lo viejo y lo nuevo en el marco de la sociedad feudoburguesa y de los estados absolutistas luego, donde la nueva mentalidad —eje central de las preocupaciones de José Luis Romero— permanecía latente o "encubierta".

La tercera crisis de transformación que estudió cubre el siglo XVIII y culmina con el triunfo pleno en el núcleo europeo, del mundo burgués y capitalista y de la nueva mentalidad, que se formula en términos claros y distintos con la Ilustración y el liberalismo: humanismo, sociedad contractual, voluntad popular, ciencia empírica y legal, en un arco que une a Goethe con Darwin. La última crisis, que correspondía ya a su experiencia personal, era la del mundo burgués, anunciada por el romanticismo y desencadenada con el fin de la primera guerra mundial. En medio de la caducidad de muchos valores del mundo burgués, el socialismo aparecía como una alternativa que, antes que negarlos, los llevaba hasta sus últimas consecuencias.

Junto con este proyecto de investigación y de interpretación, al que sería fiel durante los cuatro decenios siguientes, el joven José Luis Romero formulaba en 1937 las bases de una teoría de su objeto de estudio, la "vida histórica", que a su juicio debía tener una entidad epistemológica similar a la de "naturaleza" en el mundo de las ciencias naturales. Es posible reconocer allí la influencia de muchas lecturas: Dilthey, Weber, Simmel, Marx, Durkheim, Cassirer, Ortega y Gasset, así como muchos historiadores, de Huizinga a Bloch o Curtius. Pero sobre todo era una teoría "empírica", nutrida en la experiencia del historiador. En ella se subrayaba el carácter total de la realidad histórica, a la que en principio no era ajena ninguna experiencia humana. José Luis Romero llamó "cultura" a ese ámbito de integración, y se definió como un historiador de la cultura. Luego señaló su complejidad, su organización en diversas instancias, y sobre todo la peculiar dialéctica, que constituía el meollo de la vida histórica, entre lo que llamaba el "orden fáctico" y el "potencial", entre el proceso creador y lo creado, entre la realidad, siempre cambiante, y las distintas imágenes que los actores construyen de ella.

A diferencia de las restantes ciencias sociales, que atienden sobre todo a lo creado —estructuras, instituciones, formas de organización—, y por ello desarrollan un enfoque sistemático, la historia en cambio debía hincar en la vida histórica misma, en la permanente construcción y reconstrucción de esos sistemas. Su concepción era absoluta y radicalmente historicista. Quizá por eso le apasionaba, sobre todo, el momento de la creación. Historiador de las crisis —desde la crisis de la República romana hasta la crisis del mundo burgués—, perseguía en cada una de ellas —ha señalado Ruggiero Romano— el instante de la emergencia de lo nuevo por entre los resquicios del mundo constituido, el momento de tensión entre lo creado, consolidado en estructuras irrevocables, y el impulso creador de la acción humana.

Aunque hacía del rigor la base misma de su tarea profesional, José Luis Romero no compartía la confianza en una supuesta objetividad, que era por aquel tiempo —mucha agua ha corrido desde entonces— habitual entre los historiadores. Sumergida en la vida histórica, la ciencia histórica no podía aspirar a un conocimiento objetivo de acuerdo con el paradigma de las ciencias naturales. El rigor es condición necesaria del saber histórico, tanto en la búsqueda de datos como en su análisis, pero la comprensión implica necesariamente una dosis de subjetividad y compromiso, implícita en toda conciencia histórica.

José Luis Romero empezó a buscar esta clave en el análisis del pensamiento historiográfico, atendiendo principalmente a las cambiantes modalidades de la conciencia histórica. Saber histórico, de los profesionales, y conciencia histórica, de la sociedad, conviven en un productivo conflicto. La conciencia histórica, más o menos sustentada en un saber riguroso, es la que da al sujeto histórico —un grupo, una clase, un pueblo— las respuestas acerca del mundo en que vive, de su propia identidad y también del futuro por construir, pues percibir la historicidad de la realidad y descubrir sus tendencias constituía para José Luis Romero el paso inicial de la acción —la inexcusable acción, solía decir— con la que el futuro se moldearía. De esa convicción acerca de la capacidad de los hombres para construir su futuro– aún sin saber exactamente cómo lo hacen– surgía su radical optimismo acerca de la inteligibilidad del proceso histórico y de su sentido mismo.

El trabajo de un artesano

Ruggiero Romano decía que la gente común tiene muchas ideas, y las cambia con facilidad; los "pequeños maestros" tienen cinco o seis ideas en su vida, y los grandes maestros una sola. José Luis Romero fue historiador de una idea, que desarrolló, profundizó y enriqueció a lo largo de toda su vida. Desde principios del decenio de 1940, comenzó a desarrollar su programa. Alternando estudios monográficos sobre la historia medieval –aprovechando la presencia y las enseñanzas del notable historiador español Claudio Sánchez de Albornoz, exiliado en Buenos Aires–, con algunas obras de síntesis: *El ciclo de la revolución contemporánea*, de 1948, *La Edad Media*, de 1950, y *La cultura occidental*, de 1953. A través de monografías sobre distintos historiadores, y sobre todo en su libro *De Herodoto a Polibio*, de 1952, sobre historiografía griega, desarrolló y afinó su idea sobre la vida histórica. También comenzó a incursionar en la historia argentina y latinoamericana, y en 1946 publicó uno de sus libros clásicos: *Las ideas políticas en la Argentina*.

Artículos o libros, a menudo encargados, eran en su proyecto general las piezas de un rompecabezas. Éste fue madurando en su primera gran obra, *La revolución burguesa en el mundo feudal*, un estudio sobre los orígenes de la burguesía y las nuevas mentalidades entre los siglos XI y XIV. Comenzó a trabajar en ella hacia 1950 y la concluyó en 1967; a lo largo de esos años escribió muchas otras cosas, y tuvo activa participación en cuestiones públicas, pero en ningún momento dejó de avanzar en un trabajo donde el extremo rigor profesional se combinaba con el desarrollo del gran proyecto trazado en su juventud.

En 1967, casi llegando a los sesenta años, ya retirado como profesor universitario, y en su plenitud intelectual, trazó un plan para aprovechar los veinte años de vida útil que esperaba todavía tener. En primer lugar, continuar el camino, iniciado con *La revolución burguesa en el mundo feudal*, con otros tres libros que completaran la saga del mundo burgués hasta el siglo XX. Luego, un libro sobre

América Latina centrado en las ciudades y el mundo urbano y otro sobre ciudades europeas. Finalmente, dos libros de índole teórica: una "Estructura histórica del mundo urbano" y una "Vida histórica". A principios de 1977 había publicado *Latinoamérica: las ciudades y las ideas* y casi había concluido *Crisis y orden en el mundo feudoburgués*, una obra publicada luego de su muerte, que desarrollaba los temas de *La revolución burguesa* hasta mediados del siglo XVI. Los otros libros estaban en distinto grado de desarrollo —a *La vida histórica* sólo le faltaba la redacción—, pero por lo que recuerdo, todo estaba ya en su cabeza, claro y distinto. Trabajaba en ellos con un estilo artesanal, que era el adecuado tanto para su personalidad como para las circunstancias profesionales en que le tocó vivir.

Tulio Halperín-Donghi ha señalado su situación casi constitutivamente marginal en el medio historiográfico argentino. Europeísta, interesado en la historia de la cultura y de las ideas, era mirado por sus colegas argentinos, eruditos documentalistas, más como un "filósofo" que como un historiador. En términos profesionales, casi nunca tuvo un empleo estable. Cuando todavía no tenía un lugar permanente en la universidad, fue separado de ella en 1945, al producirse el advenimiento del peronismo. Poco después consiguió un puesto en la Universidad de la República, en Uruguay, y viajó semanalmente a Montevideo hasta 1953, cuando el gobierno peronista prohibió estos viajes. Luego de la caída de Perón en 1955, fue designado en 1958 profesor de la Facultad de Filosofía y Letras de la Universidad de Buenos Aires y organizó el Centro de Estudios de Historia Social. Fue el único período de normalidad profesional que conoció, aunque estuvo afectado por su designación como decano de la Facultad, entre 1962 y 1965. Ese año renunció al cargo de decano y al de profesor, se jubiló y se concentró en su casa de Adrogué, donde vivíamos desde 1948, y en su escritorio.

En realidad, toda su vida de historiador se desarrolló en ese escritorio, con una ventana al jardín, donde trabajaba con método y disciplina. Visto a la distancia, me asombra la relación entre la vastedad de su proyecto, casi desmesurado, y la precariedad de sus medios. Pero encontró una forma de combinar ambas circunstancias. Carente de buenas bibliotecas —las bibliotecas públicas, como muchas otras cosas, entraron en decadencia en la Argentina luego de 1930—, fue armando la suya, que era todo lo buena que puede ser una biblioteca particular, y se acostumbró a arreglarse con lo que estaba al alcance de su mano. Desde su juventud, tenía bien leída toda la filosofía, toda la literatura y los clásicos de la historiografía. Luego, en sus viajes se proveía de libros nuevos; progresivamente se fue desinteresando por las novedades, a medida que sus ideas iban cobrando forma y lo absorbían, y no se interesaba por las discusiones académicas ni las "cuestiones" en debate. Recuerdo el espanto de un joven historiador, que lo frecuentaba, al enterarse de que mi padre no se preocupaba por las revistas académicas.

En cambio, lo obsesionaba la información, los datos y referencias que le permitían desarrollar y dar forma a sus ideas. Poseía una buena colección de fuentes éditas sobre el período medieval, muchas de ellas microfilmadas durante una estadía en la Widener Library de Harvard, en 1950. Dispuesto a arreglarse con lo que tenía a mano, organizó un vasto archivo de recortes, ordenado según los temas de los libros que pensaba escribir. A medida que las ciudades y el mundo urbano fueron convirtiéndose en el centro de sus preocupaciones, agregó a eso una amplia y heterogénea colección de planos y de imágenes de ciudades. En los últimos años, recurría permanentemente a un diccionario Larousse en diez volúmenes, editado en el siglo XIX.

Pero en realidad, para José Luis Romero todo lo que formaba parte de su experiencia era una "fuente", no sólo porque sabía qué es lo que buscaba sino porque había desarrollado un talento especial para exprimir cada cosa y sacarle el jugo adecuado para alimentar su proyecto. Yo diría que estaba interrogando al mundo permanentemente. La literatura, en primer lugar, desde Dante hasta una película o una novela policial, leída en una noche de insomnio, pero en la que aparecían marcadas las referencias a los barrios bajos de Nueva York o Chicago. Las ciudades luego: viajó mucho, por Europa y por América Latina, recorrió palmo a palmo más de cien ciudades —las tenía listadas— y las exprimió literalmente, ayudado por las Guías Michelin, que le resultaban tan útiles como el Larousse: información pura, sin ideas.

Nada ilustra mejor este formidable emprendimiento heurístico, mantenido desde el principio hasta el fin de cada día, que su relación con los amigos y conocidos. Mi padre era muy sociable, disfrutaba conversando y encantaba a quienes lo oían. Pero escuchaba atentamente, a la gente más diversa, y tomaba nota de formas de pensar, valorar o expresar, que —me doy cuenta ahora— iba ubicando en sus casilleros. Recuerdo sobre todo las largas conversaciones con dos albañiles, italianos y comunistas, que hacían arreglos en la casa de Adrogué, y con otros dos, italianos y fascistas, que construyeron la casa de Pinamar, junto al mar, donde pasaba buena parte de su tiempo. También recuerdo una ficha, de las no muchas que usó para escribir *Latinoamérica*, en la que decía simplemente "Prudencio"; le pregunté para qué le podía servir eso y me explicó que se trataba del filósofo boliviano Roberto Prudencio, con quien había compartido una larga espera en un aeropuerto. Allí, botella de whisky de por medio, Prudencio le había expuesto sus ideas sobre América Latina, que mi padre me explicó detenidamente, o al menos la parte de ellas que le había interesado para entender lo que le preocupaba.

Su pericia de historiador transformaba este conjunto disparejo y heterogéneo de información en historia de primera calidad. Partía de una idea general y la desarrollaba en sucesivos esquemas, desagregándola en partes y subpartes; a la vez, agregaba a los esquemas provisionales los datos y referencias concretos —un nombre, una ciudad, una obra, una práctica social— que iluminaban y daban sustancia al pensamiento en desarrollo. Hacía y rehacía los esquemas, con "obstinado rigor", su fórmula favorita para caracterizar el oficio de historiador. Gradualmente se iban desarrollando, hasta que la realidad había sido desmenuzada en su partícula más elemental. Entonces estaba listo para escribir.

Lo hacía con gran disciplina, sin desbordes, calculando exactamente cuánto quería desarrollar cada punto. Con ese rigor extremo, lograba en el acto de escribir el pequeño milagro de recuperar la "vida histórica" en toda su vitalidad. Creo que había otro milagro, que se puede apreciar muy bien en *Latinoamérica*: escribir con extraordinaria claridad, precisión y elegancia, y a la vez desarrollar ideas extremadamente complejas, de esas que sólo se van revelando en lecturas sucesivas.

En suma, el trabajo de un artesano. José Luis Romero lo era en otro sentido también: en sus descansos del trabajo intelectual era carpintero y jardinero, o más exactamente parquista (alternativa: diseñador de parques). No era especialmente hábil o fino en su trabajo: la carpintería era de tornillo y algo de encastre; no se desvivía por las flores, sino más bien por los árboles, los cercos y los macizos de plantas. Pero todo era vigoroso, sólido y de perfil definido. Desde 1948 arregló sistemáticamente su casa de Adrogué y en 1958 construyó la de Pinamar. Entonces —no tenía dinero para comprar muebles— fabricó el mobiliario básico —cinco camas, dos mesas, varios bancos y lámparas– con un diseño modular que se parecía al *meccano* de la infancia. Frecuentemente había en su escritorio diseños de estos muebles, concebidos en las pausas de su tarea, con la misma precisión analítica de sus trabajos de historiador. La casa de Pinamar estaba en la punta de un médano, que durante los veranos él transformó en un parque. Con un instrumental mínimo: una pala, un rastrillo y una carretilla construida con un viejo triciclo, y ayudado a veces por un hijo no muy predispuesto, movió masas enormes de arena, fabricó declives y terrazas, fijó médanos, plantó, sembró y regó. Y luego, descansó.

Aquí también desarrolló un "gran proyecto", siempre inconcluso: terrazas, caminos, cercos, una fuente y muchos lugares para sentarse por la tarde —trabajaba sólo de mañana—, a fumar su pipa, tomar su whisky, mirar, planear lo que haría al día siguiente, y también pensar en la historia. Un día leí su explicación sobre la manera en que la mentalidad burguesa elabora, en los siglos medievales, una nueva relación entre el hombre y la naturaleza: el distanciamiento del medio natural, su transformación en paisaje ordenado y racional, la contemplación y el disfrute estético, desde una ventana o una terraza, su fijación en un cuadro, desde Giotto a Corot. Entonces me di cuenta de que jamás dejaba de pensar en la historia, de integrar permanentemente lo que hacía, lo que veía o lo que leía, dentro de una única, inmensa y variada explicación.

El historiador militante

Esa explicación llegaba con naturalidad hasta el presente, pues José Luis Romero estaba vitalmente convencido no sólo de poder explicarlo desde la historia sino de que la legitimidad misma del trabajo del historiador residía en la posibilidad de decir algo sobre el presente. Algunos de sus últimos textos se refieren a fenómenos culturales contemporáneos, como el disconformismo, o a los problemas de la Argentina de 1975, como el capítulo agregado a la última edición de *Las ideas políticas en la Argentina* o un breve artículo, "Antes de disgregarnos", donde examina la coyuntura argentina a la luz de toda la historia anterior. Esto era algo más que una postura intelectual. José Luis Romero solía definirse como un ciudadano, comprometido con un proyecto para la sociedad, donde se potenciaban algunas de las líneas de desarrollo que el historiador percibía. Era socialista, porque estaba convencido de que el socialismo implicaba la realización plena de los valores de la cultura occidental —la libertad, la igualdad, el humanismo— y actuó en consecuencia. En esas ocasiones, el rigor reflexivo dejaba paso a la acción, y allí reaparecía el artesano, seguro de sus manos, y también el boxeador juvenil, convencido de poder responder por sus opiniones con el cuerpo, si era necesario.

Fue un militante, pero de coyuntura, cuando creyó que había algo importante en juego merecedor del sacrificio de las horas de trabajo en su escritorio. De joven fue reformista y socialista; probablemente adquirió sus convicciones frecuentando el círculo de Alejandro Korn, y las reforzó la amistad con Arnaldo Orfila Reynal; con él compartió el escaso entusiasmo por la dirigencia del Partido Socialista, encabezada por entonces por Nicolás Repetto. De ahí que su simpatía socialista no se tradujera en militancia ni siquiera en afiliación. Similares reservas le producía el comunismo, por entonces en boga en su ambiente y entre sus amigos, ante el que tenía sentimientos encontrados. Se negaba a identificar su socialismo con el stalinismo, pero también se negaba a alinearse en el pujante mundo del anticomunismo.

En 1945 decidió que había llegado la hora del compromiso y se afilió al Partido Socialista. En 1946 finalizó su libro *Las ideas políticas en Argentina* con un epílogo que abría un intento de comprensión del peronismo, distinguiendo al dirigente, de las masas que lo apoyaban. En el mismo sentido, escribió el editorial de uno de los números de *El Iniciador*, el periódico que editaba Orfila y que se enfrentaba con la posición oficial del Partido Socialista, categóricamente antiperonista. La clave de sus ideas de entonces se encuentra en *El ciclo de la revolución contemporánea*, de 1948: refiriéndose genéricamente al fascismo hace la misma distinción entre dirigentes y masas y utiliza el argumento de las "astucias de la razón" para explicar cómo esos movimientos —y no vaciló en calificar al peronismo de "fascismo"— contribuían por caminos laterales al avance del socialismo.

En 1955, con la caída de Perón, comenzó un decenio de activa militancia. Ese año fue designado —por imposición del movimiento estudiantil— interventor de la Universidad de Buenos Aires y actuó con firmeza, y hasta con dureza, para desplazar a los sectores católicos integristas que habían dominado la Universidad durante el peronismo; en su breve gestión —apenas siete meses— puso en marcha el brillante experimento de la universidad reformista, que se desplegó hasta el golpe de Estado de 1966. En 1956, apenas dejado el rectorado, un grupo de jóvenes socialistas, deseosos de renovar el anquilosado partido, lo llevó a la militancia activa. Se trataba de abandonar el tradicional antiperonismo "gorila" y ofrecer una alternativa comprensiva y de izquierda para los trabajadores. José Luis Romero acompañó a Alfredo Palacios y Alicia Moreau de Justo en un emprendimiento que culminó en la ruptura con la dirigencia tradicional —Américo Ghioldi, Nicolás Repetto— y la división del partido. También acompañó a los jóvenes socialistas en el primer tramo de su radicalización, hasta 1962, cuando una parte de ellos optó por integrarse en el peronismo y otra parte eligió el camino de la lucha armada.

En 1962 precisamente fue designado decano de la Facultad de Filosofía y Letras y pudo contribuir con eficacia al proyecto de la moderna Universidad reformista, rigurosa y actualizada. A la vez, vivió desde su cargo los primeros episodios de la radicalización estudiantil, que culminaría en los setenta. José Luis Romero ya pertenecía al género de los "maestros de juventudes", respetado por su autoridad intelectual y también personal: con frecuencia debió poner literalmente el cuerpo para evitar el desborde de los activistas; a la vez, tenía que enfrentar a los sectores más tradicionales y reaccionarios, que reclamaban la intervención de la díscola Facultad, para acabar con la "subversión". José Luis Romero representaba en ese momento el equilibrio inestable entre modernización científica y cultural y radicalismo político, que habría de romperse luego de 1966. En 1965 percibió ese final inevitable; entonces decidió renunciar y volver a su escritorio.

Junto con esta militancia política coyuntural, José Luis Romero practicó la militancia cultural, de manera sistemática e ininterrumpida. En el decenio de 1940 participó activamente en el Colegio Libre de Estudios Superiores, una suerte de Universidad paralela, y hacia 1950, como profesor de la Universidad de la República, organizó un grupo dinámico y renovador dedicado a la "historia de la cultura". En 1953 fundó *Imago Mundi. Revista de historia de la cultura*. Allí reunió a lo mejor del mundo intelectual por entonces excluido de la Universidad —comenzando por su hermano Francisco— y a un grupo más joven, que tenía vínculos con otra revista alternativa: *Contorno*. El propósito, ajustado a su proyecto de historiador, era contribuir desde Buenos Aires a la discusión de la historia de la cultura del mundo occidental, en sus más diversas expresiones. Pero a la vez, el grupo comenzó a constituirse como una alternativa en el campo cultural, preparada para el fin del peronismo, y de hecho la mayoría de sus miembros acompañó a José Luis Romero en su experiencia universitaria de 1955.

En 1958 ingresó en la Facultad de Filosofía y Letras y creó una cátedra nueva: Historia Social, a la que pronto se adosó un centro de estudios. Lo rodeó un grupo de jóvenes historiadores, y otros que venían de campos afines —la sociología, la literatura, la filosofía, la economía—, atraídos por la perspectiva integradora de la historia social. Simultáneamente, Gino Germani organizaba la carrera de Sociología, y entre ambos grupos surgieron estrechas relaciones materializadas en un proyecto de investigación sobre el impacto de la inmigración masiva, un tema que José Luis Romero había propuesto como crucial para comprender la "Argentina moderna".

"Historia social", es decir, la gente de la cátedra y el centro de estudios, se convirtió en un poderoso núcleo de transformación del campo historiográfico argentino, y de las ciencias sociales en general, al punto que la fórmula "Historia social" —en rigor, un nombre ocasional, que José Luis Romero hubiera con gusto cambiado por Historia de la cultura— se convirtió en sinónimo de nueva historia. Allí se entrecruzaron las influencias de la Escuela de los *Annales*, las de la sociología norteamericana, la nueva historia económica, influidas por las ideas del desarrollo y modernización, y el marxismo, en boga entre los más jóvenes.

En su curso de Historia Social General, José Luis Romero terminó de dar forma a su propuesta de interpretación del proceso histórico de la cultura occidental, y en seminarios reducidos, dirigidos a jóvenes investigadores, supo abrir panoramas, proponer temas y perspectivas y enseñar a interrogar a las fuentes —las más diversas fuentes, según su experiencia— ayudando a cada uno a encontrar su tema y su camino. No fue un patrón —de esos con "discípulos", un poco amanuenses, un poco escuderos, como se estilaba por entonces— sino un maestro.

Aunque era respetado, en realidad, la mayoría marchaba por entonces por un camino intelectual distinto. José Luis Romero no era un seguidor acrítico de *Annales*, y sus coincidencias con algunos de los historiadores franceses, con quienes dialogaba de igual a igual, eran el resultado de trayectorias independientes. Tampoco era un devoto de la historia económica, ni "marxista", en los términos en que por entonces se entendía esto. Sus preocupaciones por la historia de la cultura parecían a muchos cosa del pasado, superado por las sólidas verdades de la historia económica y de un marxismo duro y dogmático. Entre los estudiantes y jóvenes graduados, y aun entre quienes podrían llamarse sus discípulos, era común preguntarse si José Luis Romero era "marxista" —una pregunta por entonces decisiva—, y la respuesta solía ser negativa: quienes le reprochaban no comprometerse suficientemente en la trayectoria del grupo socialista más radicalizado, criticaban su manera de hacer historia, poco economicista, escasamente determinista, poco atenta a los modos de producción y demasiado preocupada por cuestiones superestructurales. Esto también contribuyó a su alejamiento de la Universidad en 1965.

Allí cerró un ciclo de militancia cultural que, sin embargo, no abandonó definitivamente, pues siguió dando cursos y conferencias, como lo había hecho toda su vida, por esa convicción, tan propia de los socialistas, acerca de la importancia de la divulgación cultural. Era un profesor cautivante, en cualquier lugar donde hablara: una clase de doscientos alumnos, un foro académico o una conferencia en el centro socialista de una pequeña ciudad. Sus clases tenían una combinación muy precisa de rigor y pasión, la misma que sus lectores encuentran hoy en sus libros. Esa notable capacidad puede percibirse en su libro *Estudio de la mentalidad burguesa*, que es la transcripción de uno de sus cursos y conserva mucho del sabor de la clase original. El desarrollo intelectual era impecable y la síntesis de problemas complejos era clara, precisa, aunque nunca banal. Además tenía la capacidad de relacionar y unir todo; sabía encontrar el registro de cada oyente y darle la referencia precisa —un hecho, una anécdota, una obra de arte, un edificio, un nombre— con la cual lo que estaba oyendo, así fuera el desarrollo de la escolástica en la Edad Media, se convertía en parte de su propia historia, y quien lo oía se sentía copartícipe de una apasionante aventura intelectual.

Pero además, lo que cautivaba al oírlo era descubrir —en una ceremonia casi mágica— que la historia tenía un sentido. Un sentido no metafísico sino humano, profano. En sus palabras, todos entendíamos que la acción humana avanzaba en la historia hacia ciertas metas, ciertos fines, que surgían del proceso mismo de la sociedad pero también —tensa combinación— de la elección del hombre, de sus valores. José Luis Romero estaba convencido de que la historia avanzaba hacia el socialismo, sólo que por caminos inescrutables, tales que suscitaban la admirada curiosidad del historiador, asombrado por la ingotable creación de la acción humana. En 1965 volvió a su escritorio y a su jardín. En la época que se iniciaba, de pasiones revolucionarias y de negra reacción, nadie lo consideró de los suyos, ni la izquierda, radicalizada y peronizada, ni por supuesto la derecha. Hacia 1970 comenzó a trabajar en *Latinoamérica*, que conocí, en su primera versión, a fines de 1974. Por entonces yo no seguía muy de cerca lo que mi padre estaba haciendo, y me sorprendí al ver el libro terminado; cuando lo leí quedé deslumbrado. Seguí descubriendo la enorme riqueza del libro después de su muerte; cuando lo utilicé como texto en clases o seminarios, fui encontrando —al igual que en sus otros libros— el planteamiento precursor de muchas cuestiones en boga en los ochenta y los noventa, y particularmente las relativas a los problemas culturales.

Latinoamérica: las ciudades y las ideas es un libro singular. Sin recoger específicamente ninguna de las discusiones académicas, participa de ellas y ofrece una respuesta original. En primer lugar, una interpretación de conjunto de ese objeto esquivo que es la historia de América Latina, a partir de una propuesta simple: la unidad del estímulo, derivada del hecho colonial, y la diversidad de las respuestas. La interpretación, que nace de las preocupaciones de su autor por la historia del mundo occidental, se apoya en las ciudades fundadas, primera materialización del dominio colonial, y proyección inicial en un nuevo continente de la sociedad feudoburguesa que lo conquistó. Apenas fundados, los núcleos originarios inician una compleja relación con la sociedad existente y con la que resulta del contacto: la tesis de Sarmiento aparece reformulada en torno de la tensión, conflicto e integración entre la ciudad y el campo, a lo largo de distintos momentos, desde la ciudad hidalga del siglo XVII hasta la ciudad de masas en el siglo XX.

En ese sentido, *Latinoamérica* ocupa un lugar clave dentro del proyecto historiográfico de José Luis Romero. Poco puede agregarse a lo que él ha sintetizado en la introducción. Pero además, es una exposición cabal, quizá la más lograda, de lo que entendía por el "punto de vista histórico cultural", una perspectiva que resulta de notable actualidad. En cada uno de los capítulos se recorren sistemáticamente las áreas principales de la vida histórica: la organización económica, la sociedad, el gobierno y la política; las formas de vida, las mentalidades y las ideologías. En cada caso, sin embargo, el orden es distinto, según el juego de las relaciones y las prioridades, pues lo que le preocupaba no era la taxonomía sino la articulación en un conjunto cuyo diseño total nunca se pierde de vista. Las más diversas cuestiones teóricas acerca de sujetos, prácticas, representaciones, dialécticas —que estaba sistematizando en *La vida histórica*–, aparecen aquí en obra. Pero se llega a ellas en una segunda lectura, analítica. La primera lectura, y también la última, muestra sin duda la vida histórica viviente: el cuadro bullente de la gente, tal como también se lo encuentra en muchas de las novelas que nutren este libro. A veces, me parece que escribía como Balzac, como Pérez Galdós o como Jorge Amado. Creo que la comparación le hubiera gustado.

LUIS ALBERTO ROMERO

INTRODUCCIÓN

Este libro intenta responder a la pregunta de cuál es el papel que las ciudades han cumplido en el proceso histórico latinoamericano. Diverso hasta parecer caótico, ese proceso tiene sin duda un hilo conductor. Seguramente es difícil hallarlo porque cierta homogeneidad originaria se ha desvanecido a lo largo de los profundos conflictos que se desencadenaron con las guerras de la Independencia. Pero ciertas constantes sugieren la posibilidad de que se halle oculto detrás de algunos de los factores que intervienen en el proceso. Para un historiador social no hay duda de que el camino que hay que seguir para encontrarlo es el que transitan las sociedades latinoamericanas a través de las singulares circunstancias en que se constituyen y de aquellas, múltiples y a veces oscuras, en que se opera su constante diferenciación. Y en ese camino, el papel que cumplen las ciudades —esto es, las sociedades urbanas y su densa creación— parece ofrecer alguna clave aprehensible en medio de un cuadro muy confuso.

Ciertamente, la ciudad no ha desempeñado el mismo papel en todas partes. Brasil constituye un caso extremo, en el que los procesos sociales y culturales pasan fundamentalmente por las áreas rurales durante los primeros siglos de la Colonia; y en menor medida ocurre lo mismo en algunos sectores del área hispánica, donde la presencia de las grandes haciendas nacidas del régimen de la encomienda asume caracteres predominantes. Pero aun en esas zonas las ciudades llegaron a alcanzar con el tiempo la significación que en otras áreas hispánicas tuvieron desde el comienzo mismo de la colonización, acaso porque Latinoamérica se había constituido a partir del siglo xvi como una proyección del mundo europeo, mercantil y burgués. Vigorosos centros de concentración de poder, las ciudades aseguraron la presencia de la cultura europea, dirigieron el proceso económico, y sobre todo, trazaron el perfil de las regiones sobre las que ejercían su influencia y, en conjunto, sobre toda el área latino-

americana. Fueron las sociedades urbanas las que cumplieron este papel, algunas desde el primer día de la ocupación de la tierra, y otras luego de un proceso en el que sometieron y conformaron la vida espontánea de las áreas rurales.
La historia de Latinoamérica, naturalmente, es urbana y rural. Pero si se persiguen las claves para la comprensión del desarrollo que conduce hasta su presente, parecería que es en sus ciudades, en el papel que cumplieron sus sociedades urbanas y las culturas que crearon, donde hay que buscarlas, puesto que el mundo rural fue el que se mantuvo más estable y las ciudades fueron las que desencadenaron los cambios partiendo tanto de los impactos externos que recibieron como de las ideologías que elaboraron con elementos propios y extraños. Esa búsqueda es la que se propone realizar este estudio que, en principio, es una historia pero que quiere ofrecer más de lo que habitualmente se le pide a la historia.
Sin duda, suele pedírsele a la historia sólo lo que puede ofrecer y dar la historia política: es una vieja y triste limitación tanto de los historiadores como de los curiosos que piden respuesta para el enigma de los hechos desarticulados. Pero este estudio se propone establecer y ordenar el proceso de la historia social y cultural de las ciudades latinoamericanas; y a esta historia puede pedírsele mucho más, precisamente porque es la que articula los hechos y descubre su trama profunda. Acaso en esa trama profunda estén las claves para la comprensión de la historia de las sociedades urbanas e, indirectamente, de la sociedad global.
Si en Brasil predominó durante cierto tiempo la sociedad eminentemente rural originariamente constituida, en el área hispánica la nueva sociedad fue, desde un principio, un conjunto de sociedades urbanas junto a las cuales las sociedades rurales se constituyeron como instrumentos económicos dependientes de las comunidades congregadas en las ciudades, cuyos sectores predominantes eran los beneficiarios de la explotación del mundo rural. Y no fue un designio arbitrario de España el poner el acento en ese tipo de sociedad: dependía de una concepción de la ciudad que tenía vieja tradición doctrinaria y que se había robustecido con la experiencia de los últimos cinco siglos que precedieron a la llegada de los conquistadores a América. La ciudad —en rigor, la sociedad urbana— era la forma más alta que podía alcanzar la vida humana, la forma "perfecta", según había sostenido Aristóteles y lo recordaba a mediados del siglo XVI fray Bartolomé de

INTRODUCCIÓN 11

las Casas en su *Apologética Historia Sumaria* con gran acopio de antecedentes paganos y cristianos. Y a ese ideal parecía tender el mundo mercantilista y burgués que era, cada vez más, un mundo de ciudades. Acaso por eso se acentuó en Latinoamérica la tendencia urbana que se dibujara desde la conquista, y que consiguió arrastrar finalmente a las áreas que habían nacido bajo otro signo.

En general, la América indígena fue un mundo predominantemente rural, y vastas áreas apenas conocieron la vida urbana. Hubo, ciertamente, en el ámbito de las culturas superiores, algunas grandes ciudades, como Tenochtitlán y Cuzco, y hubo numerosas ciudades menores, todas las cuales despertaron en distinta medida la admiración de los españoles, Cortés y Cieza de León ante todo. Y precisamente en la existencia de ciudades fundó las Casas su defensa de la capacidad racional de los indios. Pero la corriente principal de la vida fluía por los campos y las aldeas rurales, como rurales fueron los caracteres básicos de su cultura. Las Antillas y Brasil no conocieron centros urbanos. Los pueblos no fueron baluartes de la defensa contra los invasores, y si Cortés decidió la destrucción de Tenochtitlán no fue porque la temiera como baluarte sino por su tremenda significación simbólica: era en ese lugar y no en ningún otro donde debía ser fundada la capital hispánica de Nueva España, de la España de Indias.

Si los españoles destruyeron Tenochtitlán, los propios indígenas destruyeron Cuzco; y las otras ciudades y pueblos fueron incluidos en los repartimientos sin que se reparara apenas en su condición de centros urbanos. Sólo su bien escogida situación geográfica atrajo a los conquistadores, que con frecuencia se instalaron en ellos refundándolos y reordenando su vida según los módulos de la conquista. Así surgieron Tlaxcala y Cholula, Bogotá, Huamanga, Quito y, especialmente, México y Cuzco, como poblaciones españolas. Pueblos y ciudades indígenas quedaron subsumidos en el mundo nuevo de los conquistadores.

Fue designio de ellos borrar los vestigios de las viejas culturas indígenas, y lo cumplieron implacablemente, acaso porque estaban convencidos de que era justo hacerlo con infieles. Si en muchas regiones los conquistadores no encontraron sino culturas primitivas —como en la costa brasileña o en el Río de la Plata—, en otras tropezaron con culturas de alto nivel que los asombraron.

Pero en todos los casos un inconmovible preconcepto los llevó a operar como si la tierra conquistada estuviera vacía —culturalmente vacía—, y sólo poblada por individuos que podían y debían ser desarraigados de su trama cultural para incorporarlos desgajados al sistema económico que los conquistadores instauraron, mientras procuraban reducirlos a su sistema cultural por la vía de la catequesis religiosa. El aniquilamiento de las viejas culturas —primitivas o desarrolladas— y la deliberada ignorancia de su significación constituía el paso imprescindible para el designio fundamental de la conquista: instaurar sobre una naturaleza vacía una nueva Europa, a cuyos montes, ríos y provincias ordenaba una real cédula que se les pusieran nombres como si nunca los hubieran tenido.

Distinta concepción de los métodos que debían utilizarse tuvieron España y Portugal. Este último confió la tarea a los señores que recibieron las tierras aptas para la agricultura, en las que empezó a producirse azúcar, tabaco y algodón, y donde surgieron las plantaciones y los ingenios, unidades económicas y sociales sobre las que se organizó la vida de la colonia. Centros administrativos, las ciudades fueron durante largo tiempo simples factorías que daban paso a la riqueza que se embarcaba para Europa. Fueron los señores de la tierra los que dibujaron la primera fisonomía del Brasil colonial, en tanto que las poblaciones urbanas —artesanos y pequeños funcionarios, clérigos y pequeños comerciantes— fueron sobrepasadas. Y hasta el siglo XVIII sólo alguna ciudad —Salvador de Bahía y, sobre todo, la Recife holandesa— insinuaba su capacidad de influir sobre la poderosa aristocracia terrateniente, que amaba la vida rural y residía en medio de sus posesiones.

España, en cambio, imaginó su imperio colonial como una red de ciudades. Sin duda en ciertas regiones prevaleció la influencia de las grandes haciendas, o mejor, de los viejos encomenderos que se hacían fuertes en sus dominios rurales. Pero, a diferencia de Portugal, asignaba a la colonización una trascendencia que no se agotaba en la explotación económica. Vagamente unas veces, muy categóricamente otras, España afirmaba una misión que debía realizar un grupo compacto, una sociedad nueva que mantenía sus vínculos y velaba por el cumplimiento de aquélla. Era una misión que sobrepasaba el objetivo personal del enriquecimiento y la existencia personal del encomendero. Debían cumplirla todos, y el instrumento que se puso en funcionamiento para lograrlo fue la ciudad. Desde su fundación misma tenía asignado la ciudad ese papel. La fundación, más que erigir la ciudad física, creaba una sociedad. Y a esa sociedad compacta, homogénea y militante, correspondíale conformar la realidad circundante, adecuar sus elementos —naturales y sociales, autóctonos y exógenos— al designio preestablecido, forzarlos y constreñirlos, si fuera necesario. La sociedad urbana —compacta, homogénea, militante— se constituía conformada por una ideología y era invitada a defenderla e imponerla sobre una realidad que se juzgaba inerte y amorfa. Era una vieja concepción de las posibilidades que encerraban las ciudades y las sociedades urbanas: la que habían elaborado y puesto en práctica Alejandro Magno y los diadocos, los procónsules romanos, los adelantados del núcleo europeo medieval que inició la expansión hacia la periferia desde el siglo XI. Había en el fondo de esa concepción una teoría de la sociedad y la cultura y una experiencia práctica que España tradujo en una política.

El supuesto de la capacidad virtual de la ciudad ideológica para conformar la realidad se apoyaba en dos premisas. Una era el carácter inerte y amorfo de la realidad preexistente. La otra era la decisión de que esa realidad suscitada por un designio preconcebido no llegara a tener —no debía tener— un desarrollo autónomo y espontáneo. Minuciosamente especificada, traducida en prescripciones que aspiraban a prever todas las circunstancias posibles, la política social y cultural española parecía descartar absolutamente la posibilidad de toda contingencia inesperada, como si la sociedad que se constituyera al conjuro de un designio del poder estuviera al abrigo de todo cambio, de todo proceso de diferenciación. En rigor, aquella decisión suponía la percepción del riesgo, demasiado notorio en la experiencia española, del contacto con la cultura musulmana. Era el riesgo del mestizaje y la aculturación. Y para preverlo, más aún que para prever el de posibles rebeliones, pareció eficaz constituir la red de ciudades, de sociedades urbanas compactas, homogéneas y militantes, encuadradas dentro de un riguroso sistema político rígidamente jerárquico y apoyado en la sólida estructura ideológica de la monarquía cristiana tal como se había conformado con el apoyo de la Iglesia en las luchas contra los musulmanes primero y en las luchas contra la Reforma después.

La red de ciudades debía crear una América hispánica, europea, católica; pero, sobre todo, un imperio colonial en el sentido estricto del vocablo, esto es, un mundo dependiente y sin expresión propia, periferia del mundo metropolitano al que debía reflejar y seguir en todas sus acciones y reacciones. Para que constituyera un imperio —un imperio entendido a la manera hispánica—, era imprescindible que fuera homogéneo, más aún, monolítico. No sólo era imprescindible que el aparato estatal fuera rígido y que el fundamento doctrinario del orden establecido fuera totalmente aceptado tanto en sus raíces religiosas como en sus derivaciones jurídicas y políticas. También era imprescindible que la nueva sociedad admitiera su dependencia y se vedara el espontáneo movimiento hacia su diferenciación; porque sólo una sociedad jerárquica y estable hasta la inmovilidad *perinde ac cadaver*, según la fórmula ignaciana, aseguraba la dependencia y su instrumentalización para los fines superiores de la metrópoli. Era una ideología, pero una ideología extremada —casi una especie de delirio— que, en principio, aspiraba a moldear plenamente la realidad. Pero la realidad —la realidad social y cultural— de Latinoamérica ya era caótica. La audacia del experimento social y cultural desató desde el primer momento innumerables procesos que resultaron incontenibles, y el designio se fue frustrando.

Ese designio no fue el de Portugal, y por eso en el ámbito de la colonización portuguesa el proceso fue más pragmático, casi absolutamente pragmático. La sociedad agraria hizo su ciclo completo y delineó un área en la que los señores aceptaron la formación espontánea de una nueva sociedad y, poco a poco, de una nueva cultura. Sólo alteró ese delineamiento la progresiva presión del mundo mercantilista y burgués en el que Brasil —como toda Latinoamérica— estaba incluido como una zona periférica. Y cuando esa presión creció, las ciudades y las sociedades urbanas —con sus burguesías progresivamente vigorosas— comenzaron a tener una significación creciente, como no la habían tenido en las primeras etapas de la colonización. El desarrollo económico y la diferenciación social provocaron, independientemente de los vínculos políticos, una creciente autonomía de hecho que se manifestó a lo largo del siglo XVIII a través de la formación de las burguesías locales. Entonces las ciudades dejaron de ser los endebles centros administrativos de un comienzo, poblados por sociedades urbanas de mezquinos recursos y escasas aspiraciones, y comenzaron a crecer y tonificarse hasta adquirir, en el siglo XIX, una significación semejante a la que por entonces cobraban en el área hispánica. En esta área el proceso fue, naturalmente, más visible. Fundadas y mantenidas para asegurar la homogeneidad y la dependencia del mundo colonial, las ciudades comenzaron a asumir plenamente el papel ideológico que se les había asignado; pero no para ser solamente las intermediarias de la ideología metropolitana, sino para crear nuevas ideologías que fueran adecuadas respuestas a la situación que, espontáneamente, se había ido constituyendo en cada región. Las ciudades dejaron de ser poco a poco remedos de las ciudades españolas —repetidos hasta los nombres— y comenzaron a perder carácter genérico.

Ciertamente, siguieron siendo los focos sensibles de la influencia exterior. A ellas llegaban y en ellas repercutían los impactos del mundo hispánico y también del agitado resto del mundo, que nunca renunció a integrar a Latinoamérica en el vasto ámbito del sistema mercantilista. Pero comenzaron a cuestionar esos impactos y muy pronto se vio que empezaban a elaborar respuestas que no provenían del monolítico sistema imperial, sino de una prudente estimación de las circunstancias en que cada una de ellas operaba. Las ciudades mantuvieron y aun acentuaron su papel ideológico, pero lo ejercitaron proporcionando a su área de influencia una imagen del mundo, una explicación de la coyuntura y, sobre todo, un proyecto adecuado a las expectativas que en cada área se iban delineando.

Sin duda los cuadros de esas ideologías que empezaron a elaborar por su cuenta las ciudades estuvieron siempre conformados en alguna medida por los impactos exteriores: el de la estructura socioeconómica de las metrópolis; el de la estructura socioeconómica del mundo capitalista, mercantil y burgués; el de las grandes corrientes de nuevas ideas que entrañaban versiones ideológicas de la realidad, explicativas unas y proyectivas otras, y ambas en diversos sentidos. Y siempre partieron de la imagen de una América europeizada, de la América como una nueva Europa, inmersa en el sistema de relaciones creado por Europa y dirigido por ella. Pero aun dentro de esos marcos, y muy lentamente, las ideologías fueron hallando su propio camino y, por debajo de los encuadres generales, comenzaron a cobrar cierta autonomía. Pronto podrían manifestarse como respuestas espontáneas y definiciones concretas frente a las situaciones reales.

Una definición concreta fue la que se refería a la posición real de cada ciudad en el vasto y diferenciado ámbito continental. La ciudad formal de la época de las fundaciones —la del acta y el escribano, la espada y la cruz— empezó a descubrir que era una ciudad real, pequeña y miserable casi siempre, con pocos vecinos y muchos riesgos e incertidumbres. Empezó a descubrir que estaba en un sitio real, rodeada de una región real, comunicada por caminos que llevaban a otras ciudades reales a través de zonas rurales reales, todo con caracteres singulares que escapaban a cualquier generalización curialesca. Y empezó a descubrir que de todo eso derivaban sus verdaderos problemas y dependían sus posibilidades futuras. Así, las ciudades se hicieron reales tomando conciencia de la región en la que estaban insertas.

Pero la ciudad real tomó también conciencia de que constituía una sociedad real, no la de los primeros vecinos sino la de los que finalmente se quedaron en ella, levantaron su casa, o no pudiendo, se instalaron en casa ajena, o se resignaron a la mísera vivienda que consagraba su marginalidad; los que vivieron de su trabajo en la ciudad y poblaron sus calles y sus plazas; los que disputaron por los pequeños problemas cotidianos o por los más graves que entrañaban decisiones acerca del destino de la ciudad; y luego los herederos de aquéllos y los que lentamente se fueron agregando hasta quedar incorporados. La ciudad real tomó conciencia de que era una sociedad urbana compuesta de sus integrantes reales: los españoles y los criollos, los indios, los mestizos, los negros, los mulatos y los zambos, todos unidos inexorablemente a pesar de su ordenamiento jerárquico, todos unidos en un proceso que conducía, inexorablemente también, a su interpenetración y a la incierta aventura desencadenada por los azares de la movilidad social. Y cada sociedad urbana tomó conciencia de que era una sociedad *sui generis*, distinta en general de las sociedades urbanas de las ciudades españolas y en particular de las otras ciudades latinoamericanas, de las remotas y aun de las próximas, cada una de ellas atada a sus propios problemas y sometida a la singular e irreductible ecuación que regía las relaciones entre sus elementos sociales. Y tomó conciencia, finalmente, de que había empezado a tener una historia de la que no podía prescindir, cuyo peso se hacía presente en cada situación real y en cada momento en que era necesario tomar una decisión: una historia comprometida con la sociedad urbana compuesta de generaciones sucesivas encadenadas de algún modo a la misma estructura y al mismo género de situaciones. Tomar conciencia de la peculiaridad de cada sociedad urbana fue, para cada una de ellas, esbozar otra definición concreta que se integraba en el cuadro de su ideología. Finalmente, fue una definición concreta precisar cuál era la función real de la ciudad. Sin duda compartían todas las ciudades la misma función básica que les había fijado la política colonial española: asegurar el dominio de la zona, ser baluartes de la pureza racial y cultural del grupo colonizador y promover el desarrollo de la región en que estaban insertas. Pero cada una de ellas había recibido una función específica: eran puertos, o reductos militares, o centros mineros, o emporios mercantiles. Eran funciones muy delimitadas que se relacionaban con el funcionamiento general del sistema. Pero una ciudad y una sociedad urbana no se fundan en balde. Al cabo de unas cuantas generaciones, cada sociedad urbana había sobrepasado los alcances de la misión instrumental que se le había asignado y esbozaba el delineamiento de su función real: la que la ciudad estaba constreñida a cumplir, la que la ciudad podía cumplir y la que la sociedad urbana —una y distinta a través del tiempo— quería cumplir. Diversas combinaciones aparecieron entre estas diversas perspectivas, y los distintos grupos sociales dejaron entrever sus disímiles tendencias. Poco a poco, por debajo de las funciones básicas que la ciudad asumía, aparecieron los estilos de vida del conjunto y de cada uno de los grupos sociales, dibujando la peculiaridad de cada cultura urbana.

Estas definiciones entrañaban una interpretación del pasado y un proyecto para el futuro: constituían las ideologías específicas con que cada una de las ciudades iba sustituyendo poco a poco la ideología genérica de la colonización; y al diferenciarse, remodelaban el cuadro del imperio originario —utópicamente homogéneo— e insinuaban el nuevo ordenamiento que vendría más tarde.

El nuevo reordenamiento empezó a dibujarse en las últimas décadas del siglo XVIII, cuando el mundo latinoamericano recibió frontalmente el impacto de la ofensiva mercantilista. Entonces, las ciudades hidalgas de Indias que se habían constituido a partir de las fundaciones se diversificaron según las posibilidades que les ofrecía su situación y su estructura social: unas —perpetuando la ideología de la ciudad hidalga— mantuvieron su sistema tradicional, iniciando la marcha hacia un destino de ciudades estancadas, y otras —aceptando la ideología burguesa— dieron el salto para transformarse en activas ciudades mercantiles —con una vocación internacional que desbordaba los límites hispánicos—, presididas por nuevas burguesías que crecían en vigor. Fue un cambio profundo, acentuado por otros factores que acelerarían la diversificación: unas que, entre hidalgas y burguesas, preferían mantenerse dentro del área hispánica, y otras, decididamente burguesas, que entreveían las ventajas de la independencia política.

Fue como un ajuste del mundo hispánico al mundo internacional, mercantil y burgués. El nuevo ensayo social, económico, político y cultural que se inició con la Independencia movilizó las áreas rurales, pero repercutió fundamentalmente sobre las ciudades. Las burguesías que aceptaron el desafío de producir un cambio profundo en la estructura del área que controlaban las ciudades, sometieron en alguna medida sus propios intereses a los intereses comunes; se sumaron a sus filas las novísimas élites creadas por el ascenso de los grupos rurales, y juntas asumieron la misión de darle un proyecto político y una orientación al conjunto social. Así se constituyó el nuevo patriciado, comprometido entrañablemente con el destino nacional, aunque sus miembros mezclaran imprecisamente los intereses públicos con sus intereses privados.

Para entonces comenzó a ser claro que las ciudades latinoamericanas seguían en su desarrollo un variado destino. Las ciudades estancadas acentuaron su aislamiento, sin perjuicio de que se manifestaran en su seno procesos sociales muy complejos; y las activas procuraron adecuarse a las exigencias del mundo internacional mientras afrontaban también los problemas suscitados por las transformaciones de su estructura interna. En rigor, todas las ciudades latinoamericanas aceleraron a partir de entonces un doble proceso que estaba iniciado desde la fundación. Por una parte procuraban adecuarse al modelo europeo siguiendo sus líneas de cambio y por otra sufrían las transformaciones derivadas de su estructura interna, que alteraban las funciones de la ciudad y, además, las relaciones entre los distintos grupos sociales y entre la ciudad y la región. Ese doble proceso —de desarrollo heterónomo y de desarrollo autónomo— continuó a lo largo del período independiente, acentuándose cada vez más. Los sectores postergados durante la época colonial —especialmente los sectores rurales— hicieron irrupción en la vida pública, pidiendo su parte en el poder y buscando su ascenso social, con lo cual se incorporaron a las sociedades urbanas nuevos grupos que le imprimieron un aire vernáculo. Así se intensificó el proceso de desarrollo autónomo. Pero entretanto un nuevo impacto externo —el de la sociedad industrial— se hizo sentir sobre las ciudades activas en las últimas décadas del siglo xix y forzó su desarrollo heterónomo hasta incluirlas plenamente en el sistema económico del mundo capitalista, cada vez más lanzado hacia una política imperialista.

Fue la que se inició entonces una época menos agitada que la anterior. Las burguesías, definitivamente constituidas y largamente experimentadas, aceptaron la ideología del progreso y procuraron acentuar el desarrollo heterónomo de las ciudades conteniendo el desarrollo autónomo mediante el ejercicio de un poder fuerte. Sin duda tuvieron éxito, y el mundo rural se vio constreñido a aceptar el proyecto de los grupos intermediarios. Pero era inevitable que fracasaran al cabo de algunos decenios. A los factores sociales que operaban tradicionalmente se agregaron en muchas de las ciudades activas otros nuevos, algunos de carácter étnico y social, como las migraciones, y otros de carácter funcional como el crecimiento de los grupos afectados a las actividades terciarias. Agravados por la alteración de las relaciones entre el mundo urbano y el mundo rural, los problemas urbanos se multiplicaron por el crecimiento demográfico, por la diferenciación social y, a veces, por la diferenciación ideológica entre los grupos. El impacto de la crisis financiera de 1929 precipitó los cambios.

Desde entonces el proceso de metropolización de las más importantes de las ciudades activas latinoamericanas dio la medida de la intensidad del proceso de urbanización de Latinoamérica, e inversamente de la crisis del mundo rural. Lanzadas por el camino del desarrollo heterónomo, las metrópolis adquirieron cada vez más poder. Las altas burguesías se adhirieron a la ideología de la sociedad de consumo y procuraron impulsar el desarrollo heterónomo de las metrópolis. Pero las metrópolis habían suscitado un tremendo cambio social, agregando a las altas burguesías y, en general, a los sectores sociales integrados, una vasta muchedumbre de marginales que hicieron inseparable de la imagen de la metrópoli moderna la de los rancheríos que la rodeaban. Era un inesperado desarrollo autónomo de las ciudades que revelaba la diversidad de funciones de la ciudad, y las variantes de las relaciones entre la ciudad y la región; pero que, sobre todo, inauguraba una etapa de importantes cambios en la estructura social, económica y cultural de las sociedades urbanas. No tardaron mucho en manifestarse los cambios políticos.

Una indagación minuciosa de la formación de las sociedades urbanas y sus cambios, de las culturas urbanas —diferentes dentro de cada período en cada ciudad, y diferentes dentro de ella según los grupos sociales en épocas de intenso cambio— ha sido la que ha conducido a los resultados que expone este libro. En el fondo, quiere puntualizar cómo juega el desarrollo heterónomo de las ciudades con su desarrollo autónomo, entendiendo que en ese juego no sólo se elaboran las culturas y subculturas urbanas sino también las relaciones entre el mundo rural y el mundo urbano. En este último es donde las ideologías adquieren más vigor y afrontan más claramente su enfrentamiento —un juego dialéctico— con las estructuras reales.

1. LATINOAMÉRICA EN LA EXPANSIÓN EUROPEA

Hasta fines del siglo xv, las poblaciones aborígenes americanas habían desarrollado su propia cultura y constituían un mundo autónomo. Pero a partir de la llegada de los europeos el mundo aborigen se tornó dominado en su conjunto y empezó para América una nueva era, cuyo primer signo fue la formación de nuevas sociedades integradas por los invasores y los dominados, por europeos y aborígenes.

El proceso de constitución de esas nuevas sociedades fue, al mismo tiempo, un proceso de la historia de las sociedades aborígenes y de las sociedades europeas. Pero eran éstas las que habían tomado la iniciativa, las que desempeñaron el papel activo, las que orientaron en su favor el curso del proceso. La aventura americana le ocurrió a las dos culturas, pero el proceso fue desencadenado por Europa, como un eslabón de la transformación profunda que se venía operando en ella hacia siglos, y cuyas consecuencias repercutieron en varias regiones ajenas hasta entonces al mundo europeo. Esta vez le tocaba a América.

Cuando el proceso de formación de nuevas sociedades era ya un problema americano, todavía seguía siendo, desde otro punto de vista, un problema europeo. Fue la sociedad europea la que condicionó la invasión, la que imprimió sus caracteres a los protagonistas, la que fijó los objetivos de la empresa, la que proyectó hacia América sus viejos problemas. El mundo americano y sus sociedades nativas vieron llegar a los invasores sin entender qué sucedía, porque su llegada y su comportamiento no tenían lógica dentro del proceso americano: era una fuerza que llegaba de fuera y operaba según su propia ley. Para las sociedades europeas, en cambio, la invasión de un mundo ajeno estaba dentro de la lógica de su propia transformación.

Esta doble focalización del proceso influyó sobre su complejidad. A partir de cierto momento empezó a manifestarse como específicamente americano. El proceso se radicalizó y sus protagonistas comenzaron a operar según la ley interna de la nueva situación. Pero hasta entonces, y durante largo tiempo, había formado parte de la historia de las sociedades europeas que, movidas por ciertas tendencias incontenibles, sobrepasaron sus propios límites e iniciaron una era de expansión. Es en ese proceso de expansión europea donde se insertó el primer extremo del proceso de formación de Latinoamérica; y como la expansión no fue sino el resultado de una larga serie de cambios, es en éstos donde debe buscarse la clave de las actitudes que signaron aquella formación.

1. LA PRIMERA EXPANSIÓN EUROPEA HACIA LA PERIFERIA

En rigor, la expansión oceánica del siglo xv no es sino una segunda ola que repite, con más amplio radio, otra que había comenzado casi cuatro siglos antes. Pero esta de fines del siglo xi, que dura hasta principios del xiv, está en la génesis del proceso de cambio y por eso revela inequívocamente la peculiaridad del proceso expansivo.

El viejo núcleo de la Europa romana había sufrido a lo largo de los siglos sucesivas crisis que modificaron su fisonomía. Su propia división interna inició la destrucción de la vasta unidad en la que se encuadraba la economía mediterránea; las invasiones germánicas primero y el dominio de los musulmanes en el que había sido el mar romano concluyeron la obra. El sistema mercantil se quebró, las ciudades y la vida urbana cayeron en plena decadencia, y en poco tiempo toda el área adquirió una fisonomía fuertemente rural. Es allí, en el viejo núcleo de la Europa romana, y después del cierre del comercio mediterráneo en el siglo VIII, donde se constituyó poco a poco la sociedad cristianofeudal —una sociedad dual de *milites et rustici*— en la que se ordenó la situación creada por tantas y tan profundas circunstancias. El señorío económicamente autosuficiente fue la expresión de su estructura económica, como la monarquía feudal, ejercida por un rey que era *primus inter pares*, fue la expresión de su estructura política. Para el siglo xi esa sociedad estaba sólidamente constituida.

Incomunicada y débil, asentada en la trascendencia y desdeñosa de la realidad, la Europa feudal, en plena impotencia técnica, estaba rodeada de una periferia amenazadora. Los musulmanes, los normandos, los eslavos, los húngaros aparecían repetidamente sobre sus zonas marginales para depredarlas y ocasionalmente para instalarse en ellas, incursionando a veces hacia el interior del área. Pero la situación empezó a cambiar hacia el siglo XI. Los invasores de la periferia perdieron agresividad y, entretanto, densos grupos comenzaron en la Europa feudal a tratar de restablecer la actividad mercantil. Quizá el más espectacular de los cambios fue el que se produjo en el Mediterráneo. Divididos y exhaustos, los musulmanes cedieron posiciones, y desde diversas regiones cristianas occidentales aparecieron grupos que se propusieron hostigarlos hasta el fin. Las cruzadas aceleraron y concluyeron el proceso, abriendo otra vez el tráfico mediterráneo al comercio entre el Levante y el Occidente y en muy poco tiempo las consecuencias de este cambio se hicieron patentes.

La apertura del Mediterráneo al comercio de los reinos cristianos suscitó no sólo una actividad intensa en sus orillas, basada en el comercio de productos de lujo, sino que suscitó también una intensa actividad continental a través de las rutas troncales —fluviales en su mayoría— y luego a través de las secundarias que se internaban en todos los rincones. Y no fueron ya los artículos orientales los únicos que circularon, sino que sobre las mismas rutas del gran comercio comenzó a organizarse la del pequeño comercio interregional: el de la sal, el vino, el aceite, los paños, las pieles, las maderas, la cera. Y además, el de los géneros alimentarios y las pequeñas manufacturas locales.

Pero alguien debía ocuparse de todo esto. Desde fines del siglo X, en algunas regiones, pero, sobre todo, desde el siglo XI, una clase nueva comenzó a constituirse: la burguesía, modesta, casi insignificante al principio, cada vez más próspera a medida que se ordenaban los mercados y se regularizaban los negocios. Ni *milites* ni *rustici*, los burgueses fueron en rigor hombres nuevos; una nueva moral, una nueva idea de la vida, una nueva actitud frente a la realidad los identificaría muy pronto como un grupo social de caracteres totalmente nuevos. Su ámbito natural fueron las ciudades, que ellos vivificaron algunas veces y otras levantaron como escenario natural para sus actividades y su forma de vida.

Hubo una verdadera explosión urbana. Innumerables aglutinaciones, pequeñas acaso pero pujantes, aparecieron esparcidas por los campos, a las orillas de los ríos o del mar, sobre el borde o en el cruce de los caminos, al lado de las murallas de una abadía o un castillo. También despertaron muchas antiguas ciudades adormecidas, poblándose y sumándose a las nuevas formas de actividad. En el seno de los señoríos las nuevas sociedades urbanas mostraban inequívocamente una actitud heterodoxa, aun cuando no se suscitaran enseguida enfrentamientos como los que se producirían más tarde. Pero la actividad misma era peligrosa: iniciaba la transformación de los lazos de dependencia económica y social, abría nuevas posibilidades para las nuevas generaciones, activaba la formación de una economía monetaria.

Por otra parte, la ciudad no sólo satisfizo ciertas aspiraciones de los nuevos grupos: la seguridad, la libertad; también puso en funcionamiento un mercado —un espacio libre donde se encontraban vendedores y compradores bajo la garantía de un poder— y muy pronto puso en funcionamiento una economía de mercado. La ciudad fue, pues, no sólo la forma de vida adoptada por las nuevas sociedades que se constituían, sino que demostró ser el más activo instrumento de cambio del sistema de relaciones económicas y sociales. Y no sólo eso. El mercado que congregaba a vendedores y compradores se convirtió en un foro en el que los miembros de la nueva sociedad comenzaron a dialogar, a cambiar opiniones, a uniformar actitudes a partir de la crítica del comportamiento ajeno, a elaborar normas e ideas, a delinear proyectos. Uno de esos proyectos pudo ser —y lo fue— el de sobrepasar los límites del mercado urbano para acrecentar las ganancias.

En rigor, estaba en la esencia del nuevo estilo económico una evolución semejante. El mercado mostraba el juego de la oferta y la demanda, y recogía muy sensiblemente las posibilidades que se ofrecían para su ámbito. Multiplicar el lucro sólo requería estar presente en otros mercados.

Multiplicar el lucro era un objetivo económico, propio de las nuevas burguesías. Pero conquistar otros mercados podía ser una empresa superior a sus fuerzas y, sobre todo, ajena a sus aptitudes. Era una conquista. Así, muy precozmente, a fines del siglo XI quedó esbozado un cuadro de confusas relaciones entre las burguesías y los señores, quienes tomaron a su cargo la empresa de la expansión del núcleo burgués europeo.

Por sobre las rutas de conquista de los invasores, los señores iniciaron el camino de la reconquista. Quizá las más importantes fueran las del Mediterráneo, por el que se comunicaban regiones bien conocidas entre sí como de economía complementaria. La cruzada demostró que podía volver a ser navegado y que en las costas del levante quedaban establecidos centros abiertos al comercio europeo. Los señores labraban reinos y ducados, pero tras ellos —o con ellos— llegaban los mercaderes que inauguraban un activo tráfico comercial. Pisanos, genoveses, normandos, ingleses, venecianos, se hicieron fuertes en las nuevas bases mercantiles como Jaffa, Acre, Biblos, Constantinopla misma después de la más extraordinaria aventura de francos y venecianos concertada con el nombre de cruzada.

Así recuperó el Mediterráneo el papel económico que había tenido durante siglos. Las viejas ciudades despertaron de su sueño señorial para movilizar sus recursos y, al tiempo que surgían, irrumpieron como nuevas sociedades burguesas con irreprimible fuerza creadora, que se manifestaba tanto en los audaces proyectos con que se volcaban para afuera como en las formas de vida que se daban a sí mismas. Era como un renacimiento romano al que en cierto modo servía el mundo musulmán de la costa africana, complementando y diversificando sus posibilidades.

Pero la reactivación del Mediterráneo no se redujo a sus costas. Desde ellas partían las rutas que transportaban los productos que iban o venían a sus puertos; y en ese tráfico innumerables ciudades, grandes y pequeñas, recogían beneficios que activaban sus propios circuitos comerciales, más restringidos. De todos modos, el área mediterránea no era ya la única que interesaba a ese mundo que se había constituido después de las invasiones germánicas y que avanzaba hacia el Atlántico y el centro y norte de Europa.

Sobre las rutas de invasión de los normandos habían surgido ya innumerables centros comerciales conectados entre sí dentro del ámbito del Mar del Norte y la costa atlántica. Era una zona surgida y organizada en la época carolingia y en la que siguió a la disolución de ese imperio, de modo que carecía de tradición romana. La producción, la circulación y el consumo de bienes se desarrollaron en ella según el juego de las nuevas circunstancias, y al cabo de poco tiempo estaban en intenso funcionamiento en áreas muy extensas que llegaban no sólo hasta el norte de Alemania sino mucho más allá a través del mar Báltico y aun de rutas que partían de sus orillas hacia el interior y se internaban en Rusia y Polonia. Como la del Mediterráneo, esa expansión tuvo algo de espontánea, en cuanto fue promovida por núcleos de mercaderes, y algo de sistemática. Los señores acompañaron el proceso económico; y mientras el Hansa Germánica organizaba el mecanismo del tráfico internacional, daneses, ingleses y normandos dieron los pasos necesarios para unificar políticamente el área creando una estructura de poder dentro de la cual se moviera la nueva corriente económica. Fue más extensa, sin embargo, la red comercial del Hansa que el ámbito que los señores consiguieron organizar políticamente, quizá porque fue más fluida; del mismo modo que en el Mediterráneo no llegó a constituirse ningún poder político que encuadrase el fluido sistema económico de las grandes ciudades como Génova, Barcelona o Venecia.

Hacia el este, fueron los señores y los mercaderes alemanes los que comenzaron la marcha expansiva más allá del Elba. Jefes de las regiones fronterizas cuya ocupación había que asegurar, los señores fundaron ciudades —Stettin, Lübeck, Rostock, Riga— y obtuvieron el apoyo de la Iglesia y de los inmigrantes alemanes. Mercaderes muchos de ellos, se incorporaron en esas regiones —y en otras, como Bohemia y Hungría— a las nuevas ciudades y a las ya existentes como un grupo mercantil y acaso artesanal. También eventualmente ocuparon tierras. Y entre las zonas cuyo desarrollo mercantil promovían y las antiguas ciudades alemanas se suscitaba un intenso tráfico que extendió la enorme red de la nueva Europa.

Entretanto, en el extremo opuesto, grupos cristianos obligaban a retroceder a los musulmanes en la península ibérica. En la costa mediterránea la expansión desde Cataluña liberaba buena parte de la costa levantina; en la costa atlántica, entretanto, se recuperaba Portugal; y desde el pequeño reino de Asturias se fueron ocupando y repoblando los valles del Duero y del Tajo hasta que Fernando III penetró en Andalucía y redujo a los musulmanes al reino de Granada. Esta frontera viva entre cristianos y musulmanes fue la única que subsistió en una Europa en la que el tráfico mercantil había alcanzado una gran fluidez.

2. EL PAPEL DE LAS CIUDADES EN LA EXPANSIÓN HACIA LA PERIFERIA

En este proceso de expansión hacia la periferia las ciudades cumplieron un papel singular, tan importante que cristalizó en una experiencia destinada a tener vasta repercusión. La ola expansiva fue contemporánea de la explosión urbana y, en rigor, los dos fenómenos fueron uno solo. Al crecimiento demográfico de las ciudades y a su reactivación económica acompañó una tendencia a sobrepasar los límites del mercado urbano. Fue necesario contar con los señores que encabezaron la empresa militar, pero todos comprendieron que sin esas ciudades activadas por la burguesía, ni la empresa hubiera sido posible ni hubiera tenido sentido. Sólo la nueva economía permitía desplegar el aparato necesario para alcanzar objetivos tan distantes y tan difíciles; pero sólo la nueva economía justificaba esas empresas que, gracias a ella, se tornarían extremadamente fructíferas. La expansión periférica fue la tarea que las burguesías urbanas propusieron tácitamente a las clases señoriales, esbozando un ajuste entre dos grupos que, en rigor, funcionaban de manera distinta. Pero de allí en adelante procurarían encontrar un entendimiento y así se constituyó una sociedad feudoburguesa.

Pero la ciudad no fue sólo el instrumento que hizo posible la expansión hacia la periferia: fue también el instrumento que se decidió usar para consolidar la expansión y para asegurar sus frutos. El señor y sus guerreros constituían la vanguardia de una columna mixta en la que se entrecruzaban combatientes, mercaderes y eclesiásticos. La vanguardia llegaba a destino y cumplía la primera parte de la operación: Balduino o Bohemundo, Adolfo de Hollstein o Enrique el León, Alfonso VI o Jaime I. Conquistado el señorío, una vasta operación mercantil comenzaba. Si la región adquirida era despoblada, la ciudad surgía, fundada formalmente, como Lübeck o Riga, o repoblándose las abandonadas como Zamora o Astorga, para constituir simultáneamente un baluarte militar y una factoría. La muralla y el mercado eran los símbolos de estas dos funciones que la ciudad comenzaba a cumplir. Si el combatiente aseguraba un tipo de relación entre la ciudad y la región —el dominio militar y político—, el mercader aseguraba otro que consistía en organizar la economía regional alrededor del mercado urbano. Y entretanto, la ciudad, rica y guarnecida, aseguraba la cohesión y la seguridad del grupo conquistador. Si, por el contrario, la región adquirida era poblada, como en el caso de Palestina, Asia Menor o Andalucía, combatientes, eclesiásticos y mercaderes entraban en las ciudades conquistadas, ocupaban los primeros los bastiones y las defensas, los religiosos los templos y los mercaderes empezaban a tomar, simplemente, los hilos de la compra y la venta, todos aprovechando la infraestructura existente para revertir sus efectos, neutralizando la influencia de los antiguos dominadores y multiplicando la propia para asegurar la cohesión, la seguridad y los beneficios del grupo. Así hicieron los cruzados en Palestina, confiándole a pisanos, genoveses o venecianos la explotación de los negocios que se anudaban en cada ciudad y los que podían anudarse con las ciudades occidentales; y así hicieron los conquistadores hispánicos que entraron en Toledo, Lisboa, Sevilla o Córdoba.

La experiencia de los que, habiendo olvidado la estrategia militar antigua, sólo conocían las formas de la guerra señorial, confirmó —o redescubrió— una bien conocida verdad de los antiguos acerca del papel de la ciudad como avanzada en las regiones conquistadas. La ciudad fue, para los caballeros, como un castillo, con sus murallas y torreones, sus fosos y sus puertas, esto es, un baluarte; pero, además, fue para ellos y para los mercaderes que los acompañaban, un recinto cercado dentro del cual funcionaba un mercado y solía haber calles diversas en las que se abrían tiendas y talleres, y acaso las moradas de los prestamistas que financiaban algunas arriesgadas y promisorias empresas. Para los hombres de iglesia, además, la ciudad era, no sólo fortaleza y mercado, sino también centro de catequesis para los infieles y centro de vigilancia para la fe de los recién llegados, siempre susceptibles de debilidades cuando estaban fuera del control social a que estaban sometidos en sus lugares de origen. Era, pues, la ciudad un instrumento perfecto de dominación; naturalmente, para quien dominara la ciudad. Y quienes dominaron las ciudades establecidas, repobladas u ocupadas en el período de la primera expansión del núcleo europeo hacia la periferia, entre los siglos XI y XIII —señores, clérigos y burgueses—, multiplicaron su eficiencia gracias a la compacidad del grupo y a la concentración de fuerzas que ello significaba. Gracias a eso, la primera expansión quedó firme y, con algunas modificaciones, el área sometida e incorporada se mantuvo definitivamente. Esta lección no sería olvidada.

3. ACTITUDES SEÑORIALES Y ACTITUDES BURGUESAS

El mecanismo de la colaboración señorial y burguesa, que comenzó a funcionar fluidamente con motivo de la primera expansión hacia la periferia, siguió perfeccionándose con el tiempo. Fue establecido en los hechos, sin teorías, como resultado de las limitaciones que cada una de las clases veía en sus posibilidades, y con esa claridad que otorgan las etapas primigenias de los procesos, en los que todavía los hechos pueden discernirse fácilmente sin la interferencia de interpretaciones ideológicas. Para lanzar la expansión europea —que es el primer eslabón en el desarrollo del capitalismo— las dos clases se buscaron para complementarse, con prescindencia de lo que cada una representaba y tratando de sumar en un mismo esfuerzo las actitudes diversas y aun antitéticas.

Ciertamente, tanto la vieja como la nueva clase tenían sus propias concepciones de la vida, bien definidas las dos, aunque la de la burguesía no estuviera para esta época tan acabadamente formulada como la de la clase señorial. Y en lo fundamental eran antitéticas; pero constituían una antítesis que, como todas las fundamentales, sólo se manifestaba al extremar el análisis y alcanzar los últimos fundamentos y las últimas consecuencias de sus términos. Entretanto las actitudes pragmáticas permitían amplias coincidencias, y uno de los rasgos de la naciente sociedad feudoburguesa —y de la correspondiente cultura feudoburguesa— fue sortear hasta donde fuera posible un análisis extremado de los hechos para evitar un enfrentamiento en el terreno de las cuestiones últimas.

La clase señorial tenía una concepción trascendente de la vida y creía en el fundamento sobrenatural de todo el sistema de relaciones vigentes en el mundo. No fue siempre así, ciertamente, pero llegó a serlo en el período que transcurre entre la crisis del imperio carolingio y el siglo XI. Poseedora del poder, era también poseedora de la tierra, un bien de producción sin duda, pero cuya significación sobrepasaba largamente los límites de sus funciones económicas en la sociedad feudal. Lo característico de la óptica señorial fue, precisamente, que consideró la riqueza en tierras como algo que el poder le otorgaba por añadidura: el poder primero y la riqueza después, como efectivamente había ocurrido puesto que la posesión de la tierra reconocía como fundamento último el derecho de conquista. La clase burguesa, en cambio, nacía con una concepción inmanente de la vida, o si se prefiere, naturalística y profana. Marcadamente agnóstica, no se esforzó en declarar su pensamiento y sólo lo hicieron ocasionalmente los pensadores y los artistas que fueron su conciencia. Pero sus actitudes lo revelaban, aun cuando practicó el enmascaramiento de los fines últimos que perseguía con una sabia hipocresía. No había nacido al calor de una vasta aventura de conquista y poder como la clase señorial, sino en el seno de la estructura feudal que ésta creó; y surgió aprovechando una fractura para escapar de su total dominio, constituyendo a su vez una subestructura dependiente en principio pero que demostró fuertes posibilidades de independizarse. La palanca para forzar su emancipación fue el dinero, y la subestructura dependiente que constituyó fue una economía monetaria. Así alcanzó la riqueza. Pero lo característico de su óptica fue que se centró en la riqueza, y se imaginó que el poder era algo que la riqueza podía dar por añadidura, aun sin negar que pudiera obtenerse por otra vía, como lo demostraba palmariamente la experiencia de la clase feudal. La burguesía pensó, pues, que, al menos para ella, la riqueza era primero y el poder después, como efectivamente constaba a su experiencia a través de lo que ocurría con las nuevas sociedades patricias.

En el ejercicio de la colaboración señorial y burguesa a través de las campañas de la primera expansión europea, fue evidente que estas dos concepciones confluyeron sin excesivos choques. Las clases señoriales propusieron los fines trascendentes: la misión religiosa en primer lugar, y la gloria que perseguían los guerreros. Luego admitieron otras finalidades más concretas: el poder, bajo la forma de creación de nuevos señoríos, ya imposibles en el núcleo europeo. Pero cuando la clase señorial decía "el poder" quería decir "el poder y la riqueza". Así constituyó los señoríos, se posesionó de la tierra y trató de obtener todos los beneficios que se obtenían de la tierra feudal. Pero no iban solos. Los burgueses asentían a los fines trascendentes declarados, y consentían en colaborar para alcanzarlos. Sin embargo ellos sabían que cuando la clase señorial decía "el poder", quería decir "el poder y la riqueza", y se apresuraron a deslindar sus papeles: apoyar la formación de los señoríos, dejar correr la organización que el señor quisiera establecer en la tierra ocupada, intervenir en la creación y el desarrollo de toda esa otra riqueza que no era, en principio, poder, —la riqueza mueble, monetaria— cediendo a sus aliados lo imprescindible para que se sintieran beneficiarios de la empresa, pero explotando a fondo las posibilidades que les daban sus recursos, esto es, los de esa subestructura de la economía monetaria, que por entonces montaba la burguesía internacional a través de la vasta red del mundo urbano.

En rigor, así nació en los hechos el capitalismo: con la primera expansión europea hacia la periferia y con el primer ensayo de complementación de objetivos y de aptitudes de la clase señorial y la clase burguesa. Este esquema se hará cada vez más sutil y complejo; pero no variará en lo fundamental. Las sociedades feudoburguesas lo consolidarán durante el período de retracción de los siglos xiv y xv en que ellas mismas se consolidan. Y cuando empiece la segunda expansión europea —la oceánica del siglo xv— el esquema volverá a funcionar como cuatro siglos antes, cada vez más sutil, cada vez más complejo, en el fondo el mismo.

4. EL AJUSTE DE LA SOCIEDAD FEUDOBURGUESA

El primer ciclo de expansión de la economía urbana dura desde el siglo xi hasta principios del xiv. Es un período de intensos cambios económicos y sociales. La burguesía hace sucesivos experimentos: explora mercados, elige los productos de cada sector de intercambio, monta diversos tipos de organización mercantil y financiera; y alternando los éxitos con los fracasos termina por lograr un orden económico más o menos estabilizado. En esos experimentos, las burguesías de las diversas ciudades sufrieron muchas alternativas. Grandes fortunas se desplomaron y otras nuevas trataron de remplazarlas, representadas siempre por el gran triunfador del día, acaso el caído de mañana. Pero como conjunto, la clase burguesa también se fue ordenando y estabilizando a lo largo de esos experimentos. Se constituyeron los patriciados locales, los grupos que precozmente acumularon riqueza y poder y aceptaron encabezar la lucha de la nueva sociedad contra el viejo orden jurídico y político, con el fin de obtener el sistema de garantías y franquicias necesarias para el ejercicio de las nuevas actividades mercantiles. La comuna, los fueros, los estatutos y las cartas fueron los objetivos perseguidos, a veces a través de verdaderas revoluciones que suponían ideas muy claras y mucha fuerza por parte de los demandantes, mucha debilidad de los demandados y, en todo caso, una fractura importante en la estructura tradicional. Generalmente el patriciado obtuvo lo que deseaba; y si no lo obtuvo a través de enfrentamientos lo logró por graciosa e interesada concesión del señor, o acaso mediante el pago de una fuerte suma. Pero a medida que obtenía riqueza y poder, logró en casi todas partes el *status* jurídico que le convenía, a través del cual reordenó la nueva sociedad urbana asegurándose en ella la preeminencia.

A partir de principios del siglo xiv comenzó cierta retracción que se acentuó después de la peste negra en 1348. Todo se hizo difícil, empezando por la obtención de mano de obra artesanal. Hubo hambres, epidemias y carestías en todo el ámbito de Europa y el Mediterráneo. Un proceso de reajuste de la nueva sociedad y la nueva economía empezó entonces y se manifestó en todos los órdenes de la vida.

El mismo poder real entró en una crisis grave. En busca de la centralización del poder había enfrentado a las aristocracias apoyado generalmente en las burguesías; pero el proceso se complicó y los intereses en juego —moviéndose entre las viejas y las nuevas ideas— suscitaron conflictos interminables: guerras dinásticas, luchas civiles, conjuraciones palaciegas. Pero hubo un signo común: la monarquía, tratando de ajustarse a la nueva sociedad, buscó el control de todos los resortes del poder. En el fondo había una tensión inevitable entre burguesía y feudalidad, y las alternativas del enfrentamiento se manifestaron de muchas maneras. Hubo desafíos frontales, como el de Etienne Marcel y los Estados Generales de París, en 1356, que dibujaron prematuramente un modelo de estado moderno parlamentario. Pero tras los esporádicos conflictos frontales, burguesía y feudalidad trataron de aliarse, sobre todo para contener la creciente movilidad social: para fines del siglo xv lo habrán conseguido en casi toda Europa, sin perjuicio de que grupos de uno y otro lado se resistieran al pacto. Así quedó constituida la sociedad feudoburguesa, la que ensayará la segunda expansión europea más allá del océano en el siglo xv, la que constituirá el sustento del mundo moderno hasta el siglo xviii.

Sin duda, el patriciado siguió buscando el apoyo de las clases señoriales para sus grandes empresas económicas cuando implicaban un problema territorial y político. Y sin duda, las clases señoriales trataron de aproximarse a los sectores burgueses que intuían los negocios, descubrían las oportunidades, imaginaban los medios, disponían de los capitales. Cada negocio concreto —a partir de la *commenda*— aproximaba al rico y al noble. Luego estaban las alianzas matrimoniales, la señorialización de tal o cual burgués, el aburguesamiento de tal o cual señor. El lujo dispendioso del patricio enriquecido lo acercó por el modo de vida al noble; la mediocridad económica del aristócrata empobrecido lo hizo descender a una modesta burguesía. Y los escalones intermedios de tan sutil y compleja escala terminaron por crear una gama muy tenue en el sector de las clases altas, dejando quizá de lado cierta gran nobleza cortesana.

Quedó por debajo toda una vasta y diferenciada masa de clase media y clase popular, urbana y rural, que sufrió todos los embates de esa contracción social y económica de la que resultó el reajuste de las situaciones sociales. Fue la que más sufrió las pestes, las hambrunas, la que pagaba los gastos suntuarios, la que absorbía las pérdidas de los empresarios, la que no alcanzaba a obtener participación política en ningún nivel o la perdió rápidamente si alguna vez llegó a tenerla. Esas clases se rebelaban a veces en grandes sublevaciones campesinas o en grandes motines urbanos. Pero eran inexorablemente vencidas y, en el mejor de los casos, sirvieron de instrumento para el ascenso de afortunados aventureros. La Europa de los siglos XIV y XV ofreció el espectáculo de la impotencia de las clases medias y populares, que alcanzó también a los estratos inferiores y quizá medios del bloque feudoburgués.

Entretanto, también se fueron ajustando las relaciones económicas. Los primeros pasos del capitalismo desembocaron en una definida política mercantilista: era la concepción burguesa, la que conducía al pacto. Su núcleo fue la convicción de que sin algún apoyo de la estructura no se podía luchar contra la estructura. O dicho de otro modo: la ampliación del horizonte económico, con la previsible multiplicación de las ganancias, implicaba riesgos y dificultades que no se podían sobrepasar sin el apoyo del poder político. Cuando las burguesías urbanas quisieron integrar un mercado regional para extender sus posibilidades, descubrieron que necesitaban el apoyo de un señor territorial que, eventualmente, afrontara una guerra. Y cuando empezaron a pensar en mercados más extensos aún, allí estaba el monarca o el gran duque que se sentía feliz de brindar protección a tan lucrativa actividad. Los burgueses de las comunas ya no contaban: era necesario ser burgués del rey, esto es, del mercado nacional. Era un trueque de servicios que se complementaban: los Bardi en el siglo xiv, como los Fugger en el xvi, financiaban el poder real.

5. LA SEGUNDA EXPANSIÓN EUROPEA HACIA LA PERIFERIA

A medida que se perfeccionaba el ajuste de la sociedad feudoburguesa se procuró extremar el aprovechamiento de todas las posibilidades que ofrecía el área económica constituida tras la primera expansión hacia la periferia. Pero las posibilidades no eran infinitas ni inagotables. Tras la explosión demográfica del siglo xi se estancó el crecimiento de la población y hubo luego una acentuada retracción desde mediados del siglo xiv. Las sociedades quedaron fijadas y los mercados limitados. Por lo demás las crisis políticas y sociales adquirieron tremenda intensidad y tornaron inseguras o impracticables las rutas, a lo largo de las cuales los mercados se retrajeron. Cada circuito local intensificó su actividad, pero los grandes circuitos sufrieron las consecuencias de los enfrentamientos entre las áreas que se delimitaban trabajosamente a lo largo de duras contiendas. ¿Se organizaría finalmente el estado borgoñón? ¿Dominaría el reino francés la costa atlántica? ¿Conservaría Inglaterra su influencia en Flandes? ¿Se unificarían los estados del Báltico? ¿Lograría unidad interna el Imperio? ¿Prosperarían los reinos de Hungría, Bohemia o Polonia? ¿Sería Barcelona un principado independiente? ¿Unificarían sus intereses Castilla y Aragón? Todo el mapa político de Europa estaba cuestionado, pero tras ese cuestionamiento estaba el de los grandes circuitos económicos, el de la posibilidad de lograr nuevas áreas de influencia, el de controlar ciertas rutas. La economía europea entró en un período de estancamiento.

La más prometedora posibilidad era la del comercio que traficaba con los productos orientales. Desde antes de la primera cruzada, los venecianos habían descubierto la posibilidad de introducirse en el sistema del comercio oriental. En realidad fueron los adelantados de la primera cruzada. Y una vez que los cruzados hubieron logrado establecer señoríos y controlar puertos, ese comercio se multiplicó sobre la base de productos naturales —exóticos para los occidentales— y de la refinada artesanía. Poco a poco se diferenciaron dos nociones. El Oriente significaba, sobre todo, el lujo, según una inextinguida tradición que remontaba a la época romana; pero poco a poco se percibiría que lo que llegaba del Oriente no eran tan sólo objetos elaborados dentro del cuadro de una cultura refinada y diferente, sino también productos que provenían de una naturaleza extraña, desconocida en Europa, como el azúcar y las especias: de la imprecisa y sugestiva noción que evocaba el mundo del Oriente empezó a desprenderse la imagen del mundo tropical.

A lo largo del siglo XIII ese comercio había prosperado y las ondas de su expansión se advertían en toda Europa. Era, en realidad, el gran comercio internacional. Cabía activarlo, y ante las noticias que llegaban acerca de los cambios que se habían producido en el *hinterland* del mundo musulmán, los venecianos —como los castellanos luego— procuraron tomar contacto con el insospechado mundo de los mongoles, acaso posibles aliados de los cristianos occidentales y en todo caso señores de las regiones de donde venían muy deseados productos, la seda entre otros: Marco Polo y sus hermanos cumplieron ese itinerario hasta el corazón de Asia. Pero los resultados no fueron positivos. Fruto de la agitación asiática fue la crisis del mundo de los Seldyucidas y la aparición del creciente poder de los otomanos, que ya en la primera mitad del siglo XIV habían dominado la Anatolia y puesto, finalmente, los pies en Gallipoli sobre la costa europea de los Dardanelos.

Ese nuevo poder trastornó todo el sistema comercial del Mediterráneo. Los otomanos vencieron en 1360 al imperio griego en Andrinópolis, y establecieron allí su capital a la espera de que cayera Constantinopla. Con la victoria de Kossovo en 1389 se aseguraron el dominio de casi toda la península de los Balcanes, y en 1396 vencieron en Nicópolis a los cruzados del rey Segismundo de Hungría, apoyados por la flor de la caballería francesa. Sólo la amenaza de Tamerlán, que los acosaba por la espalda y los derrotó en 1402 en Ankara, pudo obligarlos a detener su avance hacia el oeste. Fue por entonces cuando Portugal —el más occidental de los países de Europa— concibió la idea de buscar su propio mundo tropical y su propio Oriente, explorando las islas occidentales y la costa africana.

En realidad todo empezó a partir de las profundas trasformaciones sociales que Portugal experimentó después de 1380, cuando llegó al poder la dinastía modernizante de los Avis, impulsada por un movimiento burgués. Un país que no había podido hacer frente a la flota castellana cuando puso sitio a Lisboa en 1372 por falta de recursos navales, se transformó en poco tiempo en una gran potencia marítima, sobre todo por el designio pertinaz de uno de los hijos del fundador de la dinastía, el infante don Enrique a quien se llamó el Navegante, que canalizó una tendencia de la nueva sociedad que se consolidó con el cambio dinástico. Desde su castillo de Sagres, en los Algarves, el infante acumuló y sistematizó la escasa experiencia existente sobre la navegación occidental, reunió la cartografía, capacitó las tripulaciones, organizó el saber náutico y perfeccionó la industria naval. Fue una afortunada campaña sobre Ceuta en 1415 lo que lo decidió a emprender esta tarea. Porque al tiempo que había liberado al comercio entre el Mediterráneo y el Atlántico de la amenaza de los piratas musulmanes, había tomado conocimiento de las tierras tropicales de la Guinea.

Cualquiera fuera el lugar donde estuvieran, las tierras tropicales parecían ofrecer insondables perspectivas. Dueños de las islas Madera alrededor de 1420, los portugueses tenían ya cuatro establecimientos al promediar el siglo, cuando se instaló el primer molino para la manufactura de la caña de azúcar. Fuertes capitales internacionales intervenían en el desarrollo de las plantaciones y los ingenios, judíos y flamencos sobre todo, acaso genoveses. Ya en 1456 apareció el azúcar de las Madera en el mercado de Bristol, y no mucho después en Constantinopla, en Venecia, en Génova y, sobre todo, en Amberes, que se transformaría en el gran emporio de la nueva riqueza de Portugal. Las plantaciones de caña y la industria azucarera se extendieron después a las islas Azores, que el gobierno portugués confió a capitalistas flamencos, luego a las islas de Cabo Verde y más tarde al Brasil. Entretanto, un nutrido tráfico de esclavos africanos había empezado a desarrollarse a partir de 1441, y tres años después funcionaba una compañía para la trata en la ciudad de Lagos, bajo la dirección del infante don Enrique. No mucho después se establecía en Lisboa, bajo jurisdicción real, la *Casa dos*

Escravos, al tiempo que Castilla explotaba el mismo negocio en sus posesiones de las islas Canarias. Pero los portugueses siguieron avanzando por la costa africana. Alcanzaron el cabo Bojador en 1434, y en 1441 llegaron al cabo Blanco, al sur del cual erigieron en 1448 el primer fuerte en la bahía de Arguim. Fue en esa zona donde iniciaron el tráfico esclavista que tanta importancia tendría para el desarrollo de las plantaciones. Entretanto, en 1445, llegaron a Cabo Verde, desde donde alcanzarían las islas de Cabo Verde. La muerte del infante don Enrique introdujo una pausa en las exploraciones, pero al reanudarse más tarde llegaron primero hasta la zona ecuatorial y luego en 1488, con Bartolomé Dias, hasta el extremo meridional de África. Una imagen deslumbrante del mundo tropical —la que Camoens elaboraría más tarde en *Os Lusiadas*— empezó a trabajar la mente de los portugueses, quienes muy pronto asociaron el tropicalismo, antes que nada, con el tráfico de esclavos. Por esa vía nacieron nuevas fortunas, se reactivó la agricultura portuguesa y pareció posible una colonización en gran escala de algunas regiones sobre la base de la mano de obra esclava.

Los castellanos tenían cierta tradición marinera en el Atlántico, pues su flota, —nada desdeñable en el juego político y militar de Europa— operaba generalmente desde los puertos de Galicia y Asturias. Por la época de los descubrimientos portugueses habían conseguido poner pie en Canarias, cuya conquista culminó con la ocupación de Palma en 1490 y de Tenerife en 1492, pero desde muchos años antes habían renunciado a competir con Portugal en el área africana, como quedó asentado en el tratado de Alcaçovas de 1479. Fue así como prestaron oídos a otros proyectos y apoyaron el de Colón que culminó en 1492 con el descubrimiento del continente americano.

En los diez años subsiguientes los españoles siguieron explorando afanosamente las costas del Caribe. Los portugueses, entretanto, lograron dar la vuelta al cabo de Buena Esperanza y tocaron Calicut, en la India, en 1498; y poco después, otra flota portuguesa mandada por Pedro Álvarez Cabral, que retomó el camino que acababa de iniciar Vasco da Gama, tocó las costas brasileñas en abril de 1500. Los hitos quedaban marcados. Un vasto esfuerzo económico y militar permitiría en pocos decenios construir los dos grandes imperios coloniales, el portugués y el español.

6. LAS SOCIEDADES QUE CREARON LOS IMPERIOS

Más que las coyunturas políticas y económicas en las que los imperios fueron creados, importa percibir el tipo de sociedad que se constituía desde tiempo atrás en cada uno de los países imperiales. Porque tanto Portugal como los reinos de Castilla y Aragón habían pasado por graves crisis en las remotas vísperas de la empresa transoceánica, y el ímpetu expansivo tuvo mucho que ver con ellas.

Fue en la segunda mitad del siglo XIV cuando se produjo el desencadenamiento de esas crisis, y los procesos que entonces se generaron fueron los que desembocarían fluidamente en una actitud expansiva que no podía satisfacerse en los caminos ya transitados sino en los incógnitos que se ofrecían más allá de los mares. Fue entonces cuando los grupos sociales, las estructuras económicas, los sistemas políticos y las ideologías empezaron a adquirir los caracteres que, madurados, impusieron su sello a la expansión.

La dinastía borgoñona naufragó en Portugal en la tremenda conmoción social que duró de 1383 a 1385. Típica revolución burguesa, recogió los hilos de la crisis de la sociedad tradicional e inauguró una nueva problemática tanto para las viejas como para las nuevas clases. Y de esa sacudida surgió con Juan I la dinastía de Avis, cuya política no podría librarse de las circunstancias originarias, puesto que ella misma encarnó la voluntad de cambio. Fue, en consecuencia, una dinastía modernizadora, dispuesta, sin duda, a satisfacer las aspiraciones de la nobleza tradicional, pero canalizándola dentro del esquema feudoburgués que proponían las nuevas clases.

Bloqueado Portugal en el norte y en el este por Castilla, no faltaron, sin embargo, quienes quisieron tentar la expansión en ese sentido, aprovechando los resentimientos de una enconada lucha dinástica. Pero, tras duras e infructuosas experiencias, el tratado de Alcaçovas cerró esa posibilidad en 1479. Otros sectores, los que mejor representaban la mentalidad renovadora de la revolución de 1383 y de la dinastía de Avis, optaron por explotar las posibilidades que ofrecía el camino del Atlántico. Una estrecha alianza sellada con Inglaterra a partir de 1373 se complementó con el fortalecimiento de las relaciones entre los puertos portugueses y las ciudades flamencas. Pero esa activación comercial sólo satisfacía a los sectores mercantiles de cortas ambiciones. El Atlántico ofrecía mucho más y, sobre todo, lo ofrecía no sólo a los sectores mercantiles sino también a los sectores de la nobleza ambiciosa, empobrecida o a punto de empobrecerse, y especialmente de la pequeña nobleza —los hidalgos— que ponía sus esperanzas en la política renovadora de la casa de Avis. Fueron esas clases las que supieron constituir la alianza feudoburguesa que decidió explorar el Atlántico, las islas occidentales y, sobre todo, el continente africano.

Don Duarte, el segundo de los reyes de la dinastía de Avis, reconoció la existencia de una nueva sociedad. A la tradicional concepción tripartita —expresada reiteradamente en España por esa época—, según la cual se componía de "oradores, defensores y labradores", el rey portugués oponía, en su obra *El Leal Consejero*, una división de la sociedad mucho más diversificada: oradores, defensores, labradores, pescadores, oficiales y menestrales. Pero lo importante es que cada una de esas clases había tomado una fisonomía nueva y singular. A la antigua nobleza empobrecida y agotada había sucedido una nueva nobleza —la que encarnaba el condestable de Juan I, Nuno Alvares Pereira—, ávida de tierras, honores y riqueza, que jaqueaba a la corona exigiéndole donaciones u oportunidades de conquistar bienes. Y en sus últimos escalones se constituía una multitud de *fidalgos mancebos*, desposeídos en virtud del principio del mayorazgo, recelosos de emprender ciertas actividades para no comprometer su condición nobiliaria, y que aspiraban a que la corona les abriera horizontes para ganar las tierras que no tenían.

Pero las tierras estaban en crisis en Portugal. Un acentuado éxodo campesino las dejaba sin cultivar, mientras crecían en las ciudades no sólo una burguesía próspera sino también sectores medios y populares casi miserables. Dos políticas se esbozaban en la primera mitad del siglo xv, representadas por dos de los hijos de Juan I: una, la del infante Enrique el Navegante, que procuraba la expansión ultramarina de Portugal —"desangrándolo", según decían sus adversarios— y otra, la del infante don Pedro, que fue regente de su sobrino Alfonso V, que pugnaba por una intensificación de la agricultura y de la pesca, del comercio marítimo, del tráfico de esclavos, de metales y de especias. La primera parecía atraer a los nobles y la segunda a la burguesía. Pero las dos políticas resultaron coincidentes, a medida que los estratos inferiores de la nobleza se aproximaron a los grupos mercantiles —portugueses e internacionales— que avanzaron en la conquista y colonización de las islas y las costas africanas. No fue en Ceuta ni en Marruecos —conquistado por Alfonso V— donde lograron canalizarse estos intereses paralelos: fue en las islas del Atlántico, donde empezaron las plantaciones y la industria azucarera; fue en el África, donde prosperó el tráfico de esclavos; fue en el vasto imperio oriental erigido por Gama, Almeida y Albuquerque, donde se montaron negocios fabulosos y efímeros; pero fue sobre todo en el Brasil, especialmente después de 1530, donde una explotación metódica creó una inmensa riqueza por obra de los "señores de ingenio", esto es, hidalgos trasmutados en empresarios, sostenidos con el aporte de los capitales que les proporcionaban los intermediarios flamencos y judíos que comercializaban su producción.

Distinto fue el caso de Castilla, estado atlántico hasta mediados del siglo XIII y desde entonces mediterráneo también. Una burguesía de cierto empuje había crecido desde el siglo XI en muchas ciudades que, a su vez, habían recibido directa o indirectamente el impacto de la reactivación comercial, gracias al cual un tráfico interregional y marítimo comenzó a desarrollarse. Pero el vigor de las viejas aristocracias era mucho mayor, y crecía no sólo cuando las necesidades de la defensa frente a los musulmanes obligaban a la corona a convocarla, sino cuando las crisis internas —minoridades o guerras civiles— las dejaban dueñas de la situación. No pudieron las burguesías sobreponerse a ellas, ni siquiera cuando se estrecharon los vínculos con la monarquía; porque aunque se fortalecieron, trabajó su estructura interna no sólo el poder real, celoso de su ascenso, sino también su propia dinámica interior, pues muchos de sus miembros prefirieron la riqueza raíz y eventualmente los honores de la caballería villana o de la hidalguía a las aventuras mercantiles.

Con todo, la alianza con la monarquía tonificó su poder. Pero no fue eso lo importante en su forcejeo con las viejas aristocracias. Lo grave fue que, aun con poder, no tuvieron las burguesías un proyecto capaz de atraer a la aristocracia, ni en la línea de expansión cantábrica ni en la mediterránea. En ambos ámbitos la burguesía castellana había llegado tarde y sólo realizaba operaciones de rutina, muy distintas, por cierto, de las que la burguesía catalana ofreció a los caballeros aragoneses cuando se constituyó la unión de los dos estados en la primera mitad del siglo XII. Por eso surgió allí una sociedad feudoburguesa que tardaba en constituirse en Castilla.

De todos modos, el intento tenía posibilidades mientras se mantuviera un cierto equilibrio entre la burguesía, apoyada por la corona, y la aristocracia. Pero dejó de tenerlas cuando, poco antes de que triunfara en Portugal la dinastía modernizadora de Avis, se precipitó un cambio inverso en Castilla al caer asesinado Pedro I en 1368 por mano de Enrique de Trastamara, su hermano bastardo aliado a Francia. Pedro I había extremado la política antinobiliaria, apoyado en los sectores que tenían los mismos adversarios que él. Y la dinastía de los Trastamara sirvió, en cambio, los intereses de la aristocracia y dejó que sobreviniera una verdadera restauración feudal: nuevas y reiteradas donaciones a los señores debilitaron la hacienda real y transfirieron numerosas ciudades de realengo al poder de los señores.

El viraje fue grave, porque desde entonces se dislocó aún más la política de un país —Castilla— que estaba obligado a jugar en el ámbito de dos economías, acaso en crisis las dos. Los Trastamara carecieron de visión económica y acompañaron el destiempo y la miopía de una aristocracia que no entendía el mundo mercantilista que se constituía y que no estaba dispuesta a ceder el paso a quienes podían entenderlo mejor: una burguesía que, como lo probó en las Cortes de Madrigal de 1438, parecía tener algunas ideas claras sobre la situación y los mecanismos operativos que empezaban a prevalecer. Porque ceder el paso era ceder una parte del poder, y la aristocracia de la época de los Trastamara demostró que era lo único que no estaba dispuesta a hacer. Enfrentamiento entre grupos nobiliarios, problemas dinásticos y las guerras civiles e internacionales que se derivaban de tales cuestiones coincidieron con las preocupaciones latentes por la presencia de los moros en Granada para impedir cualquier intento que significara una apertura, fuera del muy modesto de las islas Canarias.

Los estados levantinos, entretanto, habían ido mucho más lejos desde que el estado territorial de Aragón se uniera a Cataluña en 1137 en época de Ramón Berenguer IV. La comunidad de intereses de la alianza feudoburguesa facilitó la política agresiva de las burguesías catalanas en el Mediterráneo, que desembocó en vastas empresas territoriales y mercantiles: la conquista de las Baleares entre 1229 y 1235, la conquista de Valencia en

1238, la ocupación de Elche y Alicante en 1266, regiones todas donde hubo tierras para los señores y que quedaron incluídas en el área cada vez más amplia de las operaciones comerciales que presidía Barcelona. Esa política no se detuvo. A fines del siglo XIII Pedro III se apoderó del reino de Sicilia, y poco después se desplazaban los almogávares por el Mediterráneo oriental, constituyendo estados cuya soberanía reconocería Pedro IV de Aragón. Y mientras se debatía el problema de la ocupación real de Córcega y Cerdeña, Alfonso V conquistó el reino de Nápoles en 1432. Una cerrada red mercantil creció cada vez más en el Mediterráneo occidental. Fue la época de oro de la burguesía barcelonesa, porque Barcelona era la principal beneficiaria de la intensificación del tráfico dentro de un circuito que ella controlaba. Ascendente en poder económico y en prestigio interno e internacional, la burguesía barcelonesa aspiró a acentuar la autonomía de que disfrutaba en el sistema político de la Corona de Aragón, y comenzó a pensar en la independencia del Principado de Cataluña al morir Alfonso V en 1458. En rigor, se trataba de disolver la alianza establecida tres siglos antes por Ramón Berenguer IV entre las ciudades marítimas y el reino territorial que constituía su *hinterland*, o sea disolver la alianza feudoburguesa que estaba en la base de la sociedad del ámbito político y económico de la Corona de Aragón. Cataluña —Barcelona, fundamentalmente— encabezó la revolución separatista en 1462, pero la sociedad feudoburguesa estaba demasiado comprometida con la estructura total del reino —tanto la territorial como la mercantil— y resistió el intento de secesión. Cuando la revolución fue definitivamente vencida en 1472, quedó reconstituida la alianza o, mejor, quedó reconocido el hecho de que la alianza era irreversible en el reino de Aragón; y el sistema político y económico que integraba quedó consolidado a fines del siglo XV por la campaña de reunificación de Nápoles emprendida por Fernando el Católico.

La unión de Castilla y Aragón, consagrada con el matrimonio de Isabel y Fernando en 1469, pareció inaugurar una nueva etapa. Vivas las experiencias de las últimas guerras civiles en ambos reinos, Isabel y Fernando intentaron y lograron reducir las tendencias insurreccionales de la aristocracia, al mismo tiempo que ordenaban jurídicamente la situación de las burguesías, a las que, por lo demás, se les ofrecerían seguridades y estímulos para su desarrollo. En un último intento decisivo, se desencadenó la ofensiva contra Granada que concluyó con el aniquilamiento del último reino musulmán de la península y la incorporación de su territorio a Castilla. En el mismo campamento de Santa Fe, desde donde se había dirigido la guerra, se firmaron las capitulaciones con Cristóbal Colón para que iniciara su viaje transatlántico. Y poco después, según deseos expresos de la reina Isabel, el cardenal Cisneros inició la conquista del Magreb con la toma de Orán.

Esa aristocracia que había sido sometida sin contemplaciones en Castilla, y que finalmente había acudido a la corte de los reyes para obtener sus favores, no era ya la misma que había sostenido la política feudalizante de los Trastamara, que había resistido, y vencido al fin, el intento centralizador de Álvaro de Luna, y hasta había resistido en un comienzo a los reyes católicos. Era, en rigor, una aristocracia políticamente vencida, pero que conservaba gran parte de su poder social y económico. Sobre todo conservaba su prestigio como estrato social supremo, prestigio que no había podido socavar la formación de grupos mercantiles ni había sido alterado por la gravitación de las nuevas formas de riqueza. Sometida políticamente, siguió predominando cuando la monarquía hizo el ajuste de las fuerzas que la apoyaban, precisamente porque reprimió las pretensiones de las burguesías, a las que además asestó un duro golpe cuando expulsó a los judíos y destruyó todo el sistema de conexiones con la red mercantil y financiera que operaba en Europa.

Aún le quedaba a la burguesía castellana sufrir los embates de sus rivales de Flandes y Alemania, protegidas por la alianza de los Reyes Católicos con los Habsburgo. Pero ya estaba probado que no podía levantar cabeza frente a la aristocracia. Su imponente presencia había empujado hacia la tierra a vastos sectores que, en otras circunstancias que no fueran las de la reconquista, se hubieran inclinado por las actividades mercantiles e industriales y las hubieran reforzado: eran los caballeros villanos o ciudadanos, que desde largo tiempo habían asumido en Castilla el gobierno de los municipios. Pero, además, la aristocracia trasvasaba su prestigio hasta sus más ínfimos escalones, los hidalgos primero, y los que lograban hacerse hidalgos y acaso los que se hacían pasar por tales. Fue para este sector, precisamente, para el que pareció no haber salida en la estructura económica y social de España. No hubo muchas mercedes para los pequeños hidalgos de Extremadura, Castilla, León o Andalucía misma después de la conquista de Granada, sobre la que tenían puestos los ojos voraces las grandes familias nobiliarias, verdaderos poderes insaciables a las que la corona domesticaba enriqueciéndolas. Quizá pensó en esos hidalgos la reina Isabel cuando formuló el programa de expansión de España hacia el Magreb, que inició el cardenal Cisneros. Y quizá pensó en las clases populares, urbanas y rurales, que se apretaban dentro de una estructura económica rígida y sin horizontes. En esa misma línea se inserta el apoyo al proyecto de expedición transoceánica. Los éxitos portugueses —éxitos económicos, sociales— preocupaban a la nueva monarquía española. Pero también preocupaban los problemas sociales y económicos que quedaban planteados, sobre todo en Castilla, después de la recuperación final de todo el territorio español. Momento difícil de la economía, tanto en el área atlántica como en el área mediterránea, las clases no privilegiadas —inclusive las que sólo eran nominalmente privilegiadas— no tenían acceso a la tierra, monopolizada por las grandes familias. La industria y el comercio tenían escasas perspectivas para las burguesías españolas en un mundo que se cerraba —el Mediterráneo— o en un mundo que estaba regulado de manera férrea desde hacía algunos siglos y que avanzaba cada día más en esa férrea regulación, como era el Atlántico. Una vez más la expansión hacia la periferia parecía la única solución, y España la halló, como la hallaría Portugal, en un momento crucial de su desarrollo.

2. EL CICLO DE LAS FUNDACIONES

Una vez alcanzadas las costas americanas y reconocido el litoral, los españoles primero y los portugueses después, comenzaron el proceso de ocupación del territorio. A partir del establecimiento de la Isabela en la Hispaniola en 1493, y a lo largo del siglo xvi, ese proceso se cumple mediante la fundación de numerosas ciudades, actos políticos que desde el primer momento se formalizan. El marco institucional es común: se apoya en una legislación homogénea, en costumbres muy arraigadas y en prescripciones prácticas análogas, si no idénticas. Inicialmente, pues, los fenómenos urbanos son similares, tan similares como son los textos de las actas de fundación o los primeros actos institucionales de reparto de solares o de establecimiento de cabildos. Precisamente, uno de los aspectos más importantes del desarrollo urbano en Latinoamérica consiste en la progresiva diferenciación de ciudades y de procesos urbanos que han comenzado por ser idénticos. Esa similitud inicial constituye un hecho básico para explicar los conflictos entre las condiciones impuestas en un principio y las necesidades y posibilidades que aparecieron luego en cada lugar y en cada circunstancia.

Ciertamente, el territorio y las poblaciones americanas impusieron ciertos rasgos a la ocupación primero, y a la colonización después. Las distancias, los accidentes geográficos, la sorprendente novedad de la fauna y la flora, las particularidades climáticas y, sobre todo, los insospechados caracteres de las culturas aborígenes, sorprendieron a los conquistadores y les impusieron cierto tipo de conducta: los dos términos del proceso contribuyeron a asignarle fisonomía peculiar.

La mayor sorpresa de los conquistadores fue, sin duda, la que les deparó el descubrimiento del mundo tropical. No toda América lo era, ni lo era toda el Asia o el África. Pero los conquistadores tenían la obsesión del mundo tropical —un ámbito económico complementario de la Europa templada—, cuyos productos habían llegado al Mediterráneo sin que los europeos pudieran conocer durante mucho tiempo sus lugares de origen; y como dieron con las zonas tropicales de África, América y Asia, identificaron el mundo colonial con el tropicalismo. Así, la vieja imagen de Oriente se trasmutó en la de un mundo del trópico. En él aprendieron a conocer una naturaleza sorprendente y húmeda. Pero también aprendieron a conocer un mundo que poseía otra escala. La magnitud de los accidentes geográficos —ríos, montañas, lagos, islas, selvas—, así como la experimentación de las enormes distancias que tenían que recorrer para alcanzar sus objetivos, condicionaron su óptica y sus reacciones: quizá por eso apareció un europeo colonial, un hombre nuevo que extremaba algunas de las actitudes que habían empezado a aparecer en los que participaron de las cruzadas. A muchos de ellos, el mundo europeo comenzó a parecerles estrecho y monótono.

Pero el proceso tuvo otros rasgos. Quienes aceptaron la misión de ocupar el territorio y de fijar en él ciudades que les sirvieran de punto de apoyo, no tuvieron durante mucho tiempo una idea muy clara de los objetivos concretos que perseguían. El apoderamiento de cosas que encontraron al alcance de la mano —el palo brasil o el oro— engendró una actitud muy diferente de la que tuvieron que adoptar cuando descubrieron que la verdadera riqueza exigía trabajo organizado: la plantación y elaboración de caña de azúcar, la cría de ganado, la explotación de minas. Durante mucho tiempo aquella primera actitud pareció la adecuada para el aventurero que venía a América: llegar a apoderarse de la riqueza y volver. Constituyó un esfuerzo importante reducir esa actitud a la del empresario que, para volver con riquezas, necesitaba producirlas. Fue, sin embargo, un esfuerzo que se hizo pronto, aun cuando las dos actitudes quedaron oscuramente entrecruzadas en la conciencia del europeo colonial, que no estaba seguro de si era hombre de Europa u hombre de América.

Quizá lo que más lo confirmó en su condición de europeo fue la gente americana y su cultura, todo profundamente ajeno a él. La dominación de las poblaciones aborígenes tenía muchos matices y había que elegir una conducta: o someterlas para que sirvieran como mano de obra en el plan de producción de riquezas, o protegerlas y evangelizarlas. Acaso las dos, combinadas y justificadas con argumentos que concluyeron por parecer válidos. Pero en última instancia ningún europeo dudó de que era un conquistador, con todos los derechos que da la victoria; y en este caso era una victoria sobre infieles, como las que antes había obtenido sobre los musulmanes. La ciudad fue europea en un mundo poblado por otras gentes y con otra cultura.

Por eso adquirió el conquistador la certidumbre de que la lucha no tenía cuartel. El grupo que se instalaba sobre el territorio para tomar posesión de él había llegado a través de caminos desconocidos y había cortado el contacto con la retaguardia. Todos quemaban las naves. En esas condiciones la única estrategia posible era la de la lucha desesperada hasta el fin. De allí el tipo de poder que se estableció después de la victoria, en el baluarte que la consagraba: la ciudad fortificada.

La toma de posesión del territorio fue total. Se le dio una fundamentación jurídica y teológica, construida sobre montañas de argumentos; pero el conquistador vivió su propia fundamentación, que era indiscutible porque estaba basada en un acto de voluntad y era, en el fondo, sagrada. Se tomó posesión del territorio concreto donde se ponían los pies y se asentaba la ciudad; pero además del territorio conocido, se tomó posesión intelectual de todo el territorio desconocido; y se lo repartió sin conocerlo, indiferente a los errores de centenares de leguas que pudiera haber en las adjudicaciones. Así, las jurisdicciones quedaron fijadas en derecho antes de que pudieran fijarse de hecho. El establecimiento fue siempre formal al mismo tiempo que real; pero el establecimiento formal superaba el alcance del real.

Todo eso hizo que la ciudad fuera el núcleo del proceso. Desde ella —ya erigida o todavía embrionaria— habría de convertirse la virtualidad en realidad.

1. LAS CIUDADES Y LAS FUNCIONES PREESTABLECIDAS

Desde el fuerte Navidad y la Isabela, las numerosas ciudades fundadas por los conquistadores españoles y portugueses constituyeron núcleos destinados a concentrar todos sus recursos con el fin de de afrontar no sólo la competencia por el poder sino también la competencia étnica y cultural entablada con las poblaciones aborígenes en el marco de la tierra conquistada y por conquistarse. Las ciudades fueron formas jurídicas y físicas que habían sido elaboradas en Europa y que fueron implantadas sobre la tierra americana, prácticamente desconocida. Pedro Mártir de Anglería las llama "colonias", porque parecían meros puestos avanzados de España. En el momento de implantarlas se les adjudicó una función o, mejor dicho, se las implantó para que cumplieran una función preestablecida. Y comenzaron cumpliendo esa función, sin perjuicio de que su desarrollo posterior las diferenciara. La ciudad latinoamericana comenzó, la mayoría de las veces, siendo un fuerte. No podía ser de otra manera, cuando los conquistadores, además de los inmensos e insospechados obstáculos naturales, tenían que enfrentarse con la hostilidad de las poblaciones indígenas y con las luchas entre ellos mismos por la posesión de ciertas regiones disputadas. Al finalizar la *Cuarta Década* escribe Pedro Mártir de Anglería esta terrible frase: "Lo diré en pocas palabras, porque todo esto es horrible y nada agradable. Desde que concluyeron mis *Décadas* no se ha hecho otra cosa que matar y ser muertos, asesinar y ser asesinados".

Fuertes fueron, pues, las primeras fundaciones. Dice Hernán Cortés en la carta escrita al emperador en 1520: "Dejé en la villa de Veracruz ciento cincuenta hombres con dos de a caballo, haciendo una fortaleza que ya tengo casi acabada". En términos semejantes se refieren Ulrico Schmidl a la primera fundación de Buenos Aires en 1536 y Ruy Díaz de Guzmán al primer establecimiento en Asunción en 1537; pero el testimonio más expresivo es el de Pedro de Valdivia, en carta al emperador en 1545: "Determiné hacer un cercado de estado y medio de alto, de mil y seiscientos pies en cuadro, que llevó doscientos mil adobes de a vara de largo y un palmo de alto, que a ellos y a él hicieron a fuerza de brazos los vasallos de V.M., y yo con ellos, y con nuestras armas a cuestas, trabajamos desde que lo comenzamos hasta que se acabó, sin descansar hora, y en habiendo grita de indios se acogían a él la gente menuda y de bagaje, y allí estaba la comida que teníamos guardada, y los peones quedaban a la defensa, y los de caballos salíamos a correr el campo y pelear con los indios, y defender nuestras sementeras". Lo mismo hizo Martín Alfonso de Sousa en San Vicente y en Río de Janeiro en 1532; en Recife, donde ya los franceses habían erigido un fuerte, fue levantado otro por los portugueses, y lo mismo se hizo en Olinda y en Salvador de Bahía, y más tarde en Montevideo.

La ciudad-fuerte fue la primera experiencia hispanoamericana. Tras los muros se congregaba un grupo de gente armada que necesitaba hacer la guerra para ocupar el territorio y alcanzar la riqueza que suponía que estaba escondida en él. Necesitaba de los indígenas como intermediarios, tanto para obtener alimentos en medio de una naturaleza desconocida, como para hallar el secreto de la riqueza: las perlas de la costa venezolana, el oro y la plata, que antes de aparecer en grandes cantidades se mostraron promisoriamente y acuciaron la codicia de los conquistadores. Pero el conquistador necesitaba a los indígenas sometidos, o mejor dicho, sometidos y al mismo tiempo benevolentes. De esta duplicidad nació una política de aculturación y de mestizaje. La ciudad-fuerte fue su primer instrumento. Así nacieron las ciudades nombradas, y antes que todas el fuerte Navidad. Y luego las ciudades de frontera contra los indios, como Valdivia, Concepción y La Serena en Chile, Santa Cruz y Tarija en Bolivia. E igualmente las de avanzada, como las que siguieron a la fundación de Nueva Cádiz y Coro en Venezuela, o a la de Baracoa y Bayamo en Cuba. En innumerables ciudades latinoamericanas hay un fuerte en sus orígenes.

Otras veces, la ciudad latinoamericana comenzó como un puerto de enlace, cuyas funciones de bastión mercantil se complementaron en algunos casos con las de mercado, convirtiéndola en una ciudad-emporio.

Punto de llegada y de partida de las flotas metropolitanas, la ciudad se levantó sobre un puerto natural, a veces sin considerar las condiciones del terreno desde el punto de vista de su aptitud para el establecimiento de una población fija. Santo Domingo, Portobelo, La Habana, Panamá, Veracruz, Cartagena, Salvador de Bahía, Recife nacieron y perpetuaron esa función. La política económica de la corona consagró la creciente importancia de algunos puertos, al asignarles un papel fundamental en el tráfico marítimo con la metrópoli. Así ocurrió con Portobelo y Veracruz a partir del momento en que se estableció el sistema de flotas y galeones. Cosa semejante ocurrió con Acapulco, que concentró el tráfico con Filipinas; con Panamá y con El Callao, que se constituyeron en los dos términos del transporte de la plata por el Pacífico para su posterior transbordo a las naves que cruzarían el Atlántico; con Salvador de Bahía y Recife, por donde salía la producción azucarera. Esta concentración de funciones comerciales en algunos puertos, destinada a asegurar el mecanismo monopolista y, sobre todo, el control fiscal, estimuló el desarrollo de tales ciudades, en las que se reunió el dispositivo militar de defensa, las industrias navieras de reparación, los grupos mercantiles, las oficinas administrativas gubernamentales y, naturalmente, toda la población subsidiaria que atrae siempre un centro de esa naturaleza.

La ciudad-puerto, llena de vida por la variedad de sus actividades y por las múltiples posibilidades que ofrecía y próspera por la concentración de riqueza que se operaba en ella, atrajo la codicia de los piratas y corsarios. Fueron varias las que sufrieron sus ataques —San Juan de Puerto Rico, Panamá, Santiago de Cuba, La Habana— y algunas fueron destruidas. Para evitar ese peligro se las amuralló y, algunas veces, se las dotó de un castillo o "morro". Aún conserva su poderosa muralla y sus fortificaciones Cartagena de Indias y están en pie los morros de La Habana y de San Juan de Puerto Rico. Al acecho de las ciudades del Caribe se desarrollarán los nidos de piratas en las islas desiertas. Esas circunstancias hacían de las ciudades-puerto focos de intensa actividad militar y solía haber movilización de toda la población en caso de amenaza.

Pero algunas ciudades-puerto adquirieron otras características. El sistema monopolista estimuló un desarrollo paralelo del comercio ilegal. Buenos Aires, fundada por segunda vez en 1580, padeció una situación de inferioridad económica a causa de la diferencia que la separaba de los puertos autorizados para la entrada de mercaderías europeas, que sólo llegaban a ella a través de Portobelo y Lima. La consecuencia fue la aparición de un contrabando intenso y metódico, que estableció sus bases en las colonias portuguesas. Gracias a él prosperó y subsistió Buenos Aires. En rigor había nacido como resultado del impulso de las regiones mediterráneas del sur en busca de una salida autónoma, que evitara su dependencia de los puertos del Pacífico y fuera una "puerta para la tierra", en relación directa con España a través del Atlántico. Y como puerto adquirió, finalmente, una función análoga a la de los puertos establecidos por la metrópoli en el Caribe y en el océano Pacífico.

En ocasiones, la ciudad latinoamericana fue originariamente sólo un punto de etapa, un centro de reagrupamiento de personas y cosas para asegurar la prosecución de la marcha hacia regiones lejanas o peligrosas.

Un caso muy característico fue el de Puebla de los Ángeles, en México, fundada en 1531. La segunda Audiencia resolvió establecerla para que sirviera como escala segura en el camino entre el puerto de Veracruz y la ciudad de México, en cuyo curso había dos importantes ciudades indígenas que cumplían también esa función, Tlaxcala y Cholula. Más significativo aún fue el caso de Asunción, fundada en 1537 por Juan de Salazar en un lugar elegido —según dice Ruy Díaz de Guzmán— "por parecerle el puerto bueno y escala para la navegación del río". Allí llegaron desde el Río de la Plata los que querían encaminarse hacia la sospechada región de las minas, y llegaron también los sobrevivientes de la expedición de Álvar Núñez Cabeza de Vaca, luego de su fabulosa marcha desde las costas del golfo de Santa Catalina a través del Brasil; y desde allí partieron, en tiempos de Álvar Núñez y de Irala, las expediciones que, como la de Juan de Ayolas, persistían en abrir una ruta hacia el Perú. Fracasados esos intentos, la progresiva ocupación de la región circundante y la estrecha relación establecida con los guaraníes aseguraron el porvenir de Asunción, que de "casa fuerte" y ciudad de etapa pasó a ser ciudad en 1541 por el designio del vecindario establecido en ella.

De estilo análogo fueron las fundaciones realizadas en el actual territorio argentino a lo largo de los valles longitudinales de la cordillera de los Andes, como Jujuy, Salta, Londres, luego llamada Catamarca, La Rioja, San Juan y Mendoza, o las que jalonaron el camino desde el Alto Perú hasta el Río de la Plata, como Salta, Tucumán, Santiago del Estero y Córdoba.

Las largas distancias y la hostilidad de las poblaciones indígenas exigían estas fundaciones. Hablando de Loja, en el Ecuador, dice Cieza de León: "El sitio de la ciudad es el mejor y más conveniente que se le pudo dar para estar en comarca de la provincia; y porque los españoles que caminaban por el camino real para ir a Quito y a otras partes corrían el riesgo de los indios de Carrochamba y de Chaparra, se fundó esta ciudad como ya está dicho". La calidad del sitio dependía de diversas circunstancias. Una posición alta y fácilmente defendible en las regiones montañosas —como aquella donde se había instalado antes un pucará indígena— podía ser elegida. Pero otras circunstancias podían también decidir la elección. Un vado o un puente eran lugares favorables, como lo eran una "aguada" —esto es, una cuenca de concentración de aguas —o un cruce de caminos. En el lugar favorable —simplemente, en el lugar obligado— podía surgir una capilla o una "posta", y alrededor de ese núcleo la ciudad surgía: el caserío primero, la aldea después. En otras ocasiones, la ciudad latinoamericana fue levantada sobre el lugar de una ciudad indígena. Allí donde las hubo, unas pocas alcanzaron cierta magnitud y dos de ellas —México y Cuzco— impresionaron fuertemente a los españoles. "Es tan grande la ciudad como Sevilla o Córdoba", escribió Hernán Cortés hablando de Tenochtitlán; y agregaba más adelante: "Tiene otra plaza tan grande como dos veces la ciudad de Salamanca, toda cercada de portales alrededor, donde hay cotidianamente arriba de sesenta mil ánimas comprando y vendiendo", y continúa la descripción lleno de admiración y sorpresa. Sin embargo la ciudad fue destruida y sobre el lugar se erigió otra de estilo europeo. La nueva México fue trazada como un cuadrilátero; se consagró el lugar del templo cristiano aproximadamente en el mismo sitio donde había estado el santuario indígena, y se echaron las bases del fuerte; luego se distribuyeron los solares, y poco a poco comenzaron a levantarse las nuevas construcciones con las viejas piedras de los monumentales edificios indígenas. La obra comenzó en 1523, según las órdenes de Cortés.

En el Perú —según dice Cieza de León— "en ninguna parte se halló forma de ciudad con noble ornamento si no fue en este Cuzco, que era la cabeza del imperio de los incas y su asiento real". La rica ciudad indígena asombró a los conquistadores. "Debió ser fundada por gente de gran ser", dice Cieza de León, y la describe en estos términos: "Había grandes calles, salvo que eran angostas, y las casas hechas de piedra pura, con tan lindas junturas que ilustra la antigüedad del edificio, pues estaban piedras tan grandes muy bien asentadas. Lo demás de las casas todo era madera y paja o terrados, porque teja, ladrillo o cal no vemos reliquia de ello. En esta ciudad había en muchas partes aposentos principales de los reyes incas, en los cuales el que sucedía en el señorío celebraba sus fiestas. Estaba asimismo en ella el magnífico y solemne templo del sol, al cual llamaban Coricancha, que fue de los ricos de oro y plata que hubo en muchas partes del mundo". La ciudad sufrió los estragos de la guerra y, como dice Cieza, "la reedificó y tornó a fundar el adelantado don Francisco Pizarro, gobernador y capitán general de estos reinos, en nombre del emperador Don Carlos, el año de 1534, por el mes de octubre".

A diferencia de lo que ocurrió en Tenochtitlán, la Cuzco española conservó en parte la traza de la ciudad indígena y, como en México, perpetuó la significación tradicional de ciertos lugares. Sobre las ruinas del templo de Viracocha y aprovechando sus cimientos, fue erigida la catedral, en tanto que sobre el solar del palacio de Guaina Capac se levantó la iglesia de la Compañía de Jesús. Ambas bordean la plaza Mayor, que no es sino el viejo "Andén del llanto" o plaza de la vieja ciudad india.

Fuera de México y Cuzco, otras ciudades latinoamericanas se instalaron sobre pequeños poblados indígenas, situados en lugares ventajosos o cerca de ellos: entre muchos, Cholula, Bogotá, Quito, Huamanga, Chuquisaca, Mendoza, y en cierto modo la misma San Pablo en Brasil. Pero del antiguo poblado no quedó casi nada y, poco a poco, la planta regular de la ciudad y la edificación europea lo cubrieron completamente, sin perjuicio de que apareciera o subsistiera como suburbio indígena, como Piura en Perú. Acaso permaneció el mercado y, de todos modos, perduró la atracción del lugar y, a causa de ella, cierta interdependencia social que contribuiría a fijar la fisonomía de la ciudad, española, mestiza e indígena al mismo tiempo.

La vigorosa atracción de las zonas mineras provocó la aparición de un tipo de ciudad latinoamericana de muy singulares caracteres. Obedeciendo a esa atracción fueron fundadas Taxco y Guanajuato en México, Villa Rica en Brasil. Pero sin duda fue Potosí la ciudad más característica de este tipo.

Fundada en 1545, poco después del descubrimiento del Cerro Rico, Potosí tenía, ochenta años después, "vecindad de cuatro mil casas de españoles, y siempre tiene de cuatro a cinco mil hombres". Así decía el autor de la *Descripción del Perú* atribuida a "un judío portugués" y escrita a principios del siglo XVII. Y agregaba: "Parte de ellos, que se ocupan en el beneficio de las minas, y otros que son mercaderes traficantes por todo el reino con sus mercaderías y otros con cosas de comer, y con candelas de sebo de que se gasta en las minas todos los días una cantidad infinita, y otros que viven de sus aventuras y juegos y de ser bravos". La descripción agrega que "moran alrededor de la villa, en casas de paja, mas de cuarenta mil indios, todos dedicados para entrar a trabajar en las minas, y acuden todos los meses a sus ayllos que son provincias; los envían los corregidores y los llevan alcaldes de indios, y acuden a sus mitas conforme sus repartimientos; ansí acuden a trabajar, y algunos vienen de mas de ciento y cincuenta leguas de camino".

Cieza de León destaca, poco después de la fundación, la importancia del mercado de Potosí y señala que "fue tan grande la contratación, que solamente entre indios, sin intervenir cristianos, se vendía cada día, en tiempo que las minas andaban prósperas, veinte y cinco y treinta mil pesos de oro, y días de más de cuarenta mil; cosa extraña, y que creo que ninguna feria del mundo se iguala al trato de este mercado".

También fue característica la ciudad de Villa Rica de Albuquerque, la actual Ouro Preto, fundada en 1711, "atendiendo a las riquezas que prometían las minas que hace tanto tiempo que se trabajan en estos morros y arroyos, y a ser la parte principal de estas minas donde acude el comercio y la hacienda que de ellas brota para los demás". Tres años después de su fundación, el municipio que había instalado el gobernador Antonio de Albuquerque podía ya pavimentar las calles y construir los puentes, levantar edificios públicos y asegurar el aprovisionamiento de agua. Seis arrobas de oro pagaba ya Villa Rica al Tesoro Real.

El crecimiento de las ciudades mineras siguió el curso de las explotaciones porque, generalmente, el sitio elegido no tenía otra ventaja que la proximidad de las minas. Pero mientras prosperaron se fue creando un centro de atracción que dejó como recuerdo duradero la estructura física de una ciudad grande y rica y un sistema de intereses que se resistió a desaparecer.

Como centro militar y político la ciudad latinoamericana fue muchas veces una institución, esto es, una expresión física de una situación legal y política. El conquistador que había recibido ciertos derechos territoriales por la vía de una capitulación o donación, estaba obligado a tomar posesión de su territorio. Pero tal territorio solía ser desconocido y su descripción y aun sus dimensiones eran puramente hipotéticas. Una vez sobre el terreno, el colonizador tenía que transformar en realidad esa hipótesis. Para tomar posesión necesitaba producir un hecho, y consistió generalmente en la fundación de ciudades.

Desde cierto punto de vista, la mayoría de las ciudades latinoamericanas del siglo XVI respondieron a esas exigencias de las circunstancias, empezando por Santo Domingo, establecida en 1496. Caso semejante fue el de las ciudades fundadas en la Hispaniola y en Cuba durante las primeras décadas del siglo XVI, y el de las establecidas por los portugueses en la costa brasileña a partir de la fundación de San Vicente en 1532. Pero donde esta exigencia se hizo más evidente fue en las regiones donde aparecieron conflictos jurisdiccionales. Quizá el caso más representativo sea el de Santa Fe de Bogotá, fundada en 1538 por Jiménez de Quesada y refundada al año siguiente en presencia de los tres conquistadores que habían coincidido en la sabana: Quesada, Benalcázar y Federman. Caracteres semejantes tuvieron las fundaciones de varias ciudades interiores de la Argentina actual. Disputaron la región noroeste los hombres que obedecían directamente al gobierno de Lima y los que obedecían al gobernador de Chile, Pedro de Valdivia. Los primeros fundaron la ciudad del Barco, pero los segundos dispusieron abandonarla y fundar dentro de su jurisdicción la de Santiago del Estero en 1553. Más curioso es aún el caso de la ciudad de Mendoza, que mandó fundar en 1561, para perpetuar su nombre en vísperas de su anunciado remplazo por un rival, el gobernador de Chile, García Hurtado de Mendoza. Un año después su sucesor, Francisco de Villagra, mandó a Juan Jufré a que la fundara de nuevo "por cuanto dicho asiento —dice el acta de la segunda fundación— no estaba en parte competente, y para el bien y aumento y conservación de los vecinos y moradores que en ella han de estar y residir convenía, por estar metidos en una hoya y no darle los vientos que son necesarios y convenientes para la sanidad de los que en ella viven y han de vivir". La segunda ciudad, cuando prácticamente no había comenzado a erigirse la primera, debía llamarse "ciudad de la Resurrección; el cual dicho nombre mandaba y mandó que en todos los actos y escrituras públicas y testamentos, y en todos aquellos que se acostumbra y suelen poner con día, mes y año, se ponga su nombre como dicho tiene, y no de otra manera, so pena de la pena en que caen e incurren los que ponen en escrituras públicas nombres de ciudad que no está poblada en nombre de Su Majestad y sujeta a su dominio real". Este acto perfeccionaba la jurisdicción de la gobernación de Chile sobre la región transcordillerana que se conocía con el nombre de Cuyo.

Tan importantes como las ciudades de tipo europeo fueron en algunas regiones latinoamericanas los poblados de indígenas. De los poblados antiguos y autóctonos, algunos fueron, en cierta medida, incorporados y reordenados dentro del nuevo sistema colonial. Pero independientemente comenzaron a organizarse nuevos pueblos de indios ya concebidos de acuerdo con ese sistema. Tal fue el resultado, sobre todo, de las misiones y reducciones que organizaron las distintas órdenes religiosas.

En México, el obispo Vasco de Quiroga desarrolló un singular plan de protección de los indígenas. Para evitar su explotación y exterminio, estableció en Michoacan un conjunto de comunidades cuya organización se inspiraba tanto en las ideas de Erasmo y de Tomás Moro como en sus propias observaciones acerca de las tendencias sociales y culturales propias de los indios. Fueron, en principio, hospitales y asilos, pero pronto se hicieron pueblos, y entre ellos fue fundada por el virrey Mendoza la ciudad de Valladolid, hoy Morelia. Organizados a la manera tradicional y dedicados a las labores que les eran propias, los indios constituyeron, sin embargo, centros urbanos que encuadraban dentro de la concepción colonizadora. Las formas de trabajo seguían siendo las mismas, pero las relaciones de dependencia y la catequesis religiosa obraban lentamente sobre los indios, conduciéndolos hacia una progresiva integración con los grupos españoles, o mejor, hacia una benévola aceptación de la dependencia.

Análogo sentido tuvieron las misiones dominicas, capuchinas, mercedarias y, sobre todo, franciscanas y jesuíticas. Estas últimas fueron las más numerosas y las mejor organizadas dentro de un sistema muy definido de ideas, tanto en lo político como en lo socioeconómico y en lo espiritual. Hubo experimentos importantes en diversos lugares: México, Colombia y Venezuela, Perú y Brasil. Pero tienen un interés particular las que se establecieron en Moxos y Chiquitos y en el Paraguay. En esta última región se fundaron treinta pueblos de fisonomía idéntica: un trazado en damero con una plaza en el centro, alrededor de la cual se ordenaban la iglesia, el convento, el cementerio, los talleres, la cárcel y el cabildo. Dedicados al trabajo agrícola, los pobladores —que llegaron a los tres mil— llevaban una vida cuidadosamente regulada dentro de sus pueblos, pero en situación de total aislamiento. Entretanto, las reducciones de indios sirvieron también de base algunas veces a nuevos pueblos. Tal fue el caso de la reducción de los Quilmes, al sur de Buenos Aires, que se constituyó con un grupo indígena trasladado de los valles calchaquíes en 1669, después de dominada su terrible insurrección. Y origen semejante reconocen las ciudades de Itatí, Jesús María, Río Cuarto y Baradero, todas en Argentina.

En Brasil se dio el caso más notable de transformación de un centro misional en una gran ciudad: el de San Pablo. La misión fue establecida en 1554 por los jesuitas a iniciativa del padre Manuel de Nóbrega, provincial del Brasil con sede en San Vicente. La instalaron trece religiosos, entre los que muy pronto se destacaría el padre José de Anchieta, en la aldea indígena de Piratininga, a la que se incorporaron los indios que seguían a los caciques guayanazes Tebiriçá y Caiubí; "y a ejemplo de los dos famosos indios, tantos fueron los que descendieron de sus sertones que ya no cabían en la aldea".

El centro de la nueva fundación fue el colegio de los jesuitas y la iglesia, y a su alrededor se levantaron las chozas de los indios. Dos años después de la fundación, ya nuevas construcciones de adobe remplazaban las originales y muy precarias del colegio y la iglesia, y comenzaron a aparecer algunas casas del mismo material mientras se construían los muros y empalizadas para defender la nueva población. No mucho después acudían a San Pablo gentes diversas que variarían el carácter originario; los bandeirantes transformaron la ciudad en una base de operaciones para la cacería de indios que luego se vendían como esclavos, con lo que San Pablo se convirtió en importantísimo mercado de "esclavos rojos"; y hombres de negocios —como Jorge Moreira y los Sardinha— amasaron un gran capital en toda clase de empresas. Eran ellos los que predominaban en la Cámara, órgano del gobierno municipal que comenzó a funcionar en San Pablo hacia 1560.

2. LOS GRUPOS URBANOS ORIGINARIOS

La implantación física de las ciudades constituyó un hecho decisivo para la ocupación del territorio americano por los conquistadores europeos. Y no sólo en relación con las zonas de influencia de cada ciudad sino también en relación con el conjunto, puesto que las ciudades se organizaron como una red urbana por obra de la autoridad centralizada de las metrópolis. El sistema de comunicaciones entre las distintas ciudades dibujó el mapa unitario del continente, cuyas regiones habían estado hasta entonces incomunicadas. Pero el hecho de la ocupación fue el resultado de la fundación misma de las ciudades. Y con esto quedó planteado un problema nuevo, puesto que en el territorio ocupado se instalaba una nueva sociedad y un nuevo proyecto económico. La implantación de la ciudad latinoamericana, efectivamente, significó el planteo de un problema socioeconómico nuevo en el área continental, derivado, al mismo tiempo, de la situación de origen de los conquistadores y de las perspectivas que se abrían en el nuevo escenario donde comenzaba a actuar el grupo urbano originario. Éste es el núcleo de la nueva situación. Si la ciudad fue la protagonista de la ocupación del territorio, el grupo urbano originario fue el protagonista de la vida de la ciudad y de cuanto ella operó sobre su contorno. Compuesto por aquellos a quienes convocó el fundador, el grupo no era necesariamente homogéneo, o mejor, no tendría por qué parecer homogéneo en su país de origen; pero las circunstancias lo hicieron homogéneo, puesto que unieron a sus miembros frente a una misma situación. Acaso el grupo se comportara como si fuera homogéneo; pero de todos modos pesaba sobre cada uno de sus miembros su tradición originaria y, sobre todo, los vestigios de su inserción en la sociedad de que provenía.

Algunos textos ilustran sobre este problema. A fines del siglo XVI, el cosmógrafo y cronista de Indias, Juan López de Velazco, escribía en su *Geografía y descripción de las Indias* estas palabras sobre los españoles que pasaban a Indias: "Los españoles en aquellas provincias serían muchos más de los que son, si se diese licencia para pasar a todos los que la quisiesen; pero porque comunmente se han inclinado a pasar de estos reinos a aquéllos los hombres enemigos del trabajo, y de ánimos y espíritus levantados, y con más codicia de enriquecerse brevemente que de perpetuarse en la tierra, no contentos con tener en ella segura la comida y el vestido, que a ninguno en aquellas partes le puede faltar con una mediana diligencia en llegando a ellas, siquiera sean oficiales o labradores, siquiera no lo sean, olvidados de sí se alzan a mayores, y andan ociosos y vagabundos por la tierra pretendiendo oficios y repartimientos; y así se tiene esta gente por de mucho inconveniente para la quietud y sosiego de la tierra, y por eso no se da licencia para pasar a ella sino a los menos que se puedan, especialmente para el Perú donde ha sido esta gente de mayor inconveniente, como lo han mostrado las rebeliones y desasosiegos que en aquellas provincias ha habido, y así solamente se permiten pasar los que van con oficio a aquellas partes, con los criados y personas de servicio que han menester limitadamente, y los que van a la guerra y nuevos descubrimientos, y los mercaderes y tratantes y sus factores, a quienes dan licencia por tiempo limitado, que no pasa de dos o tres años, los oficiales de Sevilla, y esto cargando de hacienda suya propia hasta cierta cantidad. Y no se consiente pasar a las Indias extranjeros de estos reinos, ni portugueses a residir en ellas ni contratar, ni de estos reinos los que fueron de casta de judíos o moros, o penitenciados por la Santa Inquisición, ni los que siendo casados fueren sin sus mujeres, salvo los mercaderes y los que van por tiempo limitado, ni los que han sido frailes, ni esclavos berberiscos, ni levantiscos, sino sólo los de Monicongo y Guinea, aunque, sin embargo de la prohibición y diligencia que se pone para que no pase nadie sin licencia, pasan a todas partes bajo el nombre de mercaderes y de hombres de la mar".

Mucho después, haciendo el balance de cómo habían ocurrido en realidad los hechos, Antonio de Ulloa y Jorge Juan resumían así en sus *Noticias Secretas*, publicadas en 1735, sus observaciones acerca de los grupos originarios: "Los europeos y chapetones que llegan a aquellos payses son por lo general de un nacimiento baxo en España, o de linaje poco conocido, sin educación ni otro mérito alguno que los haga muy recomendables [...] Como las familias legítimamente blancas son raras allá, porque en lo general sólo las distinguidas gozan de este privilegio, la blancura accidental se hace allí el lugar que debería corresponder a la mayor jerarquía en la calidad, y por esto en siendo europeo, sin otra más circunstancia, se juzgan merecedores del mismo obsequio y respeto que se hace a los otros más distinguidos que van allá con sus empleos, cuyo honor les debería distinguir del común de los demás".

Estos textos corroboran la imagen que las crónicas dan de los grupos urbanos originarios. Predominaba en ellos la gente de condición humilde pero aventurera, codiciosa y dispuesta a prosperar. América fue, en efecto, una oportunidad para los que buscaban el ascenso económico y social. Gentes sin tierras y sin nobleza, buscaban ambas cosas en el nuevo mundo. Tal actitud era contraria a la radicación definitiva y al trabajo metódico y continuado. El éxito en tierra americana consistía para el nuevo poblador en alcanzar una posición social análoga a la de los hidalgos peninsulares, posición a la que debía servir de fundamento la riqueza fácilmente adquirida y la numerosa población indígena sometida. A medida que la colonización avanzaba,

España y Portugal procuraron disuadir a tales aventureros de que pasaran a las Indias, y estimularon en cambio el paso de artesanos y mercaderes; pero esta política no tuvo éxito, y aun esas ocupaciones las ejercieron gentes que tenían motivos sociales o individuales para desarraigarse de su país de origen. Sólo algunos escasos hidalgos pasaron a América. Todo eso contribuyó a caracterizar la actitud del grupo urbano originario.

En cada caso se constituyó este grupo con un número limitado de miembros que, en la marcha del proceso de ocupación de la tierra, se fijó en un lugar, se instaló y comenzó a procurarse el prometido beneficio que se esperaba de la conquista. El fundador los había elegido para establecerlos en la ciudad, y en ella se quedaron, por cierto, sólo algunos. En el acta de fundación se les asignó solares dentro de la ciudad apenas demarcada y allí deberían levantar sus casas, desde donde administrarían sus tierras de producción o sus minas, con los indios que les habían sido encomendados. Y si no habían recibido tierras y encomiendas, debían desempeñar una función pública o acaso ejercer el comercio o algún oficio, generalmente mediante el trabajo físico de los indios.

Tales eran, en general, las posibilidades de los nuevos pobladores. Lo importante es que gozaban de un privilegio que había sido consagrado. Ese grupo constituyó el conjunto de los vecinos. Eran los pobladores por excelencia, los que tenían derechos. Pero tanto los derechos como los privilegios se referían a ciertas perspectivas y a las posibilidades efectivas de obtener cierto provecho económico.

Mineros, ganaderos, plantadores, dueños de ingenios, negreros y grandes comerciantes relacionados con la exportación de productos locales constituyeron rápidamente la aristocracia urbana originaria. Junto a ellos se situaban, naturalmente, los miembros de la más alta jerarquía eclesiástica y administrativa, esta última integrada en ocasiones por algunos hidalgos y nobles peninsulares. A su alrededor se constituyó desde el primer momento un grupo variado de pobladores que ejercieron otras funciones. Las ciudades importantes, como México o Lima, requirieron un número crecido de "oficiales", o como dice López de Velazco hablando de la primera, de "oficiales mecánicos". Tratantes o pequeños comerciantes aparecieron también, y completaban el sector los funcionarios de mediana e inferior jerarquía. Y muy pronto se incorporaron a la ciudad los indios que voluntariamente acudían y los que parecieron útiles para el servicio doméstico y las funciones más modestas de la vida urbana.

3. EL ACTO FUNDACIONAL

Instrumento de la ocupación territorial y de la constitución de una nueva sociedad en esos territorios, las ciudades latinoamericanas de la primera época fueron fundadas formalmente. Después aparecerían otras espontáneas, fruto de un proceso interno. Pero la primera ola fundacional es fruto de un proceso externo, que se origina en el designio de los conquistadores. Por eso la fundación fue un acto político. Los hechos se repitieron muchas veces de manera semejante. Un pequeño ejército de españoles o portugueses mandado por alguien que poseía una autoridad formalmente incuestionable, y generalmente acompañado por cierto número de indígenas, llegaba a determinado lugar y, previa elección más o menos cuidadosa del sitio, se instalaba en él con la intención de que un grupo permaneciera definitivamente allí. Era un acto político que significaba el designio —apoyado en la fuerza— de ocupar la tierra y afirmar el derecho de los conquistadores. Por eso se perfeccionaba el acto político con un gesto simbólico: el conquistador arranca unos puñados de hierba, da con su espada tres golpes sobre el suelo y, finalmente, reta a duelo a quien se oponga al acto de fundación. Eventualmente, el acto político podía tener otra finalidad: afirmar el derecho eminente de un conquistador sobre otro, cuando las capitulaciones o donaciones eran equívocas. Pero la toma de posesión del territorio y la sujeción de la población indígena constituyeron siempre los objetivos primordiales.

El acto político se completaba de diversas maneras. La celebración de una misa —como las que consagraron la fundación de Bogotá o de San Pablo— o la entronización de una imagen —como la de San Sebastián en Río de Janeiro—, agrega un elemento sagrado a la fundación. Entretanto se redacta un acta de fundación "ante el presente escribano y testigos", documento cuidadosamente redactado con toda clase de previsiones y formalidades notariales. En él suelen establecerse ya las normas de la administración municipal, "porque conforme a derecho, en las tales ciudades allende de los gobernadores y justicias mayores, ha de haber alcaldes ordinarios para que hagan y administren justicia, y regidores para el gobierno, y otros oficiales". Y en el momento de implantar físicamente la traza de la ciudad —generalmente dibujada de antemano— se erigen en el centro de lo que ha de ser la plaza Mayor una picota o *pelourinho*, símbolo de la justicia.

El sitio no fue elegido con el mismo criterio en Brasil que en Hispanoamérica. En Brasil hubo preferencia por los lugares altos y susceptibles de ser bien defendidos, en tanto que en Hispanoamérica se optó generalmente por lugares llanos. De aquí que los trazados difieran, pues aunque en Brasil no faltó una cierta tendencia a la geometrización o, al menos, a la regularidad, la topografía de los lugares altos impuso sus propias reglas. A partir de 1580 —cuando Portugal quedó unido a la corona española— se tendrán más en cuenta las normas de regularidad que España imponía a sus colonias. En éstas, la regla fue el trazado en damero, generalmente con manzanas cuadradas y con una plaza aproximadamente en el centro de la traza. La plaza Mayor debía ser el núcleo de la ciudad; a su alrededor se construirían la iglesia, el fuerte o palacio para sede del gobierno y el cabildo o ayuntamiento. Para las iglesias y conventos de las diversas órdenes se reservaban solares, y el resto se repartía a los pobladores en lotes regulares.

El solar urbano obligaba a levantar casa, modesta al principio, como los bohíos que construyeron en Bogotá los compañeros de Jiménez de Quesada, pero cada vez mejor, en adobe o piedra, con el andar del tiempo. El poblador podía tener, además, a corta distancia tierras para labranza —las chacras— y más lejos las haciendas o estancias. Estas últimas estaban ya fuera del límite urbano; y entre éste y la zona rural circundante, se reservaba a la ciudad una zona para posible expansión y uso común —el *rossio* o ejido— y otra para propiedad municipal, *termo* o propios, en Brasil y en Hispanoamérica respectivamente. Fundada la ciudad, restaba transformarla en una realidad física, proceso que fue de duración variada.

Pero, entretanto, diversas circunstancias pudieron introducir alteraciones en el proyecto primitivo. Las órdenes religiosas o los particulares pudieron cambiar de solares y los espacios baldíos usarse para variados fines. Sin embargo, el cambio más importante fue el del sitio de la ciudad misma, como ocurrió en muchos casos.

De hecho, la fundación fue casi siempre improvisada, hecha sobre la base de una rápida apreciación de ciertas ventajas inmediatas del lugar geográfico —la costa, la altura, el río— y sobre todo del sitio —el agua, los vientos, los pastos, la leña—. Pero la ciudad se instaló generalmente sobre territorio mal conocido, sin que existiera experiencia suficiente como para prever inconvenientes diversos que luego se presentarían. Quizá estuvo siempre en la mente de los fundadores la idea de que la fundación no tenía por qué ser definitiva. Lo cierto es que, en muchas ciudades, la experiencia aconsejó un cambio de sitio, que a veces fue un cambio de lugar geográfico. El traslado fue un curioso fenómeno, puesto que jurídicamente la ciudad era la misma por el hecho de conservar el nombre y mantenerse dentro de la misma jurisdicción; pero el tiempo diría si la ciudad había de ser o no la misma que se fundó originariamente, con las mismas funciones; o acaso la pregunta careciera de significación.

En algunos casos, como el de Veracruz, la ciudad fue mudada dos veces. Pero en otros casos la incertidumbre fue más prolongada. El caso más extraordinario es, sin duda, el de la instalación hispánica en el valle de Catamarca, en Argentina, y los sucesivos traslados de la ciudad que recibió el nombre de Londres, fundada por primera vez en 1558, cuatro años después del matrimonio de Felipe II con María Tudor. La ciudad fue cambiada de sitio tantas veces que el cronista Pedro Lozano la caracterizó a principios del siglo XVIII como la casi "portátil ciudad de Londres, que no acaba de arraigarse en lugar alguno". La misma frase había usado el padre Lozano para referirse a la ciudad de Concepción del Bermejo, fundada por Alonso de Vera en 1585, y con respecto a la cual el fundador escribía tres meses después que había recibido poder de las mismas autoridades que él acababa de instaurar "para que pudiera mudar esta ciudad en la parte más cómoda". Y se usó también para la ciudad venezolana de Trujillo.

Muchas otras ciudades cambiaron de sitio. Mem de Sá mudó Río de Janeiro desde su posición originaria a lo que se llamó el Castillo en busca de mayor seguridad. Santo Domingo, fundada por Bartolomé Colón en 1496, fue destruida por un huracán y refundada del otro lado del río Ozama por Nicolás de Ovando en 1502. Santiago de Guatemala, fundada en 1524 por Pedro de Alvarado, fue destruida por una inundación en 1541 y trasladada a una legua de su anterior emplazamiento al reconstruirla; pero la ciudad —hoy llamada Antigua— volvió a ser destruida a causa de una erupción volcánica en 1717, y fue abandonada a medias, levantándose la nueva en el lugar actual de la ciudad de Guatemala. Panamá fue fundada en 1519 sobre el Pacífico por Pedrarias Dávila y, en rigor, bien puede considerarse como resultado de un traslado de Santa María la Antigua —fundada por Enciso y Balboa alrededor de 1510—, que a pesar de haber sido impulsada por el nuevo gobernador, fue abandonada después de la instalación del gobierno en Panamá. Cieza de León señalaba, treinta años después, que la ciudad era insalubre y que hubiera debido cambiarse de sitio; "mas como las casas tienen gran precio porque cuestan mucho a hacerse, aunque ven el notorio daño que todos reciben en vivir en tan mal sitio, no se ha mudado". Sin embargo, después de la destrucción de la ciudad en 1671 por el pirata Morgan se la trasladó a su actual emplazamiento.

En busca de mejor sitio fue abandonada Nombre de Dios en 1596, en remplazo de la cual surgió muy cerca Portobelo. San Juan de Puerto Rico y Quito fueron mudadas, como también por diversas razones, La Victoria, Mariquita, Huamanga —hoy Ayacucho—, Arequipa, Santiago del Estero, Tucumán, Mendoza y Buenos Aires entre otras.

En rigor, la mudanza del sitio equivalía a una nueva fundación, puesto que con frecuencia el grupo urbano originario cambiaba. Fue totalmente nuevo en Buenos Aires puesto que transcurrieron cuarenta y cuatro años entre la primera y la segunda ·fundación; y fue parcialmente renovado en Santiago de Guatemala en 1717 porque no todos los vecinos aceptaron abandonar Antigua. Con la nueva fundación la vida empezaba de nuevo.

4. LA MENTALIDAD FUNDADORA

Situados frente al lugar elegido, con la mano apretada sobre la empuñadura de la espada, la mirada fijada en la cruz y los pensamientos puestos en las riquezas que la aventura les depararía, los hombres del grupo fundador de la ciudad que ya tenía nombre pero de la que nada existía sobre el suelo, debían experimentar la extraña sensación de quien espera el prodigio de la creación surgida de la nada. Eran europeos sobre el continente desconocido, y la creación estaba prefigurada en sus mentes.

Porque esta aventura no era, en verdad, sino un paso más en esa ambiciosa aventura europea de su expansión, que habían comenzado cuatro siglos antes. La tierra que ahora ocupaban —una tierra real, con ríos y llanuras, lagos y volcanes— debía ser una prolongación de la tierra que dejaron el día que se embarcaron en los navíos.

En rigor, esta actitud suponía la vigencia incuestionable de una concepción que movió a la Europa cristiana desde que comenzó su expansión: la Europa cristiana constituía el único mundo válido, en medio de mundos inferiores y sumidos en la oscuridad. Esta concepción etnocéntrica no era única ni original: ciertamente, los musulmanes la poseyeron y por eso desencadenaron la guerra santa; y la Europa cristiana, que la sintió arraigada en la romanidad y la robusteció con su fe, aprendió en el ejemplo musulmán que tenía el derecho de imponerla a los mundos inferiores y oscuros. Desde las cruzadas —y no es un azar— la catequesis concebida como mensaje espiritual, tal como la concebía aun Raimundo Lulio en el siglo xiii, fue remplazada por la guerra contra el infiel presidida por la siempre entrevista imagen del apóstol Santiago, antes mata-moros y luego mata-indios. Era una guerra sin cuartel porque era la guerra del bien contra el mal y quienes la emprendieron estaban seguros de que representaban el bien: "Templos del demonio" llamaba el piadoso Motolinía a los que los conquistadores destruyeron en México.

La mentalidad fundadora fue la mentalidad de la expansión europea presidida por esa certidumbre de la absoluta e incuestionable posesión de la verdad. La verdad cristiana no significaba solamente una fe religiosa: era, en rigor, la expresión radical de un mundo cultural. Y cuando el conquistador obraba en nombre de esa cultura, no sólo afirmaba el sistema de fines que ella importaba sino también el conjunto de medios instrumentales y de técnicas que la cultura burguesa había agregado a la vieja tradición cristianofeudal. Con esas técnicas podía triunfar el bien sobre el mal: con el caballo obediente a la brida, con la ballesta, con el acero de las espadas y las corazas, con los fuertes navíos aptos para la navegación de altura. Los grupos fundadores expresaban esa interpenetración feudoburguesa que en la península iba ajustando las relaciones entre las clases y también entre los fines y los medios.

Gracias a aquella certidumbre, la mentalidad de la expansión europea había concebido el proyecto de instrumentalizar el mundo no cristiano para sus propios fines, y se afirmó en esa convicción cada vez más, a medida que los medios iban acrecentando sus posibilidades: a la mayor superioridad técnica correspondió una mayor certeza de la validez de sus fines. Acaso la presencia de nuevos infieles en el centro y el este de Europa hubiera podido mellar la confianza en el destino supremo de la cristiandad. Pero no fue sino un breve eclipse. Los portugueses habían domado ya las poblaciones africanas y asiáticas, y al tiempo que se instalaban como dominadores en nuevas regiones cuyos productos obtenían para incorporarlos a su propio tráfico, intensificaban el comercio de esclavos y su utilización para su propia economía metropolitana y colonial. Los españoles, por su parte, habían abatido el poder musulmán en su propio territorio y se consideraron en condiciones de trascender sus fronteras: hacia el África musulmana, según un primer designio, y hacia América luego, cuando se advirtieron las gigantescas perspectivas que abrían los nuevos territorios. Una experiencia feliz permitió tener la seguridad del éxito de la nueva aventura.

Pero la mentalidad fundadora adoptó en América una actitud inédita. Desde 1492 hasta el descubrimiento de las culturas mejicanas, treinta años después, los españoles y los portugueses no conocieron sino poblaciones escasas y rudimentarias sobre las vastas extensiones que exploraron. Así se constituyó, fundadamente, una imagen de las nuevas tierras que tendría importancia decisiva en adelante. América apareció como un continente vacío, sin población y sin cultura. El vacío no era total en cuanto a población; pero dentro del sistema de ideas de los conquistadores, el escaso número y su nivel de civilización significaba un valor desdeñable; y en cuanto a cultura, la sensación predominante fue resueltamente negativa. Esta imagen del continente vacío se conjugó con la del tropicalismo para constituir un estereotipo indestructible por mucho tiempo, aun después de haberse descubierto las culturas superiores de las mesetas y las zonas templadas y frías del continente.

El estereotipo nació de una primera experiencia real; pero no sólo lo sustentó la inercia sino que resultó consolidado por los designios de los conquistadores. América siguió siendo un continente tropical, porque eran productos tropicales los que los conquistadores tenían en la imaginación, además del oro y la plata imaginarios que sólo el azar transformó en realidad. Y siguió siendo un continente vacío porque lo que encontraron fue descalificado a partir de aquella idea de la cristiandad europea como único mundo válido. Cuando la realidad insurgió ante los ojos de los conquistadores, o la negaron o la destruyeron. Tenochtitlán fue un símbolo. Deslumbrado por ella, Cortés la destruyó implacablemente; y cuando empezó a difundirse el asombro ante las culturas americanas, Carlos V ordenó que no se las indagara ni se profundizara su conocimiento. El continente vacío debía quedar vacío del todo.

Así se constituyó esa tendencia inédita de la mentalidad fundadora. Se fundaba sobre la nada. Sobre una naturaleza que se desconocía, sobre una sociedad que se aniquilaba, sobre una cultura que se daba por inexistente. La ciudad era un reducto europeo en medio de la nada. Dentro de ella debían conservarse celosamente las formas de la vida social de los países de origen, la cultura y la religión cristianas y, sobre todo, los designios para los cuales los europeos cruzaban el mar. Una idea resumió aquella tendencia: crear sobre la nada una nueva Europa.

Nova Lusitania, Nueva España, Nueva Toledo, Nueva Galicia, Nueva Granada, Nueva Castilla fueron nombres regionales que denunciaron esa tendencia, como las ciudades que se llamaron Valladolid, Córdoba, León, Medellín, La Rioja, Valencia, Cartagena, Trujillo, Cuenca, o antepusieron el nombre de un santo al viejo nombre indígena: Santiago, San Sebastián, San Pablo, San Antonio, San Marcos, San Juan, San Miguel, San Felipe. El conquistador contemplaba melancólico el paisaje, y se regocijaba al encontrar uno, suave y moderado, que le recordara la tierra natal, como recordaba la vega de Granada —dícese— Gonzalo Suárez Rendón mirando desde las ventanas de su casa de Tunja. Y procuraba no sólo alcanzar la dignidad que hubiera deseado tener en su patria sino también rodearse de todo aquello —muebles, utensilios, vestidos, pinturas, imágenes— que se la recordara. Esa actitud personal correspondía a la actitud oficial. No sólo por su gusto remedaba el fundador lo que dejaba en la península. Estaba instruido para que estableciera el sistema político y administrativo de Europa, los usos burocráticos, el estilo arquitectónico, las formas de vida religiosa, las ceremonias civiles, de modo que la nueva ciudad comenzara cuanto antes a funcionar como si fuera una ciudad europea, ignorante de su contorno, indiferente al oscuro mundo subordinado al que se superponía.

Sin duda alentó la implantación de la ciudad europea sobre la tierra desconocida esa certidumbre de que nada —ni sociedad ni cultura— había sobre ella, o mejor nada válido, de la que el fundador infirió que todo lo que establecía y reglaba estaba destinado a perdurar tal como su voluntad lo había instituido, sin admitir ni sospechar que el contorno —esto es, la naturaleza, la sociedad y la cultura autóctonas— pudiera volverse contra ello o que, al menos, comenzara una lenta y solapada penetración de los elementos subsumidos e ignorados.

Ciertamente la ciudad no alcanzó en un principio en el Brasil la significación que desde el comienzo tuvo en Hispanoamérica. Allí, y hasta el robustecimiento de las burguesías y de las funciones intermediarias ya en el siglo xviii, la sociedad agraria impuso su propia imagen de la realidad. Pero en Hispanoamérica —como en Brasil desde el siglo xviii— fue la ciudad la que elaboró, desde su fundación misma, la imagen de la realidad circundante y el modelo operativo que guiaría la acción del grupo fundador. Y en cierto modo —tanto en Brasil como en Hispanoamérica— obtuvo la ciudad un primer triunfo puesto que dibujó lo primero que era necesario crear: las áreas de influencia de las ciudades, las relaciones entre ellas gracias a las cuales se constituyeron las redes urbanas, y finalmente el mapa mismo del nuevo mundo con sus conexiones continentales y marítimas, como no había existido nunca antes de la conquista.

El ciclo de las fundaciones es, precisamente, el del dibujo del nuevo mapa del nuevo mundo, un mundo urbano e intercomunicado, como no lo había sido. Es, también el de la primera ideología creada por ese mundo urbano: la que negaba la realidad de un mundo sociocultural inequívocamente existente para proponer la creación de otro nuevo según el modelo de las metrópolis. Pero si esa ideología perduró y cobró significación fue porque introdujo en el modelo variantes adecuadas a las nuevas situaciones. Por entre los resquicios del imperio cristiano se dibujó el esquema de una sociedad escindida de conquistados y conquistadores en la que estos últimos constituyeran un grupo fluido de aspirantes al ascenso económico y social. Conformada en una situación inédita, la mentalidad fundadora elaboró una ideología sólo en apariencia confusa y contradictoria. En rigor, correspondía exactamente a la nueva sociedad feudoburguesa que se constituía en esas Indias que querían ser una nueva Europa y que eran, en verdad, sólo frontera y periferia de la Europa vieja.

3. LAS CIUDADES HIDALGAS DE INDIAS

Tras el acto fundacional, la ciudad empezaba a vivir. Y con los proyectos trascendentales se entremezclaban los problemas inmediatos de cada día. Había que cumplir una misión, pero era necesario sobrevivir a los enemigos, a las enfermedades, al hambre. Como en todas las situaciones críticas, allí se puso a prueba la difícil trabazón entre ideología y realidad. El grupo fundador creció unas veces y disminuyó otras; el espacio físico comenzó a cubrirse de una sumaria edificación que le daba a la ciudad cierto aire de realidad; las elementales necesidades comenzaron a hallar rudimentaria y metódica satisfacción; el gobierno empezó a funcionar; las agresiones de los indígenas comenzaron a ser controladas. Y entretanto era necesario decidir qué hacer con la ciudad, al servicio de qué había que ponerla.

Era fácil trasladar la traza del papel al terreno, pero no era fácil trasmutar una ideología en una política. Cada ciudad había sido instalada de acuerdo con unas tesis generales y en relación con algunas circunstancias concretas. Pero su sola instalación desencadenaba un mundo de nuevos problemas, prácticos e ideológicos, que se resolvían a veces a plena conciencia y, a veces, intuitiva y espontáneamente. Muchos factores incidían en las decisiones: las vagas reminiscencias del objetivo originario, la peculiaridad de la sociedad urbana que se constituía y diferenciaba generación tras generación, las posibilidades previstas para su desarrollo; pero acaso lo que más influyó, fue, precisamente, el progresivo descubrimiento de las nuevas posibilidades reales que la ciudad y la región ofrecían, algunas de las cuales eran seguramente muy promisorias pero exigían un reajuste de las actitudes. Porque al cabo de muy poco tiempo, las sociedades urbanas descubrieron que estaban colocadas en una opción entre el sistema de sus metrópolis, un poco marginales, y el sistema de la Europa mercantilista que ofrecía el variado espectro de sus tentaciones a través de la estrecha mirilla que se abría en la férrea concepción peninsular de lo que debía ser el imperio colonial, gracias a los corsarios, piratas y contrabandistas.

Fue su aparición, junto con el subsistente peligro de las insurrecciones indígenas, lo que perpetuó el carácter militar originario de algunas fundaciones. En términos generales la conquista estaba asegurada; pero en términos locales el peligro de un levantamiento de los indios se mantuvo latente en muchas ciudades y obligó a sus pobladores a mantenerse en pie de guerra, aun cuando estuvieran seguros de la victoria final. Más grave fue el problema de los corsarios y piratas que recorrían los mares, unas veces a la espera de ocasión favorable para despojar los galeones y otras en busca de la oportunidad para apoderarse de las ciudades y saquearlas. La ciudad-fuerte perfeccionó su organización militar, recibió guarniciones experimentadas y consolidó sus defensas mediante importantes obras de ingeniería militar que alcanzaron su perfección en el siglo XVIII cuando se agregaron a los morros y castillos fortificados las murallas que protegían a la ciudad civil. Pero ni siquiera la ciudad-fuerte conservó esa función exclusiva; la vida urbana descubría y creaba nuevas posibilidades y hasta el experimentado capitán, héroe acaso de las guerras de Italia o de Flandes, se deslizaba subrepticiamente hacia el ejercicio del comercio legal o del contrabando, oculto tras la servidumbre y la clientela que su posición le permitía tener. Y esa diversificación de las actividades hizo de la ciudad-fuerte, simplemente, una ciudad.

Por lo demás, la bien tramada organización política, administrativa y eclesiástica de las ciudades desarrolló otros planos de la vida urbana. El gobierno colonial no podía sino ser pesado, a causa de la lejanía de las metrópolis, de la singular burocracia que predominaba en ellas y, sobre todo, de la complejidad de los problemas que cada día le planteaba al gobierno central cada rincón del mundo colonial. Los funcionarios ejercían un extraño poder, porque sus actos estaban permanentemente vigilados por otros funcionarios y nadie sabía cuál era el que gozaba del favor de la corona. Un mundo de papeles se revolvía entre intrigas y cabildeos, y un mundo de personajes de diversa condición y catadura flotaba alrededor de virreyes, capitanes generales, oidores, obispos y corregidores. En ese juego se diferenciaban las grandes capitales —México, Lima, Bahía— de otras más pequeñas y casi aldeanas, como Bogotá, La Habana, Santiago, San Pablo o Buenos Aires; y aun se diferenciaban todas ellas, centros de poder, de las ciudades que no tenían otra preocupación que sus problemas municipales o aquellos que inquietaban a los ricos poseedores de su región. Eran las primeras no sólo centros de poder sino también centros de actividad cultural, o mejor dicho, centros de 'elaboración de ideas: unas veces triviales y otras relacionadas con el curso de la vida de la ciudad. Allí estaban los arzobispos y obispos que se preocupaban por la catequesis, y la Inquisición que celaba la conservación de la ortodoxia. Pero estaban también los predicadores que vigilaban la moral pública mientras atendían a la administración de los sacramentos, los religiosos que impetraban misericordia para los indios y los negros esclavos, los sesudos teólogos y los eruditos profesores de las universidades y colegios donde se educaban los hijos de hidalgos, en unos, y los hijos de caciques en otros. Toda esa actividad, sumaria en los primeros tiempos de la fundación, había crecido en las capitales, grandes o pequeñas; pero aun en las ciudades provinciales, a medida que pasaba el tiempo, empezó a aparecer en alguna medida.

Pero lo que había crecido era la actividad económica. También la ciudad-emporio, puerto y feria, diversificó sus actividades, y fue plaza militar unas veces o sede administrativa o centro cultural. Pero a diferencia de la ciudad-fuerte, en la que la primitiva función era progresivamente sobrepasada por otras actividades, la ciudad-emporio fue cada vez más un emporio, excepto algunos casos de declinación, como el de Santo Domingo; y además aparecieron en los primeros siglos de la colonia otras nuevas ciudades-emporio porque muchas que antes no lo eran lo llegaron a ser. Ciertamente, creció y se organizó alrededor de la ciudad todo el sistema de la producción, tanto agropecuaria como minera. Pero, sobre todo, se intensificaron las actividades intermediarias, porque de una u otra manera la producción se canalizaba a través de la ciudad. Creció el volumen de la concentración de productos para exportar, de la actividad portuaria y de toda la red comercial que se anudaba a través de esos procesos, combinados con los de la importación de géneros españoles o de contrabando y su variada distribución a través de largas rutas. Pero creció además el mercado interno, simbolizado en el mercado de cada ciudad —el de México o Cuzco, el de Recife o Santiago, herederos algunos de los tianguis indígenas pero no demasiado diferentes de los que se veían en la toledana plaza del Zocodover—. Vasta concentración de productos de consumo para la ciudad y sus alrededores, encontrábanse allí al aire libre y en un ambiente colorido, los vecinos, los productores rurales y los artesanos, unos para comprar y otros para vender. Y lo que no se comerciaba en el mercado de la plaza se compraba en los tenduchos que se apretaban en la plaza misma, cerca de la horca y la fuente —como los "cajones de ribera" de la plaza Mayor de Lima o los "cajones de San José" o el Parián de la de México— o en las tiendas, un poco mejor acomodadas, de la calle de Mercaderes o la de San Francisco.

Vigorosas redes urbanas aseguraban la fuidez de la distribución de productos, según los niveles de los consumidores y las necesidades recíprocas. Y una diversificación de las actividades permitió que se organizara la red financiera que movían prestamistas y usureros, junto a las casas comerciales que, por su poder económico, se deslizaban hacia el comercio mayorista sin desdeñar las operaciones financieras que les permitía su giro. Así se fueron constituyendo, al diferenciarse las actividades, los grupos económicos con los que se iría comprometiendo poco a poco el destino de la ciudad.

Por el progresivo desarrollo de las distintas actividades, las ciudades fueron perdiendo la fisonomía primitiva y empezaron a dejar de ser las aldeas originarias; pero además fueron ajustando a las condiciones reales aquellas funciones preestablecidas que le habían sido fijadas cuando fueron fundadas. Unas perseveraron en ellas y otras las abandonaron o las combinaron con otras que, a veces, las desvanecieron. Fue un largo proceso de cambio que se desarrolló de manera tortuosa y confusa desde la fundación hasta la segunda mitad del siglo XVIII. En el mundo en el que se establecieron, estaban destinadas a ser —como finalmente lo fueron— ciudades burguesas y mercantiles. Pero la fuerza del proyecto originario las constreñía para que fueran ciudades marginadas del mundo mercantil. Así se constituyeron, contra la corriente, como ciudades hidalgas, porque hidalgos quisieron ser los grupos dominantes que se formaron en ellas. Y lo fueron mientras pudieron, aunque disimulando que estaban dispuestos a ceder a la tentación de la burguesía.

1. LA FORMACIÓN DE UNA SOCIEDAD BARROCA

Fueron nuevas sociedades las que se constituyeron en las ciudades de Indias durante los dos siglos que siguieron a las fundaciones, distintas de las que poblaban las ciudades metropolitanas, con rasgos peculiares aunque no irreductibles a los esquemas que en estas últimas primaban. En rigor, fueron las únicas sociedades vivas, porque las que se organizaron en las zonas de producción, rurales o mineras, eran tan rígidas que tuvieron pocas posibilidades de acomodación dentro del sistema, y sólo pudieron buscar poco a poco su propio ordenamiento fuera de él, tratando de irrumpir en un cuadro en el que no cabía sino la sumisión instrumentada por los señores.

Y los señores eran urbanos, o quizá cortesanos, aun si mostraban preferencia por vivir en las zonas de producción, hacienda o mina. Porque era la ciudad —que ellos concebían como corte— la que les garantizaba la compacidad del grupo, la continuidad de las costumbres y ese ejercicio de la vida noble que se había grabado en su memoria de emigrantes que abandonaban el singular mundo peninsular del siglo XVI. En las ciudades construyeron sus casonas tan ricas como pudieron, y en ellas vivían todo el año algunos, y otros durante los meses en que podían abandonar sus posesiones, procurando rodearse del más ostentoso boato que le permitían sus recursos.

En las ciudades, los señores constituyeron una subsociedad frente a la que formaban los otros sectores en los que predominaban castas sometidas junto a algún europeo o criollo marginado por la mala conducta o la mala estrella. Hacia fines del siglo XVI el poeta andaluz Mateo Rosas de Oquendo describía así la sociedad limeña:

> Un visorrey con treinta alabarderos;
> por fanegas medidos los letrados;
> clérigos ordenantes y ordenados;
> vagamundos, pelones caballeros.
>
> Jugadores sin número y coimeros;
> mercaderes del aire levantados;
> alguaciles, ladrones muy cursados;
> las esquinas tomadas de pulperos.
>
> Poetas mil de escaso entendimiento;
> cortesanas de honra a lo borrado;
> de cucos y cuquillos más de un cuento.

> De rábanos y coles lleno el bato,
> el sol turbado, pardo el nacimiento;
> aquesta es Lima y su ordinario trato.

El conjunto fue, pues, una sociedad barroca, escindida en privilegiados y no privilegiados, en gente que llevaba un estilo de vida noble y gente que no lo llevaba, en la que los últimos arrastraban su inferioridad y su miseria y los primeros ostentaban su distinción y su arrogancia. Separados, la superioridad de la hidalguía indiana brillaba sin sombras. "Detrás hay un enverjado de madera, que divide la sala, a fin de que la gente baja y vulgar no vaya a sentarse con los demás", dice Cervantes de Salazar describiendo el salón de la Real Audiencia de México en 1554. Y acaso la verja fuera inútil, porque el foso que separaba socialmente a los dos grupos era difícilmente franqueable; pero, por si acaso, tras el motín indígena de 1692 en la ciudad de México se confirmó el designio de que quedaran separados los barrios de españoles y los de indios. Ciertamente, a diferencia de lo que ocurría en las ciudades burguesas del mundo mercantil europeo, se constituían en las de Indias unas sociedades duales, sin sectores medios; y el proceso social más intenso que trabajaría subterráneamente esas sociedades fue, precisamente, la sorda formación de los sectores medios y burgueses que irrumpirían en el siglo xviii. Para esa época muchos hidalgos de Indias empezaron a abandonar su peculiar concepción social, y muchos de ellos se trasmutaron en burgueses aunque conservaran resabios de su orgullo y, acaso, de sus convicciones. Pero durante los dos siglos que siguieron a las fundaciones defendieron vehementemente su condición de privilegiados y su estilo de vida. Un estilo de vida ficticio, puesto que la hidalguía fue, en rigor, una ideología del grupo fundador a la que traicionaban en los hechos cediendo a las exigencias de su propósito primario que era la riqueza, única vía para su ascenso social. Y por ser ficticio imprimió a las sociedades urbanas un aire cortesano y no burgués que contradecía la dura realidad. Hubiera bastado una observación fresca y desprejuiciada de la situación real para descubrir que la pulcra imagen de México que Cervantes de Salazar pretendía dar, apenas ocultaba una sociedad explosiva, contenida tan sólo por el vigor de la estructura nacida de la conquista.

En esa sociedad urbana dual, la hidalguía indiana llegó a constituir una oligarquía poderosa en cuya cima solía haber, como decía hablando de Caracas José Agustín de Oviedo y Baños en 1723, algunos "títulos de Castilla que la ilustran y otros muchos caballeros de conocidas prosapias que la ennoblecen". Pero no logró, sin embargo, llegar a ser una clase cerrada. La desatentada carrera de todos tras la fortuna y el poder impidió que se consolidaran los grupos urbanos fundadores, muchos de cuyos miembros, luego de recibida su merced, se lanzaban a otras aventuras más prometedoras abandonando su solar. Pero en muchas ciudades sus herederos, y especialmente las herederas, fundaron linajes que obtuvieron el reconocimiento de su prosapia. Unos pocos hubieran podido alegar hidalguía española o portuguesa, como segundones de casas generalmente pobres, pero todos fueron hidalgos de Indias, más orgullosos de sus pobres blasones que de sus ricas hazañas. De esos troncos nacieron vástagos criollos que debieron soportar la subestimación de los peninsulares, que pensaban generalmente como el cronista Pedro Mariño de Lovera, para quien la peste que asoló a Chile en 1590 fue clemente con los nacidos en España y cruel con los nacidos en Indias, a causa, como se dijo luego muchas veces, de la declinación que la raza experimentaba en América. Y a ellos se agregaban los peninsulares recién llegados, cada vez menos aventureros y cada vez más mercaderes, quizá porque desde mediados del siglo XVI comenzó a predominar la emigración urbana. Todos ellos constituyeron la hidalguía de Indias, heredada algunas veces o concedida por real cédula, en general como una manera de consolidar su posición frente a un vasto mundo oscuro que, pese a las apelaciones a la caridad, no tenía otra misión que obedecer y trabajar para los hidalgos. Pero era simplemente "hidalguía de Indias", la que Felipe II otorgaba a "las personas, hijos y descendientes legítimos de los que se obligaren a hacer población y la hubieren acabado y cumplido", que debía ser reconocida "en aquella población y en otras cualesquiere partes de las Indias", pero que no dejaba de provocar burla o rabia en España, donde Lope de Vega retrataba al "indiano" con los caracteres que tiene el don Bela de *La Dorotea*.

Aun así, no todos los hidalgos de Indias eran iguales en todo. Lo eran a la hora de proclamar su condición; pero los hidalgos —puesto que a nadie se le ocultaba la aventura— se dividieron, en verdad, en ricos y pobres. Ricos fueron los que obtuvieron minas y constituyeron las aristocracias de Guanajuato y Zacatecas, de Taxco y Potosí, de Popayán y Cali, muchos de cuyos descendientes edificaron las casas suntuosas no sólo de esas ciudades sino de México o Lima, donde muchos prefirieron vivir. Ricos fueron los *senhores de engenho* de Pernambuco o de Bahía, los encomenderos que supieron explotar sus plantaciones y los ganaderos que supieron acrecentar sus hatos y se establecieron en Caracas o Bogotá. Y ricos fueron los que descubrieron las posibilidades del comercio, legal o ilegal, que multiplicaba las ganancias con menos esfuerzo del que la producción exigía. Todos ellos adquirieron la soberbia de su condición de ricos, disfrazada de soberbia hidalga. Así lo vio el "judío portugués" que ha dejado un testimonio inestimable de esa sociedad de principios del siglo XVII, tan barroca, tan rica en reminiscencias de la sociedad española contemporánea descripta por la novela picaresca. "Son —dice el cronista— soberbios, jactanciosos; précianse de que descienden de grande nobleza y que son hidalgos de solar conocido. Es tanta su locura que el que en España fue pobre oficial, en pasando del polo ártico al antártico luego le crecen los pensamientos y le parece que merecen por su linaje juntarse con los mejores de la tierra."

También encontraba presuntuosas a las mujeres el mismo cronista, porque como "son hermosas y se precian de discretas, se tienen por más nobles que Cleopatra reina de Egipto". Llegadas de España o hijas de conquistadores, adquirieron la autoridad que les permitía su condición en la nueva sociedad. Fueron a veces encomenderas en los campos, y la Quintrala dio buena prueba en Chile de la férrea voluntad con que eran capaces de defender sus derechos y propiedades. En las ciudades procuraron crear el ambiente de distinción propio de las cortes y las ciudades españolas, rodeadas de esclavos y de criados. Algunas se dejaron llevar por el encanto de los lances de amor lo suficiente como para hacer de la "tapada" limeña un arquetipo de la coquetería cortesana; y otras se deslizaron hacia tormentosos dramas pasionales como los que recuerda Rodríguez Freyle en *El Carnero* hablando de la sociedad bogotana de principios del siglo XVI o los que tuvieron como protagonistas en Santiago de Chile a las mujeres de la casa de los Lisperguer. No faltaron ejemplos de la decisión de aceptar pesadas responsabilidades políticas, como la viuda del gobernador de Bahía Jorge de Albuquerque o la del gobernador de Guatemala Pedro de Alvarado. Pero su lugar estuvo en el ámbito de la casa noble, y su preocupación fundamental fue consolidar y perpetuar la nueva hidalguía de la familia constituida en Indias. Quizá podría decirse que, al lado del varón aventurero, tentado siempre por nuevas posibilidades que mejoraran más y más su hacienda o su condición social, la mujer estabilizó las familias de las ciudades y logró crearles una tradición que, en muy poco tiempo, transformó a algunas de ellas en linajes aristocráticos. Una casa de tres generaciones conocidas era, en cualquier ciudad latinoamericana, un viejo tronco cuya hidalguía era insospechable.

Partícipes de la condición hidalga fueron los grupos intelectuales que se formaron en muchas ciudades con mayor o menor brillo. Ciertamente, muchos de sus miembros pertenecieron al clero. Aficionados a las letras o inclinados al estudio, clérigos y laicos reivindicaban la mejor tradición de la aristocracia intelectual. Se les veía en las tertulias o en los saraos, brillaban como poetas cortesanos o acaso escribían oscuramente. Pero la sola posesión de una sólida cultura revelada en obras, o en la conversación o en la enseñanza, prestaba un testimonio de superioridad que confirmaba la condición hidalga.

En los hidalgos de Lima descubrió el "judío portugués" los "pobres soberbios", hidalgos por la aplicación de la letra de la real cédula, pero miserables y resentidos porque no pudieron hacer fortuna, o porque la perdieron. "Y también hay pobres soberbios —dice— que ya que no pueden morder ladran, y siempre andan con la cabeza baja mirando donde pueden hacer presa, ni se quieren sujetar ni hay razón con ellos. A esta gente tal llaman soldados no porque lo sean, sino porque son bienandantes de unos lugares para otros, siempre con los naipes en las manos, por no perder ocasión de jugar con cuantos topan, y por si acaso topan con algún novicio o chapetón que no esté diestro y bien disciplinado en su malicia, o que no alcance su malicia con naipes falsos, les dan mates y les quitan el dinero y la hacienda, y tal vez los dejan en pie, porque les ganan hasta las cabalgaduras. Esta gente es mucha la que anda por el Perú. Y todos por la mayor parte son enemigos de la gente rica y no desean sino novedades y alteraciones y alborotos en el Reino, por robar y meter los codos en los bienes de que no pueden alcanzar parte sino con guerra y disenciones. Es gente que no quiere servir. Todos andan bien vestidos, porque nunca les falta una negra o una india y algunas españolas, y no de las más pobres, que los visten y dan el sustento, porque de noche las acompañan y de día les sirven de bravos. A los viejos que ya por su edad les faltan las fuerzas y el brío se acomodan a servir de escuderos y van con las señoras a misa y las acompañan cuando salen a sus visitas. Es más la gente vagabunda que tiene el Perú que los cómodos y modo de trabajar que para ellos se puede hallar, que pocos son los señores que quieren criados en sus casas, por lo que cada día experimentan en cabeza ajena. Y ansí todos se sirven de negros, y los españoles rueden y busquen su vida como mejor pudieren".

Pobreza e hidalguia en un mundo efervescente y en el que la pobreza parecía patrimonio de las clases sometidas, engendraban un tipo particularmente dramático de picaresca que no podía resolverse en la humilde y vergonzante actitud del que zurcía sus calzas. Ambiciosos y violentos, los hidalgos sin fortuna fueron escándalo de las ciudades que buscaban imponer un orden civil; y para alejarlos se los indujo a emprender nuevas empresas. Así ocurrió en Asunción con los "mancebos de la tierra", criollos sin esperanzas, que partieron hacia el sur y contribuyeron a la fundación de Santa Fe y Buenos Aires, y en Lima, "donde todos los años se hace gente para el Reino de Chile. Y los llevan debajo de sus banderas a pelear con los araucanos. Y les dan en Lima doscientos pesos con que se visten".

Lo que quedaba por debajo del conjunto de los hidalgos —ricos y pobres, reales y virtuales— era la otra subsociedad. Había en ella blancos, europeos, generalmente dedicados a los negocios financieros o al pequeño comercio; no faltaban los judíos, que constituían un sector importante en Olinda, Salvador de Bahía, Recife y también en Lima, Asunción y Buenos Aires. Blancos también solían ser algunos artesanos; pero empezaron a aparecer en el comercio y en las artesanías los mestizos que ascendían gracias al apoyo de su familia paterna, o a su capacidad destacada o a su negocio. Por debajo de todos estaban los grupos sometidos, indios, negros, mestizos y mulatos del montón, que se ocupaban en las ciudades de toda clase de menesteres, incluso de los trabajos artesanales que cumplían por cuenta de sus amos. Los más afortunados fueron los que formaron parte de la servidumbre de las casas hidalgas, y no sólo porque se beneficiaron con el sistema patriarcal que solía reinar en ellas, sino porque adquirieron esa situación especial que el "criado" asumió en las sociedades barrocas, en las que se impregnó, ante los ojos de sus iguales, de algunos de los rasgos de sus señores. Otros, los más, arrastraban su miseria por los arrabales y la exhibían ocasionalmente en el centro de la ciudad, los días de mercado o en las fuentes públicas, mientras trataban de vender algo o de obtener una limosna. El desprecio de los hidalgos no necesitaba, siquiera, expresarse.

Muy claro quedó el cuadro de la estratificación social cuando se establecieron las cargas públicas en Lima. "Tiene la ciudad —dice la *Descripción* del "judío portugués" de 1625 aproximadamente— ocho capitanes de infantería. Cada compañía de éstas tiene ciento y cincuenta hombres. De gente de a caballo tiene seiscientos hombres, y éstos se entiende que así los de infantería como los de a caballo, que no son soldados de paga, porque la ciudad no tiene presidio ni gente de guarnición ni paga la gente de a pie, son mercaderes, zapateros, sastres y de otros oficios. Los de a caballo son arrieros y chacareros; éstos son labradores en nombre español, y son mayordomos de chacras y estancias y de otros oficios, y no es gente tan buena como la de a pie. Tiene la ciudad a lo más cien caballeros, que a éstos los llaman vecinos, porque tienen los más de ellos rentas que les pagan indios. Y tiene la ciudad veinte y cuatro regidores que entran en la cuenta de los cien caballeros, porque todos los regidores lo son y son los más principales, porque ellos son el gobierno de la ciudad."

De este modo, las necesidades de la defensa permitían cierta atracción de los blancos desposeídos hacia la subsociedad de los hidalgos y los ricos. En general, no faltaron senderos o vericuetos por los que pudieran aproximarse las dos subsociedades. Los mestizos fueron el elemento corrosivo del orden formal de la sociedad barroca de Indias, el que minaría la sociedad dual urbana. Signadas por sus posibilidades y por sus limitaciones, las dos subsociedades parecían girar dentro de sus órbitas sin interferirse. Pero era una situación inestable. El mestizaje conspiraba contra ella, fortalecido y facilitado por las siempre abiertas posibilidades del ascenso económico, que se acrecentaron a medida que las ciudades se arraigaron, contra el designio metropolitano, en el mundo mercantil. Y en ese mismo proceso adquirió autonomía un sector criollo blanco que descubrió lo anacrónico de la estructura social elaborada en los dos primeros siglos coloniales, y en qué medida constituía un obstáculo para su desarrollo. Unidos, esos factores precipitaron la crisis de la sociedad hidalga en la segunda mitad del siglo XVIII.

2. LOS PROCESOS POLÍTICOS

Una sociedad urbana tan inestable y fluida en el fondo y tan rígida y jerarquizada en la forma no podía sino tener una vida compleja y agitada, en la que la coincidencia alrededor de graves problemas no ocultaba el juego subterráneo de los grupos y de los individuos. Aseguraba esa coincidencia la decidida acción del poder público, emanación del poder metropolitano, que no perdía de vista los problemas fundamentales del sistema colonial. La primera preocupación de virreyes, gobernadores y audiencias fue la seguridad. No debían repetirse hechos tan graves como los que habían puesto en peligro algunas ciudades por la amenaza de la insurrección indígena: el asedio y la destrucción de Cuzco en 1536, el sitio de Guadalajara en 1540, la destrucción de las ciudades chilenas al sur del Bío-Bío en las postrimerías del siglo XVI. Las ciudades amenazadas sufrían la inquietud del peligro y cuando se conocía una conspiración de las clases sometidas —como la que se descubrió en México hacia 1638 o en Lima en 1750— no sólo se extremaban las medidas para evitar que indios, negros y mestizos llevaran armas o celebrasen reuniones sospechosas sino que se acentuaba el recelo con que se miraban dominados y dominadores. Hasta el ama negra que criaba al niño blanco parecía sospechosa. Y aun cuando la insurrección sonara en las regiones rurales, el miedo se sentía en las ciudades, donde poco a poco todo un mundo de servicio, de oficios y de menesteres inferiores se había ido constituyendo alrededor de los grupos privilegiados.

Más intensa fue aún la repercusión que sobre la vida de las ciudades tuvieron las amenazas de piratas y corsarios. Las naves enemigas surcaban el mar a la espera de los galeones españoles, pero el mejor bocado podía ser el despojo de una ciudad, en la que se suponía que había tesoros acumulados y bienes sin cuento. Tras la toma de Santiago de Cuba y de La Habana por los franceses, Francis Drake se lanzó sobre Santo Domingo y Cartagena en 1586. Ciento siete mil ducados de oro exigió y obtuvo para no destruir Cartagena, más las sumas que a cada propietario le fijó para no incendiar su casa: así se hizo el inventario de la ciudad. Otras dos veces fue asaltada Cartagena, en 1697 y en 1741; pero entretanto habían sido sitiadas u ocupadas La Guayra, Veracruz, Portobelo, y más tarde La Habana otra vez en 1762.

Y cuando el cabo de Hornos se transformó en camino practicable, después de 1616, los puertos del Pacífico conocieron la amenaza de ingleses y holandeses. Uno de ellos, Panamá, fue ocupado en 1671 por Henry Morgan y sus filibusteros de la isla Tortuga, que habían cruzado el istmo después de tomar Portobelo: la ciudad, una de las mejores y en la que había más de mil casas sin contar iglesias y conventos, fue destruida y sus habitantes la abandonaron en busca de otro sitio. Años antes, los holandeses habían ocupado Olinda, Bahía y Recife, permaneciendo en esta última durante cerca de dos décadas.

Pero la ciudad que se defendía era también una ciudad que atacaba. Mientras esperaba prevenida al enemigo, organizaba nuevas expediciones para ocupar el territorio circundante o las regiones que estaban bajo su influencia o sobre las rutas que convergían en la ciudad. Desde Santo Domingo se ocupó Cuba, y desde la primera ciudad cubana, Baracoa, se ocupó el territorio en el que se fundaron las nuevas ciudades; desde Santiago de Cuba se conquistó México, y desde México Guatemala. La ciudad fue base de operaciones para nuevas expansiones, y en ella se publicaba la empresa, se buscaban los capitanes, se alistaba a los soldados, se reunían los bastimentos. En El Tocuyo trabajó Diego Losada durante todo el año 1566 para organizar la expedición con que se internaría en el valle de San Francisco donde fundó Caracas al año siguiente. En Cuzco prepararon sus expediciones a Chile, Almagro primero y Valdivia después. En Asunción preparó la suya Garay, con la que fundaría Santa Fe y Buenos Aires. Y de San Vicente partieron hacia lo que luego sería San Pablo, Joao Ramalho primero y el padre Anchieta después. Las ciudades descubrían su entorno y dibujaban con precisión el mapa de su área de posible influencia sobre el vago croquis que guió las primeras implantaciones. Y en esa labor se sacudía la vida urbana, se modificaban los grupos originarios de población y se establecían las relaciones de interdependencia entre unas ciudades y otras.

Pero, entretanto, el poder obraba cada día para constituir y fortalecer el orden urbano. Cinco años después de fundada Popayán, Benalcázar regresó de España trayendo mujeres, como Pedro de Alvarado las llevó a Guatemala. Querían constituir familias asentadas, que hicieran su vida normal como en cualquier ciudad española, siguiendo sus costumbres, ocupándose de los problemas de la vida cotidiana, celebrando sus fiestas: y todo inmediatamente, cuando aún se habían levantado muy pocas casas. Y trajeron funcionarios con experiencia administrativa para montar la joven burocracia, misioneros y, sobre todo, cuantos útiles, herramientas, muebles y objetos varios podían ser necesarios para poner en movimiento la vida de la ciudad. Había prisa por verla funcionar como si fuese antigua, con vida propia. El poder público daba el ejemplo organizando a su alrededor pequeñas cortes, cuyas tertulias y saraos eran tema de animada conversación en la vida de todos los días; y en la escasa medida de sus posibilidades procuraba "ennoblecer" la ciudad para que dejara cuanto antes de ser una aldea o, simplemente, la promesa de una ciudad.

Llenaba la vida cotidiana de la ciudad la monótona sucesión de los episodios de las vidas privadas, con los que se mezclaban las fiestas públicas, las corridas de toros, las procesiones. De pronto rompía esa monotonía un sonado asunto pasional o un crimen tremendo. Pero eran los asuntos públicos los que, de pronto, sacudían la existencia cotidiana. Unas veces eran los conflictos entre el gobierno civil y el religioso, que podían terminar en crisis tan graves como la que conmovió a México entre 1621 y 1622, con excomunión del virrey, destierro del arzobispo, entredicho de la ciudad y motín popular; o el incidente de Cartagena en 1683, cuando el obispo puso bajo *cessatio* a la ciudad, como un siglo antes había puesto a Bogotá su primer arzobispo fray Juan de los Barrios. Otras veces fueron los enfrentamientos entre el virrey y la audiencia y otras entre los obispos y las órdenes religiosas. Los conflictos jurisdiccionales, desencadenados a veces por causas sociales, promovían la formación de bandos que se enfrentaban hasta llegar a la violencia. Y no era raro descubrir que, con el pretexto de apoyar a uno u otro de los funcionarios en conflicto, se polarizaban grupos cuyo antagonismo era anterior y tenía otros fundamentos: regionalismos, como los que enfrentaron a andaluces y vascongados en el Perú del siglo XVII, o conflictos de intereses.

Pero lo que más profundamente alteró la vida de las ciudades fueron los episodios de la lucha por el poder y los privilegios. De la cuestionada situación de Cortés derivó una grave tensión entre él y el virrey Mendoza; pero si entonces no pasó a mayores, dejó una semilla que brotaría en la llamada conjuración de los hijos de Cortés, a partir de 1565. Era una expresión singular del choque inevitable entre los conquistadores, trasmutados en encomenderos o mineros, y el poder político dispuesto a establecer un sistema de derecho público. La expresión más grave del conflicto se dio en Nicaragua, donde se alzaron los Contreras en Granada y tomaron Panamá en 1549, y sobre todo en Perú, donde las guerras civiles alcanzaron tremendas proporciones. Fueron al principio fruto de la rivalidad entre Pizarro y Almagro, el último de los cuales pretendía hacerse fuerte en Cuzco. Pero poco después el hijo de Almagro enfrentó al enviado real Vaca de Castro y, finalmente, agitaron los encomenderos encabezados por Gonzalo Pizarro las ciudades de Cuzco y Lima, en las que constituyeron poderes prácticamente rebelados contra la corona. Sometidos, una vez más levantaron cabeza en Cuzco con Hernández Girón en 1552; pero poco a poco los encomenderos fueron reducidos a obediencia, a lo largo de un proceso de ajuste entre los derechos adquiridos por la conquista y el derecho eminente de la corona.

Semejante carácter tuvieron los conflictos que agitaron a la ciudad de Asunción desde 1541, en la que se enfrentaron el gobernador Irala y el adelantado Álvar Núñez. Los pobladores habían transformado en ciudad lo que hasta entonces era una simple "casa fuerte", y desafiaban la política indígena establecida por las Nuevas Leyes. Pero la mayoría de ellos respaldó a Irala hasta que, finalmente, obtuvo la confirmación real en su cargo de gobernador.

Tan díscola como Asunción pareció ser en un principio la recién fundada Santa Fe, en Argentina, donde los "siete jefes" criollos se sublevaron en 1580. En varias ciudades se agitó la calma aldeana con motivo de la amenaza del "tirano" Lope de Aguirre, sublevado contra las autoridades en Venezuela hacia 1564, como en 1560 se había rebelado en Nueva Granada Álvaro de Oyón, que atacó la ciudad de Popayán.

Otras razones opusieron a grupos económicos contrapuestos. Los señores de Olinda, que no habían vacilado en deponer al gobernador Mendonça Furtado en 1666, se enfrentaron con los mercaderes de Recife en 1710 en la llamada "guerra de los mascates". Y los intereses locales movieron conflictos contra las compañías monopolistas en Río de Janeiro, al rebelarse Jerónimo Barbalho contra la Compañía Geral de Comercio do Brasil en 1660, como lo haría en 1749 el capitán Juan Francisco León en Caracas contra la Compañía Guipuzcoana que monopolizaba el tráfico del cacao.

Pese a su aspecto provinciano —aun en las grandes capitales— las ciudades se agitaban por importantes problemas económicos y políticos: tras de cada uno de ellos solía entreverse no sólo el circunstancial conflicto sino también el plan que cada grupo alentaba para el futuro.

3. HIDALGUÍA Y ESTILO DE VIDA

Solicitadas por diversos estímulos, las sociedades urbanas de los dos primeros siglos que siguieron a las fundaciones se caracterizaron por la preminencia de los grupos hidalgos. Ellos les imprimieron su propia concepción de la vida y procuraron borrar los signos de otras influencias que pugnaban por insinuar otros sectores sociales. Fueron las ciudades hidalgas de Indias el resultado de un designio de sus clases dominantes de afirmar denodadamente un orden social en contradicción con una situación económica que, aunque negada con no menos denuedo, constituía su tentación constante.

En las metrópolis, como en toda Europa, las ciudades habían logrado su esplendor originario sobre la base del desarrollo mercantil y del desarrollo de unas incipientes burguesías; y sólo un singular proceso social había extremado en algunas de ellas la diferenciación de las clases y la señorialización de los más altos sectores burgueses. Así se habían constituido en España y Portugal —más en unas regiones que en otras— las ciudades barrocas, más polarizadas que en otras áreas europeas y con menos perspectivas de resolver los problemas creados por la presión del mundo mercantil. Pero en Indias, la conquista dibujó un mapa social que prefiguraba la situación de las clases privilegiadas. Lo que en Europa era un sector marginado por el proceso de la vida socioeconómica, encontró en América su homólogo en un sector sometido y marginado de una sola vez por la conquista. Y los colonizadores se encontraron de hecho, e instantáneamente, instalados en una situación de privilegio que el patriciado de las ciudades europeas había tenido que lograr trabajosamente a través de un proceso de señorialización feudoburguesa. Por analogía, esto es, por la impostación de una ideología que traducía e identificaba la significación de distintos elementos sociales, la conquista constituyó en Indias desde un comienzo sociedades urbanas homólogas a las metropolitanas de su tiempo, ignorando o descartando la primera etapa del proceso de desarrollo urbano que era inseparable de la constitución del mundo mercantil y de las actitudes de la incipiente burguesía que se formó bajo ese estímulo. El mundo mercantil prosperaba, pero las ciudades hidalgas de Indias fingían —como lo fingía, sobre todo, España— ignorarlo. Y aunque tras la ficción latía cierta voraz tendencia a gozar de sus frutos, el designio de consolidar la situación de privilegio prevalecía en la mentalidad de los grupos hidalgos. Así quedó implantada en las ciudades hispánicas y lusitanas una sociedad barroca de Indias, como una imagen especular de las de España y Portugal, alterada por el color cobrizo de las clases no privilegiadas.

No tardaron mucho las ciudades de Indias en diferenciarse. Por su magnitud e importancia, las capitales de amplia jurisdicción —como México, Lima o Bahía—, se diferenciaron marcadamente de las capitales menores: Guatemala, Bogotá, Santiago, Caracas, Habana, Buenos Aires, Santo Domingo, Olinda, Río de Janeiro. El número de la población, la superficie edificada, los niveles de vida, la actividad económica y el desarrollo cultural eran muy diferentes. Y aun más notable era la diferencia con respecto a los centros municipales, verdaderas aldeas de vida lánguida y monótona, algunas de las cuales cayeron en el estancamiento.

Pero aun entre las que conservaron su significación o la acrecentaron se produjo una diferenciación que no fue sólo cuantitativa sino cualitativa también. Porque en tanto que algunas se conservaron preferentemente hidalgas, otras comenzaron muy pronto a adquirir un aire mercantil. Entre las primeras estuvieron, ante todo, las cortes virreinales, las sedes de gobierno o audiencias, pero, además, aquellas en las que los encomenderos o los mineros ricos se apresuraron a consolidar su riqueza adoptando formas señoriales de vida que les permitieran ostentarla y además acentuar la separación entre las clases. Y entre las segundas se contaron, sobre todo, los puertos, y algunas ciudades mineras que, como Potosí, hicieron un proceso de vigoroso desarrollo económico estimulado por la aventura. Unas y otras crearon formas arquetípicas de vida y modelos sociales que implicaban distintas formas de mentalidad, que impregnaron la vida de la ciudad toda aunque sólo fueran propias de sus clases dominantes. Y esos modelos resultaron válidos para otras ciudades, donde los hidalgos despreciaban a los mercaderes y los mercaderes despreciaban —o envidiaban— a los hidalgos.

Las ciudades preferentemente hidalgas, aquéllas en las que el carácter predominante de la vida urbana fue dado por las clases altas que se hicieron fuertes en su condición señorial, fueron sobre todo las cortes que se constituyeron alrededor del poder. Casado con doña María de Toledo, el virrey Diego Colón instauró a su alrededor una pequeña corte aristocrática de la que formaban parte los orgullosos encomenderos a los que fustigó fray Antón de Montesinos en 1510; el obispo Alejandro Geraldini elogió en latín humanístico la ínclita y señorial ciudad en la que el virrey había levantado su alcázar. Cortes fueron las que sirvieron de ornamento al poder virreinal en México, ya en época de Antonio de Mendoza, o en Lima durante los gobiernos de García Hurtado de Mendoza y del Príncipe de Esquilache; y corte fue la que constituyó a su alrededor el gobernador Jorge de Albuquerque Coelho en Olinda. Grupos de ricos señores, de damas aficionadas a la poesía, rodeados de prelados, juristas y funcionarios, se empeñaban en hacer alarde de un estilo de vida semejante al de las cortes peninsulares, por afán de consolidar su propia posición social, pero también por la ilusión de llevar en el destierro colonial una vida noble.

Una vida noble fue la preocupación casi obsesiva de las altas clases hidalgas o con pretensiones de hidalguía. Consistía ante todo en desdeñar los oficios mecánicos y en mantener separados a menestrales y caballeros, como lo quería el jurista Juan Matienzo. Pero requería organizar todo un sistema para que no sólo pudieran llevarla los privilegiados sino también para que todos los demás la contemplaran como el espectáculo de la superioridad de unos pocos. Esos pocos eran las grandes familias, las que habitaban las mejores calles de México y que enumera Cervantes de Salazar —Mendoza, Zúñiga, Altamirano, Estrada y otros más—; o las que disputaban los cargos municipales a estocadas como ocurrió en Santiago de Chile el día de San Quintín en 1604, cuando se enfrentaron deudos y amigos de los Lisperguer y los Mendoza. Orgullosas de sus antepasados y celosas de su preminencia, las grandes familias ostentaban blasones y enumeraban genealogías. Pero sobre todo las unía un vigoroso sentimiento de clase —por encima de sus rencillas— y cerraban sus filas cuanto podían. Había hermandades y cofradías que las agrupaban, fiestas en las que se reconocían, ceremonias en las que sólo sus miembros ocupaban los lugares de honor. Bernardo de Balbuena elogiaba su forma de convivencia en México:

> Callo su altiva gallardía, y callo
> la generosidad, suerte y grandeza
> de corazón que en sus costumbres hallo.
>
> Su cortés compostura, su nobleza,
> su trato hidalgo, su apacible modo,
> sin cortedad ni sombra de escaseza;
>
> aquel pródigamente darlo todo,
> sin reparar en gastos excesivos,
> las perlas, oro, plata y seda a rodo;
>
> si aqueste estilo aun vive entre los vivos,
> este delgado suelo lo sustenta
> y le cría en sus ánimos altivos.

La prodigalidad no era sino un signo de ese deseo de ostentación y lujo que animaba a la clase hidalga. El padre Cardim lo descubría a fines del siglo XVI en Olinda, donde la corte de Jorge de Albuquerque Coelho brillaba tanto que allí "encuéntrase más vanidad que en Lisboa". Y agregaba: "Vestían los hombres terciopelos, damascos y sedas, y gastaban briosamente en caballos de precio, con sillas y riendas de las mismas sedas que la ropa. Las damas también ostentaban lujo y más gustaban de fiestas que de devociones". También en México lo observaba fray Tomás Gage hacia 1625: "Se decía que el número de los habitantes españoles llegaba a cuarenta mil, todos tan vanos y tan ricos que más de la mitad tenían coche, de suerte que se creía por muy cierto que había en este tiempo en la ciudad más de quince mil coches. Es refrán en el país que en México se hallan cuatro cosas hermosas: las mujeres, los vestidos, los caballos y las calles. Podría añadirse la quinta que serían los trenes de la nobleza, que son mucho más espléndidos y costosos que los de la corte de Madrid y de todos los otros reinos de Europa, porque no se perdonan para enriquecerlos ni el oro, ni la plata, ni las piedras preciosas, ni el brocado de oro, ni las exquisitas sedas de la China". Y de Lima, donde el padre Cobo señalaba "la vanidad de trajes, galas y pompa de criados y librea", decía por los mismos años la *Crónica* del "judío portugués": "Tienen (las mujeres) sillas de mano en que las llevan los negros cuando van a misa y a sus visitas; y tienen carrozas muy buenas, y mulas y caballos que las tiran y negros cocheros que las guían. En conclusión, los señores de Lima gozan un paraíso en este mundo, pues Lima tiene el mejor temple, pues se sabe el día que va a hacer mañana. Si bien las mujeres son hermosas y gallardas, los hombres son galanos y bizarros. Todos generalmente traen buenos vestidos de seda y finos paños de Segovia y cuellos ricos con puntas costosas de Flandes. Todos calzan medias de seda, son discretos, afables y bien criados. Observan mucho la ley de la cortesía. Son pródigos en el gastar, gastan sin cuenta ni razón. Todos se jactan de grande nobleza, no hay ninguno que no se tenga por caballero, y todos andan por la ciudad a caballo, si no son algunos muy pobres".

En todo se advertía ese deseo de ostentación y lujo: en las casonas que querían ser palacios, en el mobiliario y la vajilla, traídos de la península, en las pinturas que adornaban las capillas privadas y aun los techos o los muros de las casas, en las tallas, en los libros, en las joyas. Pero además de lo que se tenía, era necesario que su uso fuera elegante como cumple a gente de alta condición. Los señores eran pródigos y gustaban de tener a su alrededor esa clientela de medio servicio que forma parte del séquito señorial. Eran los que los acompañaban cuando salían de cacería, como aquellos que seguían en 1590 al arzobispo de Bogotá, Fray Luis Zapata de Cárdenas, cuando halló la muerte cazando, "acompañado —según recuerda Rodríguez Freyle— de sus criados y parientes y de algunos clérigos y seglares", o los que lo asistían en sus duelos, o los que escuchaban la lectura de sus alardes poéticos, o los que servían de terceros en las aventuras de amor, o los que los acompañaban en los jolgorios nocturnos, entre lúbricas negras y abundantes vasos de vino. Ese séquito revelaba la condición señorial de quien hacía del ocio aristocrático y sensual la condición de la vida noble.

En las fiestas y saraos la clase hidalga estaba a sus anchas. Allí se encontraban los elegidos, se ejercitaban las delicadas artes de la cortesía y la etiqueta, se coqueteaba y se hablaba de poesía; y además se bailaba y se cantaba, en un ambiente refinado y elegante. Lástima grande que el marco para tan aristocráticas aspiraciones fuera tan modesto: si la casona era confortable y finamente amueblada, las calles eran, salvo unas pocas, de tierra, el alumbrado escaso, los desagües insuficientes. Pero en el siglo XVII tanto México como Lima tuvieron su paseo aristocrático, la Alameda, en el que se daba cita lo más granado de la sociedad. "El lugar del paseo era encantador —decía Bachelier a principios del siglo XVIII hablando de la de Lima—; es una bella avenida muy ancha, que se pierde de vista, con cuatro filas de árboles, naranjos o limoneros muy hermosos, dos arroyos de agua clara que corren a los lados, y al fondo, en perspectiva, la portada de un convento de los mejor construidos, lo que presenta un golpe de vista grato a los extranjeros. Las carrozas y cajas rodantes se pasean por centenas en las tardes, y es éste el *rendez-vous* de todas las gentes de distinción de la ciudad. Los amantes cortejan a sus enamoradas, y tienen a honra seguirlas a pie, apoyados sobre las portezuelas de sus coches". Y refiriéndose a la de México decía fray Tomás Gage en 1648: "Los grandes de la ciudad se van a divertir todos los días sobre las cuatro de la tarde, unos a caballo y otros en coche, a un paseo delicioso que llaman la Alameda, donde hay muchas calles de árboles que no penetran los rayos del sol. Vense ordinariamente cerca de dos mil coches llenos de hidalgos, damas y gente acomodada del pueblo. Los hidalgos acuden para ver a las damas; unos servidos de una docena de esclavos africanos, y otros, con un séquito menor, pero todos los llevan con libreas muy costosas y van cubiertos de randas, flores, trenzas y moños de seda, plata y oro, con medias de seda, rosas en los zapatos y con el inseparable espadín al lado. El acompañamiento del virrey, que algunas veces va a pasear a la Alameda, no es menos brillante y fastuoso que el del rey de España, su señor". Tanta impresión debía producir en el ánimo del observador la vida alegre de los hidalgos, que Bernardo de Balbuena dedicó nueve tercetos de su *Grandeza Mexicana* a enumerar sus formas:

> Recreaciones de gusto en que ocuparse,
> de fiestas y regalos mil maneras
> para engañar cuidados y engañarse;
>
> conversaciones, juegos, burlas, veras,
> convites, golosinas infinitas,
> huertas, jardines, cazas, bosques, fieras;
>
> aparatos, grandezas exquisitas,
> juntas, saraos, conciertos agradables,
> músicas, pasatiempos y visitas;
>
> regocijos, holguras saludables,
> carreras, rúas, bizarrías, paseos,
> amigos, en el gusto y trato afables;

> galas, libreas, broches, camafeos,
> jaeces, telas, sedas y brocados,
> pinte el antojo, pidan sus deseos.
>
> Escarches, bordaduras, entorchados,
> joyas, joyeros, perlas, pedrería,
> aljófar, oro, plata, recamados;
>
> fiesta y comedia nuevas cada día,
> de varios entremeses y primores
> gusto, entretenimiento y alegría;
>
> usos nuevos, antojos de señores,
> de mujeres tocados y quimeras,
> de maridos carcomas y dolores;
>
> volantes, carzahanes, primaveras,
> y para autoridad y señorío
> coches, carrozas, sillas y literas.

Sutil breviario de la hidalguía barroca, la *Grandeza Mexicana* descubre algunos mecanismos secretos de su concepción frívola de la vida. Pero no todo era así. También tenían los hidalgos otra vida menos fácil y menos estéril. Eran unas veces funcionarios de categoría y estaban entonces comprometidos con sus obligaciones y atados a sus responsabilidades, de rutina generalmente, pero, en ocasiones, inesperadas y complejas que exigían su dedicación total, y a veces su sacrificio; o eran hombres de armas y debían arrostrar la defensa de la ciudad amenazada por corsarios y piratas, o la guerra contra los indios. A la hora de cumplir esas misiones, la concepción frívola de la vida se disipaba; pero seguía flotando como una aspiración generalizada, porque la vida noble y ociosa parecía la única propia del hidalgo.

Propio de hidalgos era el placer estético y acaso los altos pensamientos. Como Sor Juana en su convento mejicano, muchas mujeres habían escrito versos, como aquella Leonor de Ovando de la antigua Santo Domingo. La vida conventual participaba de la dignidad de las clases altas, y en ella se cultivaban tanto las letras como el estudio, sin perjuicio de que también lo hicieran clérigos seculares como Bernardo de Balbuena, Juan de Castellanos o Francisco Cervantes de Salazar. Y no faltaron círculos cortesanos en los que brillara la poesía o el teatro: en México, donde vivieron Gutierre de Cetina, Mateo Alemán, Juan de la Cueva y Francisco de Terrazas, fuera de otros muchos menores, tantos que llegaron a trescientos los que participaron de un certamen poético en 1585; o en Olinda, donde Bento Teixeira Pinto compuso su *Prosopopéia* en honor del gobernador de Albuquerque Coelho; o en Lima, donde virreyes literatos como Montesclaros, Esquilache y Castelldos Rius reunían a su alrededor poetas como Juan de Miramontes y Zuázola o humanistas como Pedro de Peralta Barnuevo. El teatro —inaugurado en México en 1597 y en Lima en 1602— fue centro literario y mundano al mismo tiempo. La misma sátira fue hidalga: en el intencionado relato de Rodríguez Freyle que recogía las murmuraciones de la aldea bogotana, o en los términos traviesos de Juan del Valle Caviedes, que zahería a limeñas y limeños, o en los más severos que usaba en Bahía Gregorio de Mattos para criticar la sociedad del Brasil, donde *"a fidalguia no bom sangue nunca está"*. Y hasta las universidades —las de Santo Domingo primero, las de México y Lima creadas en 1551, y las que se crearon después en Bogotá, Quito, Córdoba y otras ciudades— tuvieron el aire aristocrático que Cervantes de Salazar exalta en la mejicana, o el que se trasluce en la fundación misma del Colegio del Rosario de Bogotá.

Sedes de virreinatos, de gobernaciones o de audiencias, los centros de poder —grandes o pequeños— vieron florecer esta clase que se consolidó en gran parte apoyada en la autoridad directa de quienes representaban el poder conquistador. Pero el modelo de vida hidalga predominó también en otras ciudades. La riqueza fue siempre el factor decisivo; pero no todas las formas de riqueza, en estos dos primeros siglos que siguieron a la fundación de las ciudades. Era necesario que no estuvieran muy a la vista sus fuentes, que llegara a través del profundo abismo que separaba al encomendero de sus encomendados, al legítimo propietario minero de su filón; que llegara, en fin, a través de una escala jerárquica que permitiera alimentar la ilusión de que la riqueza era una "antigua riqueza" como la de los señores de la metrópoli, tan asentada y consentida que su beneficiario nada tuviera que hacer sino recibirla y disfrutarla, sin poner las manos en los sucios menesteres que suponía su obtención. Era una ilusión de los hidalgos, pero tan entrañable que era devuelta como realidad a quienes los contemplaban, enmascarada por todo el sistema de convenciones que procuraba poner distancia entre ellos y sus sometidos y evidenciar su congénita superioridad. Por esos mecanismos adquirieron carácter señorial Puebla, Guanajuato, Taxco, San Luis de Potosí, Morelia, Popayán, Tunja, Arequipa, Olinda o Trujillo del Perú. Pocas generaciones bastaron para acrisolar los abolengos.

Frente al poder social y económico de la clase que heredaba los privilegios de la conquista y todas las fuentes de riqueza, la posición de los demás sectores acusaba una tremenda inferioridad. Aun los blancos dedicados a los oficios mecánicos o comerciantes de muy baja condición la sufrían. Pero más aún la sufría el grueso de la población india, negra o mestiza sobre la que pesaban el desprecio y las sospechas de la clase dominante. Dedicados a los oficios y a las tareas más humildes, su horizonte era escaso y sus posibilidades restringidas. En los barrios donde vivían creaban comunidades estrechas alrededor de sus propias iglesias y a veces en sus propias cofradías o hermandades, y se mostraban juntos —por grupos o por castas— en sus fiestas. Pero también se los veía en otros lugares de la ciudad, por las calles, cumpliendo sus labores, o en el mercado, donde se concentraban y que era, en rigor, su propio reino. Y en las fiestas públicas, en las que brillaban las clases hidalgas, el populacho hacía el coro que aplaudía el espectáculo de magnificencia que los ricos le ofrecían.

Bajos niveles de vida predominaban en los barrios de castas. Pero las ciudades, especialmente las importantes, ofrecían resquicios por donde los grupos sometidos podían escapar hacia mejor suerte. Era, generalmente, a fuerza de astucia y, como en la península, ese esfuerzo convertía en pícaros a quienes lo intentaban: hubo una picaresca indiana, respuesta obligada a las condiciones impuestas por la sociedad hidalga.

Acudieron a esa salida grupos diversos y por distintas vías. Las mujeres negras, sensuales y despreocupadas, abrieron un camino de aproximación hacia los hidalgos que no sólo aprovecharon ellas sino todos los que ellas quisieron poner a la sombra de sus protectores. Vestidas con llamativa intención daban a la ciudad un aire pintoresco y excitante que se notaba no sólo en los barrios en que vivían sino también en los que frecuentaban las clases altas, puesto que desempeñaban diversas ocupaciones y servicios. Pagando algún dinero a sus amos, los esclavos negros solían adquirir el derecho de ejercer por su cuenta algún oficio o comercio. Y si la ganancia les alcanzaba para pagar su manumisión, luego podía crecer y permitirles una mediana posición. Posibilidades semejantes solían tener los mestizos o mulatos, sobre todo si sus parientes blancos les brindaban algún apoyo. Por su condición solían ser considerados como intermediarios útiles entre los amos y las gentes que trabajaban a su servicio, negros o indios. Y como capataces o encargados no sólo tenían la posibilidad de ganar dinero sino también de ir acercándose a las clases privilegiadas en una especie de complicidad contra los grupos sometidos. Pero sus posibilidades no terminaban allí. Las múltiples oportunidades no aprovechadas que ofrecía la vida económica dejaba abierto el camino de los más audaces y, sobre todo, de los que no tenían más remedio que recurrir a soluciones heroicas para modificar su condición. Mestizos, o mejor, mamelucos, eran los bandeirantes paulistanos que, cuando tenían éxito en sus empresas, volvían cargados de riquezas; y poco después alcanzaban en la ciudad la espectable posición que tuvo en San Pablo Alfonso Sandinha el Mozo.

En rigor, la actividad económica fue, aun en las ciudades predominantemente hidalgas, el eje de la vida urbana, y ella imponía ciertas reglas a su desarrollo, más fuertes a la larga y en casi todas partes que la rígida estructura de la sociedad barroca. Quizá creyeron los hidalgos que la sociedad urbana dual era inmutable, fundándose en la firmeza de los prejuicios y en las encontradas formas de mentalidad. Pero las actividades económicas creaban zonas de contacto en las que el dinero facilitaba el acercamiento de los distintos sectores sociales a través de operaciones en las que hacían falta el rico y el pobre, el hidalgo influyente en los estrados y el mestizo o el negro conocedor de los vericuetos de la vida urbana. Ciertamente, esta fuerza que llamaba al realismo a una sociedad que se quería mantener estática dentro de un orden ilusorio, operaba con más vigor en las ciudades que fueron desde el principio preferentemente mercantiles.

En la ciudad, el mercado era el núcleo fundamental de la vida: en él se concentraba y circulaba la riqueza, y según era su prosperidad, así era la de la ciudad. López de Velazco explicaba la despoblación progresiva de Santo Domingo y de Santiago de Cuba. Las dos ciudades —dice— habían llegado a tener mil vecinos, pero hacia 1574 Santo Domingo tenía quinientos y Santiago de Cuba treinta; y la explicación es la misma: "por no venir mercaderes a contratar a esta isla", o "por no acudir a ella navíos a contratar". En México había cuatro ferias "con grande cantidad de mercadería, de sedas, paños, y todo cuanto se puede hallar en las más abastecidas del mundo", decía Vázquez de Espinosa; y del mayor de los mercados, que se hacía en la plaza Mayor, decía López de Velazco que "caben cien mil personas y está todo cercado de portales con lugares señalados para cada oficio y suerte de mercadería, de que hay grande diversidad, y mucha menudencia". Menos importante era, sin duda, el mercado de Lima, "que en esta ciudad llamamos el Gato", escribía el padre Cobo. Y agregaba: "se vende todo género de frutas y viandas; todo lo cual venden negras e indias, en tanto número que parece un hormiguero. Las cosas que se hallan en este mercado son cuantas una muy abastecida república puede apetecer para su sustento y regalo. Hay asimismo muchos tenderijos de mercaderijos, indios que venden mil menudencias. Por toda la acera de Palacio corre hilera de cajones o tiendas de madera arrimadas a las paredes, de mercaderes de corto caudal, sin otras muchas tiendezuelas portátiles que hay en las dos aceras y en el tiangues o mercado; en el lado de las casas de Cabildo nunca deja de haber almonedas, donde se venden a precios bajos ropas traídas, y cuantas cosas pertenecen para alhajar una casa".

En mayor o menor escala, todas las ciudades tenían su mercado con caracteres semejantes, y en algunas de ellas funcionaban ferias con ciertas características especiales. Por lo demas, no todo el comercio se hacía en el mercado. Había tiendas establecidas en las calles de la ciudad, algunas de las cuales recibían su nombre, precisamente, de los comerciantes que predominaban. En ocasiones eran no sólo comerciantes sino artesanos que producían ciertos objetos, y entre ellos se destacaban los plateros, que ya a fines del siglo XVI formaban un poderoso gremio tanto en México como en Lima. Y había tratantes que concertaban negocios en relación con los mayoristas y exportadores, girando importantes cantidades.

A causa de la actividad económica funcionaba en las ciudades preferentemente hidalgas una forma de vida que poco tenía que ver con la de las clases altas cuando sus miembros se comportaban como señores. Y sin embargo buena parte de sus protagonistas eran los mismos, aunque a veces hidalgos, funcionarios y eclesiásticos obraran por interpósita persona. Pero había también comerciantes de profesión que habían asumido plenamente sus funciones y que aceptaban su posición secundaria en la ciudad preferentemente hidalga; y formaban el rango superior de una escala que concluía en el que se dedicaba al transporte o la venta al menudeo. Todos ellos tenían, ciertamente, una posición muy distinta en las ciudades preferentemente mercantiles.

Aspecto de ciudades mercantiles, llamémosle así, tomaron algunas ciudades mineras en donde el hallazgo de la insospechada veta desencadenaba una vertiginosa tendencia a la aventura que no eran capaces de contener ni los prejuicios, ni los atildamientos retóricos, ni los escrúpulos hidalgos. La plata estaba allí, al alcance de sus manos, y muchos procuraron obtenerla. Muy pocos años después del descubrimiento del Cerro Rico escribía Cieza de León, hacia 1550, refiriéndose a la atracción que desencadenó: "Y aunque en este tiempo Gonzalo Pizarro andaba dando guerra al visorrey y el reino lleno de alteraciones causadas desta rebelión, se pobló la falda de este cerro y se hicieron casas grandes y muchas, y los españoles hicieron su principal asiento en esta parte, pasándose la justicia a él; tanto que la villa estaba casi desierta y despoblada. Cargó tanta gente a sacar plata, que parecía aquel sitio una gran ciudad".

Pero acaso el más curioso fenómeno fue la rápida formación de un mercado extraordinariamente activo, en el que se desarrollaron innumerables actividades secundarias. El mismo Cieza de León compara el mercado de Cuzco con el de Potosí y dice: "mas no se iguala este mercado o tiangues ni otro ninguno del reino al soberbio de Potosí; porque fue tan grande la contratación que solamente entre indios, sin intervenir cristianos, se vendía cada día, en tiempos en que las minas andaban prósperas, veinticinco y treintamil pesos de oro y días de más de cuarenta mil; cosa extraña y que creo que ninguna feria del mundo se iguala al trato de este mercado. Yo lo noté varias veces y ví que en un llano que hacía la plaza deste asiento, por una parte iba una hilera de cestos de coca, que fue la mayor riqueza destas partes; por otra, rimeros de mantas y camisetas ricas, delgadas y bastas; por otra estaban montones de maíz y de papas secas y de otras de sus comidas; sin lo cual había gran número de cuartos de carne de lo mejor que había en el reino. En fin, se vendían otras muchas cosas más que no digo; y duraba esta feria o mercado desde la mañana hasta que oscurecía la noche; y como se sacase plata cada día y estos indios son amigos de comer y beber, especialmente los que tratan con los españoles, todo se gastaba lo que se traía a vender en tanta manera que de todas partes acudían con bastimentos y cosas necesarias para su proveimiento. Y así muchos españoles enriquecieron en este asiento de Potosí con solamente tener dos o tres indias que les contrataban en este tiangues; y de muchas partes acudieron grandes cuadrillas de anaconas, que se entiende ser indios libres que podían servir a quien fuese su voluntad; y las más hermosas indias del Cuzco y del todo el reino se hallaban en este asiento. Una cosa miré el tiempo que en él estuve: que se hacían muchas trapazas y por algunos se trataban pocas verdades. Y el valor de las cosas fueron tantas mercaderías, que se vendían los ruanes, paños y holandas casi tan barato como en España, y en almoneda vi yo vender cosas por tan poco precio que en Sevilla se tuvieran por baratas. Y muchos hombres que habían habido mucha riqueza, no hartando su codicia insaciable, se perdieron en tratar de mercar y vender; algunos de los cuales se fueron huyendo a Chile y a Tucumán y a otras partes, por miedo de las deudas; y así todo lo más que se trataba eran pleitos y debates que unos con otros tenían".

Setenta años más tarde "la Imperial Villa de Potosí, la más feliz y dichosa de cuantas se saben en el mundo por sus riquezas, tiene vecindad de cuatro mil casas de españoles y siempre tiene de cuatro a cinco mil hombres", dice la *Descripción* del "judío portugués". "Parte dellos se ocupan del beneficio de las minas y otros que son mercaderes traficantes por todo el reino con sus mercaderías... y otros que viven de sus aventuras y juegos y de ser bravos". Y agregaba: "Es grande el trato que tiene de mercaderes y grandes y ricas tiendas con toda suerte de mercaderías, tiene grande correspondencia en Lima y van de aquí muchos mercaderes a emplear a Lima y a México y a Sevilla y echa muchos hombres muy riquísimos a vivir a España".

El mismo poder de atracción tuvo la zona de Minas Gerais en el Brasil. Hacia ella concurrieron, luego de conocerse su riqueza en oro, no sólo los bandeirantes paulistas sino también los "bahienses" o brasileños del norte y numerosos portugueses, los primeros, por cierto, que emigraron espontáneamente hacia Brasil. La competencia de aquellos a quienes los paulistanos consideraban extranjeros llegó a promover una guerra —*la guerra dos Emboabas*—. Todos juntos, sin embargo, produjeron el extraordinario despliegue de la riqueza minera. Villa Rica, la actual Ouro Preto, fue llamada "la Potosí del oro"; y como en Potosí y en todas las otras ciudades mineras del ámbito hispánico, la congregación de aventureros produjo el mismo fenómeno social. La esperanza de la riqueza descartaba toda preocupación y homologaba la condición de los blancos que promovían la explotación, hecha a costa de los esclavos negros, que trabajaban y morían por millares en las minas, como los indios en el ámbito hispánico. Derroche, juego, prostitución, orgías y crímenes signaron la vida de Villa Rica, donde, como en Potosí, pasado el auge del oro, la sociedad urbana de la villa transformada en ciudad en 1711, se estancó hasta parecer una ciudad muerta.

Otras ciudades —Guanajuato, Taxco, Zacatecas— se constituyeron gracias al incentivo de las riquezas que las minas ofrecían, con sociedades igualmente abigarradas al principio. Nadie se cuidó allí de aparentar hidalguías, aunque vistieran según la descripción que hacía de los potosinos Arzans de Ursúa y Vela en el siglo XVIII, sino, simplemente, riqueza. Y nadie buscó la ostentación de una vida noble. Casas de juego en las que apostaban fortunas, burdeles de todas las categorías y, sobre todo, un desenfreno de toda clase de pasiones, caracterizó estas ciudades: "No parecía esta desdichada villa —decía un testimonio recogido por Arzans de Ursúa en su historia de Potosí— habitación de cristianos sino de bárbaros crueles", porque la violencia arrastraba a hombres y mujeres. Pero el motor de la peculiar forma de sociabilidad en las ciudades mineras era la fácil obtención de ingentes fortunas y las posibilidades de nuevos negocios. El espíritu mercantil triunfaba irremisiblemente y se sobreponía a las preocupaciones sociales, acaso por la afluencia de tantos extranjeros, especialmente portugueses, a los dominios hispánicos, que actualizaban la actitud de los españoles celosos de su hidalguía. Y sin embargo, algunas ciudades mineras vieron trasmutarse los grupos de ricos en grupos hidalgos, ya a fines del siglo XVII o en el XVIII, cuando la hidalguía comenzaba a entrar en crisis.

De todos modos, donde el espíritu mercantil adquirió una fisonomía más definida y un aire más aproximado al de las burguesías europeas, fue en los puertos, en los que las actividades económicas fueron fundamentales desde un principio. López de Velazco señala con datos referidos a 1574 las diferencias de la estructura social de las ciudades cuando distingue la condición social de los españoles. Treinta vecinos españoles, de los cuales dieciséis encomenderos, dice refiriéndose a Popayán; quinientos vecinos españoles de los cuales setenta encomenderos y los demás pobladores y tratantes, refiriéndose a Guatemala; y cuenta veinticuatro encomenderos sobre treinta y seis vecinos en Cali, sesenta y tres encomenderos sobre ochocientos vecinos en Cuzco y veintitrés encomenderos sobre trescientos vecinos en Trujillo del Perú. Pero cuando se refiere a Potosí dice: "Cuatrocientas casas de españoles, ningún encomendero sino todos mercaderes, tratantes y mineros, y las más yentes y vinientes". De Veracruz dice que son todos mercaderes y de Cartagena que sobre doscientos cincuenta vecinos hay dieciséis encomenderos y los demás todos tratantes y mercaderes.

Los puertos tuvieron su propio estilo de vida: Portobelo, La Habana, Cartagena, Veracruz, La Guayra, Santo Domingo, Acapulco, Panamá, Guayaquil, El Callao, Valparaíso, Buenos Aires, San Vicente, Río de Janeiro, Bahía, Recife. Allí tenían su sede los grandes negocios y se constituyeron, en consecuencia, los grupos económicos más poderosos, caracterizados por su decisión, su pragmatismo y su eficacia. Desde un principio mostraron una fisonomía social y mental muy definida los grupos vinculados con el comercio de la metrópoli. Y muy pronto mostraron la suya dos especies de comerciantes que tendrían particular significación por las fortunas que acumularon y por su peculiar inserción en la vida social; los negreros y los contrabandistas. Como los que constituyeron las sociedades urbanas mineras, tampoco éstos tuvieron escrúpulos en el manejo de sus intereses ni descuidaron su conducción directa. Quizá eligieron esas actividades porque estaban decididos a acelerar el proceso de su enriquecimiento, sin preocupaciones accesorias de carácter social. Pero en todo caso forjaron el tipo del burgués mercantil, que había de constituir un modelo cada vez más aceptado a medida que se desarrolló la vida colonial.

En el Brasil, circunstancias especiales contribuyeron a delinear el modelo de vida mercantilista y burgués. La exportación del azúcar abrió una perspectiva del mercado mundial mucho más amplia que la que podía permitir la política monopolista de España. Esa perspectiva mejoró aún más cuando los holandeses se instalaron en Recife en 1630 y crearon allí una ciudad típicamente burguesa y mercantil cuyo remoto modelo era Amsterdam, como lo fue para las otras fundaciones holandesas, Nueva Amsterdam, hoy Nueva York, en 1624, y Willemstad en Curaçao, en 1634. En la época de Mauricio de Nassau —entre 1637 y 1644— Recife fue no sólo un emporio económico sino también un modelo del estilo burgués de vida, que los portugueses imitaron y continuaron después que la reconquistaron en 1654. Frente a Olinda, que perpetuaba la tradición hidalga, acentuó el contraste, y señaló el derrotero que habrían de seguir luego en los hechos las clases altas, sin perjuicio de la supervivencia de una vaga tendencia señorial.

Contribuyó a acentuar la significación de las formas de vida mercantilistas y burguesas la creación de la Companhia Geral de Comercio do Brasil (1649) y de la Real Compañía Guipuzcoana de Caracas (1730). Factorías y factores introdujeron en las ciudades donde actuaron una nueva actitud económica y social: por eso se rebelaron contra ellas quienes veían afectados sus intereses por el monopolio y, al mismo tiempo, su estilo de vida. Las rebeliones de Jerónimo Barbalho en Río de Janeiro y del capitán León en Venezuela aunaban los dos designios.

Ciudades preferentemente hidalgas y ciudades preferentemente mercantiles esbozaron dos estilos de vida, según las tendencias de sus clases dominantes. Coexistieron esos dos estilos, en rigor, en todas las ciudades, porque ni las clases hidalgas se sustrajeron a las actividades mercantiles y a sus posibilidades, ni los sectores mercantiles dejaron de acariciar la esperanza de alcanzar algún día el lustre de las clases ociosas. Pero la hidalguía fue una obsesión predominante durante los dos primeros siglos que siguieron a las fundaciones. Sólo a partir de mediados del siglo XVIII un creciente pragmatismo, sostenido por las ideas de la Ilustración, permitió abandonar poco a poco las ostentosas fantasías de los aventureros empeñados en que parecieran antiguos sus abolengos y blasones. Cuando la riqueza pareció un mérito suficiente, nadie pretendió ocultar que sus blasones eran comprados, acaso porque la corona no ocultó que les había puesto precio.

4. DE LA TRAZA DESNUDA A LA CIUDAD EDIFICADA

El desarrollo lento o acelerado, según los casos, de las ciudades se manifestó en el crecimiento, estabilización y diferenciación de su sociedad, en su mayor actividad económica, en la adopción de formas de vida más típicamente urbanas y en la aparición de nuevas preocupaciones culturales. Pero se manifestó sobre todo en el hecho concreto de su edificación. Acto simbólico, la fundación no instauró la ciudad física. Su traza se trasformó, pues, en un proyecto que era necesario convertir en realidad. Y luego de haberse adoptado definitivamente el sitio, el proyecto fue puesto en ejecución lentamente, levantando construcciones civiles o religiosas en los solares que la traza marcaba y que habían sido adjudicados formalmente a los pobladores o reservados para edificios públicos.

Si la traza fue un proyecto, su extensión y distribución revela la perspectiva que los fundadores descubrían para las nuevas ciudades. A ciertas capitales —México, Lima, Buenos Aires— se les asignó una superficie que sobrepasaba el centenar de manzanas; pero la gran mayoría de las ciudades tuvieron alrededor de veinticinco, y tanto unas como otras tardaron mucho tiempo en lograr una edificación compacta fuera de la zona céntrica. Para fines del siglo xvii o principios del siglo xviii muy pocas habían sobrepasado esos límites, aun cuando habían aparecido algunas formaciones suburbanas irregulares.

Ciertamente, la población urbana creció con mucha lentitud. A principios del siglo xviii México podría llegar a los 40.000 habitantes, Lima a los 30.000 y Bahía a los 10.000. Pero ninguna de las otras ciudades latinoamericanas llegaba a esa última cifra. Recife y Buenos Aires tendrían alrededor de 8.000, San Pablo y Caracas 7.000 y Bogotá y Asunción 5.000 aproximadamente. Eran, pues, pequeñas sociedades urbanas que no podían apresurar el proceso de colmar la traza vacía, ni tenían necesidad de hacerlo. Por lo demás, salvo en las grandes capitales o en algunas ciudades mineras o portuarias, no sobraron durante ese período los recursos para afrontar la tarea de levantar ciudades sobre la nada. Se construyeron casas privadas, edificios públicos, iglesias y conventos, pero hasta bien entrado el siglo xviii el desarrollo físico de las ciudades fue lento y no sobrepasó, salvo excepciones, la traza de los fundadores.

De todos modos, lo que había sido campo quedó circunscripto y transformado en ámbito urbano no sólo porque virtualmente lo era sino porque lo llegaba a ser progresivamente, a medida que se levantaba una nueva iglesia o una nueva casa y, sobre todo, a medida que la sociedad vivía en ese ámbito su existencia cotidiana y lo cargaba de recuerdos y de expectativas. En la traza, la plaza Mayor era un espacio abierto y vacío como todos los demás; la picota fue lo primero que se levantó, y muy pronto comenzó a funcionar allí el mercado: la plaza ya fue plaza y consolidó esta condición cuando se levantaron en sus bordes los edificios para sede de los poderes públicos, el templo, quizá la cárcel. Con todo ello, la plaza empezó a ser el centro de comunicación social de la ciudad, tan modesta como fuera su edificación, tan elementales como fueran los servicios públicos, reducidos quizá a una fuente de agua. Pero de allí se iba al cabildo o a la casa del gobernador o a la audiencia, allí se centralizaban las actividades económicas y allí se hacían las pocas fiestas públicas que se celebraban en la ciudad. Por eso la plaza Mayor fue lo primero que empezó a merecer el cuidado de las autoridades, hasta donde lo permitía la peculiar actividad del mercado. Algunas veces se llegó a robarle espacio para alguna instalación que ofreciera techo a los mercaderes; pero para todos ese espacio tenía un valor que lo hacía recuperable. De la plaza salían las calles principales, cuya línea de edificación se conservó cuidadosamente casi siempre. Allí, cerca de la plaza, se afincaron los vecinos más pudientes y levantaron sus casas. Y más lejos se fueron distribuyendo los de menos recursos, con frecuencia alrededor de las iglesias —parroquias a veces— que empezaban a levantarse en los solares que les habían sido adjudicados a las diversas órdenes. Surgieron allí plazuelas, donde se instalaron fuentes, y en las que empezaron a constituirse pequeños centros barriales, que congregaron grupos populares, a veces indígenas o negros.

El fenómeno edilicio más importante fue la formación espontánea de suburbios, poblados en principio por esos y otros grupos marginales. A los barrios o "doctrinas" previstos en la trama original de México que proyectó Alonso García Bravo, se agregaron en los dos siglos siguientes otros, de los cuales los más importantes fueron el de Santa Cruz y el de Santiago Tlatelolco. En Lima se constituyeron dos nuevos barrios: la reducción de indios del Cercado y, sobre todo, el "arrabal de San Lázaro", que surgió al otro lado del río Rimac por obra de los indios "camaroneros" y en el que se instaló poco después un hospital para leprosos. En Bahía se agregó a la ciudad alta originaria la *cidade baixa* en el extremo de la Ribeira. Y Recife, que había nacido como una aldea de pescadores al lado de Olinda y se había trasformado en una ciudad por obra de los holandeses, volvió a ser un suburbio después de la reconquista portuguesa hasta que sus habitantes lograron que se reconociera su importancia.

A pesar de su lentitud y parquedad, el desarrollo de las ciudades fue, en realidad, su progresiva creación. Al organizarse y regularizarse la vida a través de las actividades cotidianas comenzaron a aparecer necesidades impostergables que se hizo necesario atender, sobre todo en las ciudades importantes. Quizá con dos o tres mil habitantes podía una ciudad vivir sin regular su crecimiento y organizar sus servicios; pero al aproximarse a la decena de millares o al sobrepasarla quedaron a la vista las deficiencias que conspiraban contra la vida urbana. La respuesta fueron algunos intentos urbanísticos de cierta magnitud. México, implantada en una laguna, descubrió el tremendo problema de las inundaciones, pues al fundarse la ciudad hispánica se había alterado el drenaje natural. Se produjeron las primeras en 1553 y se repitieron varias veces sin que se atinara más que a paliar las consecuencias. Pero a principios del siglo xvii, cuando el virrey Montesclaros emprendió la obra del acueducto de Chapultepec para proveer de agua a la ciudad, se proyectó también y se puso en ejecución una vasta obra de desagües que se prolongaría durante más de un siglo. La provisión de agua fue preocupación de todas las ciudades, resuelta con la instalación de fuentes públicas en las plazas; pero los desagües urbanos —simples canaletas abiertas que corrían por las calles— no mejoraron. Hubo preocupación en las capitales por el pavimento de algunas calles; en México se hicieron además acequias y alcantarillas, y puentes para cruzar los canales. El mismo Montesclaros —que de México pasó a Perú como virrey— hizo construir en Lima, en remplazo de los que se habían derrumbado, un nuevo puente sobre el Rimac con pilares de piedra y arcos de mampostería, que se concluyó en 1610.

Sólo en esas ciudades apareció una preocupación por mejorar el aspecto de la ciudad, atendiendo al modelo de las cortes metropolitanas. Pero todo era empezar desde las cosas más rudimentarias. Fue un paso grande sacar la picota de la plaza mayor y evitar el espectáculo, no de las ejecuciones que atraían al público, sino de los cadáveres que quedaban expuestos en el lugar más céntrico de la ciudad. Cuando se quiso ennoblecer la ciudad, como dijo algún cronista, se pensó en crear lugares de esparcimiento. México, Guatemala Antigua y Lima se enorgullecieron de sus alamedas; y en la primera fue costumbre desde los tiempos del virrey Luis de Velasco ir de paseo al bosque de Chapultepec. Pero fue en Recife, durante la administración holandesa de Mauricio de Nassau, donde se intentó una remodelación completa de la ciudad, según el plan de Peter Post.

En rigor, lo que cambió el aspecto de las ciudades a lo largo de los dos primeros siglos que siguieron a la fundación fue la aparición de una arquitectura de cierta categoría. Hablando de Lima escribía el padre Bernabé Cobo en 1629: "El edificio, generalmente, de las casas es de adobes; las primeras que se labraron es de ruin fábrica cubiertas de esteras tejidas de carrizos y madera tosca de mangles y con poca majestad y primor en las portadas y patios, aunque muy grandes y capaces; después acá se han ido derribando casi todas y edificándose más costosamente con enmaderamientos fuertes y curiosos, de gruesas vigas y tablón de roble, con toda la curiosidad que pudo el primor del arte; son ya muy pocas las que se cubren de esteras, a causa de las garúas, que cuando son copiosas suele el agua calar los techos de esteras y henchir las casas de goteras; los edificios de cantería son muy pocos, por la mucha falta que hay de materiales, porque no se halla en todo este valle cantería buena de donde cortar piedra para labrar, y a esta causa la que se gasta es por la mayor parte traída por mar de Panamá, quinientas leguas; de Arica, doscientas, y de otras tierras remotas".

No tuvo ese problema la ciudad de México, erigida a costa de la destrucción de los templos de Tenochtitlán: "Allí murieron muchos indios —decía fray Toribio de Benavente—, y tardaron muchos años hasta los arrancar de cepa, de los cuales salió infinidad de piedra". Con ella hicieron los señores aquellas casas que excitaban en 1554 la admiración de Cervantes de Salazar: las de la calle Tacuba de las que decía uno de los personajes de sus *Diálogos*: "Todas son magníficas y hechas a gran costa, como corresponde a vecinos tan nobles y opulentos. Según su solidez, cualquiera diría que no eran casas sino fortalezas". Y de todas las que más parecían un verdadero castillo eran las llamadas "casas viejas de Cortés" —"que no es palacio sino otra ciudad"— emplazadas frente a la plaza Mayor.

Abundó la piedra, además de México, en otras ciudades como Cuzco y Quito. Con adobe, ladrillo y madera se construyeron, sin embargo, buenas moradas en otras ciudades. Trescientas tenía Santiago de Chile a principios del siglo XVII según González de Nájera, y de ellas "muchas y muy nobles casas de hijos y descendientes de conquistadores". En Tunja levantaron las suyas el fundador Gonzalo Suárez Rendón, el escribano del rey Juan de Vargas y otros encomenderos y funcionarios. Y en la Antigua Guatemala se edificaron las casas de Bernal Díaz del Castillo, del oídor Luis de las Infantas y Mendoza y aquellas que se alineaban en la calle que, por su calidad, se llamó de la Nobleza, como relataba en 1639 fray Tomás Gage. Ni la casa de los Ponce en San Juan de Puerto Rico llegó a ser construida en piedra pese a que así fue proyectada originariamente.

"En grandeza y lustre se aventajan los edificios públicos a los particulares", decía de Lima el padre Cobo; y lo mismo podía decirse para las demás ciudades. Con todo, no era el palacio virreinal de Lima obra suntuosa; y aunque algo mejor, tampoco lo fue el de México hasta su incendio en 1692; pero al año siguiente comenzó la nueva construcción que pudo ser habitada cuatro años más tarde, y que reveló cierta grandeza. No le faltó prestancia al palacio de los Capitanes Generales de Guatemala Antigua, ni a los palacios de Recife o Bahía, pero fueron muy modestos, en cambio, las sedes de los gobiernos de Bogotá, Caracas, Asunción o Buenos Aires. Y modestos fueron durante estos siglos los edificios de los cabildos, situados generalmente, como las sedes gubernamentales, frente a la plaza Mayor.

Todas las preocupaciones arquitectónicas se concentraron en los edificios religiosos. La ciudad desnuda de la traza originaria se pobló rápidamente de iglesias, conventos y colegios, que ocuparon buena parte de la superficie urbana. A principios del siglo XVII, de una pequeña ciudad como Santiago de Chile, decía Alonso González de Nájera que tenía como trescientas casas y "cuatro monasterios de frailes, dos de monjas y un colegio"; y de la más importante de las ciudades de Indias enumeraba Bernardo de Balbuena a lo largo de todo un capítulo de su *Grandeza Mexicana* las numerosas fundaciones religiosas. Así llegarían en no mucho tiempo algunas ciudades a alcanzar el aire singular que conservan Cholula o Bahía, Puebla o Quito, sembradas de construcciones religiosas, o esa singular disposición urbana que otorga la implantación de una gran construcción religiosa en el seno de la ciudad, como en Tlaxcala el convento de San Francisco o los del Carmen, uno en Bahía y otro en Olinda, fortificados; o, en Arequipa el inmenso ámbito del convento —más bien ciudadela— de Santa Catalina, o en San Pablo, el Colegio de los jesuitas, núcleo de la ciudad.

La catedral o iglesia matriz fue lo primero que se trató de erigir luego de fundada la ciudad. Ciertamente, la casa fuerte fue primero. Por eso en 1554, cuando ya asombraban las casi fortalezas de los primeros pobladores de México, podía decir uno de los interlocutores de Cervantes de Salazar: "Da lástima que en una ciudad a cuya fama no sé si llega la de alguna otra, y con vecindario tan rico, se haya levantado en el lugar más público un templo tan pequeño, humilde y pobremente adornado"; y sin embargo ya para entonces tenía el arzobispo "casa con elegantes jambales y cuya azotea tiene a los extremos dos torres, mucho más altas que la del centro", tan sólida que podía decirse de ella: "Ni con minas la derribarán".

Pero a medida que las circunstancias lo permitieron la catedral fue levantada; y cuando se derrumbaba —y ocurrió con frecuencia— fue levantada otra vez, mejor proyectada, más sólida y rica. Ya tenían, a fines del siglo xvii o principios del xviii, magníficas catedrales Santo Domingo, Guadalajara y La Paz, México, Salvador de Bahía, Chuquisaca y Trujillo, Puebla, Lima y Cuzco, estas tres últimas obras, originariamente, del arquitecto Francisco Becerra. Levantadas frente a la plaza Mayor, las catedrales llegaron a ser, una vez concluidas sus torres y pórticos, moles imponentes que dominaban el foro urbano. La decoración tanto de su exterior como de su interior fue obra de años, y tanto en ella como en la construcción misma se ejercitaron no sólo los artesanos españoles sino también los hijos de la tierra que aprendían el oficio. Para las artes de la edificación crearon los franciscanos de Quito una escuela en la que los indios las aprendieron a fondo.

Una tenaz competencia se desató entre las diversas órdenes para imponer su influencia en las ciudades. Franciscanos, dominicos, carmelitas, agustinos, mercedarios y jesuitas obtuvieron desde los primeros tiempos y en casi todas las ciudades extensos solares donde erigir sus conventos e iglesias. Donaciones y limosnas ayudaron a la obra, y en los dos siglos que siguieron a las fundaciones impusieron a las ciudades hidalgas un aire conventual. Los franciscanos levantaron en Quito un conjunto arquitectónico de casi treinta mil metros cuadrados, compuesto por el convento y tres iglesias adyacentes: San Francisco, San Buenaventura y la llamada de Cantuña. Del que construyeron en México, decía fray Agustín de Vetancourt que "tiene casi trescientas celdas donde prelados, moradores, enfermos y huéspedes moran de ordinario cerca de doscientos frailes, sobrando celdas altas, bajas y entresoladas para otros muchos, todas acomodadas y sin distinción de personas, ordenadas las viviendas según la calidad de los sujetos, con sus pasadizos y oficinas necesarias para todos". El de Tlaxcala tenía, además del convento, la iglesia de la Asunción, la capilla abierta del Santo Sepulcro, el hospital y, en el enorme atrio, la capilla posa, todo el conjunto fortificado como una ciudadela. No menos grandioso fue el de Puebla, y no faltaron importantes construcciones en otras ciudades: La Paz, Lima, Salvador de Bahía, Cuzco, Bogotá, Sucre, Arequipa entre otras.

Los dominicos estuvieron presentes también en la distribución originaria de solares y en ellos levantaron templos y conventos. En Puebla la iglesia alcanzó una calidad artística excepcional, especialmente en la capilla de Rosario. En México el conjunto se abría sobre la plazuela porticada de Santo Domingo. En Lima, Quito, Oaxaca, Cuzco, Santo Domingo, Salvador de Bahía, como en tantas otras ciudades, el conjunto arquitectónico probaba la riqueza y la influencia de la orden. Un poco menor fue la significación de los conventos de las otras dos órdenes mendicantes —carmelitas y agustinos—, pero aun así levantaron innumerables iglesias y conventos, algunos como los del Carmen de Quito o como los de San Agustín de Lima, Quito o Bogotá, centros religiosos muy importantes en la vida de la ciudad y monumentos de extraordinario valor artístico. Los mercedarios, por su parte, erigieron ricos templos en Lima, Quito y Cuzco.

Muy fuerte fue también la influencia de la Compañía de Jesús, y sus templos y colegios lo revelaban. Extraordinario alarde estético fueron la iglesia que la Compañía levantó en Guanajuato, o las de Quito o Potosí. Pero fue en Cuzco donde adquirió un relieve mayor no sólo por su impresionante fachada sino también por su situación, casi desafiando a la catedral.

Muchas, innumerables iglesias más poblaron las ciudades, y cada una de ellas atrajo la particular devoción de ciertos sectores de fieles. A medida que pasaba el tiempo crecían en número, invirtiéndose en ellas cuantiosas sumas. Decía Balbuena en su *Grandeza Mexicana*, refiriéndose a la riqueza raíz y al valor venal de las construcciones religiosas en México:

> Sus fundaciones, dotación y renta
> ¿de que guarismo compondrá la suma
> por más letras y ceros que consienta?

Y hasta tal punto crecían que en 1664 el ayuntamiento de la ciudad pidió al rey que se prohibiera a las órdenes religiosas fundar más conventos y comprar nuevas tierras.

Ciertamente, las construcciones religiosas imprimieron su sello a la ciudad hidalga, sin comparación posible con la arquitectura civil. Revelaban la significación eminente de la iglesia en el seno de esa sociedad y los rasgos fundamentales de la mentalidad de sus clases altas. Pero revelaron, además, algunos fenómenos sociales y culturales de importancia, puesto que los estilos arquitectónicos respondieron tanto a la gravitación de la influencia peninsular como a las condiciones propias de la ciudad y la región. Para la catedral de Santo Domingo se adoptó el estilo isabelino, y no faltaron intentos de introducir el plateresco. Pero la primera influencia importante fue la del estilo herreriano y, en rigor, la decisiva fue la del barroco. Y no sólo porque produjo el mayor número de obras arquitectónicas importantes sino porque ofreció un esquema general, tanto constructivo como decorativo, en el que cupieron todas las posibilidades de expresión que surgieron en esa nueva sociedad que se constituía en el Nuevo Mundo. Hubo, pues, muchos barrocos, muchos de ellos imitación más o menos fiel de sus modelos peninsulares, y además formas que surgían espontáneamente de la creación y que configuran el barroco mestizo: la iglesia de San Lorenzo de Potosí —con su imagen del San Miguel indígena—, la de la Misericordia de Olinda o la de Santo Domingo de Puebla expresaron en grado sumo esa alianza del genio peninsular y la imaginación indígena.

En rigor, podría entenderse que en alguna medida, aunque fuera pequeña, la aparición de un barroco mestizo preanunció cierta crisis de la sociedad barroca: una clase alta hispánica que tolera una virgen morena está anunciando que ha asimilado algunos elementos de las culturas vernáculas: las comidas, los bailes y las canciones, el vestido, algunas costumbres y quizá ciertas supersticiones que equivalen a ideas. Esto ocurrió, sin duda, en muchas ciudades, y no fue ajena a ese cambio, esa caterva de sirvientes que constituían el contorno de la vida doméstica y participaban de la crianza y educación de los hijos, y acaso también esa nube de mujeres con las que aprendían los secretos del amor los adolescentes y los practicaban los hombres maduros. Convivencia y trato terminaron por enseñar a muchos que las "castas" estaban también compuestas por seres humanos, y que hasta la Virgen y San Miguel podían tener el rostro cobrizo; pero admitirlo era reconocer un punto débil en la concepción de la sociedad barroca de Indias. La devoción del Señor de los Milagros en Lima, de la virgen de Guadalupe en México o del Señor de los Temblores en Cuzco contribuyó a esa crisis.

Sobre todo el Señor de los Temblores, y todas las imágenes a las que se le atribuía poder para conjurar las amenazas que se cernían sobre la ciudad: terremotos, inundaciones, erupciones volcánicas. Por culpa de ellas muchas ciudades habían sido destruidas alguna vez y algunas, más de una vez. Pero pocas ciudades fueron abandonadas; y cuando la autoridad decidió el traslado de Guatemala, muchos se quedaron en lo que empezó a llamarse Antigua y hubo desde entonces dos Guatemalas, pese a que en verdad hubo tres. Larga es la lista de las ciudades que cayeron y volvieron a empezar, como Cuzco en 1650, Guatemala en 1717 o Caracas en 1641.

Quedaba la posibilidad de que la ciudad sucumbiera a un ataque de los enemigos, especialmente los puertos, y para evitarla, empezaron a construirse morros y castillos, como los de La Habana, San Juan de Puerto Rico, Veracruz, Cartagena o Valparaíso. Quizá la mole de la fortificación militar fuera la primera construcción importante de la ciudad. Tras ella podía crecer o surgir, de la traza desnuda, la ciudad edificada.

5 DE LA MENTALIDAD CONQUISTADORA A LA MENTALIDAD HIDALGA

Ciertamente, por debajo de los conquistadores sobrellevaban pesadamente su existencia los pueblos sometidos. La aparición de los extranjeros significó para ellos su aniquilamiento como sociedad autónoma y desde entonces debieron aceptarlos como los dueños de su destino. Hasta qué punto tuvieron conciencia de su desgracia, lo prueban los suicidios colectivos. Hubo los que se rebelaron y lucharon, sabiendo que la lucha era a muerte. Pero poco a poco cundieron la resignación y el odio. La sumisión fue aceptada y empezaron a crearse los mecanismos de adaptación, especialmente a través de los mestizos. Sobrevivir y aun prosperar no era algo imposible si se hallaban los vericuetos por donde insertarse en la nueva sociedad. Y, sobre todo, no fue difícil encontrarlos en la sociedad urbana. Pero esos éxitos no disipaban el odio. Los sometidos aceptaron las creencias que les eran impuestas, pero las tradujeron a sus propios términos y crearon, al mismo tiempo, una extraña simbiosis entre lo propio y lo adquirido: un día algún imaginero lo expresaría plásticamente, mientras muchos lo expresaban verbalmente alterando, quizá sin saberlo, su profundo caudal de sabiduría vernácula a la luz de las enseñanzas recibidas. Pero conservaron todo lo que constituía su vida cotidiana, sus vestidos, su manera de alimentarse, sus cacharros, sus utensilios, su manera de adornarse, su manera de curar las enfermedades, su manera de cultivar, su manera de comprar y vender en el mercado, su manera de saludarse entre ellos, su vida de familia hasta donde se lo permitía el amo español. Todo eso se conservó de una manera viva, sin duda, pero impregnada del sentimiento de inferioridad que repentinamente suscitó en ellos la conquista. El rasgo predominante de su mentalidad fue la desesperanza, la actitud de una sociedad vencida que no es dueña de su destino.

Dueños de su destino eran los conquistadores, del de los sometidos y del suyo propio, acerca del cual tenían claras ideas y propósitos definidos: querían poseer —para ellos y para su rey— la tierra, los bienes y la mano de obra sometida; y lo querían con una vehemencia casi atroz, con una decisión irrefragable. Era un designio simple pero de alcance tan vasto que implicaba una opinión sobre el mundo en el que se insertaban. Era un mundo para ser poseído por ellos con olvido inmediato y total de lo que antes hubiera sido. Y una vez poseído para ellos —los conquistadores todos, los de cada región, los de cada valle— poseído por cada uno personalmente para poder ser, desde ese momento, el señor de su dominio. En rigor, una concepción épica de la vida fue el primer rasgo de la mentalidad conquistadora.

Pero pasado el momento crucial de la conquista, fue evidente que era necesario insertar esa posesión dentro de un orden estable que la asegurara, y asegurara también la condición de privilegiados que desde ese momento adquirían los poseedores. Ese orden estable no podía ser obra de uno solo, ni de todos, sino del estado —España o Portugal— que aseguraba su retaguardia no sólo militar sino también económica y cultural. Y ese orden suponía la organización de una nueva sociedad.

El conquistador poseía, sin duda, un sistema de ideas sociales de las que se habría impregnado en su país de origen. Una de ellas se relacionaba con la estrechez del horizonte que en él tenía, y la amplitud que ofrecía el del Nuevo Mundo. Y llegado al Nuevo Mundo elaboró una imagen de la sociedad que en él se constituía por su propio esfuerzo. Era, a diferencia de la sociedad matizada de su país de origen, una sociedad brutalmente tajada en dos, en la que conquistados y conquistadores constituían dos estratos yuxtapuestos sin interpenetrarse, una irreductible sociedad dual. El conquistador la creó en los hechos y luego la justificó transformándola en un esquema totalmente válido. Era la condición necesaria de lo que se había propuesto hacer, la consecuencia irreversible de lo que había hecho.

De pronto, la iglesia y el estado de los países de origen de los conquistadores empezaron a cuestionar esa sociedad dual, o mejor dicho, algunos aspectos de ella. Los dominicos dieron la voz de alarma. En un sermón pronunciado en Santo Domingo el cuarto domingo de Adviento de 1510, en nombre de toda la comunidad, fray Antón de Montesinos enrostró a los encomenderos su comportamiento con los indios y cuestionó su derecho a someterlos a su servicio: "Decid: ¿Con qué derecho, con qué justicia tenéis en tan cruel y horrible servidumbre a aquellos indios, y con qué autoridad habéis hecho tan detestables guerras a estas gentes que estaban en sus tierras mansas y pacíficas, donde tan infinitas dellas, con muertes y estragos nunca oídos, habéis consumido? ¿Cómo los tenéis tan opresos y fatigados, sin dalles de comer ni curallos de sus enfermedades, que de los excesivos trabajos que les dáis incurren y se os mueren, y por mejor decir los matáis, por sacar y adquirir oro cada día? [...] ¿Estos no son hombres? ¿No tienen ánimas racionales? ¿No son obligados a curallos como a vosotros mesmos?" Comenzaba una larga polémica entre los encomenderos por una parte y un sector de frailes y teólogos que recibieron finalmente el apoyo del estado, por otra. Las leyes de Burgos de 1512 primero y las Nuevas Leyes de 1542 después recogieron los puntos de vista críticos de los frailes; pero, junto con otras disposiciones, contribuyeron solamente a fortalecer la protección personal de los indios y su catequesis, sin que pudieran socavar los fundamentos de la sociedad dual. Bartolomé de Las Casas, Juan de Zumárraga, Vasco de Quiroga, Lázaro Bejarano, Motolinía, Pedro Claver, Francisco Solano, Antonio Vieira, Diego de Avendaño, fueron entre otros muchos abogados y consecuentes defensores de los indios y, algunos, de los negros: los convirtieron, los educaron, los protegieron contra los malos tratos hasta donde llegaba su fuerza y su influencia, los curaron y trataron de proporcionarles buena muerte. Pero ni la iglesia ni el estado, pese a la tenacidad que muchos funcionarios pusieron para hacer cumplir las leyes protectoras, lograron que la protección sobrepasara los límites de las necesidades de la explotación económica. Los encomenderos encontraron excesivas algunas medidas estatales; pero en verdad apenas vulneraron sus derechos y sus intereses. El estado procuró, ciertamente, educar a los hijos de los caciques y trató con alguna distinción a ciertos miembros de las familias indígenas distinguidas. Pero entretanto, los juristas peruanos, alentados por el virrey Toledo, se preocuparon por demostrar la ilegitimidad de los Incas. Y las rebeliones indígenas fueron reprimidas con ejemplar dureza, mientras se tomaban todas las precauciones para asegurar la subsistencia de la nueva sociedad, prohibiendo, por ejemplo, llevar armas a los indios. La sociedad dual fue un principio inconmovible, sostenido por el estado y fortalecido por la aceptación de las obligaciones impuestas por los sentimientos caritativos, con lo que se deslindaban responsabilidades morales: fue el segundo rasgo de la mentalidad conquistadora.

De todos modos, los conquistadores aferrados a esa concepción de la sociedad no pudieron asimilarla exactamente a los esquemas que traían de sus países de origen. Era la de ellos absolutamente original en cuanto a sus componentes sociales, y, sobre todo, más plástica. Precisamente para conformarla creyeron los conquistadores que necesitaban un cierto margen de independencia, no sólo por la novedad de los problemas sino por la lejanía de las metrópolis. Tuvieron, de hecho, ese margen de independencia, sin duda; pero se sintieron llamados a rendir cuentas o fueron reprimidos enérgicamente por un poder que marchaba hacia el absolutismo y que era, además, muy meticuloso y casuístico. Y la respuesta fue barroca —prebarroca y como una anticipación del monólogo de Segismundo—, expresada en la fórmula "se acata pero no se cumple".

Si el principio de la sociedad dual fue uno de los rasgos fundamentales de la visión conquistadora de la sociedad, el distingo entre acatamiento y cumplimiento lo fue de su visión del orden político del Nuevo Mundo. "Acatar" correspondía a la necesidad de reconocer el marco de autoridad establecido por las potencias imperiales, sin el cual el Nuevo Mundo no podía subsistir; "no cumplir" correspondía a la perduración de la concepción política de la voluntad popular de tradición medieval y comunera, robustecida tanto por la doctrina jesuítica expresada por Suárez y Mariana como por la singular experiencia de la conquista, que reclamaba independencia y decisiones adecuadas a las circunstancias. El respeto a la voluntad popular —entendiendo por pueblo al grupo conquistador— fue el tercer rasgo de la mentalidad conquistadora. Y así como la corona aceptó el principio de la sociedad dual, aceptó también dentro de ciertos límites el principio del respeto a la voluntad popular.

Ciertamente, las metrópolis cortaron drásticamente, con violentos actos de autoridad, todos los intentos de extremar los márgenes consentidos de independencia: así cayeron Gonzalo Pizarro, Lope de Aguirre, Álvaro de Oyón. Pero los márgenes de independencia subsistieron en la medida adecuada al proceso político fundamental que empezó a producirse poco después de ocupada la tierra y fundadas las ciudades, que consistió en convertir el mundo de los conquistadores en un mundo de funcionarios y la sociedad épica de las aventuras en la sociedad barroca de la colonización: fue la etapa que iniciaron Mendoza y Velazco, Hurtado de Mendoza y Toledo, Tomé de Souza y Mem de Sá.

Esta metamorfosis se acentuó y consolidó a medida que se extinguían los conquistadores y heredaban sus derechos y privilegios sus descendientes. Quizá la existencia de Hernán Cortés durante sus últimos años en México o los últimos años de Diego Losada en El Tocuyo simbolicen ese tránsito. En adelante la del Nuevo Mundo sería una sociedad de colonizadores, sumisos a la autoridad de los funcionarios coloniales y orgullosos del poder de la metrópoli.

Más aún que antes, se advirtió una marcada subestimación por el mundo americano. América no era un lugar para arraigarse sino un lugar de paso, para obtener riquezas y alcanzar una posición social de la que se esperaba disfrutar en la metrópoli. Ya un bahiano del siglo XVII, fray Vicente del Salvador, decía en su *Historia del Brasil*: "De este modo, hay pobladores que, por más arraigados que estén en la tierra, todo lo pretenden llevar a Portugal; porque todo lo quieren para allá, y esto no vale solamente para los que de allá vinieron sino también para los que aquí nacieron, pues uno y otros aprovechaban la tierra, no como señores, sino como usufructuarios, y sólo para disfrutarla, la dejan destruida". La ilusión del regreso medía no sólo la significación atribuida al Nuevo Mundo sino también el grado de compromiso y solidaridad que el peninsular tenía por entonces con la tierra en la que estaba establecido. Los que todo lo querían para allá, no querían nada para acá, para la nueva sociedad que ellos mismos habían constituido y de la que formaban parte. Porque, efectivamente, lo que querían se refería a cada uno de ellos y a su aventura personal.

Cuando el conquistador se trasmutó en colonizador, el rasgo más vigoroso de la nueva mentalidad fue la ideología del ascenso social. Era, sin duda, una ideología, puesto que entrañaba una imagen de la sociedad y del papel y las posibilidades que el individuo tenía en ella. La sociedad debía servir para que el colonizador se enriqueciera y alcanzara una posición social espectable, para que lograra que fuera reconocida su condición de señor. "Ser el dueño de una plantación —escribía refiriéndose al Brasil el padre Antonil a principios del siglo XVIII— era un honor al cual muchos aspiraban porque tal título exige ser servido, obedecido y respetado por mucha gente. Y si fuera, como debe ser, un hombre de riqueza y habilidad administrativa, la estima que se acuerda a un dueño de plantación en Brasil se iguala a la estimación que tienen por los títulos los hidalgos del Rey".

Ese derecho a ser respetado como un hidalgo correspondía al derecho a mandar, al derecho a poseer privilegios que otros no tenían. Eran las manifestaciones concretas del proceso de señorialización que se operó entre los colonizadores, en virtud del cual el que había alcanzado el fruto de su esfuerzo lograba de una vez el decoro que los hidalgos de Portugal y España ostentaban, respaldado por cinco o diez generaciones de señores. Pero a medida que el tiempo transcurría, lo importante no fue la heredada gloria del fundador del linaje, ni siquiera la posición que gracias a ella habían alcanzado sus descendientes, sino la fuerza multiplicadora que a todo eso le daba el orden imperial, el sistema que las metrópolis habían instituido, incluyendo un vasto caudal de hazañas individuales dentro de un cuadro vigoroso e institucionalizado que gravitaba decididamente en la política del mundo.

La aceptación del orden fue el reconocimiento de ese riguroso sistema que elaboraron Manuel I, Juan III y don Sebastián en Portugal, los Reyes Católicos y los primeros Austria en España. Era un sistema político absolutista, centralizado, en el que el vasallo se sentía orgulloso de su incondicional obediencia a un soberano del que sabía, sin embargo, que era a veces dominado por validos que lo gobernaban o que estaba dominado por círculos áulicos que manejaban a su arbitrio el poder. Pero el poder omnímodo era la garantía del conjunto del sistema y nadie podía cuestionarlo, y menos en la periferia colonial del imperio. En rigor, detrás de esa estructura de poder estaba el sistema ideológico de la Contrarreforma, que no sólo suministraba fundamento doctrinario al poder político sino también al orden social, tanto en las metrópolis como en el mundo colonial: ella fue la que inspiró y promovió la formación de una sociedad barroca.

Pero la sociedad barroca de Indias no pudo sustentar el trasfondo ideológico que la Contrarreforma y el absolutismo europeo imponían a las metrópolis. En Indias se había constituido una sociedad barroca como consecuencia de la conquista, pero no era una sociedad análoga a la sociedad europea, sino, simplemente, una sociedad homóloga. Y como los elementos que la integraban eran esencialmente diferentes, su proceso de transformación era una constante amenaza del orden formal. La ideología colonizadora se aferraba al orden formal, pero la experiencia de cada día revelaba el diverso curso que cada uno de los elementos seguía. En el seno mismo de la clase dominante, el distingo entre peninsulares y criollos introdujo una constante inestabilidad. La relación entre el padre español y el hijo criollo parecía comprometer fatalmente la unidad del grupo blanco; y si la oposición fue visible cuando el padre era conquistador, más visible y más difícil de conjurar fue cuando el padre era, simplemente, un funcionario o un comerciante. Porque, poco a poco, y a diferencia del peninsular, el criollo fue adquiriendo con la tierra un compromiso cada vez más vivo, que entrañaba la conciencia del arraigo y que se fortalecía generación tras generación. Y en el seno de las clases dominadas los mestizos contribuían a la inestabilidad porque instalaban un puente subrepticio entre los dos grandes sectores sociales, no sólo por la protección que podían obtener de sus padres o parientes blancos sino también por su aptitud para cumplir las funciones prácticas de intermediarios entre aquéllos. Para sustentar vigorosamente el sistema colonial era necesario apegarse a las formas pero no podía olvidarse que era la fuerza lo que lo sostenía.

Esa conjunción de apego a las formas y de apelación a la fuerza configuró la mentalidad de los colonizadores trasmutados en hidalgos. La hidalguía era en la península la expresión de una imagen del hombre que hundía sus raíces profundas en la estructura feudal pero que había sobrepasado no sólo la etapa baronial sino también la etapa caballeresca y cortés para elaborar un modelo adecuado a la nueva concepción monárquica dentro de los principios que desde el siglo XVI se llamarían "cortesanos", con evidente reminiscencia itálica y renacentista. El hidalgo debía vivir para su propio decoro y para testimoniar la vigencia de la dignidad del hombre, como lo declaraban los humanistas italianos y los libros de caballería, como lo expresaba Fernán Pérez de Oliva en su *Diálogo sobre la dignidad del hombre* o lo recomendaba Baltasar de Castiglione en el libro que se llamaba, precisamente, *El cortesano*. Y en este último se advertía que ese decoro y dignidad no era ya el del belicoso barón altanero, ni siquiera el del señor refinado que se complacía en recibir en su castillo a las damas y a los caballeros a los que agasajaba con las artes de trovadores y juglares luego que sus pares hubieran dado prueba de su maestría en un elegante torneo o en arriesgada cacería; eran el decoro y la dignidad del caballero que había perdido los últimos resabios de su vieja soberbia y aceptaba ocupar su puesto en una sociedad severamente jerarquizada que presidía un monarca o un gran señor, de la que recibía la seguridad del respeto a su dignidad y su decoro y, además, la posibilidad de la merced, para cuya obtención no era denigrante el ruego sumiso y la humilde y abultada relación de los servicios prestados. El ámbito de esa sociedad era la corte, ceremoniosa, esclava de una etiqueta rígida, severa en las formas pero minada por el juego de las intrigas y los apetitos, agitada siempre por la esperanza de alcanzar el favor real o el temor de perderlo. A esa corte se referían en el siglo XVI el portugués Gil Vicente o la anónima *Epístola moral* española:

> Fabio, las esperanzas cortesanas
> prisiones son do el ambicioso muere
> y donde al más astuto nacen canas.

Trasplantada a las Indias, la mentalidad hidalga exageró algunos rasgos y modificó otros. En el Brasil, durante los siglos XVI y XVII, se mantuvo adherida a la vida rural; pero poco a poco se deslizó hacia formas urbanas, como las que prevalecieron en Hispanoamérica desde un comienzo. Un hidalgo que no aceptara las nuevas formas de la cortesanía era posible en la península, porque tenía el refugio de un mundo rural coherente con su propia cultura y su tradición. Pero en Indias el mundo rural no podía ser grato al peninsular, pues era allí donde más fuerza tenía la tradición de la tierra. ¿Qué resonancia y qué valor podía tener para el minero o el encomendero la arcádica nostalgia de las *Églogas* de Garcilaso o de Sá de Miranda, la invitación al plácido retiro de fray Luis de León o las reflexiones de Antonio de Guevara sobre *Menosprecio de corte y alabanza de aldea*? Ciertamente, Gregorio de Mattos repitió esos temas en Brasil, elogiando la dulce vida rural y execrando la de la corte bahiana de fines del siglo XVII:

> Se estando au lá, na côrte, tão seguro
> Do nescio impertinente, que porfía,
> A deixei por un mal que era futuro:

> Como estaría, vendo na Bahía,
> (Que das cortes do mundo é vil mentira)
> Os roubos, a injustiça, e a tiranía?

Pero no fue la tónica general, porque ya un siglo antes señalaba el padre Anchieta hablando de la misma ciudad que en el invierno, de abril a junio "se reabrían las «moradas nobles» de las calles más centrales, se reanimaba el comercio de la playa con el embarque del azúcar, se corrían toros en el Terreiro, salían las procesiones, y todo era animación y movimiento". Y es sabido que cada vez fueron habituándose más los señores a residir en sus casas ciudadanas.

Esa tendencia fue predominante desde un principio en Hispanoamérica. En rigor, era una opinión aceptada que la ciudad constituía el instrumento específico de la dominación. Sobre ese esquema se había constituido la mentalidad fundadora, y la experiencia parecía apoyarla. A medida que crecía y se consolidaba cumplía la ciudad con mayor eficacia su papel de proyectar y presidir la expansión regional, subordinando inequívocamente el mundo rural al mundo urbano. Y cada vez más la ciudad aparecía como un reducto del estilo europeo de vida —en el que encajaban poco a poco los grupos de origen no europeo que se incorporaban— en tanto que los campos conservaban escondidos los resabios de las formas de vida originaria y ofrecían fácil refugio para todos los que, de una u otra manera, pretendían soslayar el orden colonial.

A medida que los colonizadores se trasmutaban en hidalgos se inclinaban por reproducir, de algún modo, el modelo de la corte peninsular. No ignoraban, sin duda, la dura realidad de la ciudad colonial, que no era sino proyección de sus propios designios, tan amargamente enunciados por Balbuena:

> Por todas partes la codicia a rodo,
> que ya cuanto se trata y se practica
> es interés de un modo o de otro modo.

Pero fue propio de la mentalidad hidalga —y no sólo en Indias— acogerse a esa concepción barroca de la vida —equiparable al sueño— según la cual podía casi borrarse la dura realidad, encubriéndola con la vasta ficción del gran teatro del mundo. La mentalidad hidalga fue en Indias decididamente urbana, pero no se alojó en el modelo de la ciudad mercantil y burguesa, sino en el de la corte: una corte precaria, apenas perceptible a través del fango y la pestilencia de las calles, de los solares baldíos, de las iglesias ambiciosas pero inconclusas, de las castas despreciadas, pero cuya precariedad encubría un vasto aparato que regía la convivencia de las clases altas gracias al cual funcionaba para ellas, convencionalmente, un sistema de vida noble.

La imagen de esa corte potencial, subyacente en las ciudades, aun las más humildes, se enriquecía en las evocaciones de las grandes capitales virreinales hasta constituir un modelo retórico. Ciertamente no faltó el cronista escéptico o el poeta satírico que descorriera el velo de la picaresca urbana: el "judío portugués" que describió las ciudades del virreinato peruano, el limeño Juan del Valle y Caviedes, el bahiano Gregorio de Mattos y hasta el mismo santafereño Juan Rodríguez Freyle. Pero la mayoría de los cronistas, religiosos generalmente y adscriptos al mundo hidalgo, y también los viajeros, se esmeraron en destacar, en su descripción de las ciudades, esa serena dignidad de la vida noble que veían, o creían ver, alojada en un escenario modesto pero altivo. No siempre se habla de la virtud, pero sí del brillo cortesano, de las actitudes señoriales, del decoro armonioso con que los hidalgos se sobreponían a las duras contingencias de la vida. Esa idealización se extremó particularmente en los poetas Bernardo de Balbuena y Juan de Castellanos y en el humanista Francisco Cervantes de Salazar.

Empero, como era decididamente urbana, la mentalidad hidalga sufrió los embates de la realidad de las ciudades. Los hidalgos despreciaron a los mercaderes, pero una vaga opinión generalizada se burlaba de las desproporcionadas pretensiones de los hidalgos. El hidalgo pobre fue el que puso a prueba el vigor de sus convicciones; y aunque se empeñara en sostener su presunto modo de vida, la burla lo acosaba, y más lo acosaban las posibilidades que se le abrían si optaba, finalmente, por aceptar las condiciones reales en que la riqueza era posible. Así empezó a filtrarse otra manera de entender la vida entre las rendijas de la que habían elaborado los señores, que concluyó por constituir una nueva forma de mentalidad: inequívocamente burguesa en ocasiones, o hidalgoburguesa muchas veces, cuando empezó a parecer compatible el ejercicio de actividades económicas con el mantenimiento de ciertas formas de vida que exteriorizaban la posesión de viejos privilegios.

4. LAS CIUDADES CRIOLLAS

Constreñidas dentro del ámbito metropolitano pero asomadas al mundo mercantilista, las ciudades latinoamericanas comenzaron a volcarse, a partir de la segunda mitad del siglo XVIII, hacia ese escenario en el que se desenvolvía una economía más libre, prosperaba una sociedad cada vez más abierta y más aburguesada y cobraban vigor nuevas ideas sociales y políticas. Poco a poco disminuía la fortaleza del cerco que las mantenía encerradas dentro de las ideas y las formas de vida de sus metrópolis, y el empuje que cobraban nuevas formas económicas desencadenaba en los puertos y en las capitales actividades nuevas y, con ellas, nuevas actitudes en quienes las promovían y ejercitaban. El comercio fue la palabra de orden para quienes querían salir de un estancamiento cada vez más anacrónico: parecía como si la riqueza hubiera adquirido una nueva forma a la que había que adherir decididamente si se quería adoptar el camino del progreso.

El progreso fue también una palabra de orden. Pero no entraba fácilmente en el vocabulario de los grupos hidalgos que dominaban las ciudades barrocas. Para ellos la economía era inmóvil, la sociedad debía ser inmóvil. La palabra comenzó a circular entre grupos sociales que se constituían por entre los intersticios de la sociedad barroca y alcanzaron considerable fuerza en pocos decenios. Peninsulares ilustrados o simplemente comerciantes llegados al instaurarse el comercio libre identificaron la libertad mercantil con el progreso y se manifestaron progresistas hasta que descubrieron las proyecciones que esa actitud podía tener en las colonias. En ellas la palabra progreso adquirió un sentido mucho más explosivo que en las metrópolis, y quienes la pronunciaron con la intención de puntualizar una resuelta voluntad de cambio fueron sobre todo los burgueses y los criollos, o mejor, fue la naciente burguesía criolla, cuya formación como grupo social sacudió la sociedad tradicional y le imprimió rasgos inéditos.

Ciertamente, la sociedad latinoamericana reveló por entonces que había sufrido un cambio sordo y toda ella había empezado a acriollarse. Pero no todos los sectores aprovecharon el cambio del mismo modo. Fueron las burguesías urbanas, cada vez más inequívocamente criollas, las que conquistaron rápidamente un puesto de vanguardia, y fueron ellas las que, a fines del siglo XVIII, constituyeron la primera élite social arraigada que conocieron las ciudades latinoamericanas. Sabían sus miembros que no estaban de paso, que su destino no era recalar en las metrópolis para disfrutar allí la riqueza alcanzada sino permanecer en sus ciudades e imponer en ellas sus proyectos económicos, sus formas de vida y de mentalidad. Se sentían comprometidos con su ciudad y su región, y por eso asumieron con firmeza el papel de élite: no mucho después pensaron en la independencia política, y la alcanzaron a través de revoluciones urbanas que ellos encabezaron.

Con el ascenso de las burguesías criollas el sistema de las ciudades barrocas se esfumó, aunque dejara algún vestigio que alimentaría un modelo nostálgico de ciudad cortesana. Pero medio siglo antes de la Independencia las ciudades latinoamericanas comenzaron a ser inequívocamente criollas, y asumieron su realidad social y cultural. Por eso comenzaron a ser auténticas e iniciaron su verdadero proceso continuo y coherente de desarrollo, dejando atrás la artificiosa estructura de la ciudad hidalga.

Una ola de movilidad social se manifestó prontamente. La sociedad que se suponía inmóvil entró en un acelerado proceso de cambio, del que las convulsiones políticas de la Independencia fueron un signo y una etapa. Pero el proceso precedió y siguió a la Independencia. Según su intensidad y según el grado de eficacia de los grupos que ascendían, se consolidó más o menos una nueva economía y las ciudades progresaron, se estancaron o retrocedieron en su desarrollo, según las funciones que les tocó asumir en el nuevo sistema. Casi todas adquirieron, finalmente, un aire resueltamente urbano, porque la riqueza creció y fue suficiente para que se edificaran casas privadas y edificios públicos. La ciudad tomó forma y la vida de sus vecinos amplió su horizonte.

Algunas ciudades tuvieron bibliotecas y periódicos, pero por casi todas circulaban los libros y las ideas que por entonces sacudían a Europa. La ciudad criolla nació bajo el signo de la

Ilustración y su filosofía. Y al calor de esas ideas renovadoras, tan caras a la burguesía, la ciudad acentuó su vocación ideológica. Tanto la vida urbana como la rural fueron sometidas a examen y sometidas a variados proyectos: moderados unos y extremados otros, casi todos encontraron partidarios que se jugaron por ellos con decisión. La ciudad fue escenario de fuertes tensiones porque las ideologías expresaban las tendencias sociales, económicas y políticas de grupos inestables para quienes el poder era la garantía de un sustancioso predominio. Hubo tradicionalistas y progresistas, reformistas y revolucionarios, y entre los revolucionarios, moderados y jacobinos. Las ciudades hirvieron a fuego lento hasta la Independencia, y a fuego vivo después de ella.

1. VIEJA Y NUEVA ECONOMÍA

Si a lo largo del siglo XVIII se produjeron cambios importantes en la vida económica, no fue precisamente en los sistemas productivos. Casi nada cambió por entonces en las áreas rurales y mineras, fuera de los avatares de la prosperidad o la decadencia de algunas regiones. Poseedores de tierras y poseedores de minas desarrollaban sus explotaciones como antaño, pese a las disposiciones que regían el trabajo de indios y negros. Extinguido el sistema de la encomienda, el trabajo indio seguía siendo servil en la práctica; los esclavos negros trabajaron en las pocas explotaciones nuevas que aparecieron, como las de cacao en Venezuela o las de azúcar en Cuba. En rigor tanto las plantaciones como las minas mejoraron su organización en alguna medida, por el simple afinamiento de la rutina. Y, en relación con las ciudades, influyó de algún modo el papel regulador que la comercialización de los productos imponía. Vagos estímulos contribuyeron a acrecentar la producción para el mercado urbano: el crecimiento de las ciudades y de su consumo interno en primer lugar, y luego la difusión de algunas ideas relacionadas con el desarrollo de la agricultura. En las regiones ganaderas, el crecimiento de los hatos acrecentó gratuitamente la riqueza de sus poseedores. Y en las regiones mineras, la aparición de nuevas vetas o su extinción alteró en un sentido u otro la economía de la región.

Con la Independencia y las guerras que acompañaron al proceso de la organización del nuevo orden político, la economía rural sufrió rudos golpes. Tierras y minas cambiaron muchas veces de manos, pero en todas se sintieron las consecuencias de la conmoción social. La población rural sacudió su marginalidad y, al participar en guerras y revoluciones, rompió el ritmo tradicional de producción, algunas veces con graves consecuencias. Episodios como el de Boves en Venezuela o los que conmovieron después los llanos tuvieron, como en la pampa rioplatense, honda repercusión sobre la vida agraria.

Pero fue el desarrollo mercantilista lo que más profundamente modificó el ordenamiento económico. Sin duda crecía el mercado interno, y muy marcadamente en las ciudades, creando una expectativa considerable ante la posibilidad de acrecentar las importaciones, a las que podía y debía acompañar un incremento de los productos de exportación. Pero todo ese desarrollo posible contradecía el régimen monopolista que las metrópolis mantenían. Fuera del ámbito colonial era dado observar el creciente movimiento comercial que se desarrollaba, del que sólo llegaba a las colonias el reflujo que permitía el contrabando. Por esa vía no sólo se importaba sino que también se exportaba. Y el examen de las posibilidades excitaba el designio de romper el cerco impuesto por el régimen del monopolio.

Fueron las capitales y los puertos los centros donde este designio adquirió más vehemencia. Las poblaciones urbanas crecían, pero las posibilidades económicas no crecían en la misma medida. Cuando las metrópolis, influidas por nuevas ideas económicas, se decidieron a liberalizar el régimen comercial, la expansión fue notable y los cambios que se operaron generaron nuevas y más audaces perspectivas. En las últimas décadas del siglo XVIII tanto Portugal como España fueron adoptando diversas medidas para suprimir las trabas que contenían el desarrollo comercial, y a principios del XIX ya se advirtió en las colonias el propósito de los sectores mercantiles de ampliar aun más sus perspectivas estableciendo relaciones directas con los centros del comercio inglés. En el mundo hispánico el proyecto se hizo realidad después de la Independencia, y en Brasil después de la llegada de Juan VI en 1808 y la apertura de los puertos. En los principales centros comerciales se agregaron a los comerciantes peninsulares que habían permanecido y a los criollos que habían crecido en importancia, los comerciantes extranjeros que se establecían como agentes para los negocios con sus respectivos países. Poco a poco las exportaciones y las importaciones empezaron a pasar entre sus manos, y fueron ellos los que introdujeron nuevas corrientes en el intercambio comercial.

Así se consolidó en las ciudades latinoamericanas un fuerte poder mercantil. Los sectores vinculados a la intermediación —el comercio y las finanzas— adquirieron una creciente influencia, y sus miembros procuraron vincularse también a la producción para reunir en sus manos todos los hilos del proceso económico. Desde entonces las burguesías mercantiles acentuaron su condición de grupo híbrido, entre urbano y rural. Pero fue desde las ciudades —capitales y puertos— desde donde se manejó la red de la nueva economía.

2. UNA SOCIEDAD CRIOLLA

En rigor, el impacto mercantilista que estimulaba el desarrollo de las ciudades no fue el único factor que provocó la crisis de la ciudad barroca. Cuando se produjo estaba operándose una verdadera metamorfosis de la sociedad latinoamericana, o mejor, comenzaban a advertirse sus signos. Era, simplemente, el resultado del paso del tiempo, y sin duda sus primeras etapas quedaron disimuladas o encubiertas por la concepción barroca que presumía —y postulaba— la inmovilidad social. Pero el paso del tiempo anudaba las generaciones y modificaba sustancialmente la estructura de una sociedad que dejaba de ser la de los colonizadores y las clases sometidas para constituir un cuadro diferente: la sociedad se acriollaba y sus diversos grupos cambiaban en consistencia, en número y, consecuentemente, en sus relaciones recíprocas. "Fue en México, y no en Madrid", escribía Humboldt en el *Viaje a las regiones equinocciales* "donde oí vituperar al virrey conde de Revillagigedo, por haber enseñado a la Nueva España entera que la capital de un país que tiene cerca de seis millones de habitantes no contenía, en 1790, sino 2.300 europeos, mientras que se contaban ahí más de 50.000 españoles-americanos". Eso era lo que venía pasando: en toda la América española calculaba Humboldt una población de 15 millones de habitantes de los cuales sólo 200.000 eran europeos, en tanto que había 3 millones de criollos blancos y el resto correspondía a las diversas castas.

Y era lo que pasaría en lo sucesivo: sus consecuencias debían ser importantes.

Frente a los grupos de peninsulares, que no podían crecer sino por la inmigración constante, los grupos criollos crecían naturalmente, inclusive en el seno de los grupos de peninsulares que se radicaban. Criollos de primera generación, poco a poco se aproximarían a los que tenían ya varias generaciones de arraigo: y el conjunto, numéricamente creciente, adquiría progresiva coherencia y comenzaba a dislocar por su propia gravitación el sistema constituido. Pero no era el único sector que cambiaba al crecer y modificaba con ello el cuadro de las relaciones sociales. Fue, sin duda, el más importante, porque salió de él la nueva burguesía criolla que alcanzaría muy pronto una significación preeminente; pero junto con él cambió el sector de los pardos, como generalmente se llamaba a las castas cruzadas. Crecieron innumerablemente los grupos de mestizos y mulatos, a los que se agregaron sucesivamente sus hijos y nietos así como los nuevos mestizos y mulatos nacidos de nuevas uniones cruzadas. Y no sólo crecieron en número sino que, como los criollos, crecieron en significación social. Y aun podría agregarse lo mismo de ciertos grupos de indios, negros, zambos y otros cruces, que se incorporaron subrepticiamente a la nueva sociedad con esa fuerza que otorga la coexistencia, capaz de vencer, aunque sea muy lentamente, las presiones que mantienen la marginalidad.

Como sin duda lo observaban quienes vituperaban al conde Revillagigedo, el crecimiento del vasto sector nacido en la tierra, unido a ella porque era la suya y la única que tenía, y sostenido por la esperanza de mejorar en ella su condición, constituía una amenaza para el reducido sector peninsular, débil en el fondo, porque o se renovaba con recién llegados o desembocaba en hogar de criollos si se radicaba. Junto al pequeño número de quienes constituían un grupo necesariamente desarraigado, puesto que sus miembros soñaban con el retorno a la península, crecía el grupo de los necesariamente arraigados, cuyo arraigo, por lo demás, se acentuaba con el tiempo. Era, precisamente, una sociedad arraigada la que se estaba constituyendo, por primera vez, en el ámbito latinoamericano, donde la sociedad barroca no lo había sido. Pero no era ése el único signo de la metamorfosis social que se operaba. Si la sociedad barroca pretendía ser una sociedad estática, la nueva sociedad acriollada era sustancialmente móvil y su empuje dejaba al descubierto las falacias del orden instaurado por los conquistadores y colonizadores que defendieron sus privilegios con el principio de la hidalguía. Ese empuje era propio de una sociedad espontánea y viva, como era la que se constituía por obra del crecimiento vegetativo y de la forzosa incorporación de grupos artificialmente marginados pero indispensables para la subsistencia del conjunto social. En las últimas décadas del siglo XVIII se hizo claro para muchos que esa nueva sociedad —la sociedad acriollada— imponía sus designios por sobre los artificiosos esquemas que pretendían ignorarla o contenerla. La polémica acerca de las aptitudes de los criollos en relación con las de los peninsulares cobró tanta acritud como vuelo. Y los que estuvieron atentos a los cambios que se producían no dejaron de advertir que la nueva sociedad apuntaba tanto en los campos como en las ciudades.

Ciertamente, sobrevivía la sociedad rural tradicional montada sobre las explotaciones mineras o agropecuarias, vigorosamente organizada sobre el régimen originario del trabajo indígena, apenas modificado a pesar de las disposiciones legales y de las preocupaciones humanitarias de algunos sectores de la iglesia y la administración. Pero a su lado, o más lejos, había comenzado a formarse una sociedad espontánea, que no por ser decididamente marginal dejó de asomar poco a poco hasta hacer inocultable su presencia.

Era una sociedad desorganizada, inestable, pero sin duda creciente. Fue el resultado del desequilibrio entre un mundo rigurosamente ordenado a la manera europea —en las haciendas y especialmente en las ciudades— y otro apenas ocupado donde el que se instalara podía gozar de una libertad sin otros límites que los que la naturaleza o las poblaciones indígenas le impusieran. Era el mundo de las regiones no incorporadas a la explotación económica, o acaso el de las zonas abandonadas, dentro del cual cobraban particular atracción las regiones fronterizas hacia las cuales el tránsito era fácil y en las que las comunicaciones con el mundo organizado no estaban cortadas del todo. Pero todo el *hinterland* del mundo europeizado ofrecía la tentación del desarraigo; de la evasión del sistema; y hacia él se había producido una emigración variada y heterogénea. Había emigrado el que había llegado ilegalmente a las colonias y no podía resolver su situación, el desertor, el fugitivo de la justicia o el evadido del presidio; pero también habían emigrado indios y esclavos negros que escapaban de su condición servil —los negros cimarrones—, a veces individualmente o a veces en grupo. Junto a ellos aparecieron los aventureros en busca de fortuna: unos que exploraban filones mineros, otros que ejercían un pequeño comercio con los que ya estaban instalados; pero sobre todo los que buscaban algo que arrear: unas veces indios para vender en el mercado de esclavos, como los bandeirantes paulistanos, otras veces ganado cimarrón para negociar en las ciudades, otras negros esclavos fugitivos o aun libertos que podían ser llevados al mercado.

Sólo los quilombos de esclavos fugitivos adquirieron cierta organización comunitaria: y no sólo el de Palamarès, o los del Rio das Mortes, sino los innumerables que se constituyeron luego, por ejemplo en los alrededores de Bahía, y quizá algunos grupos indígenas, como los que quedaron desarticulados después de la expulsión de los jesuitas o los que se agregaron a los grupos insurgentes en las últimas décadas del siglo XVIII; pero quienes imprimieron su sello a esta nueva sociedad fueron los emigrantes aislados, acompañados a veces de mujeres e hijos, que procuraron mantener una independencia cerril en los ranchos, jacales o bohíos donde se instalaban sin vecindad a la vista. Reacios al trabajo metódico, hallaron en el pastoreo una forma de vida que combinaba el trabajo con el juego: fueron jinetes consumados y expertos conductores de hatos, hasta el punto de que las palabras con que se los designaba se transformaron muchas veces en sinónimos de pastores: sertanista, bandeirante, huaso, gaucho, gauderio, llanero, vaquero, charro, morochuco. Era una actividad libre y oscilante entre lo lícito y lo ilícito; pero el distingo carecía de importancia en esas áreas en las que se elaboraba un nuevo sistema de normas. El hombre luchaba por su vida y tenía preeminencia cuanto importaba para conservarla y defenderla: las bolas, el lazo y el cuchillo imponían al fin la voluntad del más valiente o el más diestro, y en el botín estaba la mujer del vencido y sus enseres, y acaso su caballo o los animales que había reunido. Y cuando la ocasión lo aconsejaba, se unían en banda —blancos, mestizos, negros— y como bandoleros emprendían sus acciones, muchas veces en los caminos y en pequeña escala y otras asaltando haciendas o aldeas en operaciones de cierta envergadura.

En las últimas décadas del siglo XVIII las sociedades urbanas y el mundo rural organizado cobraron conciencia de esta sociedad informal, inequívocamente autóctona, criolla, que crecía incontrolada y un poco misteriosa en el *hinterland* del mundo legal. Eran la gente "campestre", de hábitos rudos y ajena a la refinada urbanidad de la gente de ciudad. De pronto asomaban de alguna manera o alguien los descubría en los caminos, y percibía una cultura diferente: otras normas, otros ideales, otros usos y, sobre todo, otro lenguaje. Pero se descubría que escondían una raíz vernácula y que eran, inequívocamente, hijos de la tierra. Una cierta curiosidad —curiosidad por los contrastes— hizo que se prestara atención a esas costumbres y a ese lenguaje que parecían expresar la personalidad del grupo más arraigado de la sociedad; y en las últimas décadas del siglo XVIII comenzaron a penetrar en las ciudades, acaso por los suburbios, y muy pronto empezaron a ser recogidas por finos observadores que contrapusieron la imagen de las dos sociedades, la rural y la urbana, a veces a través del habla de cada una. Hacia 1778 circuló en Buenos Aires un romance en el que cantaba "un guaso en estilo campestre", cuyo lenguaje reaparecería en los *cielitos* de las guerras de la Independencia; algunas décadas después incluía Fernández de Lizardi en su *Periquillo Sarniento* un fragmento compuesto en el habla de los payos mejicanos, que reconocía antecedente en las piezas teatrales de José Agustín de Castro; y el nativismo brasileño —Da Gama, Durao— recogía por la misma época la emoción del paisaje y de las poblaciones aborígenes.

Ya antes de las guerras de la Independencia habían empezado a aparecer y a integrarse algunos grupos desprendidos de esa sociedad rural espontánea, arrastrados por las actividades ganaderas que vinculaban campo y ciudad. Luego, por las mismas razones, y más aún por el clima creado por el movimiento emancipador, grupos más y más numerosos irrumpieron en la tumultuosa sociedad que la revolución creaba incorporándose de pleno derecho. Montoneros rioplatenses, llaneros venezolanos, sertanistas brasileños, engrosaron los ejércitos y encumbaron a sus jefes, "campestres" también, como hubiera dicho Azara, ruralizando aquella sociedad y sobre todo, acriollándola acentuadamente. El criollismo pareció patrimonio de las sociedades rurales, y fue esgrimido polémicamente contra las sociedades urbanas, a las que se acusaba de cosmopolitas y extranjerizantes. Así nació una especie de querella entre campo y ciudad, destinada a durar largo tiempo y que parecía expresar una contradicción insanable.

No era así, sin embargo, sino simplemente la expresión de un matiz, porque las sociedades urbanas también se habían acriollado. Ciertamente residían en los puertos y las capitales los nuevos grupos de peninsulares que llegaron con otra mentalidad tras el establecimiento del comercio libre y algunos extranjeros, preferentemente ingleses, en los que esa mentalidad se extremaba; y eran esas nuevas ideas y actitudes las que prestaban a las ciudades ese aire que los grupos rurales denunciaban: eran, a su juicio, ciudades de comerciantes y "doctores" europeizantes que ignoraban o menospreciaban la nueva sociedad. Pero el juicio era exagerado. Aunque de otra manera, las ciudades habían sufrido un proceso social semejante al de las zonas rurales, y también allí se habían acriollado sus sociedades. Sólo que en ellas daban el tono no las clases populares sino los nuevos grupos burgueses, constituidos al principio a la sombra de las burguesías peninsulares y extranjeras pero indicando ya, en las postrimerías del siglo XVIII, su vocación de sustituirlas o, más bien, de encabezarlas orientándolas hacia sus propios fines.

Sin duda habían crecido también los grupos populares que, al crecer, manifestaban su condición acriollada. Fue un desarrollo tumultuoso. Los grupos peninsulares quedaron anegados no sólo por los criollos blancos sino por lo que se llamaban las castas, conjunto variado en el que entraban negros esclavos y libertos, mulatos, indios, mestizos, zambos y otros grados variados de cruza. Peninsulares y extranjeros llegaban por centenas; pero los esclavos aumentaban por millares; y entretanto las castas crecían vegetativamente de una manera vertiginosa. Como un dato entre tantos, Humboldt señalaba en su *Ensayo político sobre la isla de Cuba* que "en La Habana y sus arrabales se han multiplicado los blancos —debe entenderse peninsulares y criollos— en veinte años, 75 % y los libres de color 171 %". La sensación del viajero fue la de estar frente a una sociedad en crisis. "Si la legislación de las Antillas y el estado de las gentes de color —decía— no experimenta muy en breve alguna mudanza saludable, y si se continúa discutiendo sin obrar, la preponderancia política pasará a manos de los que tienen la fuerza del trabajo, la voluntad de sacudir el yugo y el valor de sufrir largas privaciones".

En otras ciudades del Caribe y del Brasil la preponderancia numérica de los negros crecía también: "50 corbetas —decía José de Silva Lisboa— hacían sólo en Bahía en 1781 ese trasporte desde África". Y es bien conocido el cuadro que ofrecía Cartagena de Indias, emporio del tráfico negrero. Pero no sólo en esas regiones aumentaba la población negra, fueran esclavos o libertos. Buenos Aires tenía un importante mercado y, en Córdoba, Concolorcorvo, en *El lazarillo de ciegos caminantes*, decía haber visto vender dos mil negros "todos criollos", y los había, agregaba, "criollos hasta la cuarta generación". En Cuzco la proporción de indios era tal que Ignacio de Castro señalaba en 1788 que "como es tan numerosa la clase de los indios, de modo que todo el comercio se hace con ellos, se hace indispensable que la lengua de estos indios sea casi la universal de la ciudad. Todos los nacidos en el Perú hablan esta lengua, que se ha hecho necesaria para entender y ser entendidos; de modo que aun los señores de primera calidad hablan con los españoles en español, y con los domésticos, criados y gente del pueblo precisamente en la lengua índica". Quizá con menor dramatismo, el espectáculo era semejante en muchas ciudades. Antonio de Ulloa y Jorge Juan señalaban ya a mediados del siglo XVIII que, de las cuatro mil familias que residían en Santiago de Chile, la mitad eran españolas, esto es, blancas de peninsulares o de criollos, y la otra mitad eran de castas, la mayor parte de indios. Pero acaso el testimonio más expresivo de la abigarrada sociedad criolla, en la que empezaban a confundirse los diversos grupos sociales y raciales en proporciones variadas, y variables generación tras generación a medida que se acentuaba el arraigo de unos o la incorporación de otros, sea la descripción de Lima que hizo Simón de Ayanque —seudónimo de Esteban de Terralla y Landa— en la "obra jocosa y divertida" que publicó en 1792 con el título de *Lima por dentro y por fuera*.

Andaluz, radicado en México primero e instalado en Lima después, el jocoso poeta describe, no sin acritud, el mundo del mercado y las calles limeñas, que era el mundo de las clases medias y populares. Ayanque pone el énfasis en la convivencia de los grupos diversos, en la integración que habían alcanzado en la vida cotidiana de la ciudad, en el sentimiento de que la ciudad era de ellos y en el peso que ese abigarrado conjunto tenía en la ciudad virreinal. Dirigiéndose a un peninsular —en realidad a sí mismo— Ayanque pinta el ambiente de la plaza Mayor y del mercado que allí se realizaba:

Que divisas mucha gente
Y muchas bestias en cerco,
De la que no se distinguen
A veces sus propios dueños;

Que ves muchas cocineras,
Muchas negras, muchos negros,
Muchas indias recauderas,
Muchas vacas y terneros;

Que ves a muchas mulatas
Destinadas al comercio,
Las unas al de la carne,
Las otras al de lo mesmo;

Que ves indias pescadoras
Pescando mucho dinero,
Pues a veces pescan más
que la pesca que trajeron;

Y recorriendo las calles le sorprende el mundo entremezclado:

Verás después por las calles
Grande multitud de pelos,
Indias, zambas y mulatas,
Chinos, mestizos y negros.

Verás varios españoles
Armados y peripuestos,
Con ricas capas de grana,
Reloj y grandes sombreros.

Pero de la misma pasta
Verás otros pereciendo,
Con capas de lamparilla,
Con lámparas y agujeros
. . . .
Que vas viendo por la calle
Pocos blancos, muchos prietos,
Siendo los prietos el blanco
De la estimación y aprecio.

Que los negros son los amos
Y los blancos son los negros;
Y que habrá de llegar día
Que sean esclavos de aquéllos.

Que estilan capas bordadas
Con riquísimos sombreros,
La mejor media de seda,
Tisú, lana y terciopelo.

> Que en esta clase de gente
> Está el principal comercio,
> Porque el mayor mecanismo
> Es de mayor privilegio.
> ....
> Verás en todos oficios
> Chinos, mulatos y negros,
> Y muy poco españoles,
> Porque a mengua lo tuvieron.
>
> Verás también muchos indios
> Que de la sierra vinieron,
> Para no pagar tributo
> Y meterse a caballeros.

Al compás de la enunciación, Ayanque puntualiza lo que sabe acerca de las relaciones entre los grupos populares y, sobre todo, sus posibilidades de ascenso social y de integración en los cuadros todavía pretendidamente rígidos de la sociedad hidalga:

> Que una mulata, una zamba,
> Y otras de este corto pelo,
> Alternan en gala y traje
> A uno de título expreso.
>
> Que porque dio de mamar
> Al señor Don Estupendo,
> Es para el punto más arduo
> El más favorable empeño.
>
> Que la pública salud
> Está en manos de los negros,
> De los chinos, los mulatos,
> Y otros varios de este pelo.
> ....
> Del rey del Congo los nietos,
> Que estos señores doctores
> Son los que pulsan las niñas,
> Las damas y caballeros.
>
> Que la fe pública está
> También entre Macabeos,
> En el de los Escribas,
> Y todos los Fariseos.
>
> Hay mucho del mulatismo
> Y del género chinesco,
> Que con papeles fingidos
> Quieren mudar de pellejo.
> ....

> Verás con muy ricos trajes
> Las de bajo nacimiento,
> Sin distinción de personas,
> De estado, de edad ni sexo.
>
> Verás una mujer blanca
> A quien enamora un negro,
> Y un blanco que en una negra
> Tiene embebido su afecto.
>
> Verás a un título grande,
> Y al más alto caballero,
> Poner en una mulata
> Su particular esmero.

Consustanciados con la vida de la ciudad, factores decisivos en ella, estos sectores populares de variada extracción y con diferentes expectativas se amasaron a lo largo del tiempo en un conjunto que iba cobrando diversos grados de homogeneidad. Fueron el "populacho", según la designación despectiva de la "gente decente", y aún había que agregar el grupo de los vagos y mendigos, blancos o pardos, cuya cofradía mejicana describe tan bien Fernández de Lizardi en el *Periquillo Sarniento*.

En los grupos medios no faltaban los blancos criollos. Quizá uno de ellos fue ese cerrajero que encontró el viajero John Luccok en Río de Janeiro, que usaba tricornio y se hacía llevar por un esclavo negro la caja de sus herramientas. Y entre ellos fue, precisamente, donde más estrechamente se produjo el proceso de interpenetración con los estratos inferiores que ascendían. Ciertamente, las relaciones fueron difíciles. Cada cierto tiempo un blanco podía apelar al color de su piel para dirimir una competencia. Pero las funciones medias fueron tesoneramente asediadas por mestizos, mamelucos y mulatos y, finalmente, más entraron los blancos criollos sin recursos en el juego de ellos que aquéllos en el suyo. Como productos de una cruza, mestizos y mulatos se trasformaron en los intermediarios necesarios y eficaces dentro de una sociedad tradicionalmente escindida. Y esa intermediación fijó las funciones de los estratos medios, y entre ellas tuvieron que elegir los blancos criollos desheredados. En el fondo, cada vez fue más claro que todos eran criollos, que todos estaban arraigados en la tierra, que todos estaban unidos al mismo destino. Y esta convicción fue amasándose trabajosa pero firmemente y alcanzó considerable vigor en las postrimerías del siglo XVIII. A diferencia de las clases altas, los sectores medios, como las clases populares, aprendieron a sobreponerse a los prejuicios de raza sin dejar por eso de conservarlos.

Frente a los grupos populares y a las castas, mestizos y mulatos tuvieron predisposición a aliarse con los españoles: mamelucos y mestizos, sobre todo, conservaban el orgullo de su raza indígena, pero acusaban la tendencia a incorporarse a la nueva sociedad. Fueron capataces, encargados, mayordomos, agentes, todos los cargos que los blancos evitaban para disminuir las fricciones con los grupos sometidos. Pero ocuparon además otros muchos cargos y desempeñaron variadas funciones, siempre más próximos a los blancos que a las castas. Don Manuel de Campo Verde y Choquetilla, "español y descendiente por línea materna de legítimos caciques y gobernador de indios", fue designado maestro de postas de Oruro, según refiere Concolorcorvo; y en otro lugar apunta que "el comercio de los españoles se hace unos con otros, inclusos los mestizos y otras castas que salen de la esfera de indios, bajando o subiendo". Un intento de consagrar ese ascenso de los mestizos fue la real cédula de 1795 que autorizaba a los pardos de Caracas a usar el título de "Don" pagando un arancel.

La proximidad o solidaridad de blancos y mestizos es tema frecuente en los diálogos que sostiene el mestizo Concolorcorvo con el visitador don Alonso Carrió a lo largo del *Lazarillo de ciegos caminantes*. Un indio bien tratado por el español y al que se viste y se enseña a estar limpio, ya pasa por cholo "que es lo mismo que tener mezcla de mestizo. Si su servicio es útil al español, ya lo viste y calza, y a los dos meses es un mestizo en el nombre". Era la del mestizo una condición privilegiada. Ejercía el comercio alternando con los blancos, practicaba oficios, y salvo cierta desconfianza que inspiraba por "sus picardías y ruindades" porque "son peores que los gitanos", podía compartir todas las actividades con los blancos criollos del sector medio. Precisamente Concolorcorvo, refiriéndose a mestizos e indios, hablaba de "criollos naturales", y aguzaba su ironía declarando que "los cholos respetamos a los españoles como a hijos del Sol".

Criollos naturales y criollos blancos hacían fermentar los estratos medios de la sociedad en la promiscuidad de las ciudades, cuya actividad permitía que unos escalaran la riqueza y otros se precipitaran en la miseria. Así, "bajando o subiendo", como decía Concolorcorvo, se entremezclaban de manera cambiante los miembros de ese estrato social, el más confuso, el más móvil y en el que más intensamente se produjo la trasmutación que dio origen a la sociedad criolla.

Otros caracteres tuvo esa trasmutación en las clases altas. Las formaban tradicionalmente los peninsulares, adscriptos a las funciones públicas, poseedores de minas o haciendas, o vinculados al comercio, estos últimos acrecentados en número a partir del establecimiento del comercio libre; pero al lado de ellos había ya en el siglo XVIII un extensísimo sector criollo inequívocamente mayoritario, de imprecisa fisonomía, tanto por la condición social y el origen como por las actitudes y las ideologías.

Tres sagaces observaciones hizo Humboldt sobre las clases altas en vísperas de la Independencia. "En las colonias —decía en su *Viaje a las regiones equinocciales*— la verdadera señal exterior de esa nobleza es el color de la piel", y con ello puntualizaba un límite que separaba, en general, a las clases altas de aquellas otras en las que predominaban los pardos aunque ocasionalmente apareciera algún blanco criollo. Pero al analizar los caracteres de las clases altas —"la nobleza"— señala la presencia de un sector ciollo claramente escindido. "Existen —escribía— dos géneros de nobleza en todas las colonias. Una se compone de criollos cuyos antepasados han ocupado muy recientemente puestos elevados en América: funda en parte sus prerrogativas en el lustre de que goza en la metrópoli, y cree poder conservarlas allende los mares, cualquiera haya sido la época de su establecimiento en las colonias. La otra nobleza se atiene más al suelo americano: se compone de descendientes de los *conquistadores*, es decir, de los españoles que sirvieron en el ejército desde las primeras conquistas". Era, pues, una división entre criollos viejos y criollos nuevos, una división por el origen. Pero conduciendo su análisis desde otro punto de vista, Humboldt distingue en la clase alta caraqueña "dos categorías de hombres, pudiéramos decir dos generaciones muy diversas. La una, que es al fin poco numerosa, conserva una viva adhesión a los antiguos usos, a la simplicidad de las costumbres, a la moderación en los deseos. Sólo vive ella en las imágenes del pasado: le parece que la América es propiedad de sus antepasados que la conquistaron; y porque detestan eso que se llama la ilustración del siglo, conserva con cuidado como una parte de su patrimonio sus prejuicios hereditarios. La otra, ocupándose menos aún del presente que del porvenir, posee una inclinación, irreflexiva a menudo, por hábitos e ideas nuevas. Y cuando esta inclinación se halla acompañada del amor por una instrucción sólida, cuando se refrena y se dirige a merced de una razón fuerte e instruida, sus efectos resultan útiles para la sociedad". Este distingo se funda en las actitudes y las ideologías.

Es, pues, visible que tanto en las colonias españolas como en las portuguesas se había ido formando una clase alta criolla, nacida en la tierra y comprometida con ella, y numéricamente mucho mayor que los grupos peninsulares. Firmemente asentada en sus privilegios, se mostró orgullosa y soberbia. Orgullosos fueron en Brasil los señores de ingenio y los señores de las minas; orgullosos fueron en el mundo hispánico los descendientes de encomenderos, los propietarios de minas; todos, en fin, los que pretendieron mantener una sociedad hidalga. Pero tanto orgullo y soberbia empezaba a condicionarse de acuerdo con nuevas circunstancias. La primera era la disminución a que estaban expuestos los criollos frente a los peninsulares, que echaban mano de sus prejuicios anticoloniales y antiamericanos para afirmar su ocasional supremacía. La segunda era la formación de sectores burgueses que se insinuaba en el seno de las clases altas criollas y que sacudían el viejo edificio de la sociedad hidalga.

La primera desembocó en una fuerte tensión entre criollos y peninsulares que, dada la disparidad numérica, era en el fondo una tensión entre la sociedad que se arraigaba y los grupos de poder político y económico que estaban instalados en las colonias. Esa tensión crecía sordamente y se puso de manifiesto muchas veces: cuando Juan VI llegó al Brasil acompañado de su corte portuguesa en 1808 y las altas clases criollas la enfrentaron hasta atraer a sus filas a D. Pedro; en los movimientos comuneros de Paraguay y Colombia; en los movimientos emancipadores que fracasaron y luego en los que triunfaron. Pero además se puso de manifiesto en una larga y variada polémica acerca del mérito y valor relativos de peninsulares y criollos. Concolorcorvo recogió pulcramente sus términos, y el padre Feijóo intervino en ella. Se sostuvo que la raza europea degeneraba en América, y en respuesta no faltaron los vituperios para españoles y portugueses a quienes los criollos veían movidos por un afán inmoderado de lucro. En los sectores populares criollos se despreciaba a los gachupines o chapetones —españoles— y a los mascates o emboabas —portugueses— Pero en las clases altas la disputa se desarrollaba en otros términos, y acaso ningún texto sea tan expresivo como el discurso que pronunció en Lima, poco después de 1810, Mariano Alejo Alvarez, de la Universidad de Charcas, y que tituló *Discurso sobre las preferencias que deben tener los americanos en los empleos de América*. Cuando las tensiones políticas crecían, el odio se acentuaba y sus expresiones adquirían un carácter más agrio como el que anima el romance que circuló en Oruro en relación con el clima subversivo de 1781:

> El ser Yndiano es maldad
> Y el tener caudal le añade
> La circunstancia más grave
> que agravia a la Majestad.
> ....
> Prueba es de esta verdad
> La infame persecución
> Que sostiene el corazón
> Del Europeo villano
> Contra Oruro y todo Yndiano
> Por no ser de su Nación.

La segunda circunstancia fue la formación de sectores burgueses criollos, esos que se sentían más hostilizados por "tener caudal" o que denunciaban su mejor derecho a obtener los empleos de América. Eran grupos tocados —directa o indirectamente— por las nuevas ideas del siglo XVIII y tentados por las nuevas posibilidades que ofrecía el mundo mercantil. Frente a ellos acentuaron sus pretensiones nobiliarias algunos sectores, de los que, por cierto, se burló Concolorcorvo con fina ironía. Pero a pesar de ellos se afirmó esa burguesía criolla que entrevió el papel de nueva élite que le estaba reservado. Muchos de sus miembros eran de familias llamadas nobles —como los "mantuanos" caraqueños— y otros lucían una nobleza recientemente adquirida —como los mineros mejicanos— a un precio que la corona fijó sin demasiados escrúpulos. Pero ni siquiera ésos disimularon su decisión de imponerse como minoría dirigente de la sociedad criolla, y de someterla a sus designios, encuadrados dentro de la ideología cada vez más influyente del mercantilismo. La intermediación comercial pareció la actividad más tentadora. La ciudad debía ser su centro, y desde ella manejarían los controles de la actividad económica, manteniendo relaciones con los grandes centros comerciales del extranjero y ocupando las funciones públicas que reglaban aquella actividad.

Fue visible el crecimiento de ese sector a partir del establecimiento de la libertad de comercio: en Brasil particularmente después de la apertura de los puertos en 1808 y en el mundo hispánico tras la Independencia. A medida que crecía la burguesía criolla se desvanecía la ilusión de la sociedad barroca, a cuyos miembros criticaba Ayanque a la luz de nuevas ideas:

> Este sumo despilfarro
> Lo viene a vengar el tiempo.

Una nueva concepción de la vida lucharía por imponerse en esta sociedad que se había arraigado, compuesta de "criollos naturales" y de blancos criollos, y que había encontrado en la burguesía criolla una élite ajustada a los requerimientos y a las posibilidades de la época que se abría con la crisis de los imperios de España y Portugal.

3. LA NUEVA FISONOMÍA URBANA

La progresiva maduración de una sociedad criolla que al constituirse tomaba conciencia de sí misma confluyó con el acentuado incremento de la actividad comercial; de esa confluencia debía resultar una renovación en la fisonomía de las ciudades. Cambiaban sostenidamente sus sociedades y comenzaron a cambiar sus rasgos físicos: una manifiesta expansión, cierta opulencia algunas veces y una franca apertura hacia el mundo mercantil —tanto el de los negocios como el de los gustos y las ideas— empezaban a alterar los rasgos de la ciudad barroca.

Las calles y mercados anunciaban el cambio. Esa multitud de negros —diecinueve sobre cada veinte personas— que en 1774 Frézier observaba en las calles de Bahía, mientras pasaba el palanquín en el que cuatro negros llevaban al señor blanco, revelaba el mismo cuadro social que muchos otros viajeros contemplaban en otras ciudades hispánicas o portuguesas: privilegiados y no privilegiados diferían en muchas cosas, pero sobre todo en número. Y las calles, los mercados, las iglesias, los paseos, estaban cubiertos de esta nueva multitud de gentes que, cualesquiera fueran sus derechos explícitos, se incorporaba cada vez más a la vida urbana como por derecho propio.

Esa multitud era compleja y varia. A la hora de recogerse cada núcleo social se agrupaba en sus barrios, pero mientras duraba la actividad cotidiana los grupos se interpenetraban, inclusive los más cerrados y exclusivistas. Comprar y vender eran funciones que intercomunicaban y durante un instante equiparaban a los dos términos de la operación. Quizá por eso repararon tanto los viajeros y observadores en el papel de las mujeres que llenaban las calles y el mercado, cada una de las cuales volvía luego a su núcleo con algo de lo que había comprado, pero también con algo de lo que había oído y aprendido. La mulata o la mestiza observaba los vestidos, las costumbres y el lenguaje de su cliente de buena posición y procuraba imitarla; pero su cliente aprendía los usos vernáculos y populares y terminaba gustando del encanto de los colores vivos que ostentaban las ropas de las gentes del pueblo, de sus platos preferidos, de las palabras vernáculas que incorporaba al español, de los giros lingüísticos que inventaba el ingenio popular:

> Verás en la mayor plaza
> Golpes de finos conceptos
> En cualquiera verdulera
> En cualquier carnicero.

como observaba Ayanque en Lima, porque las gentes de la calle

> aunque con semblantes pardos
> son de muy claros ingenios.

Y si aceptaba el cacharro o el tejido, se preparaba para aceptar las supersticiones y creencias, la prescripción de la vieja experimentada en males del cuerpo y las formas de expresión corporal. El culto mismo se hibridaba; las aproximaciones entre el cristianismo y las religiones vernáculas se producían no sólo en las castas sino también en los blancos; y así como se terminaba tributando culto a una imagen mestiza se admitía en los días festivos el baile de los negros —el batuque— delante del templo en una ciudad tan conservadora como Olinda.

No se privaban las mujeres de clase alta de circular por este mundo abigarrado. En San Pablo como en Lima llegó a ser una cuestión candente el del rebozo o mantilla en que se envolvían. Pero tanto el atuendo, del que no se sabía si ocultaba a una marquesa o a una mulata, como el osado comportamiento acercaba los grupos sociales. Se las veía en los tenduchos o en el mercado hurgando hasta encontrar lo que buscaban, y el forcejeo por la calidad o por el precio enriquecía el diálogo que, por lo demás, comenzaba en la casa misma entre el ama y las criadas. Y entretanto, los varones de clase alta, que estaban obligados a la convivencia con las castas por sus ocupaciones y negocios, la buscaban a la hora del esparcimiento y la encontraban en las amantes más o menos duraderas o en los ambientes de jolgorio o en las casas de juego.

Donde corría el dinero, como en Potosí o Villa Rica, el juego y el desenfreno alcanzaban sus últimos límites. El minero dejaba fortunas sobre el tapete, y no gastaba menos en prostitutas, mulatas las más, con las que terminaba la noche. Y no faltaron los virreyes —Amat en Lima o Solís en Bogotá— que cayeron en el escándalo. Juego y prostitución fueron dos caminos importantes en la aproximación de las clases y castas. Y alrededor de las dos profesiones se movía el cinturón del hampa, con asesinos y ladrones "de espada, carabina o pistola", como decía Concolorcorvo y el mundo de los pícaros y mendigos que Fernández de Lizardi retrató en el *Periquillo Sarniento*, espejo de la capital mejicana en vísperas de la Independencia. En las *Coplas del ciego de la Merced* daba el fraile limeño Castillo Andraca y Tamayo su versión de este mundillo de su ciudad, como Concolorcorvo la de otros que recorrió en su largo viaje.

Una sociedad muy abigarrada no tenía por qué tener formas muy definidas de vida. Si eran inestables los grupos sociales, lo eran también sus formas de comportamiento. Sólo en las ciudades provincianas y en las que quedaron estancadas se conservaron las formas tradicionales de vida. Pero en todas aquéllas que crecieron y en las que se aceleró el proceso de formación de la nueva sociedad criolla con la interpenetración de clases y castas, predominó una especie de anomia, signo de la intensa movilidad social. Sólo las clases altas sabían cuál era su sitio y, en consecuencia, cuáles eran las normas que la regían; pero los estratos medios y populares manifestaron una intensa fluidez, que preparaba la intensa crisis que seguiría a la Independencia. Fructífera a la larga, puesto que se gestaba en ella la formación de un nuevo ordenamiento social, esa crisis estaba en el curso normal del proceso social, que desbordaba los límites y las constricciones del régimen surgido de la conquista. Nadie sabía quién era quien en los sectores medios y populares de una ciudad —capital o puerto, especialmente— que crecía con nuevas actividades de inesperadas perspectivas para personas y grupos antes estancados.

La multitud abigarrada, rica en matices de color, de costumbres, de posición económica, inundaba la ciudad los días de fiestas públicas, si había corrida de toros o procesiones. El núcleo de la festividad era ordenado. El tablado para la jura de Carlos IV reunía a los notables, y notables eran también los que rodeaban el estandarte real y los que participaban de la cabalgata o la escaramuza con que se solemnizaba —como en Bogotá en 1789, por obra del Alférez Mayor don Luis de Caicedo— la ceremonia del juramento. Pero en los alrededores estaba volcado un pueblo al que se le arrojaban monedas: era esa abigarrada y numerosa sociedad que disfrutaba por su cuenta y a su manera el ocio ocasional, el espectáculo, las luces, todo lo que rompía su rutina. Luchaban unos y otros por las monedas arrojadas, metían las narices en la ceremonia, pero disfrutaban de su propia fiesta comprando dulces o carnitas a los innumerables vendedores que circulaban entre ellos, bebiendo pulque o chicha, quizá bailando o cantando en sus corrillos, para regresar finalmente a sus casas con el sentimiento de que eran el "populacho", distinto de la "gente decente". Sólo en raras ocasiones eran los blancos los que asistían a las fiestas de las castas, como cuenta Concolorcorvo refiriéndose a Cuzco.

Pero sólo para la "gente decente" el populacho era un grupo social coherente. Cada uno de sus miembros sabía que estaba dentro de un conjunto fluido y que dependía de él, y de su buena estrella, subir o bajar tanto en fortuna como en posición social. Y en la lucha cotidiana procuraba cada uno apoyarse en sus inferiores para trepar e imitar a sus superiores para que cuanto antes lo confundieran con ellos.

Al calor de las inquietudes del tiempo, algunos aprendieron a leer y a escribir, y entre ellos hubo quizá el que aprovechó sus conocimientos para leer libros o acaso periódicos, que por entonces empezaron a circular en algunas capitales: el *Mercurio Volante* en México, el *Mercurio Peruano* en Lima, el *Papel periódico de Santa Fe* en Bogotá, las *Primicias de la cultura de Quito*, el *Telégrafo Mercantil* en Buenos Aires. Estas preocupaciones por lo que pasaba en el mundo eran más bien de clase alta; pero las noticias corrían, circulaban por los cafés que habían comenzado a establecerse en varias ciudades y allí se confundían parroquianos de clases diversas y se confrontaba las opiniones. Y en los teatros y coliseos que empezaban a abrirse, como en los paseos públicos, la sociedad abigarrada tenía ocasión de alternar con las clases altas, luciendo cada uno las ropas con que quería testimoniar su posición social, o acaso la que aspiraba a tener. Las ropas constituyeron un problema singular en la vida de esas sociedades urbanas en las que la ostentación del nivel social y la preocupación por el ascenso llegó a ser, más que una obsesión individual, la expresión de una filosofía de la vida, de una ideología. También lo fueron la casa y el coche, las joyas y los criados, todo, en fin, lo que significaba un signo de cierta posición social. En pequeña escala, pero con mucho dramatismo, esta carrera contra la realidad se advertía en los niveles altos de las castas, especialmente mestizos y mulatos. Era explicable, pues se trataba de salir de ese conjunto para individualizarse y salvar el foso que los separaba de las clases privilegiadas. Pero en éstas la preocupación no fue menor, porque para muchos era tan difícil mantener la posición como para otros conquistarla, sobre todo cuando empezó a acelerarse el proceso de enriquecimiento. Tremendos esfuerzos se invirtieron en parecer lo que no se era:

> Las que queriendo alternar
> En el lujo y lucimiento,
> En mil empeños se ven
> Por salir de tanto empeño.
>
> Estas van muy adornadas
> De alhajas de mucho precio,
> Faldellines de tisú,
> Diamantes, ricos arreos,
>
> Plumas, piochas, tembleques,
> Delantales sobrepuestos,
> Encajes finos, trencillas,
> Y otros adornos diversos.
>
> Y juzgando que son suyos,
> Salimos, amigo, luego
> En que todo es alquilado
> Y todo lo están debiendo.

Así describía Ayanque los afanes de las limeñas para defender su posición y su prestigio. Pero Fernández de Lizardi, más filosófico, ponía en boca de uno de sus personajes reflexiones más explícitas acerca de esta preocupación obsesiva que revelaba la peculiaridad de la sociedad, más que móvil, movilizada por la aceleración que introdujo el movimiento mercantilista: "No crea usted que consiste en otra cosa la mucha pobreza que se advierte en las ciudades populosas, que en el lujo desordenado con que cada uno pretende salirse de su esfera... Las mujeres poco prudentes no son las que menos contribuyen a arruinar las casas con sus vanidades importunas. En ellas es por lo común en las que se ve el lujo entronizado. La mujer o hija de un médico, abogado u otro semejante quiere tener casa, criados y una decencia que compita o por lo menos iguale a la de una marquesa rica; para esto se compromete al padre o al marido de cuantos modos le dicta su imprudente cariño, y a la corta o a la larga resultan los acreedores; se echan sobre lo poco que existe, el crédito se pierde y la familia perece". Y concluía: "Fuera de que, bien mirado, es una locura querer uno aparentar lo que no es a costa del dinero, y exponiéndose a parecer lo que es en realidad con deshonor".

En verdad, esta preocupación obsesiva de las clases altas era un resabio de la tradición hidalga, que subsistió escondido en la sociedad que se trasmutaba y aceptaba los módulos de la burguesía ilustrada europea. Una marcada preocupación por el decoro movía a esos grupos que constituían la "nobleza" de las ciudades. Pero era una nobleza discutible. De la de Lima decía Concolorcorvo: "En esta ciudad hay muchos títulos de marqueses y condes y mucho mayor número de caballeros cruzados en las órdenes de Santiago y Calatrava que a excepción de uno u otro tienen suficientes rentas para mantenerse con esplendor, a que se agregan muchos mayorazgos y caballeros que se mantienen de sus haciendas y otras negociaciones decentes para vivir y dar lustre a la ciudad. No dudo que en la de su nacimiento como en las otras de este vasto virreinato haya familias ilustres, pero el número de todas ellas no compone el de esta capital, en donde se hace poco juicio de los conquistadores, pues aunque no faltaron algunos de esclarecidas familias, se aumentaron éstas cuando se afirmó la conquista". Y hablando de las clases altas de Córdoba, en Argentina, apuntaba no sin ironía: "no sé cómo aquellos colonos prueban la antigüedad y distinguida nobleza de que se jactan".

Lo cierto es que las clases altas, fueran o no de antigua nobleza, procuraron conservar un "modo de vida noble", con buena casa, buena vajilla, coches y criados. Humboldt, que las frecuentó en los primeros años del siglo XIX en Caracas, Bogotá, Quito, Lima, México y La Habana, conservó de ellas el recuerdo de su urbanidad, su cordialidad y una gran sencillez en los modales; pero más le llamó la atención el interés de muchas familias por el mundo mercantil y por alcanzar una educación acorde con la época de las luces. Sin duda reparaba el agudo observador en la penetración de las nuevas ideas y en la difusión de las nuevas actitudes burguesas, compatibles, por cierto, con la conservación de algunos resabios señoriales. Saraos y tertulias reunían con frecuencia a las familias aristocráticas: hasta ochenta señoras "vestidas y peinadas a la moda, diestras en la danza francesa y española", había visto Concolorcorvo en un sarao de Buenos Aires, que sin embargo no tenía, en 1773, el esplendor de las grandes cortes. Pero además de las reuniones mundanas comenzó a difundirse el gusto por las tertulias que se llamaban literarias, pero en las que ahora, más que de literatura solía hablarse de política, de filosofía, de economía y de ciencias. Por entonces formó en Buenos Aires su notable biblioteca el padre Juan Baltasar Maziel, apenas comparable, por lo demás, a las muy nutridas de otras capitales: gracias a ellas habían podido surgir eruditos tan densos como Carlos de Sigüenza y Góngora en México o los peruanos Pedro de Peralta Barnuevo y Pablo de Olavide en Lima. Otra generación —la de los precursores de la Independencia— preferiría a la pura erudición la lectura de las obras políticas más revolucionarias: Nariño, Torres, Santa Cruz y Espejo, Tiradentes, Egaña, Villava, Moreno, Monteagudo. Y casi en penumbras, algunos grupos se aplicaban a los estudios científicos, como el que se reunió en Bogotá alrededor del sabio José Celestino Mutis y encabezó luego Francisco José de Caldas.

La vida mundana —salones y paseos, visitas y novenas— y la vida intelectual satisfacían las exigencias de esas clases altas, no siempre ociosas, pues muchos de sus miembros estaban aplicados a renovar sus perspectivas económicas al calor de las nuevas posibilidades que ofrecía la apertura de los puertos, antes y después de la Independencia. Pero poco a poco las ciudades comenzaron a politizarse. Los grupos se dividieron según sus ideologías —progresistas o tradicionalistas— y las tensiones crecieron en la vida urbana. Cada decisión del poder fue cuestionada o defendida, según los intereses que afectaba o las intenciones que se creía ver en ella. Y lo que al principio fueron murmuraciones pasaron más tarde a ser opiniones sostenidas públicamente con vehemencia. Esa politización delineó los frentes de combate y cuajó en los movimientos revolucionarios, movimientos urbanos que encabezaron generalmente las nuevas burguesías criollas, sin perjuicio de que a veces echaran por delante figuras no comprometidas. Y cuando llegaron al poder, la ruptura del armazón tradicional liberó las fuerzas de esa sociedad criolla que se estaba gestando, inmadura, incierta en sus objetivos después del triunfo, dividida en grupos con intereses encontrados y movida en el fondo por el vehemente deseo de cada uno de sus miembros de ascender social y económicamente.

Los años que siguieron a los movimientos emancipadores modificaron la fisonomía de las ciudades. Muchas tomaron un aire jacobino que aceleró el proceso de cambio de mentalidad en grupos más vastos que los comprometidos inicialmente en la revolución. Otras, por el contrario, vieron apretarse las filas de los sectores conservadores. Y aun en las primeras, lograron esos sectores apagar la llama inicial. Pero nada de todo eso fue sin lucha. A la calma tediosa de la ciudad barroca siguió una agitación permanente, a través de la cual iba haciendo su presentación en escena cada uno de los grupos que se consideraba con derecho a participar en el proceso político que se había abierto: los notables en los despachos oficiales, el pueblo en la plaza Mayor, los conspiradores en los cuarteles, los murmuradores en las tertulias, los instigadores en los bufetes. Así se manifestaba la progresiva maduración de la nueva sociedad, antes inerte y ahora volcada a la acción, que imprimía su sello a la ciudad criolla.

También quedaron impresas las huellas de este cambio en la ciudad física. El crecimiento de las ciudades, generalmente muy lento hasta mediados del siglo xviii, comenzó a acelerarse especialmente en las últimas décadas del siglo, sobre todo en aquéllas que recibieron súbitamente el impacto de la activación comercial. Más y mejores casas comenzaron a levantarse en terrenos antes baldíos y la ciudad fue llenándose. La población urbana creció, al tiempo que se acentuaba la participación de grupos arraigados que se diferenciaban. Ciertamente, muchas ciudades permanecieron estancadas. Al finalizar el siglo xviii, ciudades tan significativas como Concepción o Valparaíso en Chile no sobrepasaban los 5.000 habitantes. Giraban alrededor de los 10.000 Asunción y Montevideo, que serían muy pronto capitales, así como Córdoba, Oruro, Barquisimeto o San Pablo. Bogotá reunía 20.000 habitantes, y estaban alrededor de los 40.000 Santiago de Chile, Río de Janeiro, Caracas y Buenos Aires. Lima alcanzaba los 60.000; y sobrepasaban los 100.000 habitantes Salvador de Bahía y México. Era esta última la más llamativa para el viajero europeo. "México —escribía Humboldt en 1803— debe contarse, sin duda alguna, entre las más hermosas ciudades que los europeos han fundado en ambos hemisferios. A excepción de Petersburgo, Berlín, Filadelfia y algunos barrios de Westminster, apenas existe una ciudad de aquella extensión que pueda compararse con la capital de Nueva España por el nivel uniforme del suelo que ocupa, por la regularidad y anchura de las calles y por lo grandioso de las plazas públicas. La arquitectura, en general, es de un estilo bastante puro y hay también edificios de bellísimo orden". Tres siglos habían bastado para consumar este inmenso esfuerzo.

Forzadas por su expansión y por su desarrollo demográfico, las ciudades latinoamericanas debieron empezar a preocuparse por los problemas que aparecían en ellas. Menos en el Brasil que en el mundo hispánico, los funcionarios progresistas tomaron nota de los trastornos cotidianos que ocasionaba el desorden urbano y algunos empezaron a aplicar modernas ideas para racionalizar lo que hasta entonces se había desarrollado espontánea y desordenadamente. Revillagigedo en México, Amat en Lima, Vértiz en Buenos Aires, González Torres de Navarra en Caracas, Mestre Valentín en Río de Janeiro y otros más en menor escala tomaron medidas de diverso alcance para mejorar el aspecto y el funcionamiento de las ciudades. Desde 1753 había en San Pablo un "oficial arruador" para poner orden en la confusión de calles y callejones. En otras ciudades se hizo más. Se procuró regularizar el trazado de la ciudad, delimitar los espacios libres, trazar o mejorar los paseos públicos y someter a algunas reglas la edificación. Pero lo que preocupó más fue ordenar el funcionamiento de la ciudad. La sociedad abigarrada usaba la ciudad más que antes y desbordaba los lugares públicos, de modo que la preocupación por la limpieza elemental fue la primera que apareció. El aprovisionamiento de agua por medio de fuentes públicas y el sistema de alcantarillado se mejoró en las capitales, en las que empezó a instalarse un rudimentario alumbrado público. Se crearon hospitales, cementerios, hospicios. Más importante que todo eso fue la organización de la policía urbana, antes quizá innecesaria; pero la sociedad abigarrada estimulaba el desarrollo de esos meandros de mala vida que amenazaban la paz ciudadana. El asesino y el ladrón se ocultaban no sólo en sus tugurios sino también en las casas de juego, en los lupanares, en las tabernas. Y comenzaba a ser difícil identificar a cada uno en la mezclada sociedad de las castas que ocupaba el mercado y las calles. Sobre todo ocupaban los suburbios que habían empezado a aparecer. Más allá de las veinte o treinta manzanas más próximas a la plaza Mayor la edificación raleaba y un poco más allá, según las ciudades, comenzaba el borde urbano-rural. Sobre él fue apareciendo el suburbio, mezquino conjunto de ranchos quizá agrupados alrededor de una pulpería o de una capilla, próximo a veces al matadero o a un mercado de extramuros o a una plaza de carretas. Allí vivían los más pobres, o los que trabajaban las huertas para llevar sus frutos al mercado urbano, o los que buscaban en ese ambiente una coyuntura para ejercer un oficio o un comercio. Pero, además, en el juego de los que emigraban del campo hacia las ciudades y de los que huían de ellas hacia aquél, el suburbio cumplía un papel de etapa, y la población que resultaba de esa amalgama se caracterizaba por su inestabilidad y por su marginalidad, lindante a veces con la mala vida.

La aparición de los suburbios correspondía a una incipiente diferenciación de los barrios. No faltaron suburbios aristocráticos, especialmente como lugares veraniegos; pero normalmente las clases altas ocupaban el centro de la ciudad. Mientras las manzanas próximas a la plaza conservaban, en su conjunto, el mayor prestigio, algunas calles definían su fisonomía: algunas alineaban las casas de las familias más importantes y otras reunían los comerciantes o artesanos de un mismo ramo. Pero un poco más allá las parroquias más alejadas, a cuyo alrededor se iba apretando la edificación, constituían barrios populares donde habitaban las castas, o, dicho de otra manera, las clases populares. Pocos blancos veíanse en ellos o acaso ninguno, ni siquiera de paso, porque en ellos recuperaban sus habitantes ese sentimiento de grupo del que procuraban despojarse cuando en el ajetreo cotidiano del mercado o la calle debían tratar con su clientela o satisfacer a sus patrones. Allí solían celebrar sus propias fiestas a su modo e imponían sordamente sus propias normas de vida, sin perjuicio de que un día vieran violada su consentida autonomía por alguaciles y corchetes.

Ciertas ciudades amenazadas erigieron por entonces nuevos fuertes, de acuerdo con las concepciones dieciochescas de la ingeniería militar; y algunas levantaron o perfeccionaron sus murallas. Eran obras ingentes —como las de Cartagena de Indias— frentes a las cuales la arquitectura civil o religiosa parecía modesta. No siempre lo era, sin embargo. La ciudad que se poblaba y crecía contaba con unas clases altas que no vacilaban en invertir gruesas sumas para levantar ricas iglesias y hermosos palacios. Dos ricos mineros mejicanos, José de la Borda y Antonio de Obregón y Alcocer, levantaron en la segunda mitad del siglo XVIII dos joyas del barroco: Santa Prisca, en Taxco, el primero, y San Cayetano de la Valenciana, en Guanajuato, el segundo. Bandeirantes afortunados poblaron de iglesias la ciudad minera de Villa-Rica, donde lucirían las esculturas del Aleijadinho. Y el esplendor económico de las últimas décadas del siglo permitiría no sólo agregar nuevos templos en ciudades ya cargadas de ellos, como Bahía o Quito, y completarlos a veces con nuevas fachadas y dependencias, sino también levantar nuevos y definitivos en ciudades que no habían conocido sino precarias construcciones. Así surgieron las iglesias de Buenos Aires —San Ignacio, Nuestra Señora del Pilar— o las de Santiago de Chile, donde el arquitecto Joaquín Toesca erigió la Catedral en severo estilo neoclásico, que sus discípulos perpetuaron en Santiago y otras ciudades.

En rigor, la obra maestra de Toesca pertenece a la arquitectura civil: fue el Palacio de la Moneda, en la capital chilena, el que consagró la concepción neoclasicista, construido cuarenta años después que el Palacio de los gobernadores de Villa-Rica. Entretanto, el desarrollo de las ciudades había estimulado la construcción de otra suerte de edificios públicos. La actividad minera determinó la edificación de la Casa de Moneda de Potosí a mediados del siglo XVIII. La necesidad de mantener una reserva de granos movió la construcción, en Guanajuato, de la Alhóndiga de Granaditas, comenzada en 1798. Pero fueron los cabildos los edificios más significativos. Cada ciudad debía tener el suyo, modesto o monumental. Y donde no existía un edificio digno de conservarse —como las Casas Consistoriales de Tlaxcala, magnífica construcción del siglo XVI— se levantó uno nuevo, generalmente con sus arcadas y su torre del reloj, que se convirtió en símbolo de la vida municipal.

Toda la edificación mejoró al crecer la sociedad y la riqueza. Pero los más ricos exhibieron su fortuna sustituyendo sus viejas casonas por suntuosos palacios. Pocos igualables a los de México, que a causa de los que ostentaba —en la calle de San Francisco o en la de Tacuba— fue llamada "ciudad de palacios". Manuel Tolsá, arquitecto de tendencia neoclásica, como Toesca, fue autor de algunos de ellos, como el llamado de Iturbide, el del marqués del Apartado, además del que alojó la Escuela de Minería. En menor escala no faltaron en otras ciudades: el del marqués de Torre Tagle en Lima, los de Villaverde y Arana en La Paz, el de Joao Rodrigues de Macedo en Villa-Rica, el del marqués de Maenza en Quito, el de Diego de Rul en Guanajuato, obra del arquitecto neoclásico Francisco Eduardo de Treguerras. De este último escribía Humboldt, que se alojó en él: "Podría servir de adorno en las mejores calles de París o de Nápoles".

Sin duda, no todas las ciudades latinoamericanas gozaron de este esplendor. Muchas recibieron directa o indirectamente los beneficios de la reactivación económica en mayor o menor medida. Pero sólo algunas despertaron plenamente a esta nueva vida: fueron, sobre todo, los puertos, las capitales y aquellas en las que un azar provocaba una explosión de riqueza. Este último fue el caso de Villa-Rica, metrópoli del oro cuyo flujo repercutió sobre Río de Janeiro. Esta, a su vez, volvió a despuntar cuando, en 1808, recibió la corte portuguesa y se transformó en capital del reino, con un puerto que quedó abierto al tráfico con Inglaterra. Fenómeno semejante ocurrió con casi todos los puertos y capitales, tonificados primero por la libertad comercial que habían otorgado las metrópolis y luego por la apertura del tráfico con los países europeos y con los Estados Unidos. Se agregaron a las viejas capitales en el proceso de expansión las nuevas capitales de intendencia que aparecieron al instaurarse el nuevo sistema administrativo español en 1788: Puebla, Valladolid, Guanajuato, Zacatecas, Veracruz, Oaxaca, Mérida, Culiacán; Arequipa, Tarma, Huancavélica, Huamanga, Cuzco, Puno; Santa Marta, Cartagena, Santa Cruz de la Sierra; y desde 1777 las sedes de los gobiernos locales de Venezuela: Maracaibo, Guayana, Mérida, Cumaná, La Margarita. En todas ellas se desarrolló una nueva burocracia que acentuó el carácter de polo de desarrollo que ya tenían como centros regionales.

Entretanto, nuevas ciudades aparecieron. Montevideo había sido fundada en 1724 como un baluarte militar, pero creció poco a poco como centro regional y como puerto, acelerándose su crecimiento cuando, en 1791, se convirtió en uno de los centros del comercio negrero para el Río de la Plata, Perú y Chile. Otras ciudades fueron fundadas como consecuencia de una marcada tendencia a recoger la población dispersa por los campos. Así surgieron, entre otras muchas, Talca o Los Andes en Chile. Y algunas surgieron solas, como resultado de una actividad económica muy productiva que las tonificó desde muy pronto. Así pasó con Villa-Rica, que se transformó en un emporio incomparable en pocos años. Una nueva aristocracia se asentó en ella y le dio tan fuerte impulso que un cronista pudo decir que era "cabeza de toda América; y por el poder de sus riquezas, es la perla preciosa del Brasil". Inquieta y revolucionaria, dos veces se rebeló, en 1720 y en 1789, pero fue sometida. Uno de los participantes del último de los movimientos —*la inconfidencia mineira*— hizo el elogio de la ciudad: Claudio Manoel da Costa, en su poema *Villa-Rica* y en los versos satíricos que se le atribuyen y circularon con el nombre *Cartas chilenas*, en los que describe la vida de la ciudad. Algo semejante ocurrió con Puerto Cabello, cuyo origen espontáneo relata Andrés Bello en las páginas que, poco antes del movimiento emancipador, escribió con el título de *Historia de Venezuela* para el *Calendario manual y guía universal de forasteros en Venezuela para el año 1810*:

"Puerto Cabello, habilitado por la naturaleza para contener y carenar toda la marina española, fue el surgidero que eligieron los holandeses de Curaçao para dejar sus efectos y llevarse el cacao. Unas miserables barracas de contrabandistas unidas a las de algunos pescadores fueron el núcleo de la población de este puerto condenado a parecer por mucho tiempo una dependencia de la Holanda, más bien que una propiedad española. Quiso el gobierno dar una consistencia legal a aquella reunión de hombres, cuyo carácter y ocupación debía hacer muy precaria la tranquilidad pública; pero la independencia criminal en que había vivido y el interés particular, sostenido por el general de los holandeses, les hizo oponerse obstinadamente a los designios del gobierno, hasta hacerle renunciar al proyecto de someter a su autoridad las barracas de Puerto Cabello, que se convirtieron bien pronto en el asilo de la impunidad y en el almacén general de las colonias holandesas en la Costa Firme. Nada tenía que ofrecer Venezuela a la península para atraer sus bajeles a sus puertos sino el cacao; mas los holandeses tenían muy buen cuidado de extraerlo para poner bajo el monopolio de la necesidad a un país que no tenía de donde vestirse y proveer a las atenciones de su agricultura sino los almacenes de Curazao, ni otro conducto por donde dar salida a sus frutos y recibir estos retornos, que Puerto Cabello; hasta que, por una de aquellas combinaciones políticas más dignas de admiración que fáciles de explicar, se vio la provincia de Venezuela constituida en un nuevo monopolio tan útil en su institución como ruinoso en sus abusos, a favor del cual empezó a salir de la infancia su agricultura y el país, conducido por la mano de una compañía mercantil, empezó a dar los primeros pasos hacia su adelantamiento: la metrópoli recobró un ramo de comercio que se había sustraído injustamente de su autoridad y Puerto Cabello se elevó al rango de una de las primeras plazas y del más respetable puerto de la Costa Firme".

Hablando de puertos, José Agustín de Oviedo y Baños decía, en 1723, en su *Historia de la conquista y población de la Provincia de Venezuela* que los caraqueños "hablan la lengua castellana con perfección, sin aquellos resabios con que la vician en los más puertos de las Indias". Y casi un siglo después Fernández de Lizardi, refiriéndose a los herejes, señalaba: "He vivido en puerto de mar, y he conocido y tratado algunos". De la gran transformación que se operaría en la sociedad criolla las ciudades fueron el ámbito apropiado, y entre todas, las que estuvieron abiertas a todas las ideas y rompieron todos los prejuicios, inclusive los del lenguaje.

4. REFORMAS Y REVOLUCIONES

Ciertamente, la sociedad criolla se constituyó en virtud de un proceso social interno del mundo colonial: fue, ante todo, el resultado del crecimiento dispar de los grupos blancos y de las castas. Mientras estas últimas se entrecruzaban y multiplicaban pródigamente, los peninsulares iban y venían y sus descendientes blancos criollos constituían grupos proporcionalmente cada vez más reducidos. También fue el resultado de la mestización y la aculturación, puesto que el abismo establecido originariamente entre conquistadores y conquistados, entre los blancos y las castas, se redujo de hecho a pesar de los esfuerzos, muchas veces más formales que efectivos, que los primeros hicieron para contenerlo. Pero la expansión de la sociedad criolla y, sobre todo, su acelerada integración fue el resultado de una coyuntura favorable que crearon los grupos reformistas de las metrópolis y gracias a ella se insinuó primero y se manifestó después la diferenciación de una nueva élite desprendida del nuevo conjunto: las burguesías criollas ilustradas.

Promovieron entonces reformas en las metrópolis los ministros de Carlos III de España y de José I de Portugal: Aranda, Floridablanca, Pombal. La presión del mundo mercantilista sobre la península alcanzó a mediados del siglo XVIII tal grado de intensidad que los grupos más lúcidos encabezaron un movimiento para renovar la vida económica, social y cultural de ambos reinos. Fue la era de las "reformas", esto es, del reajuste de las estructuras sin modificarlas, mediante decisiones racionalmente elaboradas —sobre la base de la experiencia extranjera— que desterraran los prejuicios y los sistemas consuetudinarios que impedían un desarrollo óptimo de las posibilidades.

Si el campo de las reformas alcanzó a la política, fue sólo para acentuar el autoritarismo. Ningún factor debía oponerse a las decisiones del monarca, que eran la razón misma. Los tradicionales grupos de presión —nobleza y clero— fueron sometidos a una política regalista, que consistió, fundamentalmente, en limitar su poder. Una monarquía rodeada de sabios y aconsejada por ellos constituía el ideal de los nuevos grupos ilustrados.

La política reformista era, ciertamente, hija de la Ilustración, una filosofía fundada en la razón que aspiraba a lograr que fuera la razón, y no las costumbres, la que gobernara el mundo. Era, pues, una filosofía aristocratizante, que distinguía entre las minorías selectas y el vulgo, en el que cabían no sólo las masas ignorantes sino también los grupos dirigentes que "aunque hayan tenido nacimiento ilustre, con todo eso no han salido de las tinieblas de la ignorancia", como escribía un autor muy representativo del pensamiento nuevo. A esas minorías selectas, instruidas e iluminadas por la luz de la razón, era a las que correspondía el gobierno. Y como su principal preocupación debía ser que la sociedad contara en todos los ámbitos con gentes como ellas, la educación fue un objetivo fundamental.

Las reformas educacionales no debían consistir solamente en alfabetizar grandes masas. Más importante era seleccionar a los mejores e inculcarles las nuevas ideas, que para entonces comenzaban a estar codificadas, no sólo en la *Encyclopédie* de Diderot y d'Alembert, sino también en las obras de muchos autores que preferían sistematizarlas y difundirlas a intentar nuevas indagaciones científicas o especulativas. Colegios, institutos superiores, bibliotecas y periódicos científicos eran preferibles a las muchas escuelas elementales donde aprendían las primeras letras quienes no pasarían más allá de ese primer grado de instrucción. El fin de la educación debía ser la ampliación de las minorías selectas, impregnadas de las nuevas ciencias físicas y naturales, comprensivas de las perentorias necesidades de una sociedad injusta y estancada, y compenetradas de la nueva verdad que Gaspar Melchor de Jovellanos expresaba en su *Informe sobre el libre ejercicio de las artes*: "La grandeza de las naciones ya no se apoyará, como en otro tiempo, en el esplendor de sus triunfos, en el espíritu marcial de sus hijos, en la extensión de sus límites ni en el crédito de su gloria, de su probidad o de su sabiduría... Todo es ya diferente en el actual sistema de la Europa. El comercio, la industria, y la opulencia que nace de entrambos, son, y probablemente serán por largo tiempo, los únicos apoyos de la preponderancia de un estado".

Así, las reformas educacionales se proyectaban sobre las de la sociedad y la economía. Una y otra debían ser liberadas de atavismos y prejuicios. La igualdad de los hombres constituía un principio racional que condenaba el sistema tradicional de los privilegios. Si había pobres, eran víctimas del sistema y era necesario socorrerlos. Pero lo más importante era que no hubiera ociosos: ni los pobres que no encontraban en qué trabajar ni los ricos que consideraban deshonroso hacerlo. Nada más atrabiliario que el prejuicio de que los oficios mecánicos son viles. Y puesto que el mundo marchaba hacia el predominio del comercio y la industria, nada más justo que otorgar libertad a estas actividades para que se regularan por sí solas.

La actitud reformista incluía una nueva concepción de la política colonial. Si hasta entonces había predominado la idea de que las colonias eran sólo una fuente de riquezas para las metrópolis, había que admitir que las sociedades coloniales tenían derecho a trabajar para su propio beneficio, con lo que se beneficiaría la propia metrópoli. Así lo entendían los grupos progresistas peninsulares, y así lo enseñaron en sus libros y lo practicaron con su política. Era inevitable que tuvieran discípulos en las colonias.

La aplicación de la política reformista escindió las opiniones tanto en Brasil como en el mundo hispánico. Como en las metrópolis, y acaso más, las innovaciones sacudían un sistema muy cerrado cuyos beneficiarios vieron peligrar sus privilegios. Quizá la expulsión de los jesuitas —en 1759 en Brasil y en 1767 en el mundo hispánico— descubrió los alcances de la nueva mentalidad, y desde entonces fue visible que los peninsulares de Indias se dividían entre los que apoyaban entusiastas el cambio y los que lo rechazaban con escándalo. En esa escisión quedó señalado el sitio que habría de ocupar una burguesía criolla incipiente, casi potencial, pero que empezaría a definirse como un grupo o una clase muy pronto, cuando sus miembros vincularan sus expectativas inmediatas con los supuestos de la ideología reformista metropolitana. Si los peninsulares progresistas de Indias aceptaron y aprovecharon las condiciones creadas por la política renovadora, fue la incipiente burguesía criolla la que asumió el conjunto de la ideología reformista apoyada en las ideas del iluminismo. Cada día más, sería esa ideología la que la definiría como grupo, la que le otorgaría coherencia y continuidad, aunque un día descubrieran algunos sectores que la ideología reformista podía trasmutarse en un momento cualquiera, al calor de imprevistas contingencias, en una ideología revolucionaria.

Pero, entretanto, el movimiento reformista, impulsado desde la península, seguía avanzando en las colonias por obra de funcionarios ilustrados: Vértiz, Bucarelli, Mayorga, Revillagigedo, Gálvez, Caballero y Góngora, Lavradío. El establecimiento del comercio libre fue decisivo para estimular la vida económica en general, y en particular la de las ciudades. Hubo, rápidamente, más riqueza y más trabajo. Hubo más hospitales y mejores cárceles. Hubo teatros, imprentas y periódicos. Brasil conoció varias academias: dos en Río, la de los Selectos, fundada en 1752, y la Academia Científica de Río de Janeiro, establecida en 1770; y una en Villa-Rica, la Arcadia, en 1760, en la que surgió la *escola mineira*. Pero esta última se vio comprometida en la conspiración de Tiradentes y la Academia Científica de Río de Janeiro, que tanta influencia había tenido en el desarrollo científico como en el económico, fue violentamente disuelta en 1794 por un virrey antirreformista, el conde de Rezende. Entretanto se renovaba la Universidad de Charcas y se fundaba en Buenos Aires el Real Convictorio Carolino y la Academia Náutica, todos centros sensibles a las nuevas ideas. México veía aparecer la Escuela de Minería, la Academia de San Carlos, de bellas artes, y el Jardín Botánico. Bogotá se transformaba en un importante centro científico por obra del español José Celestino Mutis y del criollo Francisco José de Caldas; pero ya antes de la llegada de Mutis tenía la ciudad biblioteca pública, fundada por el ilustrado Francisco Antonio Moreno y Escandón, y tuvo luego un observatorio astronómico. Un afán de saber y un designio de transformar el opaco mundo colonial vibraba en los jóvenes que se acercaban a las fuentes del pensamiento moderno.

Pero, a través de extraños canales, la reforma se transformaba en revolución. Quienes usaban pelucas empolvadas preferían hablar parsimoniosamente de los remotos beneficios de la educación, pero algunas de sus ideas eran recogidas por los que estaban urgidos por el juego de la acción, y lanzadas bajo la forma de consignas contra el sistema establecido. Una ola de insurrecciones anticoloniales, de alcance diverso, comenzó a recorrer el imperio hispánico en 1780. Mientras se agitaba sordamente en los campos la insurrección indígena que Túpac Amaru encabezaría a fines de ese año, ya en los primeros meses estallaron insurrecciones urbanas en Arequipa, Cuzco, La Paz, Charcas, Cochabamba y en algunas ciudades y pueblos del Perú. Quizá la mano de Inglaterra moviera los hilos del movimiento, pero hubo un eco espontáneo que se delata a través de los hechos de treinta años después. El motín de Arequipa congregó a "toda la plebe de la ciudad y los extramuros o arrabales, compuesta de mestizos, zambos, negros e indios, cuyo número, entre hombres y mujeres, pasaría de mil". En Cuzco encabezó la rebelión un criollo mestizo —Lorenzo Farfán de los Godos—, y no sólo lo siguieron grupos de indios sino los maestros plateros de la ciudad. En La Paz el movimiento adquirió carácter singular, porque el pasquín que apareció en las calles comenzaba con un "¡Muera el Rey de España!", exclamación antes no usada. Casi siempre reconocían los movimientos un motivo concreto: nuevos gravámenes y, en el caso de Arequipa, un intento de equiparar la condición de los mestizos a la de los indios, haciéndoles pagar el tributo anual. Fue la abigarrada sociedad criolla la que se movió, aunque sólo en sus niveles inferiores, y parece que en muchas cabezas bullía un propósito separatista, algunas veces vinculado con la posibilidad de acogerse a la autoridad británica. Y a fin de ese año dos movimientos se gestaron en Santiago de Chile: la conspiración de Don Juan, que buscaba la protección inglesa, y la conspiración de los franceses que, como la anterior, no llegó a estallar, y que procuraba la independencia americana inspirada en el ejemplo de las colonias inglesas de América del Norte.

Entretanto estalló en el Alto Perú, en noviembre de 1780, la rebelión de Túpac Amaru, movimiento predominantemente indígena y rural, al que no eran ajenas, sin embargo, muchas de las ideas que circulaban entre los grupos ilustrados. Fue tremenda la sacudida que produjo. Quizá muchos descubrieron una fuerza insospechada que se ocultaba en la nueva sociedad americana, y las emociones que ese sentimiento suscitó fueron encontrados. Los grupos secularmente sometidos creyeron que había llegado la hora de la acción, o por lo menos la de la esperanza. Los grupos dominantes temblaron porque vieron que se hacía realidad un temor que no abandonó nunca a los conquistadores. Y el dramático episodio reveló a los criollos su posición ambivalente, que desde entonces fue, sin duda, tema de meditación y de análisis en vista de las perspectivas que abría. Pero el movimiento fue radicalmente sofocado y el temor de los poseedores pasó, sin que pasaran las preocupaciones acerca del destino de esa nueva sociedad que alcanzaba un nuevo punto de maduración.

En el excitante clima de la insurrección indígena y rural se insertaron algunos movimientos urbanos. Estallaron en Cochabamba y Charcas, pero los más significativos fueron los de Oruro y Tupiza. En febrero de 1781, mientras se resolvía la suerte del movimiento de Túpac Amaru, estalló en Oruro una rebelión que reveló las violentas y encontradas tensiones de los diversos grupos sociales. Españoles, criollos, mestizos e indios entraron en un complejo juego. Ante el peligro del alzamiento indígena, los españoles decidieron cerrar sus filas y revelaron que desconfiaban de los criollos, con los que tenían una ya larga querella por la supremacía política dentro de la ciudad. Esa actitud se manifestó en un acto trascendental: expulsaron del cabildo a dos ricos mineros criollos que acababan de ser elegidos. Así, mientras crecía la insurrección de los mestizos dentro de la ciudad, peninsulares y criollos se enfrentaban porque los primeros temían la alianza de los criollos con las castas. Así ocurrió, efectivamente. Dueña de la ciudad con el apoyo de los indios vecinos, y después de violenta lucha, la plebe urbana otorgó la autoridad al minero criollo Jacinto Rodríguez como Justicia mayor. Pero las alternativas de los días subsiguientes modificaron las alianzas. Mestizos e indios llegaron demasiado lejos en la persecución de los chapetones, y los criollos retrocedieron: rechazaron a sus ocasionales aliados y pactaron con los peninsulares, unidos a los cuales emprendieron una enérgica represión de la plebe sublevada y de los indios que la apoyaban.

Esta ambivalencia de los criollos ricos era el síntoma de la situación social: se insinuaba en sus cabezas el propósito de rechazar a los peninsulares, acaso de procurar la independencia, pero vacilaban ante el grave paso que significaba movilizar en su favor a esa sociedad abigarrada de cuya solidaridad no estaban seguros. Treinta años después ese proceso se clarificaría un poco más.

Caracteres semejantes tuvo el movimiento que estalló en marzo de 1780 en Nueva Granada, donde las medidas de un visitador antirreformista, Gutiérrez de Piñeres, suscitaron la rebelión de los centros más afectados. Criollos distinguidos, como el propio marqués de San Jorge, encabezaron la protesta, que estalló violentamente en el Socorro y se extendió rápidamente. Los "comuneros" recibieron el apoyo de vastos contingentes indígenas, y con esa fuerza militar enfrentaron a las tropas enviadas desde Bogotá. Finalmente hubo pacto y en Zipaquirá se firmaron unas capitulaciones que establecían la derogación de los nuevos impuestos, medidas de protección para los indios, el rechazo de los funcionarios españoles y la confirmación de las autoridades establecidas por los insurrectos, lo que implicaba una afirmación de los derechos de los criollos. Ciertamente, las capitulaciones no fueron cumplidas, pero el proceso revolucionario puso de manifiesto la actitud de los grupos criollos.

Más claramente independentistas fueron algunos movimientos posteriores. En Brasil, Joaquín José da Silva Xavier, llamado "Tiradentes", encabezó en 1789 un movimiento revolucionario en la ciudad de Villa-Rica. Lo acompañaron las personalidades más distinguidas de ese núcleo intelectual que se había formado en el emporio minero, cuya decadencia por esa época inquietaba los ánimos de las clases populares, de algunos propietarios y, sobre todo, de esa minoría ilustrada que soñaba con una república liberal. Reprimida por el vizconde de Barbacena, la conjuración abortó; pero el juego de las fuerzas sociales y políticas, así como las ideologías sostenidas, revelaron la nueva fórmula en que se integraban las clases populares y las clases altas criollas: no en balde asumieron la dirección del movimiento quienes, literariamente, afirmaban un "nativismo" que era un grito de batalla. Un sentido semejante tuvo la conjuración de los *alfaiates* de Bahía en 1798, que aglutinó a la plebe mulata y a sectores altos de la ciudad en el anhelo de instaurar una "República Bahiense". Y caracteres semejantes pudieron advertirse en la conspiración de Gual y España, abortada en 1797, con la que los venezolanos influidos por la *Declaración de los Derechos del Hombre* y la prédica de ingleses y franceses se habían propuesto poner fin a la dominación española. Negros, mulatos e indígenas respaldaban la acción de criollos y españoles ilustrados que deseaban abolir la esclavitud y abrir los puertos venezolanos al comercio internacional.

Pero ya se estaba en plena crisis europea. Desde 1808 la corte portuguesa, amenazada por Napoleón, se había instalado en Río de Janeiro, y alrededor del Regente disputaban la supremacía peninsulares y criollos, portugueses y brasileños. En España también se había desencadenado la crisis, y ante la catástrofe todos los grupos ilustrados de las ciudades americanas se conmovieron convencidos de que había llegado la hora de la independencia. El más ilustrado de todos fue, precisamente, el que inició la rebelión en la ciudad más consustanciada con las nuevas ideas, Charcas, donde el 25 de mayo de 1809 un pequeño conflicto entre el presidente y los oidores de la Audiencia se precipitó hasta transformarse en un movimiento revolucionario. Bernardo Monteagudo y otros muchos doctores y estudiantes de la universidad prestaron orientación ideológica al movimiento criollo, movimiento popular y minoritario al mismo tiempo, en la medida en que se establecía una correspondencia entre los vagos anhelos de las castas y la ideología reformadora, transformada ahora por la fuerza de los hechos en ideología revolucionaria. Hombres de Charcas, y en particular José Antonio Medina, llevaron a La Paz el mensaje revolucionario —concretado en la *Proclama de la ciudad de La Plata a los valerosos habitantes de La Paz*, atribuida a Monteagudo—, y criollos fueron todos los que constituyeron la Junta Tuitiva, de clara tendencia independentista. Todo lo que parecía inmaduro en 1780 comenzaba a aparecer más asentado en 1810. Y cuando las fuerzas revolucionarias que Buenos Aires mandó al Alto Perú triunfaron sobre las españolas en Suipacha, Juan José Castelli, miembro de la Junta porteña, congregó a los indios en las ruinas de Tiahuanaco para explicarles el evangelio de la libertad, la igualdad y la fraternidad.

Para entonces, ya los movimientos encabezados por las aristocracias urbanas criollas habían triunfado en Buenos Aires,

Asunción y Santiago de Chile. Grupos esclarecidos, partidarios de las reformas inspiradas por la filosofía de la Ilustración, precipitaron su imagen del futuro político de las colonias en una ideología revolucionaria que desplegaba hasta sus últimas consecuencias las líneas del reformismo ilustrado. En rigor, esos grupos remplazaban velozmente los enfoques de la Ilustración española —moderada y ceñida dentro de la concepción monárquica— por los de la Ilustración francesa, que había abandonado el reformismo desde 1789. Jovellanos había sido remplazado por Rousseau, y aunque Napoleón había mostrado ya su designio de contener el proceso revolucionario, los grupos criollos restauraron las actitudes jacobinas para consumar la revolución que, más o menos ostensiblemente, quería desembocar en la independencia. Caracteres semejantes tuvieron los movimientos de Caracas, Cartagena y Bogotá, movidos por la vehemente prédica ilustrada de Francisco de Miranda y de Antonio Nariño, traductor de la *Declaración de los derechos del hombre y de El ciudadano*. Como un símbolo, el movimiento bogotano comenzó con el enfrentamiento personal de un chapetón y un criollo, al que siguió una eléctrica polarización de las clases populares detrás de esos ricos comerciantes e ilustrados ideólogos que repetían palabras de escaso sentido para ellos. Pero las palabras contenían una contraseña: cierta identidad de propósitos, aunque fuera transitoria, de la que podía resultar para las clases populares, al menos, un paso más en el camino de la integración a la que aspiraban.

Movimientos esencialmente urbanos y casi siempre capitalinos, no sólo pusieron de manifiesto la ruptura entre peninsulares y criollos sino también las fisuras que muy pronto se insinuaron en el seno de estos últimos. Niveles de riqueza y grados de integración creaban en cada ciudad capas diversas. Pero las fisuras más importantes aparecieron entre los grupos de diversas ciudades entre sí por la oposición de sus intereses y la disputa del poder político. Córdoba y Montevideo se enfrentaron con Buenos Aires y resistieron el movimiento iniciado por la burguesía porteña. En México, un movimiento preparado por las clases altas criollas de Querétaro y San Miguel con ramificaciones en otras ciudades interiores, logró aglutinar importantes masas populares, especialmente campesinas, que desataron un violento sentimiento antiespañol en el que coincidían con esas aristocracias provinciales. Pero chocaron con los grupos altos de la capital, en los que se mantenían unidos peninsulares y criollos por el temor, tanto a las nuevas corrientes ideológicas como a los movimientos populares y especialmente indígenas. La insurrección fue contenida con la derrota de Hidalgo y de Morelos, pero rebrotó en varias ciudades con nuevos jefes. Sólo cambiaron las cosas cuando se produjo en España la revolución de Riego y la restauración de la constitución liberal de 1812. Los grupos peninsulares capitalinos desencadenaron un proceso político destinado a perpetuar el absolutismo en México, pero la decisión apresuró el distanciamiento entre peninsulares y criollos: el elegido como instrumento del cambio, Iturbide, pactó con los rebeldes e inauguró a su vez otro proceso de radicalización del separatismo que en pocos años fijaría los términos del problema aproximadamente como en el resto de Latinoamérica.

Así se sucedieron en las ciudades dos políticas que expresaron tanto el proceso de interpenetración y diferenciación social como el de recepción y adecuación de las ideologías. Mientras la sociedad criolla se constituía, homogeneizándose y simultáneamente, diferenciándose, las nuevas minorías que se formaban en ella, blancas y en cierto grado mestizas, asumían como su propia política la concepción reformista de los grupos ilustrados peninsulares. Pero de la política reformista pasaron a una política revolucionaria cuando la coyuntura permitió radicalizar el proceso. El ritmo con que se intentó plasmar la realidad según la ideología cambió; pero la ideología era la misma.

5. LAS BURGUESÍAS CRIOLLAS. ILUSTRACIÓN Y CAMBIO

Las nuevas minorías que asumieron la conducción de una política reformista primero y de una política revolucionaria después, fueron las burguesías criollas que poco a poco se insinuaron como pretendientes al papel hegemónico en la nueva sociedad. A medida que se constituían, se enfrentaban con las minorías —entre hidalgas y monopolistas— que formaban la élite de la sociedad tradicional. Fue al principio un enfrentamiento sordo, una tensión entre un grupo fuerte y otro débil, entre uno ya constituido y otro que apenas se insinuaba en su seno a través de un proceso de diferenciación, entre uno reconocido y otro que procuraba ocultar sus aspiraciones, entre uno que aprovechaba de la pasividad del consenso y que fundaba sus prerrogativas en el origen privilegiado que alegaban sus miembros y otro que no se atrevía a declarar cuáles eran los fundamentos en que apoyaba sus aspiraciones. Pero a medida que pasaba el tiempo y la sociedad criolla se definía un poco más, a medida que las circunstancias robustecían las posibilidades de cambio, el enfrentamiento se fue agudizando y ni la antigua élite hidalga pareció tan fuerte ni la nueva tan débil. Tanto el juego de las fuerzas internas como el de las externas parecía legitimar las pretensiones de la incipiente burguesía criolla.

Muchos rasgos inequívocos perfilaban la personalidad de ese grupo social. Frente a la élite tradicional la burguesía criolla parecía más arraigada, menos atada a las metrópolis en sus modos de vida y en sus expectativas. Era como si hubiera cortado definitivamente el cordón umbilical y hubiera descubierto que estaba sola y librada a su suerte en la tierra que habían conquistado sus abuelos. Se sentía profundamente comprometida con la tierra sin otra alternativa: una tierra donde se alejaban sus intereses particulares pero a cuyos intereses generales y a cuyo destino se sentía total e indisolublemente unida. Esa tierra contenía una sociedad extensa, heterogénea, compuesta mayoritariamente por los descendientes de aquellos a quienes sus abuelos habían sometido. Pero la burguesía criolla no los miraba del mismo modo que sus abuelos habían mirado a los vencidos. Era, por lo demás, otra sociedad. La de las vísperas de la Independencia era, étnica y culturalmente, una sociedad mezclada y de rasgos confusos y participaba en la misma vida de que participaban los que conservaban la tez blanca. La burguesía criolla no miraba a los de tez parda como el vencedor al vencido, como se mira algo distinto y separado. Quizá los miraba como el superior al inferior y, a veces, como el explotador al explotado; pero los miraba como miembros de un conjunto en el que ella misma estaba integrada, que constituía su contorno necesario, del que aspiraba a ser la cabeza y sin el cual no podía ser cabeza de nada. Como con la tierra, la burguesía criolla, generalmente blanca de tez, estaba y se sentía comprometida con su contorno social de tez parda.

Era, además, un grupo esencialmente urbano, constituido en las ciudades y amoldado a las constricciones y a los halagos de la vida urbana. La burguesía criolla había heredado —en el mundo hispánico, y en algunas ciudades brasileñas como Recife, San Pablo y Río de Janeiro— la convicción de sus mayores acerca del papel hegemónico de las ciudades como centro de la región, desde el que se comandaba la vida del contorno rural. Y esta convicción se afirmó cada vez más, a medida que la sociedad urbana se penetraba de la mentalidad mercantilista. Mercantilista fue la burguesía criolla, y si llegó a constituirse como un grupo social definido fue, precisamente, porque sus miembros adquirieron esa mentalidad, en tanto que los que no la adquirieron quedaron, en alguna medida, fuera de él. Mercantilistas y capitalistas eran las civilizaciones hegemónicas —las de Inglaterra y Francia—, y la burguesía criolla creyó, como sus abuelos hidalgos, que las ciudades eran los focos de la civilización, sólo que ahora empezaba a pensarse que el modelo peninsular estaba caduco y que era necesario buscar otro, precisamente allí donde la civilización manifestaba ese esplendor que antes parecía que otorgaba el poder y la gloria y ahora se sabía, como lo recordaba Jovellanos, que sólo lo daba la riqueza.

La riqueza —la nueva riqueza que ofrecían las aventuras comerciales— fue, precisamente, la que consagró la posición de cada uno de los miembros de la burguesía criolla. También antes había sido así, pero un gigantesco enmascaramiento había disimulado ese secreto. En la catarsis racionalista del siglo XVIII todos los velos cayeron y no sólo nadie se atrevió a negar ese hecho, sino que fue declarado ostensiblemente. Se pertenecía al nuevo grupo privilegiado en función de la riqueza; y aunque no faltó en el seno mismo de la burguesía criolla cierta apelación a una hidalguía, acaso vergonzante, cada vez más quedó explícito que eran las actividades del moderno mundo mercantil lo que proporcionaba la riqueza y, con ella, la posición social.

No era lo único, sin embargo. La burguesía criolla adhirió vehementemente a dos ideas que, por cierto, no eran antagónicas. Creyó que su posición dependía también de su eficacia, y pensó que su eficacia —y su riqueza— tenían mucho que ver con su educación. Era, precisamente, lo que enseñaba la filosofía de la Ilustración. Rico, eficaz y culto, el *homo faber* americano se sentía en condiciones de dominar su ámbito y derrotar al petimetre brillante en los saraos, celoso de los blasones que sus padres habían comprado y saturado de despreciables prejuicios.

Movida por esas certidumbres, la burguesía criolla descubrió que la filosofía de la Ilustración era la suya, puesto que había sido elaborada por grupos homólogos europeos, más maduros y más sólidamente establecidos en la estructura económica, sin duda. Y la aceptó como una ideología, incorporándose sus elementos y sobre todo el sentido dinámico que entrañaba.

La filosofía de la Ilustración tenía matices, y en un comienzo las incipientes burguesías criollas aceptaron el matiz peninsular, moderado y sobre todo restringido. Una marcada predilección por los conocimientos cientificonaturales incitó al estudio de la botánica de la que podían obtenerse importantes conocimientos para la agricultura. *Discurso sobre el mérito y la utilidad de la Botánica* es el título de un ensayo de un discípulo del sabio Mutis, el neogranadino Francisco Antonio Zea, el mismo que luego editaría en Bogotá un periódico llamado *El Semanario de agricultura*. Y hubo geólogos como Francisco Javier Gamboa y físicos y matemáticos como José Ignacio Bartolache, ambos mejicanos. Lo importante era acumular nociones y conocimientos prácticos; y no sólo para comprender de una manera no tradicional la naturaleza sino también para entender de la misma manera los problemas fundamentales de la filosofía y los de la vida social y política. En estos últimos campos fue donde el matiz peninsular de la Ilustración se hizo patente: lo religioso y lo político quedaron excluidos de la controversia, y tanto el agnosticismo y el materialismo como el liberalismo político fueron objeto, solamente, de estudios subrepticios. Una real cédula de 1785 ordenaba recoger y quemar las obras de Marmontel, Raynal, Montesquieu, Maquiavelo y otros autores considerados peligrosos. Sin duda era posible hablar en términos teóricos del "mal gobierno", pero sólo si quedaba bien en claro que era el funcionamiento y no los principios del sistema lo que se criticaba. Y para hablar del clérigo avaro y sensual era necesario contraponer su figura a la del sacerdote piadoso y humanitario.

Lo que sí era libre era la crítica de las costumbres; y como la hicieron el padre Feijóo, Montesquieu o Voltaire, la hicieron muchos pensadores americanos: entre ellos, fray Servando Teresa de Mier, Esteban de Terralla y Landa, Mathias Aires Ramos da Silva de Eça y, sobre todo, el que bautizó su periódico con el nombre de *El pensador mexicano*, José Joaquín Fernández de Lizardi. Toda su obra —*Periquillo Sarniento, Don Catrín de la Fachenda*, sus relatos costumbristas— está saturada de esa atmósfera urbana, civilizada, racionalista, que imprime a su picaresca un tono tan distinto del de sus modelos españoles del siglo XVII. Toda la sociedad de una gran ciudad —la mayor ciudad colonial— se despliega para someterla a examen a la luz de la razón. En el *Periquillo*, el isleño chino que recoge y hospeda al náufrago inicia con él un largo diálogo acerca de las creencias, usos y costumbres occidentales, en el que la burla y la crítica sacude la debilidad de los prejuicios, la injusticia de las normas sociales, la inutilidad de las profesiones rutinarias, todo lo que el ilustrado polemista mejicano veía a su alrededor en la metrópoli colonial o conocía del mundo a través de libros y periódicos. Ese era el sentimiento predominante en las nuevas burguesías criollas, que se habían apropiado el espíritu de la Ilustración y habían construido, inspirada por él, una ideología interpretativa de la realidad, disidente, crítica, que desembocaba fácilmente en un proyecto de cambio.

Unas veces se deslizó ese proyecto vagamente, a través de ocasionales opiniones sobre los hechos de cada día; otras fue formulado en relación con casos individuales y concretos, en el alegato de un comerciante o en la opinión de un cabildante o de un oidor; pero unas cuantas veces adquirió forma sistemática por obra de un pensador riguroso que se atrevió a darle forma clara y metódica, sin dejar, en alguna oportunidad, de insinuar las últimas consecuencias que entreveía. Los problemas económicos y sus posibles soluciones fueron analizados en Bogotá por Antonio Nariño en su *Ensayo sobre un nuevo plan de administración en el Nuevo Reino de Granada*; en Buenos Aires trató de ellos primero un comerciante ilustrado, Manuel José de Lavardén, en las disertaciones que pronunció en la Sociedad Patriótica, luego recogidas con el nombre de *Nuevo aspecto del comercio del Río de la Plata*; y más tarde Mariano Moreno en el alegato conocido como *Representación de los hacendados y labradores*, que tradujo inmediatamente en Río de Janeiro José da Silva Lisboa agregando un prólogo en el que recogía y trasladaba a su país la argumentación del autor. También se ocupó Moreno de los problemas sociales en su *Disertación Jurídica* acerca de la condición de los indios, en la que prolongaba la argumentación del jurista de la Universidad de Charcas Victoriano de Villava, cuyo *Discurso sobre la mita de Potosí* había originado una tensa polémica; el *Diálogo entre Atahualpa y Fernando VII* —anónimo, pero verosímilmente atribuido a Bernardo Monteagudo— volvía sobre el tema, en tanto que Mariano Alejo Álvarez escribía en Charcas su *Discurso sobre las preferencias que deben tener los americanos en los empleos de América*. Profundo y enérgico, el *Memorial de agravios* del bogotano Camilo Torres argumentaba sobre lo mismo en términos políticos, mientras el *Nuevo Luciano* de Francisco Eugenio de Santa Cruz y Espejo criticaba desde Quito la situación intelectual de la colonia. Este copioso caudal de ideas fue pensado, expuesto o publicado entre 1797 y 1810, los años durante los cuales la burguesía criolla cobró conciencia de sí misma y se identificó como una clase social con una ideología. De inmediato esa ideología se transformó en un proyecto de cambio, que alentaron tanto las "Sociedades Económicas", fundadas en muchas ciudades a imitación de las peninsulares, como las publicaciones periódicas y las tertulias que reunían a los que estaban vinculados por sus intereses y sus ideas.

El proyecto de cambio fue, al principio, un proyecto reformista que se dirigía ante todo a la transformación de la economía y la sociedad. Para la mentalidad tradicional, América era un mundo minero al que bastaba asomarse para adquirir rápidamente la riqueza. La alucinación de los primeros conquistadores, deslumbrados por la masa acumulada de metales preciosos de que se hicieron poseedores, se renovó con el descubrimiento sucesivo de las vetas de Potosí y de Minas Gerais, que inundaron el mundo de oro y plata. Pero a medida que la riqueza minera fue disminuyendo y que se hizo más trabajoso alcanzarla, se fue disipando el espejismo. Por lo demás, vastas regiones latinoamericanas que no tenían esas riquezas se iban poblando y tenían que fundar su economía en otras que requerían más trabajo, más organización y más actividad comercializadora. Las doctrinas de los fisiócratas vinieron en auxilio de las regiones desdeñadas por la ausencia de los metales y a ellas se aferraron quienes se sentían comprometidos con el destino de esas regiones.

En las últimas décadas del siglo XVIII las palabras mágicas de las burguesías criollas, ilustradas y reformistas fueron agricultura y comercio. Lo que antes pareció una riqueza menor y subsidiaria, se transformó en la gran esperanza de los nuevos sectores que, desde las ciudades, querían impulsar el desarrollo de su región. Ante todo era necesario conocer la riqueza potencial, explorar la naturaleza, conocer las condiciones del suelo y del clima. Luego había que diferenciar los cultivos, eligiéndolos tanto por su adecuación al ambiente como por sus posibilidades en el mercado. Y luego había que procurar mejorarlos, dejando de lado técnicas rutinarias y ensayando otras nuevas. Los periódicos dedicados a la agricultura se empeñaban en difundir estos progresos, pero debía ser el ejemplo lo que provocara el cambio, porque, como se decía en la época, "los labradores no son hombres de leer libros". Las burguesías urbanas confiaban en que los labradores progresistas aplicarían los métodos modernos para arar la tierra, remplazando la laya por arados tirados por caballos o bueyes, y los demás los imitarían al comprobar los buenos resultados. Pero era necesario también aprender a abonar las tierras con fertilizantes artificiales, como ya lo hacían los labradores más progresistas de España, luego aprender a sembrar, abandonando la costumbre de esparcir a voleo, y a asegurar el regadío. Así se lograría diversificar y acrecentar la producción. Las burguesías criollas que pregonaban el progreso se sentían alentadas cuando contemplaban los resultados. En su bufete de Caracas, Andrés Bello exaltaba lo que el viajero contemplaba en los campos: "La Europa —escribía poco antes de la Independencia— sabe por la primera vez que en Venezuela hay algo más que cacao, cuando ve llegar cargados los bajeles de la Compañía (Guipuzcoana) de tabaco, de añil, de cueros, de dividivi, de bálsamos y otras preciosas curiosidades que ofrecía este país a la industria, a los placeres y a la medicina del Antiguo Mundo". Era el triunfo de la razón sobre la rutina.

Pero no sólo complacía a las burguesías criollas el crecimiento y la mejora de los cultivos. Le complacía también el efecto indirecto de la riqueza agrícola sobre el modo de vivir de las poblaciones, porque descubría que se cumplía su plan: crecían los núcleos urbanos, y los centros importantes, en los que había ya un importante mercado interno, se beneficiaban con la afluencia de la producción rural. Entusiasmado con el florecimiento de la agricultura en los últimos tiempos escribía Bello: "A impulsos de tan favorables circunstancias se vieron salir de la nada todas las poblaciones que adornan hoy esta privilegiada mansión de la agricultura de Venezuela. La Victoria pasó rápidamente de un mezquino pueblo formado por los indios, los misioneros y los españoles, que se dispersaron en las minas de los Teques, a la amena consistencia que tiene actualmente; Maracay, que apenas podía aspirar ahora cuarenta años a la calificación de aldea, goza hoy todas las apariencias y todas las ventajas de un pueblo agricultor, y sus inmediaciones anuncian desde muy lejos al viajero el genio activo de sus habitantes. Turmero ha debido también al cultivo del añil y a las plantaciones del tabaco del rey los aumentos que le hacen figurar entre las principales poblaciones de la gobernación de Caracas; Guacara, San Mateo, Cagua, Güigüe, y otros muchos pueblos, aun en la infancia, deben su existencia al influjo del genio agrícola protector de los valles de Aragua; y las orillas del majestuoso Lago de Valencia, que señorea esta porción del país de Venezuela, se ven animadas por una agricultura que, renovándose todos los años, provee en gran parte a la subsistencia de la capital". Era la época en que todos los gobiernos coloniales procuraban el "acopio de familias en las poblaciones" para seguridad de ellas y de la vida rural.

Las ciudades debían ofrecer a las poblaciones una vida mejor, más civilizada. Pero el entusiasmo por la urbanización crecía cuando se trataba de las grandes ciudades, porque en ellas se desarrollaba y prosperaba el comercio. Las burguesías criollas lucharon denodadamente por la libertad de comercio y soñaron con puertos colmados de navíos de todas las banderas. Cuando obtuvieron que no fueran sólo los comerciantes monopolistas los beneficiarios de la actividad mercantil, quisieron que el comercio se abriera también a los extranjeros y especialmente a los ingleses. "Debieran cubrirse de ignominia los que creen que abrir el comercio a los ingleses en estas circunstancias es un mal para la Nación y para la Provincia", escribía en Buenos Aires el ilustrado Mariano Moreno, quizá porque estaba convencido de que "ignoran seguramente los primeros principios de la Economía de los Estados". Las burguesías criollas, en cambio, los conocían bien y, convencidas de que era necesario nutrir el comercio, apoyaron no sólo el desarrollo de la agricultura sino también el de la ganadería y de las industrias; pero no se opusieron a la importación de productos manufacturados, especialmente ingleses, porque esperaban que ella multiplicara la actividad mercantil, en la que apoyaban fundamentalmente su poder económico. Era un programa reformista avanzado que concitaba la hostilidad de los sectores monopolistas. Pero las burguesías criollas empezaban a tener una idea clarísima de sus intereses, y se sentían respaldadas no sólo por la creciente presión inglesa sobre los gobiernos peninsulares sino también por la difusión que alcanzaban esos principios a través de los tratados fundamentales de los economistas y, sobre todo, de las obras de divulgación. Tal era el entusiasmo que las nuevas ideas económicas provocaban que un poeta guatemalteco, Simón Bergaño y Villegas, las puso en verso en su *Silva de economía política*.

Una adhesión no menos vehemente prestaron las burguesías criollas a las nuevas ideas sociales, educacionales y políticas. Una sociedad híbrida y en proceso de integración debía revisar las tesis ilustradas acerca de la igualdad humana y de la condición del indio y el negro. Las ideas de Villava y Moreno sobre la situación de los indígenas, aunque con antecedentes hispánicos, participaban de las tendencias humanitarias y filantrópicas propias de la Ilustración. De la misma fuente eran sus ideas acerca de los pobres y mendigos, pero esta vez la interpretación se hacía más compleja. En boca del caballero que quería proteger a Periquillo Sarniento cuando mendigaba fingiéndose ciego, ponía Fernández de Lizardi unas reflexiones transparentes acerca del problema de los pobres, especialmente urbanos. "A mí no me toca dictar proyectos económicos generales", decía, pero enunciaba una interpretación que implicaba un proyecto: "Si usted me dijere que aunque quieran trabajar, muchos no hallan en qué, le responderé que pueden darse algunos casos de estos por falta de agricultura, comercio, marina, industria, etc.; pero no son tantos como se suponen. Y si no, reparemos en la multitud de vagos que andan encontrándose en las calles tirados en ellas mismas, ebrios, arrimados a las esquinas, metidos en los trucos, pulquerías y tabernas, así hombres como mujeres; preguntemos y hallaremos que muchos de ellos tienen oficio, y otros y otras robustez y salud para servir. Dejémoslos aquí e indaguemos por la ciudad si hay artesanos que necesiten de oficiales y casas donde falten criados y criadas, y hallando que hay muchos de unos y otros menesterosos, concluiremos que la abundancia de vagos y viciosos (en cuyo número entran los falsos mendigos), no tanto debe su origen a la falta de trabajo que ellos suponen cuanto a la holgazanería con que están congeniados".

El amor al trabajo y la educación eran para los reformistas los caminos por los cuales podía redimirse el que, por su origen, no tenía fortuna, tanto más cuanto que ambas cosas eran también válidas para las gentes acomodadas. Una viva polémica apareció alrededor de los "oficios mecánicos". Para la mentalidad hidalga era preferible ser

Vagabundo, jugador,
Alcahuete y petardero

según decía en Lima Simón de Ayanque, pues

> Que lo tiene a más honor
> Que ser artesano bueno,
> Porque aun el más noble oficio
> Envilece al caballero.

Sobre este punto hacía girar Fernández de Lizardi en México toda la controversia acerca de la educación de Periquillo Sarniento. "Un hidalgo sin oficio es mejor recibido y tratado con más distinción en cualquiera parte decente que otro hidalgo sastre, batihoja, pintor", decía la madre. Y replicaba el padre, expresando el punto de vista ilustrado: "Al sastre y aun al zapatero lo estimarán más en todas partes que no al hidalgo tuno, ocioso, trapiento y petardista, que es lo que quiero que no sea mi hijo".

Educación, si era necesaria; o mejor, instrucción, esto es, aprendizaje de nociones modernas y de cosas útiles, e incorporación de principios ilustrados que sustituyeran a los prejuicios adocenados de la gente vulgar. Sólo así se podía ser un hombre útil a la sociedad y, sobre todo, un hombre superior que ocupara en ella un lugar prominente por su méritos y su virtud. Si, además, se quería ser un buen vasallo y un buen vecino de la ciudad, era menester ser progresista, pero dentro de los límites que el reformismo se imponía. Se podía exclamar, frente a los abusos de un funcionario: "¡Viva el rey y muera el mal gobierno!"; y se podía decir, frente a una discutible real orden: "Se acata pero no se cumple". Más allá de estos límites, el reformismo se transformaba en revolución.

Sin duda, el proyecto reformista llevaba implícito el proyecto revolucionario: fue una coyuntura favorable lo que empujó a las burguesías criollas a optar por el segundo. Aceptaron el desafío en algunas ciudades y desencadenaron revoluciones definidamente urbanas, con las que dieron los pasos irrevocables que las sacaron del viejo camino y las pusieron sobre el nuevo. Pero no hubo cambio ideológico sino, solamente, una extensión y acaso una radicalización de la ideología a la que hasta entonces estaban adheridas. La extensión consistió en aceptar algunas ideas más de las que contenía el haz del pensamiento ilustrado, pero que no formaban parte del matiz peninsular de esa ideología. Aceptaron las ideas políticas, algunos —los jacobinos— bajo sus formas más radicales y otros bajo sus formas moderadas, y esa aceptación y los pasos que dieron en el terreno fáctico liberaron a las burguesías criollas del ritmo parsimonioso que imponía al cambio la actitud reformista. Ahora todo podía hacerse más rápidamente, sin cortapisas, sin temor de sobrepasar los límites impuestos por la vieja estructura tradicional, pero lo que quería hacerse era lo mismo que contenía el proyecto reformista. Fueron esas mismas ideas económicas, sociales y educacionales las que inspiraron la conducta de las burguesías criollas después de las revoluciones urbanas.

Lo grave fue que esas revoluciones urbanas, aunque sólo políticas en la intención, destruyeron el armazón que sostenía el conjunto de la vieja estructura urbana y rural y dejaron en libertad a sus distintos componentes para que buscaran nuevo sitio. Era inevitable, puesto que las ciudades garantizaban todo el sistema. Entonces se vio que esa sociedad criolla que se había constituido lentamente liberaba sus fuerzas, sobrepasaba los esquemas tradicionales y comenzaba a trabajar para reordenarse, compitiendo los diversos grupos en la conquista de posiciones. Los tradicionalistas —y los que en el juego abierto, a veces feroz, se hicieron tradicionalistas— no vieron sino el fenómeno de la lucha por el poder y llamaron anarquía a la situación de crisis. Pero era mucho más que el poder lo que se disputaba: era el lugar para cada uno en la estructura económica y social. Contenida hasta entonces, aunque insinuando inequívocamente su capacidad eruptiva, la sociedad criolla explotó al quebrarse el orden político colonial y al desvanecerse definitivamente los fundamentos de la estructura tradicional.

Las burguesías criollas que desencadenaron y encabezaron los movimientos revolucionarios urbanos intentaron mantener el proyecto reformista —parsimonioso y moderado— en cuanto se relacionaba con la estructura social y económica. Pero la coyuntura revolucionaria modificó tan rápidamente la situación de la víspera que esa política chocó con fuertes resistencias. Lo que debía ser reformado, especialmente la sociedad, cambió de pronto a su manera y dejó descolocadas a las burguesías criollas. Los viejos problemas fueron sobrepasados por otros nuevos, más graves y urgentes, acaso entrevistos pero no bien medidos en cuanto a su capacidad revulsiva del orden tradicional. Fue un tremendo esfuerzo el que tuvieron que hacer las burguesías criollas para enfrentar la nueva situación. Y en ese esfuerzo los grupos se desintegraron, sus diversos sectores se reagruparon una y otra vez en insólitas combinaciones, pues había que reajustar el viejo proyecto a una realidad nueva que creaba problemas inéditos. Precisamente, el más agudo fue el de las relaciones entre el campo y la ciudad, entre las nuevas sociedades rurales y las burguesías criollas, específicamente urbanas y convencidas de su derecho a la hegemonía, en la medida en que la ciudad significaba para ellas la civilización y el mundo rural la ignorancia y la rutina primero y la barbarie después. El duelo empezó muy pronto, a partir del momento en que las burguesías criollas y urbanas convocaron a las poblaciones rurales para formar los ejércitos que defenderían la revolución, primero, y luego a cada una de las facciones que disputaban el poder. Con las armas en la mano, la nueva sociedad rural ingresó en el elenco de personajes que representaban el drama: pero su presencia no había sido prevista y quebró los esquemas de las burguesías criollas urbanas. Dada su función económica en el proceso de producción y dada su formación étnica y social, la aparición de las poblaciones rurales cuestionó el sentido mismo de las revoluciones. Para las burguesías criollas era evidente que habían sido protagonistas de una revolución política, por medio de las cuales el poder había pasado de las manos de un grupo a las de otro. Pero ellas sabían que provenían del grupo desplazado, que eran un grupo dentro de la misma clase; y aun las clases populares urbanas percibían que era eso lo que había ocurrido y se satisfacían con las perspectivas que el cambio de manos ofrecía. En cambio la aparición de las poblaciones rurales modificaba el planteo y abría el interrogante de si lo que se había producido era, más allá del designio de sus promotores, una revolución social. Era, sin duda, lo que oscuramente empezaban a sentir las poblaciones rurales convocadas a la defensa del nuevo régimen. Y fue lo que claramente percibieron las burguesías criollas, que a partir de ese momento debieron incluir ese problema entre los nuevos que no estaban previstos ni en su proyecto reformista ni en su proyecto revolucionario. Muy pronto, en cuanto se templó la euforia inicial, las respuestas empezaron a insinuarse, ajustadas a los términos de la ideología de la Ilustración. Moderados o jacobinos, los miembros de las burguesías criollas fijaron el alcance de sus pasos y decidieron restringir el proceso dentro de los términos de una revolución política. Fue la decisión de las sociedades urbanas conducidas por su nueva élite. Pero tuvieron que enfrentar una revolución social que empezó a hacerse espontáneamente, sin ideología al principio, pero a la que pronto se le ofrecería una, antiiluminista, que ya se estaba formulando en Europa: la del romanticismo, que en una de sus múltiples facetas reivindicaba la significación del pueblo y sobreponía su inspiración genuina a los rigurosos dictados de la razón. Así empezó la época que las burguesías criollas, urbanas e ilustradas, consideraron de anarquía.

El problema, imprevisto dentro de la ideología iluminista porque había sido desatado por las tensiones internas de la estructura social y económica, traía consigo otros. Uno, concreto y decisivo, se relacionaba con la fuente de la soberanía; otro, más abstracto, implicaba una decisión sobre si conservar o destruir el orden colonial. El primero fue resuelto de hecho, y quizá ya hubieran entrado en muchas mentes los principios del código napoleónico. Las burguesías criollas se aliaron a través de los cabildos, y ellos fueron los que se constituyeron en representantes del pueblo; pero tuvieron que afrontar la disidencia de quienes no se sentían representados por ellos: fueron las poblaciones rurales o, mejor, quienes aglutinaron a las poblaciones rurales y las utilizaron como fuerza de apoyo en su lucha con las burguesías urbanas o con algunas de sus facciones. El segundo no fue sino un tema de meditación a largo plazo, pero estuvo presente en muchas mentes; y aunque teórico, entrañaba algunas decisiones importantes acerca del alcance y la consumación del cambio. Pero la tumultuosa crisis social y política que siguió a las revoluciones urbanas frustró la coherencia tanto del proyecto reformista como del proyecto revolucionario, y las decisiones reflejaron esa situación.

El punto primero y fundamental de la continuación o no del orden colonial era el de la independencia política, que se combinó con el de la forma de gobierno. Hubo opciones variadas: la independencia total dentro de un sistema republicano o monárquico, y vagas formas de protectorado entre las que no estaba excluida la posibilidad de un protectorado inglés. En el fondo, cada grupo de opinión, dentro de las burguesías criollas, estableció sus preferencias según otro dilema al que reducía la cuestión, precisamente, la ideología de la ilustración. Era la elección entre orden y anarquía, entre autoritarismo y libre juego de las fuerzas sociales. Pero no todas las fuerzas sociales tenían el mismo carácter para la burguesía criolla, urbana e ilustrada. Una cosa era la "gente decente" y otra el "populacho"; y aun dentro de éste, una cosa era la plebe urbana y otra la plebe rural. La primera opción de las burguesías urbanas fue a favor de la "gente decente" y del orden; pero a medida que pasó el tiempo y las otras fuerzas sociales cobraron vigor y se canalizaron a través de ciertos grupos de la misma burguesía criolla que no rechazaron o buscaron el apoyo rural, las burguesías urbanas se dividieron en facciones que, en su lucha por el poder, se tornaron más comprensivas de la nueva realidad social.

El otro punto, no menos importante, fue el de la opción entre un régimen centralizado u otro en el que se reconociera personería política a las áreas regionales que habían comenzado a cobrar fisonomía propia. El centralismo suponía confirmar la significación de las ciudades y de sus burguesías, mantener la red urbana que concurría hacia las capitales, perpetuar un orden que ignoraba el proceso de diferenciación real que se había producido en cada área virreinal y mantenía la indiscriminación que había establecido la conquista y apenas había modificado, en el área hispánica, el régimen de intendencias. El regionalismo era su antítesis e ignoraba el principio del *uti posidetis*, afirmando pura y simplemente la realidad incontrovertible de las regiones que se habían descubierto a sí mismas y cuyos habitantes no reconocían otro ámbito que el que sentían como suyo, independientemente del armazón institucional. Y, como en el caso de la independencia y los regímenes políticos, las burguesías criollas, urbanas e ilustradas, se aferraron a la concepción centralista y se dividieron luego según los azares de la lucha de las facciones por el poder.

Fue, precisamente, la actitud pragmática de aquellos grupos que no vacilaron en buscar el apoyo de las nuevas fuerzas sociales desencadenadas después de los movimientos revolucionarios urbanos, lo que produjo la crisis de las burguesías criollas, todas originariamente urbanas e ilustradas y luego, poco a poco, diferenciadas entre los que seguían aferrados a su ideología y se negaban a reconocer la nueva realidad social, y los que, en cambio, la reconocieron y se encaramaron sobre ella, unos porque olvidaron su ideología, otros porque nunca habían estado muy convencidos de su vigencia y otros, en fin, porque aunque socialmente pertenecían a la burguesía urbana se mantenían adheridos a las concepciones preilustradas. Dividida, la burguesía criolla dejó de ser exclusivamente la élite de la nueva sociedad y cedió el paso a otra élite, criolla también pero menos atada a una ideología que a una situación: la élite patricia.

5. LAS CIUDADES PATRICIAS

Consolidada la Independencia en las primeras décadas del siglo XIX, circunstancias diversas provocaron transformaciones fundamentales en la fisonomía de las ciudades criollas. No en su aspecto físico, que cambió poco hasta las postrimerías del siglo, sino en su estructura social. Las burguesías criollas constituidas desde los últimos decenios del siglo XVIII cedieron el paso a un nuevo patriciado que se formó en las luchas por la organización de las nuevas nacionalidades, y que constituyó la clase dirigente de las ciudades, por encima de una masa abigarrada a la que se incorporaron muchas veces nuevos elementos de origen rural. Inequívocamente criollo, surgido espontáneamente de una sociedad que buscaba una nueva élite, el nuevo patriciado aceptó a su modo las responsabilidades del incierto destino que esperaba a cada una de las nuevas naciones y, a través de enconados conflictos, sus distintos grupos trazaron el boceto de lo que sería cada país. Las ciudades fueron patricias porque en ellas se desarrolló el experimento fundamental del proceso constitutivo de cada país y en su ámbito se consolidó la nueva clase directora, con sus peculiares maneras de vivir y pensar.

La Independencia había creado de hecho las nuevas nacionalidades; pero al identificarlas les había propuesto el arduo problema de esbozar urgentemente su personalidad peculiar y diseñar el itinerario posible de su marcha futura. Mas, como la Independencia había desatado los lazos que sujetaban la sociedad criolla, quedó planteado al mismo tiempo el problema de cuáles eran los grupos a quienes les correspondía esa misión. Las burguesías criollas, atadas a sus viejos esquemas iluministas e indecisas ante la nueva sociedad que emergía, se trasmutaron en contacto con los nuevos grupos de poder que aparecieron; y de éstos y aquéllas surgió el nuevo patriciado, entre urbano y rural, entre iluminista y romántico, entre progresista y conservador. A él le correspondió la tarea de dirigir el encauzamiento de la nueva sociedad dentro de los nuevos e inciertos estados, y en rigor fue en el ejercicio de esa tarea como se constituyó. No era un grupo preexistente, ni fue desde el principio homogéneo. Los intereses encontrados, las ideologías en pugna y las alternativas de un proceso social muy confuso desdibujaron reiteradamente los proyectos que, una y otra vez, esbozaban los diversos subgrupos que aspiraban a la hegemonía. A la Independencia siguió en casi todas partes un prolongado período de conflictos que desembocaron generalmente en largas y cruentas guerras civiles. Había emergido la sociedad criolla, y la aparición de nuevos grupos sociales antes inoperantes provocó un desborde de los marcos que hasta entonces ordenaban la sociedad. Sólo un proyecto para el futuro estaba firme: el de las burguesías criollas promotoras de la Independencia. Pero el supuesto de ese proyecto era una sociedad que había sido desbordada y se transformaba rápidamente, y por eso quedó invalidado, al menos temporariamente. Era necesario encontrar otras opciones, acaso menos definidas, pero más adecuadas a la nueva situación.

En la busca de esas opciones, en el juego de azar de imponer una, se constituyó el nuevo patriciado. Algunos de sus grupos mostraron alguna lucidez intelectual, pero los más obraron espontáneamente, movidos por sus intereses inmediatos, económicos o políticos, sin preocuparse por la coherencia de sus actos, ni por su legitimidad, ni por sus implicaciones ideológicas. En rigor era la acción lo que importaba a quienes emergían desde su posición de marginalidad, porque de la acción afortunada esperaban el poder, y con él una posición ventajosa para muchos cuando llegara el momento de negociar los términos de un nuevo orden: un orden que sólo unos pocos procuraban prever metódicamente, con arreglo a definidos principios políticos, sociales y económicos, en tanto que los más lo esperaban simplemente como fruto del ajuste fáctico de las situaciones reales. La disputa fue constante y las ciudades fueron muchas veces ágoras agitadas donde a la discusión de las ideas seguía el motín cuartelero o la movilización popular. Legislaturas y congresos reunían a los actores del drama, aunque quizá los protagonistas se congregaran en los cuarteles. Los periódicos agitaban las ideas y en las tertulias se entremezclaba la glosa doctrinaria y el rumor intencionado sobre el juego de los personajes. Y no pocas veces hubo combates en las calles, con muertos que vengar, cuya memoria exacerbaba las pasiones y los odios facciosos.

Hubo, al promediar el siglo XIX, un apaciguamiento de las tensiones, precisamente porque se entrevieron en muchas partes los términos del ajuste de las situaciones reales. Cada grupo, cada sector, cada región había puesto al desnudo no sólo sus tendencias sino también su capacidad para imponerlas a los demás. Así comenzó un deslizamiento desde la anarquía hacia algún tipo de organización fundada a veces en la fuerza hegemónica de alguno de los grupos y otras en la actitud transaccional que surgía tras largos enfrentamientos. La misma inestabilidad social prestaba un valor mágico a las constituciones sancionadas de manera solemne; pero lo que parecía el fin de un conflicto fue a veces el comienzo de otro. Se luchó por las constituciones con ensañamiento, y la prenda de la victoria fue a veces imponer una de ellas. Pero hacia 1880 las nuevas generaciones patricias —hijos o nietos de los fundadores de la nacionalidad— habían consumado su arraigo económico, deslindado sus intereses y adecuado sus objetivos a sus posibilidades. La actitud transaccional se acentuó, y unas veces desembocó en un orden constitucional de amplio consenso entre los grupos de poder y otras en el establecimiento de un poder personal fuerte, más fuerte que la constitución misma.

Ciertamente, el largo proceso local que en cada país se desarrolló desde la Independencia hasta 1880 —términos aproximados del tiempo de las ciudades patricias— se vio inscripto en el cuadro de los grandes cambios económicos que sufrieron por entonces Europa y los Estados Unidos. La revolución industrial desencadenada en Inglaterra se había extendido por otros países, y la presión económica fue cada vez más fuerte sobre Latinoamérica. Hubo presión sobre los mercados a través de financistas que negociaban empréstitos y de comerciantes que vendían productos manufacturados y compraban materias primas, pero no faltó la presión militar y política. Las grandes potencias se creyeron autorizadas a conseguir mercados por la fuerza, y unas veces bloqueaban los puertos —como en Valparaíso, El Callao o en el Río de la Plata—, otras azuzaban guerras —como la del Brasil, la del Paraguay o la del Pacífico— y otras, en fin, imponían regímenes extraños como en la alocada aventura imperial de Maximiliano en México. Hasta un extraño aventurero norteamericano —William Walker— creyó que podía impunemente apoderarse del poder en América Central.

El campo recibió los impactos del cambio industrial, y se vio aparecer la fuerza del vapor aplicada a los viejos ingenios azucareros. Luego se vieron los barcos de vapor y comenzaron a tenderse ferrocarriles. Pero la producción afluía a las ciudades, y fue en ellas, ya alumbradas a gas, donde se notó una creciente actividad, sobre todo después de promediar el siglo. El comercio de importación y exportación y los bancos extranjeros impulsaron la vida urbana: poco a poco los descendientes del viejo patriciado, establecidos en ciudades que querían imitar a las de Europa, descubrieron que la mejor opción para los nuevos países era adscribirse al desarrollo de las grandes potencias industriales.

1. LA CIUDAD Y EL CAMPO

La Independencia desató los lazos que sujetaban la sociedad criolla, y tanto las guerras de la emancipación como las guerras civiles ofrecieron la ocasión favorable para que sus diversos grupos irrumpieran en el escenario de la vida social afirmando su personalidad, sus tendencias y sus expectativas. Frente a las burguesías criollas se insinuó algunas veces la plebe urbana; pero lo que alteró sustancialmente el cuadro fue la aparición de aquella sociedad rural que había asomado a fines del siglo XVIII y que, de pronto, encontró una misión en las circunstancias posrevolucionarias y, con ella, perspectivas antes no sospechadas. Nunca convocada antes, se vio solicitada para participar en la lucha por el poder y las ideologías, y respondió acudiendo al llamado y reclamando el papel que su fuerza parecía justificar.

En el origen, Latinoamérica había sido un mundo de ciudades. Pero el campo emergió de pronto y anegó esas islas. El campo era el hogar más entrañable de la sociedad criolla y fue el foco del criollismo. La sociedad rural puso sobre el tablero su carta, y reveló que en su seno no sólo se producía la riqueza que aseguraba la supervivencia de todos sino que también se amalgamaba esa población arraigada que podía hacer de cada ámbito colonial una nación independiente y de fisonomía definida. El campo afirmaba su papel de matriz de la nueva nación cuando volcaba sobre los campos de batalla y sobre las amedrentadas ciudades sus multitudes bravías de a caballo, encabezadas por los improvisados jefes que parecían ignorar lo que querían. Pero esa ignorancia era una ilusión de los grupos ilustrados urbanos. Como los hombres que los seguían, los hacendados que se proclamaban coroneles o generales trasmitían una vaga ideología que el campo afirmaba también: el criollismo, una imprecisa filosofía de la vida que hundía sus raíces en una ya secular experiencia cotidiana y que por eso tenía más fuerza emocional que doctrinaria. Era una ideología espontánea, cuyos términos comenzaron a hacerse precisos cuando se enfrentó con la ideología de las ciudades y se desplegó afirmando una manera de vivir y un reducido conjunto de ideas y de normas acuñadas en la experiencia. Como ideología espontánea, el criollismo amalgamó una forma de vida y una forma de mentalidad, sin discriminar esta última con demasiada claridad. Por eso no se opuso a una sola de las ideologías que predominaban en las ciudades, sino a todas juntas, como ideología antiurbana, aunque mostrara más afinidad con aquellas actitudes que importaban cierta adhesión a las formas tradicionales de vivir y pensar. Hogar del criollismo, el campo asedió a las ciudades primero con una fuerza ciega que pareció arrolladora y luego cada vez con más mansedumbre hasta que se vio envuelto en la compleja red de los problemas de ese otro mundo —también real— en el que las ciudades estaban insertas y que habían aprendido a conocer a fuerza de estudiar el intrincado revés de la trama del mundo mercantil.

Como expresión de un sistema económico, o mejor, de un sistema productivo que veía en las ciudades el sinuoso mecanismo de la intermediación, la sociedad rural irrumpió como un factor de poder. Pero pronto se vio que su objetivo no era aniquilar a las ciudades sino apoderarse de ellas, quizá esperando que se sometieran a sus dictados. Ciertamente, fue así en parte. Las ciudades se ruralizaron en alguna medida, pero sólo en su apariencia, en las costumbres y las normas, en la declarada adhesión a ciertos hábitos vernáculos. En el fondo, la sociedad rural fue reducida poco a poco, otra vez, a los esquemas urbanos. Hasta las costumbres y las normas volvieron a ser urbanas al cabo de poco tiempo, fuera Páez o Rosas el que dominara la ciudad. Y entretanto la sociedad rural —la productora de riqueza— ajustó sus mecanismos otra vez al complejo sistema intermediario que manejaban sabiamente las ciudades, y sólo manifestó su influencia y su poder incorporándose a él y compartiendo la dirección con los avezados grupos que, tras inclinarse ante el poder rural, recuperaban lentamente sus posiciones seduciendo a sus temporales vencedores, o acaso, simplemente, introduciéndolos en el manejo de sus complejos mecanismos. De todos modos, después de la Independencia las ciudades dejaron de ser el centro exclusivo de las decisiones económicas y políticas. Siguieron siendo, ciertamente, los núcleos sociales más organizados, y por eso recuperaron poco a poco su poder aunque tuvieran que remplazar sus viejas élites por otras más aptas para una transacción con la sociedad rural. El campo se transformó, a su vez, en un centro de decisiones, y las ciudades debieron aceptar esa bipolaridad. Pero sólo excepcionalmente las decisiones de la sociedad rural fueron ciegas. Aceptó, a su vez, el papel de las ciudades y quiso controlarlas, para controlar de ese modo a quienes la controlaban a ella. En la práctica, la élite rural se urbanizó tanto o más de lo que se ruralizaron las ciudades, y al cabo de poco tiempo se integró a su sociedad y a su juego. "Los santiagueños —escribía Vicente Pérez Rosales hablando de la capital chilena— son siempre los apuntadores y los directores de escena en el drama tragicómico de nuestra vida pública". Pero los santiagueños, como todas las sociedades urbanas de esta época, habían cambiado de fisonomía. Seguían mandando en su región y en todo el país; pero intrínsecamente, como grupo social, estaban integrados de tal suerte que su representatividad era mayor que la de las antiguas burguesías criollas: algo de la sociedad rural había logrado traspasarlos.

Cambiaron las ciudades, pero también cambió el ámbito campesino. La Independencia no modificó, por cierto, el sistema productivo. Subsistió el tipo de propiedad o de simple posesión como en los tiempos coloniales y se mantuvo durante varias décadas el sistema del mayorazgo. Y sin duda subsistieron los sistemas tradicionales de reclutamiento de mano de obra y las técnicas de producción. Muchas haciendas quedaron en manos de las mismas familias, como aquélla llamada "Cañada Seca" que describía Guillermo Enrique Hudson en *Allá lejos y hace tiempo*, pero otras cambiaron de mano en las vicisitudes de la revolución y las guerras civiles. Aparecieron extranjeros que explotaron tenazmente la tierra, como el alemán que Pal Rosti encontró en "El Palmar" en 1857, produciendo café en el valle venezolano de Aragua, o los norteamericanos que explotaban ingenios en las islas del Caribe, o aquellos ingleses que Hudson recuerda entre sus vecinos de la pampa argentina. Pero sobre todo aparecieron nuevos propietarios o arrendatarios en las viejas haciendas, muchos de ellos validos de su poder y su influencia, porque nada era tan fácil para quien ejercía el poder —nacional o local— como arruinar a un hacendado y obligarlo a dejar vacante su tierra o su ganado. Por esa vía se constituyeron muchos nuevos ricos campesinos, que pudieron robustecer y acrecentar su poder gracias a su nueva riqueza y a los hombres que podía movilizar. En las viejas haciendas se seguía trabajando como siempre, y todas las que describió en su libro *La vida en México* la marquesa de Calderón de la Barca se parecen en lo fundamental a aquéllas que evocaron Jorge Isaacs o Guillermo Enrique Hudson, o a las *fazendas* brasileñas tradicionales. Pero poco a poco las cosas comenzaron a cambiar. Sin duda varió la actitud de los hacendados. Como en el caso de Mauá y de los plantadores paulistanos de café, la mentalidad del tradicional *fazendeiro* o del hacendado empezó a impregnarse de las tendencias del hombre de empresa. El productor comprendió que no debía perder de vista los mecanismos de la exportación, porque en ella radicaban las nuevas posibilidades que le ofrecía el mercado internacional, estimulado por el desarrollo industrial de Europa y los Estados Unidos. Pero también comprendió que tenía que aceptar e incorporar las innovaciones técnicas que por entonces deslumbraban al mundo, sobre todo por el peligro que significaba para su explotación la crisis cada vez más amenazadora de la mano de obra. En las primeras décadas del siglo empezaron los productores más progresistas a introducir máquinas de vapor, especialmente en los ingenios azucareros de Cuba; y a medida que la experiencia creció y se superó la polémica acerca de los beneficios o inconvenientes de la máquina, su uso se generalizó a otras regiones y a otros sectores de la producción. Otros refinamientos técnicos comenzaron a introducirse también, de acuerdo con modelos extranjeros.

Nuevas técnicas agrícolas, pecuarias y mineras fueron las respuestas al llamado internacional a la exportación. Los mercados extranjeros requerían más productos pero exigían calidad, y los productores más atentos se esforzaron, sobre todo después de promediar el siglo, por mejorar su producción. Los ganaderos trataron de refinar sus ganados mestizándolos con reproductores ingleses o franceses, los plantadores comenzaron a vigilar sus cultivos eliminando plagas, mejorando el regadío e introduciendo variedades nuevas para obtener un producto capaz de competir en el mercado internacional: todo en pequeña escala en un principio, pero cada vez más a medida que transcurría la segunda mitad del siglo xix y se creaban condiciones de cierta estabilidad.

Algunos productos merecieron particular preocupación porque abrieron nuevas posibilidades para la exportación. Las lanas ofrecían vastas posibilidades a la Argentina, pero empezaba a preverse la posibilidad de vender carne fresca en Europa si se lograba mejorar su calidad gracias a la cruza que acababa de iniciarse. La demanda era grande, y en relación con las escasas posibilidades europeas de satisfacerla, adquirió valor para el Perú su disponibilidad de abono natural. "Las desiertas islas de Chincha —escribía en 1882 el peruano Luis Esteves historiando el proceso económico peruano de las últimas décadas— resultan un depósito fecundo de ázoe: la tierra envejecida de la Europa condenada ya a la esterilidad, recibe con este abono nuevos jugos vitales: la Inglaterra de Malthus «cuya población aumenta en mayor proporción que los medios de subsistencia» encuentra en el guano el medio de abaratar el pan y de producir carne. ¿Cuánto no debieron congratularse todas las naciones del mundo de semejante hallazgo, y cuál no debió ser risueño el porvenir del Perú?". Se congratularon, ciertamente, hasta el punto de que España envió, en 1863, una escuadra para apoderarse de las islas, aunque no pudiera lograrlo. El guano fue durante algún tiempo el principal producto de exportación del Perú. Entretanto, otro abono, el salitre, parecía prometer ingentes ganancias a causa de la demanda europea. Lo disputaron Perú y Chile, y tras la guerra del Pacífico, en 1879, fue este último el que quedó en poder de las salitreras de Tarapacá. Metales industriales fueron buscados afanosamente en muchas regiones, y algunos comenzaron a venderse con ventaja. Y el café del estado brasileño de San Pablo, que a mediados del siglo era ya el primer producto de exportación, continuó cultivándose cada vez más intensamente sobre todo a partir del momento en que la hacienda cafetera adquirió, hacia 1870, los caracteres de una explotación industrial.

Como antes los productores de azúcar de Cuba, fueron precisamente los nuevos productores de café los hacendados que más claramente pusieron de manifiesto cierto cambio de mentalidad que se impondría más tarde en casi todas partes y en casi todos los sectores de la economía. Conocedores del mercado mundial, sabían que no bastaba manejar correctamente el proceso de producción sino que era también imprescindible controlar los mecanismos comerciales, puesto que producían fundamentalmente para la exportación. Pero durante largas décadas después de la Independencia siguió predominando el tipo del hacendado y del minero tradicional y rutinario en el ejercicio de sus tareas. Otras preocupaciones lo movían: su existencia de patriarcas, —como la de aquel don Joaquín Gómez de quien la marquesa de Calderón de la Barca decía que era "el monarca de cuanto su vista alcanza"— y, sobre todo, la influencia que podían ejercer transformada a veces en poder militar y político. Algunas veces residían en las ciudades, en las que, en todo caso, tenían casa puesta; pero generalmente habitaban sus tierras, en las que vivían a su modo y según sus principios, en estrecho contacto con las tareas rurales y vigilantes de la nueva marcha de la producción. Primitivos, algunos, en sus gustos, se conformaban con las viejas casonas heredadas, algunas veces en ruinas; pero no faltaba el que, como el señor Lavalle cuyo ingenio azucarero visitó Flora Tristán en el Perú en 1834, "había hecho construir para sí una de las casas más elegantes. No ha economizado nada para su solidez y embellecimiento. Ese palacete manufacturero está amoblado con una gran riqueza y con el mejor gusto: alfombras inglesas, muebles, relojes y candelabros de Francia; grabados y curiosidades de la China; en fin, todo lo que puede contribuir a la comodidad de la existencia se ve allí reunido".

Fue en ese mismo ingenio, cerca de Lima, donde el hacendado dijo a su visitante: "Señorita, usted habla de los negros como persona que no los conoce sino por los discursos hermosos de sus filántropos de tribuna; pero es, desgraciadamente, demasiado cierto que no se les puede hacer marchar sino con látigo". Se refería a los esclavos que constituían la mano de obra de su establecimiento, unos cuatrocientos varones más sus mujeres e hijos. En otras regiones —México, por ejemplo— la mano de obra era indígena o mestiza, y no faltaban los establecimientos, especialmente ganaderos, donde se encontraban criollos de a caballo con algunas gotas de sangre india algunas veces. En las plantaciones la disciplina era severa y los castigos a veces crueles: se marcaba a fuego a los esclavos, que se vengaban abortando sus mujeres y ahorrando esfuerzos los varones. Más sumisos, los indios soportaban pacientemente su condición. Sólo los peones ganaderos conservaban cierta independencia, que no declinaban sino ante el respeto que merecían el valor y las habilidades camperas del patrón. Éste, a su vez, respetaba a sus hombres sin perjuicio de ejercer una autoridad despótica. El capitán inglés Andrews ofreció una vez un cigarrillo a un gaucho; y luego escribió en sus apuntes: "Pero aunque sea dado a un peón de campo, debe serlo con un aire caballeresco de estilo español, para que no pierda la mitad de su valor". Cosa curiosa, Darwin escribiría poco después en su *Viaje de un naturalista*: "Si un gaucho os corta el cuello, lo haría como un caballero".

Pocos hombres necesitaba la hacienda ganadera, en la que gauchos, vaqueros, huasos, morochucos o llaneros manejaban con sorprendente destreza de caballistas, nutridos hatos de ganado; y nunca faltaron hombres para el trabajo, contando los que estaban afincados en una estancia y los que vagaban por los campos y se ofrecían ocasionalmente. En cambio, en las plantaciones, como en las minas, el problema de la mano de obra se fue haciendo cada vez más grave. El precio de los negros esclavos subía a medida que su número disminuía, no sólo por la progresiva retracción de la trata sino también por las epidemias, la escasa fertilidad de las esclavas y la mortalidad infantil. Además crecía el número de manumitidos, que no siempre permanecían en sus antiguos establecimientos; y más empeoraron las condiciones de las haciendas cuando en los distintos países se sancionó definitivamente la abolición de la esclavitud: México en 1829 y luego sucesivamente en otros hasta Brasil, en 1888. Entretanto se había suprimido en casi todas partes el tributo personal de los indios. Fue menester, pues, que las haciendas se reorganizaran sobre la base de la mano de obra libre.

Por lo demás, diversas circunstancias prestaron a esa plebe rural oportunidades para que modificara su suerte. Fueron las guerras, sobre todo, las que abrieron un camino para su integración, puesto que los adalides la convocaron a la lucha, sin distingo de castas. Algunos proclamaban la necesidad de una ruptura inmediata y profunda del orden establecido: "¡La anarquía! —gritaba excitado en Caracas Coto Paúl en 1811—. Esa es la libertad, cuando para huir de la tiranía, desata el cinto y desanuda la cabellera ondosa. ¡La anarquía! Cuando los dioses de los débiles, la desconfianza y el pavor, la maldicen, yo caigo de rodillas a su presencia. Señores: que la anarquía, con la antorcha de las furias en la mano, nos guíe al Congreso, para que su humo embriague a los facciosos del orden, y la sigan por calles y plazas, gritando ¡libertad! Para reanimar el "mar muerto" del Congreso, estamos aquí, estamos aquí en la alta montaña de la santa demagogia. Cuando ésta haya destruido lo presente, y espectros sangrientos hayan venido por nosotros, sobre el campo que haya labrado la guerra, se alzará la libertad". Negros, mulatos, indios y mestizos acudieron al llamado y formaron en los ejércitos de la Independencia, y San Martín pudo decir de los primeros que eran los mejores soldados de su ejército. Pero fueron las guerras civiles las que dieron mayores oportunidades de integración y ascenso a las gentes de la plebe rural. No sólo las convocaron para grandes empresas los jefes que desempeñaron un papel importante en la política como los que llevaron las montoneras a Buenos Aires en 1820, o a México en 1855, o a Lima en 1865; cada hacendado tuvo alguna vez necesidad de intervenir en alguna contienda con su ejército de peones, y en la lucha se destacaron algunos que no volvieron a su humilde condición originaria. Una conciencia de que ellos eran "el pueblo en armas" se fue generalizando, y ese sentimiento conformó una democracia elemental que, lentamente, buscaría más tarde su expresión política. Hasta hubo, sin duda, algún hacendado que alcanzó a descubrir en su esclavo un ser humano, como aquél que evocaba la remota historia afroamericana de Feliciana en la novela de Jorge Isaacs.

Aquel ejército de peones, comandado por un lugarteniente del patrón o por el patrón mismo, podía no estar enfrentado con otro semejante en disputas políticas. Una situación de hecho —la casi permanente crisis de poder— obligaba a cada hacendado a organizar su propia defensa. El bandidaje fue una expresión más, y acaso la más importante, de la explosión de la plebe rural y de la crisis del sistema tradicional después de la Independencia. Los caminos se llenaron de bandidos que saqueaban a los viajeros y que no vacilaban en asaltar las haciendas. Cuando aparecían, nadie sabían quienes eran, porque no era raro que se confundieran con las partidas de los ejércitos irregulares que combatían en la guerra civil. Bandidos y soldados eran dos caras de la misma moneda. Quizá alguna prenda de reglamento podía identificar a los últimos: un quepis o un sable; pero nadie podía dar crédito a esa endeble credencial, frente al testimonio irrecusable de la ocupación de la casa, el arreo de los animales, el robo de las ricas vajillas. Cosa semejante hacían los bandidos, acaso menos respetuosos de la vida humana. Pero el hacendado los reconocía por su manera de actuar, y acaso porque sabía quienes eran los miembros de la banda. Para responder al ataque armaba a sus hombres y convertía su casa en fortaleza. Y sabiendo que no podía esperar nada de la ley, recibía a tiros a sus agresores. Más grave era el problema de los caminos. Malos de por sí, se hacían más peligrosos aún en los tramos sinuosos, en las sierras o en las zonas boscosas. Los bandidos se ocultaban sigilosamente y esperaban el paso de la diligencia, de las carretas o de los jinetes; y validos de la sorpresa se apoderaban de cuanto llevaban los viajeros y mataban sin compasión al que resistía. Para estas circunstancias el hacendado contaba con su propia partida armada hasta los dientes y bien montada. Al frente, un caporal o mayordomo ejercitaba los rudimentos de una táctica que habían aprendido en el ejército o en la experiencia de muchos entreveros. Y cuando el lance se producía, las dos partidas —los bandidos y los peones— dirimían con suerte varia el enfrentamiento entre la sociedad establecida y la sociedad rebelde.

La marquesa de Calderón de la Barca —una escocesa casada con el ministro plenipotenciario de España en México, que residió en el país entre 1840 y 1841— ofrecía una explicación simplista del bandidaje: "Esta pestilencia de los ladrones, que infesta a la república, nunca ha podido ser extirpada. Son, de hecho, el fruto de la guerra civil. Algunas veces, bajo la capa de los insurgentes, y tomando una parte activa en la Independencia, han asolado *independientemente* el país, robando a cuantos se encontraron en su camino. Con el pretexto de expulsar a los españoles, estas partidas armadas, invadiendo los caminos entre Veracruz y la capital, han arruinado a todo el comercio, y haciendo caso omiso de opiniones políticas, propagaron por todas partes el robo y el asesinato. En 1824 se envió una ley al congreso, en virtud de la cual todas las cuadrillas armadas de ladrones deberían ser juzgadas militarmente, a fin de acortar los procedimientos, pues la mayoría de los bandidos encontraban alguna coyuntura para escaparse de las cárceles mientras estaba pendiente su juicio, y muchos fueron encarcelados cuatro y cinco veces por el mismo delito y nunca fueron llevados ante la justicia. En esa ley quedaban incluidos tanto los ladrones de profesión como aquellas partidas de insurgentes que no eran más que aficionados extemporáneos. Pero cualesquiera que hayan sido las medidas tomadas en diferentes épocas para extirpar esta calamidad, sus causas permanecen, y tanto los vagos y los carentes de principios han de aprovecharse de continuo del estado de desorganización en que se encuentra el país para obtener por la fuerza lo que deberían ganar con el trabajo honrado."

"Vagos y carentes de principios", o como se dijo en otras partes, "vagos y malentretenidos", eran, en rigor, los que escapaban como podían de la sujeción que había soportado largo tiempo la plebe rural. Las guerras y la anarquía les ofrecieron la ocasión, y mientras sus patrones buscaban el poder, los peones de a caballo buscaron su sustento y acaso su riqueza mediante el crimen y el robo. Lo importante era salir de la hacienda, de la dependencia, y gozar de la libertad salvaje de la tierra sin amo y de la riqueza fácil que remedaba la de los señores.

Quizá fue en México donde el fenómeno del bandolerismo se prolongó más y tuvo más intensidad. Pero no duró poco en otras partes. En el Perú, cerca de Lima, hacían estragos los bandoleros de Piedras Gordas y de la Tallada de Lurín. En Colombia azotaban la sabana desde Cota, donde se hizo célebre Juan Rojas y Rodríguez. En Chile los ladrones amenazaban la misma capital poco después de la Independencia desde Portezuela de Colina, La Dormida y otros lugares que señala Pérez Rosales; y el mismo recuerda que en 1847 dominaban los Cerrillos de Teno aquellos ladrones "pela-caras" que tenían su morada en los bosques de Chimbarongo. Contra ellos peleó Pérez Rosales. "Fueron los más acaudalados propietarios del lugar —dice en *Recuerdos del pasado*— mis activos inspectores; armáronse los inquilinos, y, capitaneados éstos por sus respectivos patrones, en todas partes se persiguió al bandido..."

Pero en México duró más tiempo la guerra civil y la anarquía, y más tiempo, en consecuencia, el bandolerismo. A la misma época de las inquietantes experiencias de la marquesa de Calderón de la Barca corresponden, aproximadamente, las descripciones de Manuel Payno en *Los bandidos de Río Frío*; y de los azarosos años de Juárez —entre 1861 y 1863— es *El Zarco*, de Ignacio Manuel Altamirano, acabado retrato de un bandido lanzado a la acción por su temperamento, según dice el autor. Acaso si el personaje fuera real se descubriría qué otras profundas motivaciones movieron su acción. Pero Altamirano creó el símbolo y reveló, por cierto, muchos entretelones del bandidaje, entre los que no pueden olvidarse los que se relacionan con la protección o complicidad de que gozaban los bandidos en los grupos más influyentes. Un campesino indignado armó la partida que consiguió apresarlo y darle muerte.

Quizás eran los mismos los que se unían a las bandas que asaltaban en los caminos y los que se incorporaban a los ejércitos revolucionarios de cualquiera de las revoluciones, liberales o conservadoras, que se sucedieron por todas partes durante esos años. A veces formaban estos últimos en el ejército regular; pero muchas veces formaron guerrillas irregulares, las montoneras, cuya acción solía participar de los caracteres de la guerra y del bandolerismo. Era el resultado de la explosión social de la plebe rural. Pero no de toda ella. La que encontró esta salida fue, sobre todo, la gente de a caballo, la de las pampas rioplatenses o peruanas, la de los llanos venezolanos, la de los estados mejicanos de Veracruz, Morelos o Guerrero, la del estado brasileño de Río Grande del Sur o la de los valles chilenos. El caballo era en esas regiones una necesidad pero fue también un lujo y un deporte. Se lo criaba con esmero. Mil yeguas de vientre tenía en su estancia "La Tapera" aquel don Gregorio Gándara que recordaba Guillermo Enrique Hudson a mediados del siglo, cuando evocaba la pampa argentina. "Desde el más pobre hasta el más poderoso gaucho propietario de tierras y ganado —agregaba— tiene, o tenía en aquella época, el capricho de que sus caballos de silla fueran de un solo pelo". Pero aun el que no podía darse ese lujo tenía su tropilla para moverse en la llanura, para conchabarse temporariamente en una hacienda para un rodeo o un arreo, y para mantener su condición de hombre libre. En enjaezar su caballo gastaba el caballista todo lo que tenía, porque no se consideraba satisfecho hasta tener sus aperos de plata. Y no sólo el caballo le aseguraba su libertad: también su cuchillo y, sobre todo, su decisión de defenderla a cada paso con una valentía que era, a veces, provocativa y arrogante. Así, provocativo y arrogante, era el "lacho guapetón"; "tipo puramente chileno y casi olvidado en el día —recordaba Pérez Rosales hacia 1880—, era entonces la viva encarnación del caballero andante de los siglos medios, con poncho y con botas arrieras, tanto por su modo de vivir cuanto por sus gustos y sus tendencias. Como él, buscaba aventuras; como él, buscaba guapos a quienes vencer, entuertos que enderezar, derechos que entortar y doncellas a quienes agradar, unas veces con comedimientos y otras veces sin ellos, pues los hubo descomedidos y follones además. Así como el caballero andante no perdonaba torneo donde pudiese lucir su gallardía y el poder irresistible de su lanza, primero faltaría el sol que faltar el «lacho guapetón» en las trillas, en los rodeos, en las corridas de caballos y en cuantos lugares hubiesen muchachas que enamorar, chicha que beber, tonadas que oír, cogollos que obsequiar, generosidad y garbo que lucir, y pechadas y machetazos que dar y recibir, aunque no fuese por otro motivo que por haber rehusado beber en el mismo vaso". Rasgos semejantes tenían el gaucho argentino y el charro mejicano; pero al lado de tan caracterizados personajes vivía una inmensa mayoría de mansos trabajadores ocupados en las rutinarias y cotidianas tareas campesinas.

La irrupción rural signó, durante algunas décadas, el destino y la fisonomía de las ciudades. Centros de poder y nudos de la actividad comercial y financiera, constituyeron el objetivo de todos los que pretendieron imponer su autoridad sobre la inquieta sociedad de los nuevos países que surgían de la Independencia. Sobre todo, las capitales atraían a los grupos en pugna. El régimen colonial había hecho de ellas la sede del poder político y de la administración pública, y ningún movimiento insurgente podía considerarse consumado hasta que lograra su ocupación. Desde ella, desde el "palacio", podían manejarse todos los hilos de la vida pública, y en ella se obtenía una investidura que robustecía decisivamente el ejercicio de la autoridad.

Las capitales, y en menor medida todos los centros urbanos, cada uno a su escala, seguían siendo, por lo demás, los focos de la vida económica. El comercio era la actividad fundamental de las ciudades, de mayor o menor intensidad según su radio de acción, y por eso tuvieron tanta repercusión las quiebras millonarias de fuertes casas, como la de Judas Tadeo Landínez en Bogotá en 1841 o la del Vizconde de Mauá, primero en Montevideo en 1869 y luego en Río de Janeiro en 1875. Las ciudades atendían unas veces solamente a su mercado interno y otras eran, por diversas razones, o centros regionales o centros nacionales de distribución. Estos últimos controlaban el sector más importante y más retributivo: el comercio de exportación e importación, que desde la Independencia había cobrado mayor intensidad. Mercaderías de origen inglés, francés o alemán llegaban a los puertos; y después de atravesar las diversas aduanas —exteriores e interiores, estas últimas numerosas en algunas rutas— alcanzaban los centros urbanos. La venta de ciertos productos seguía sometida a la organización del estanco; otros eran de venta libre y, una vez recibidos por los mayoristas, se distribuían en los mercados, tiendas y tendejones a los que acudían los compradores. También pasaban por las aduanas interiores los productos nacionales que iban del campo a las ciudades; y tanto las mercaderías extranjeras como las locales solían ver aumentado su precio por las dificultades del transporte y los riesgos derivados del constante estado de inseguridad.

Una creciente demanda aumentó el volumen de las importaciones. Las clases acomodadas apetecían los más variados productos franceses e ingleses: muebles, alfombras y vajillas, telas, encajes, adornos y prendas de vestir, vinos, aceites y dulces. La obsesión de estar al día con la moda europea promovía una importante corriente comercial, pero la necesidad de obtener instrumentos, herramientas y máquinas fue haciéndose cada vez más importante. Las maquinas de vapor, originariamente aplicadas a los ingenios y luego poco a poco a otros usos, como las que la Compañía Inglesa instaló en las minas de Real del Monte, en México, obligaron a fuertes inversiones: pero la adquisición de barcos a vapor y, sobre todo, el tendido de las líneas férreas —a partir de 1851, en que se construyó la primera en Perú—, con la correspondiente importación de rieles, locomotoras y vagones, hizo aún mayor el monto de las obligaciones financieras con el exterior, las que se acrecentaron más todavía al generalizarse el uso del gas de alumbrado a partir de la década de 1850. Fueron todas esas necesidades, suscitadas por la penetración del mundo industrial, las que acentuaron la demanda de capitales. Importantes empréstitos fueron gestionados y obtenidos desde la época de los primeros gobiernos independientes, pero las exigencias de la modernización intensificaron más tarde la necesidad de capitales, al tiempo que la estabilización que se fue logrando después de promediar el siglo estimulaba a las grandes potencias a ofrecerlos.

Los instrumentos de la acción financiera fueron los bancos. Fracasaron los primeros que establecieron los gobiernos independientes, golpeados duramente por la inestabilidad política y los desajustes económicos. Pero a partir de mediados del siglo se constituyeron otros por obra de financistas privados que lograron reunir la masa de capital suficiente para iniciar sus operaciones, como Edwards en Valparaíso, Ossa en Santiago de Chile o Mauá en Río de Janeiro, este último con proyecciones hacia las capitales rioplatenses. Pero la organización bancaria sólo prosperó vigorosamente a partir del establecimiento de filiales de grandes bancos extranjeros. En 1862 se fundó en Río de Janeiro el Banco de Londres y Brasil; en 1863, el Banco de Londres y Río de la Plata en Buenos Aires, y en 1864, el Bank of London and South America en México. Otros aparecieron rápidamente en esas y en otras ciudades, respondiendo a los intereses de diversos países inversores.

En México, el ministro Lucas Alamán fundó el Banco del Avío. Una comisión creada en 1831 había aconsejado algunas medidas para promover las industrias, y el banco debía servir a esos fines. Ministro conservador de varios gobiernos e industrial él mismo, Alamán dirigió la Compañía Unida de Minas y fundó varias empresas para la fabricación de hilados y tejidos de algodón. Hubo otras en la ciudad de México, y no fue la única donde esas nuevas actividades lograron importancia. "Antiguamente —escribía la marquesa de Calderón de la Barca en 1841— Puebla rivalizaba con México en población e industria. La peste, que se llevó cincuenta mil personas, fue seguida por la pestilencia de la guerra civil, y Puebla descendió a la categoría de una ciudad muy secundaria. Pero ahora se habla mucho de sus fábricas de hilados y tejidos, y de las máquinas, instrumentos y artesanos traídos de Europa, lo cual proporciona ocupación a treinta mil personas". La marquesa relataba a continuación las vicisitudes de uno de los más esforzados industriales, don Esteban Antuñano, para sacar adelante su fábrica, llamada "La constancia mejicana". Y fue mucha la que necesitó para superar los apuros financieros y los contrastes que debió sobrellevar para formar sus operarios y para traer de Estados Unidos las máquinas necesarias. Al fin, la fábrica empezó a producir en 1835: "Su situación era magnífica, y vista desde lejos parece más bien una residencia veraniega que un establecimiento industrial. Da gusto ver el orden y la buena ventilación de que goza el edificio, con su gran fuente de agua purísima en medio del patio. Un escocés que ha estado empleado aquí por algún tiempo —agregaba la marquesa escocesa—, dice que no ha visto nada que pueda comparársele, no obstante haber trabajado seis años en los Estados Unidos". Puebla tenía una tradición señorial, pero su nueva burguesía reveló una gran capacidad de iniciativa: no sólo hubo fábricas de hilados y tejidos sino también de azulejos y, en 1860, una de cerveza.

En las ciudades, la disputa entre proteccionistas y librecambistas agitaría los ánimos. Los primeros querían apoyar las industrias y artesanías locales amenazadas por la ola de las importaciones extranjeras, a la que atribuían sus fracasos. Pero Vicente Pérez Rosales, que puso una fábrica de aguardiente hacia 1830 y tuvo graves contratiempos, observaba muchos años después que era sólo la improvisación y el apresuramiento lo que había comprometido el éxito de muchas iniciativas, y pasaba revista a los ensayos industriales emprendidos hasta entonces. "Fracasó la industria alfarera en Chile porque se nos ocurrió comenzar por lozas finas, cuando aún no habíamos salido del cántaro y del plato de Talagante. Fracasó la fábrica de vidrios porque en vez de comenzar por hacer botellas de vidrio común, se ha tenido la impertinencia de comenzar por vasijas finas y por vidrios planos. Fracasó la de azúcar de betarraga porque el fabricante tuvo que ser agricultor, y el producto, por ser chileno, refinado. Lleva lánguida existencia la fábrica de paños porque, en vez de comenzar por ponchos, frazadas y jergones, nos dio el diablo por comenzar por casimires; y fracasó mi fábrica de aguardiente porque en vez de contentarme con mejorar algo el cañón condensador me metí a rasca; porque en vez de usar pailones hechizos, me lancé al delgadísimo alambique francés, y porque en vez de hacer mejor chivato, me engolfé en el cognac, en el anisete, en el perfecto amor. De aquí se desprende un triste axioma: toda industria perfeccionada que se introduce en un país que carece de industrias rudimentarias lleva en sí misma el presagio de la ruina del empresario." Ciertamente, por una u otra razón las iniciativas que desataba esa nueva forma de actividad tuvieron difíciles altibajos. Un empresario de vigorosa voluntad y gran imaginación como el barón de Mauá pudo poner en marcha numerosos proyectos y cerrar su carrera con una quiebra humillante. Pero de esa iniciativa algo quedaba. Poco a poco aparecía el primer esbozo de la ciudad industrial, con sus fábricas incipientes, con sus talleres tipográficos o ferroviarios o simplemente de reparaciones de maquinaria, con sus usinas de gas, en las que comenzaban a verse los viejos artesanos mezclados con un incipiente proletariado industrial. Y aunque se insinuaron algunos movimientos obreros en algunas ciudades, el nuevo estrato social no llegó a constituir por entonces una fuerza importante.

Por lo demás, predominaba un sentimiento generalizado de que lo importante para el artesano y el obrero era lograr su propio ascenso social. En su novela *Jorge, el hijo del pueblo*, la arequipeña María Nieves y Bustamante describía la condición de un artesano y su angustia por el abismo que separaba su clase —su "triste esfera"— de las clases altas a las que aspiraba a incorporarse. Cualquier esfuerzo parecía justificado por esta ambición. Ciertamente, no todos lo hacían, y José T. de Cuéllar se solazaba en mostrar un arquetipo del artesano mejicano, holgazán y borracho, en su *Historia de Chucho el Ninfo*. Los que luchaban tenazmente por mejorar su situación solían hacerlo en su propia ciudad y dentro de las posibilidades preexistentes; pero otros se sumaron a algunas de las nuevas aventuras que los cambios económicos desataron, y otros emigraron encandilados por brillantes perspectivas como las que ofrecía, por ejemplo, la minería. En esos focos de aventura se encontraba el nativo con el extranjero, atado a una especie de apuesta con el destino. Se mezclaban los que se hundirían en la pobreza con los que serían ricos, según el juego del azar. Pérez Rosales describía el tenso clima de Copiapó hacia 1846: "Copiapó sólo tenía de común con Chile la constitución política, que no siempre se observaba, y las leyes, que no pocas veces se quebrantaban; con Copiapó no reza aquello de que por la hebra se saca el ovillo, porque la hebra Copiapó era al ovillo Chile lo que es un huevo a una castaña. Era muy difícil, si no imposible, que en una reunión casual de veinticinco caballeros se encontrasen cuatro chilenos; hablo del sexo feo, porque del hermoso sucedía lo contrario [...] Copiapó era un pueblo cosmopolita, y muy especialmente riojano, adonde concurrían ingleses, franceses, chilenos, alemanes, italianos, sin contar con los que llegaban de casi todas las repúblicas hermanas. Allí no se hablaba, ni se debía ni se podía hablar de otra cosa que de minas, y así como Valparaíso es una vasta casa de comercio, Copiapó era una inmensa bocamina." Allí se encontraban gente de varia condición, pero todos aventureros; y los más humildes eran los que sólo contaban con sus manos, con las que esperaban, sin embargo, construir un futuro.

No faltaba un vasto sector popular sumido en la rutina por falta de iniciativa o, más frecuentemente, por el desaliento causado por la miseria. Los pobres perdularios no sólo llamaron la atención de cuanto viajero recorrió Latinoamérica por esta época, sino también la de los ciudadanos que los contemplaban cada día; y en el relato de viajes, en el artículo de costumbres o en los grabados, acuarelas y dibujos quedó testimoniada la presencia de este grupo que formaba la sustancia más densa de las ciudades. Quizá llamaba más la atención del extranjero en aquellas ciudades donde predominaba la población negra entre las clases populares: en Veracruz o en Cartagena, pero sobre todo en las ciudades brasileñas. "Este pueblo negrero [...]", decía Pérez Rosales en 1825 hablando de Río; pero no le sorprendía menos en otras partes la multitud indígena o mestiza. Pancho Fierro, pintor penetrante y sutil, dejó el testimonio visual de este estrato de la sociedad criolla de Lima que, como en todas las ciudades, aparecía en su conjunto en el mercado y en los días de fiesta. Los viajeros ingleses —Parish, Robertson, Hutchinson— se sorprendieron de ver en Buenos Aires mendigos a caballo, acaso menos astrosos que los léperos mejicanos, "patéticos montones de harapos que se acercan a la ventana y piden con la voz más lastimera, pero que sólo es un falso lloriqueo, o bien, echados bajo los arcos del acueducto, sacuden su pereza tomando el fresco, o tumbados al rayo del sol". Y no todos eran mendigos. Acaso convencidos de la imposibilidad de salir de pobres, rehuían el trabajo por falta de estímulos. Pal Rosti, el viajero húngaro que recorrió Venezuela en 1857, preguntaba a "un mozo color café" que estaba recostado en una pared cerca del mercado de Caracas por qué no trabajaba. "¿Para qué voy a trabajar? —fue la respuesta—; el alimento necesario se da en todos los árboles; sólo debo estirar la mano para recogerlo; si me hace falta una cobija, o un machete o un poco de aguardiente, traigo al mercado algunos plátanos u otras frutas y obtengo abundantemente lo que deseo; ¿para qué más? No lo pasaría mejor ni que fuese tan rico como el señor X o Y. Y así siente y opina cada peón de Venezuela".

Cien oficios y ocupaciones desempeñaba, sin embargo, la clase popular, pero ninguno permitía salir de esa miseria que mataba los estímulos. Era el resultado de la estructura misma de la sociedad. Tres libros reveladores se escribieron sobre ese tema: el de Mariano Otero, *Ensayo sobre el verdadero estado de la cuestión social y política que se agita en la República Mexicana*, publicado en México en 1842, el de Miguel Samper, *La miseria en Bogotá*, 1867, y el de Joaquín Capelo, *Sociología de Lima*, de 1900. Pese a la apertura que se advirtió temporariamente después de la revolución, la posibilidad de emerger, siquiera hacia el nivel de la subsistencia, era difícil para muchos; más difícil aún dar los pasos hacia el ascenso social y económico, pese a los efectos indirectos de la revolución industrial.

Menos profundo era el abismo que separaba a las clases medias de las altas. Había entre ellas una fuerte tensión, precisamente porque existía una cierta fluidez a pesar del esfuerzo de los sectores más elevados para parecer inalcanzables. Cursi o siútico era aquel que, perteneciendo a las clases medias, se empeñaba en imitar las formas de vida y los hábitos propios de las más distinguidas. Pero la perseverancia y el éxito vencía las barreras a partir del momento en que alguien lograba amasar una respetable fortuna. Alguna vez podía ser un azar: una veta minera, un renglón de exportación e importación oportunamente advertido, una explotación rural afortunada que traía a la ciudad a su beneficiario, un negocio próspero, ponía al nuevo rico en situación de dar la batalla social para ser admitido en los círculos más selectos. Y esta esperanza movía al comerciante o al empleado a perseverar en sus esfuerzos, que si no tenían resultados óptimos, podían al menos facilitar el ascenso dentro de la compleja escala de la propia clase media.

Alguna literatura testimonia la presencia de esa clase social, incipiente en algunas ciudades, en la que el observador avisado entreveía la fuerza capaz de disolver los resabios tardíos de la sociedad hidalga, que el nuevo patriciado creía poder restaurar y cuya época de mayor esplendor evocaba nostálgicamente. Los costumbristas no desperdiciaron el tema: el chileno Jotabeche, el argentino Alberdi, el colombiano Vergara y Vergara. Los novelistas comenzaron a explotar esa veta: el mejicano Juan Díaz Covarrubias la siguió a conciencia en *La clase media* y el peruano Luis Benjamín Cisneros la usó como telón de fondo en *Julia*. En todas sus descripciones se ven vivir unas ciudades cuya sociedad se movía lentamente tratando de quebrar una estructura tradicional. Pero fue el chileno Alberto Blest Gana el que dejó el panorama más completo y agudo. De las clases medias sacó personajes reveladores de la nueva situación que se constituía poco a poco y que maduraría más tarde y en *Martín Rivas* combinó diestramente los cuadros de dos sociedades paralelas dentro del ambiente social santiaguino. Avezado observador, subrayó el decisivo papel del dinero en una sociedad fluida, cuyos estratos más altos no poseían los instrumentos para cerrar las vías de acceso hacia sus propios cuadros.

Pese a sus avances en algunas ciudades, las clases medias no habían podido, hasta las últimas décadas del siglo, colmar el foso que las separaba de los grupos de la vieja sociedad hidalga.

El proceso se insinuaba, pero la resistencia de la estructura social era muy fuerte. La marquesa de Calderón de la Barca conoció por primera vez una sociedad criolla cuando llegó a La Habana en 1839 y dijo hablando de ella: "Esta súbita transición de la tierra yanqui a esta tierra española de militares y de negros es como un sueño". El sueño se repitió muchas veces en México, donde la marquesa escocesa anotó una y otra vez el tremendo contraste que observaba entre las clases altas y los sectores populares: "apenas existe el eslabón entre la frazada y el raso", decía en un curioso pasaje en el que describía la confusa sociedad que, en la capital mejicana, se reunía en el Paseo de la Viga.

Las clases altas sufrieron dolorosos altibajos con la Independencia, y hubo muchos que dejaron de pertenecer a ellas mientras otros se incorporaban. Pero, en conjunto, esos altibajos no incidieron sobre sus hábitos. En cuanto las condiciones lo permitieron volvieron a mostrarse arrogantes y ostentosas como los grupos hidalgos de la colonia, hasta donde a cada uno se lo permitía su fortuna. En todo caso procuraron hacerlo. Se vistieron a la moda europea, y de Europa trajeron cuanto consideraron necesario para sostener su boato. Pero la fortuna ponía sus límites. Algunos habían heredado sus tierras o sus minas, y continuaban la tradición de sus abuelos coloniales. Se los veía en las capitales, pero más claramente se los identificaba en las viejas ciudades de tendencia señorial como Popayán, Trujillo del Perú, Guadalajara o Puebla, Olinda o Bahía. Otros tenían fortunas más modernas, hechas unas veces a la sombra del poder político, con negociados o usurpaciones y otras en el ejercicio del comercio, con cuyos beneficios algunos buscaron el lustre que habitualmente otorgaba la propiedad raíz. El alto clero y las primeras jerarquías militares formaban parte de las clases altas por derecho propio, no sólo por pertenecer a ellas por nacimiento algunos de sus miembros sino porque las clases altas procuraban atraérselos, en épocas tan inestables, en cuanto representaban el poder. Y al conjunto de las clases altas nativas se incorporaron los comerciantes extranjeros afortunados, aristócratas de hecho sólo por ser ingleses o franceses, ricos en dinero y, sobre todo, en lugares clave para ayudar a enriquecerse a los demás. Fueron los árbitros del buen gusto y la moda, y lo que hicieran solía convertirse en un modelo para quienes soñaban con el paraíso inalcanzado de Londres y París. ¿Quién más elegante que una modista francesa? ¿Quién más rico que un importador inglés? Para ambos había un sitio en las tertulias aristocráticas, en las que, por lo demás, se hablaba fundamentalmente de modas y negocios. Un Dreyfus o un Meiggs tuvieron abiertas las puertas de los más exquisitos salones de Lima o de Santiago de Chile, y nadie pensó en indagar el origen social de tales personajes.

Entre la tradición colonial, el estilo patricio y el desarrollo mercantil, las ciudades comenzaron a elaborar una nueva fisonomía. Pero uno de sus rasgos fue que, a medida que absorbieron la ola rural, volvieron a manifestar su desdén por el campo, que a veces era marcado menosprecio. Tras la alarma inicial, las renovadas sociedades urbanas que habían incorporado vigorosos contingentes desprendidos de los campos afirmaron su superioridad y empezaron a tratar de volver al mundo rural a su condición de mundo sometido. El campesino de la Independencia o de las guerras civiles, demasiado acostumbrado a la libertad, pareció un factor de disociación y se juzgó necesario someterlo a la autoridad del estado, o mejor, de los hacendados, y encarrilarlo dentro del sistema de la producción.

Cierto enfrentamiento entre las formas de vida del campo y la ciudad se advirtió durante esta época, acaso porque el mundo rural creció en estatura y, durante un tiempo, creyó que podía desafiar al mundo urbano. Pero perdió muy pronto la batalla, y quedó del lance cierto recíproco resentimiento o, simplemente, la aguda percepción de que representaban dos formas distintas de vida.

Tropas rurales entraron muchas veces en las ciudades y la gente urbana las vio llegar con terror como si no obedecieran más que a instintos primarios. Las ciudades temieron ser el anhelado botín de guerra de gentes que se suponía que las odiaban por su refinamiento y su riqueza: tembló Buenos Aires ante el avance de los caudillos López y Ramírez y tembló Lima cuando el negro montonero León Escobar entró en la ciudad y se sentó por un día en el sillón presidencial. Y, ciertamente, si no era odio el que los rurales sentían, era, al menos resentimiento contra los "cachacos", los "catrines", los "currutacos", motes que designaban al señorito urbano. También el hombre de campo que había logrado sus galones en la pelea tenía cierto resentimiento contra él "doctor" con quien tenía que negociar o compartir la paz o la guerra. Y en el suburbio donde convivían y acordaban sus tratos, chocaban el hombre de ciudad y el del campo, este último acostumbrado a desconfiar del pulpero malicioso que aprovechaba su inexperiencia en los retorcidos mecanismos del trato comercial.

Tanto el *Facundo* de Sarmiento como el *Martín Fierro* de José Hernández —dos obras argentinas particularmente representativas de la época— revelaron el alcance de ese enfrentamiento entre el campo y la ciudad. La ciudad aspiraba a recuperar el papel que había tenido durante la colonia, ahora apoyada en su certidumbre de que representaba la civilización. En rigor se había fortalecido con la incorporación de ciertos grupos de hacendados a la sociedad urbana; quizá por eso sintió más su orfandad la plebe rural, contra la cual se unían todas las fuerzas para reducirla a la antigua sujeción; traspuesta la mitad del siglo, el "gaucho malo", el rebelde, jugó solo su última carta contra la civilización de las ciudades, y perdió la partida. *Martín Fierro* fue la expresión de su lamento.

El enfrentamiento se hizo patente en el contraste de las formas de vida. Bartolomé Hidalgo, payador oriental de la época de la Independencia, cantó la ingenua admiración de un gaucho de la Guardia del Monte frente a las fiestas con que Buenos Aires celebraba el aniversario de la Revolución de Mayo. Décadas después escribiría el chileno Jotabeche sobre *El provinciano en Santiago* y el venezolano Daniel Mendoza sobre *El llanero en la capital*, este último creando un típico personaje, Palmarote, que simbolizaba las reacciones provocadas en el campesino por un mundo que sentía como ajeno. Fue también el tema que, años más tarde, desarrolló el argentino Estanislao del Campo en su *Fausto*, en el que el gaucho Anastasio el Pollo ofrece no sólo su ingenua versión del tema de Goethe sino también sus impresiones sobre la vida de Buenos Aires.

Campo y ciudad, vida rural y vida urbana, expresan los polos que puso de manifiesto la irrupción de la sociedad criolla dentro del marco todavía vigente del mundo colonial. Triunfaría la ciudad, pero al precio de cambios profundos en la fisonomía de la sociedad urbana, que debió conjugar las fuerzas de las antiguas burguesías dentro de los nuevos patriciados.

2. BURGUESÍAS Y PATRICIADOS

A pocas décadas de la revolución, el cambio que se había operado en las clases dirigentes era patente. Hablando de una distinguida dama de México escribía en 1840 la marquesa de Calderón de la Barca: "Ella y sus contemporáneos, últimos recuerdos del virreinato, están desapareciendo muy aprisa. En su lugar ha surgido una nueva generación, cuyas maneras y apariencias tienen bien poco que ver con la *vieille cour*; son, en su mayoría, según dicen, esposas de militares, producto de los fermentos revolucionarios, ignorantes y llenas de pretensiones, como suelen serlo siempre los *parvenus* que se han elevado por un golpe de la fortuna y no por sus propios méritos, como parece que debería ser". Esa nueva generación que desplazó a las aristocracias tradicionales no tuvo, sin embargo, una composición tan simple. Hasta formaban parte de ella, en muchos lugares, miembros de las viejas aristocracias trasmutados en republicanos más o menos sinceros. Con todo, no se equivocaba mucho la marquesa escocesa. Los nuevos militares predominaban, ciertamente, pero no faltaban los nuevos y los viejos burgueses, ni los nuevos y los viejos hacendados. Desunidos y enfrentados primero, a lo largo de pocas décadas se aglutinaron según una fórmula nueva y distinta. En la sacudida general que había sufrido la sociedad después de la Independencia, el cambio más profundo se había producido, precisamente, en las clases dirigentes.

Sin duda conservaban las burguesías criollas buena parte de su poder. Cuestionadas una y otra vez por su deseo de conservar la posición que ocupaban antes —e inmediatamente después— de la Independencia, tuvieron que ceder posiciones, transigir con los nuevos grupos de poder que fueron apareciendo y acaso prestarse a servir como sus personeros o limitarse a ofrecer su interesado apoyo. Pero, como grupo, y cualquiera fuese la suerte personal de algunos de sus miembros, siguió teniendo considerable influencia económica, ocupando los puestos administrativos y, generalmente, también los políticos.

Puestos políticos decisivos ocuparon Vicente Rocafuerte en Ecuador y Diego Portales en Chile, representantes de la burguesía portuaria de Guayaquil el primero y de Valparaíso el segundo. El doctor Borrero dejó su tienda, en la que vendía telas, para ocupar el ministerio de Relaciones Exteriores de Colombia, y luego volvió a ella. Nicolás de Piérola en Perú o Florentino González y Manuel Murillo Toro en Colombia pudieron, como ministros de Hacienda, interpretar los designios y los intereses de las burguesías de sus países. Pero aun sin que sus miembros ocuparan cargos ostensibles siguieron las burguesías moviendo sus hilos desde los mostradores, desde los bufetes, desde las ventanillas de los bancos, desde los despachos. A veces esos hilos eran vigorosos y, como los que movía el vizconde de Mauá en Brasil, tiraban de toda la economía del país. Pero, sin duda, las burguesías criollas habían perdido parte de su fuerza, y sólo la recuperaron gracias a la creciente actividad y a la influencia que alcanzó un nuevo sector que se incorporó a la vida de las ciudades y tiñó su fisonomía: el de los comerciantes extranjeros.

Su número era considerable en muchas ciudades, y su influencia aun mayor. En Buenos Aires —escribía un residente inglés hacia 1825— "los comerciantes británicos gozan de gran estimación: el comercio del país se halla principalmente en sus manos". Luego enumeraba cuarenta establecimientos comerciales británicos en Buenos Aires, y agregaba: "La mayoría de estas casas tienen sucursales en Río de Janeiro, Montevideo, Chile y Perú, constituyendo una vasta red comercial de no escasa importancia para los intereses británicos". En México se reunieron en 1840 para celebrar el matrimonio de la reina Victoria en un baile que ofrecieron en el palacio de Minería: eran tantos y tan significativos que la fiesta congregó a las más distinguidas familias de la ciudad y contó con la presencia del Presidente de la República. Y en todas las ciudades se encontraba un núcleo importante que controlaba, generalmente, los principales negocios sin despreocuparse por eso de las tiendas que vendían por menor.

Había, junto a los ingleses, otros comerciantes extranjeros. Los franceses no faltaban en las ciudades del Atlántico, pero eran más numerosos en las del Pacífico. Flora Tristán enumera los de la ciudad de Arequipa: "Arequipa, ciudad del interior, no ofrece al comercio sino recursos limitados. El número de extranjeros es también muy restringido. La única casa francesa es la de M. Le Bris. Se estableció en el Perú desde hace diez años y sus negocios han ascendido a la más alta escala. Antes de ser explotado el Perú por la concurrencia y arruinado por las guerras civiles, M. Le Bris ganó una fortuna de varios millones. Pero sus casas de Valparaíso y de Lima sufrieron pérdidas enormes por demasiada complacencia en los negocios. Fue preciso que la casa central de Arequipa acudiese en socorro de las otras dos. M. Le Bris es un hábil negociante y fue a ponerse sucesivamente a la cabeza de cada una de las correspondientes y en pocos meses todo quedó restablecido en el antiguo pie. No hay en total sino ocho a diez franceses en Arequipa. Son, además de los que acabo de nombrar: M. Poncignon de Burdeos, cuyo almacén de novedades es el más hermoso de la ciudad; M. M. Cerf, judíos de Brest, quienes venden en su tienda toda clase de objetos. Muchos otros franceses tienen igualmente su domicilio en Arequipa, pero no residen allí habitualmente. Los negocios de corretaje de que se ocupan en especial les obliga a ir a todos los puntos del Perú".

Por su parte, los norteamericanos y los alemanes se distribuyeron por las ciudades del Caribe. Y en el Río de la Plata se instalaron de todas las nacionalidades, incluyendo italianos y portugueses. Muchos eran de origen modesto, pero, en general, todos tuvieron en alguna medida los rasgos del aventurero. Hablando de Dreyfus, que obtuvo en el Perú el monopolio del guano en la época del presidente Balta, decía poco después un escritor peruano: "Como otros muchos que sin duda no logran satisfacer en su propio país sus inmensas ansias de dinero, y se expatrían para buscar en país extranjero el modo de hacerse pronto y fácilmente millonarios, M. Dreyfus fue a improvisar en el Perú la fortuna que no podía encontrar en Europa". Al lado de los comerciantes aventureros aparecieron gentes de otro estilo, especialmente los que se lanzaron al negocio de los ferrocarriles, Meiggs en Perú y Chile, Wheelright en Chile y Argentina, o aquel Buschental que rondaba a Urquiza en Paraná, capital de la Confederación Argentina, y que no desdeñaba ninguna clase de negocios. Las capitales, naturalmente, atraían a los extranjeros más ambiciosos y, sobre todo, a los que pretendían obtener el calor del poder. Pero aun en las pequeñas ciudades, como Arequipa o Veracruz, el núcleo de comerciantes extranjeros era "el alma de la población", como decía de la primera el viajero francés Eugène de Sartiges.

El mismo señalaba, sin embargo, ciertos enfrentamientos. "Muchas veces —escribía— se han presentado peticiones a las cámaras peruanas, tendientes a expulsar del país a los comerciantes extranjeros a fin de impedir esa exportación de divisas monetarias y el mismo pedido se renueva en cada conmoción política". De manera parecida se expresa el viajero que firmaba

"Un inglés" hablando de Buenos Aires: "A veces los criollos demuestran cierta envidia hacia los ingleses. Suponen que tenemos el monopolio de los negocios y les sacamos la moneda del país. Esos torpes alumnos de economía política no entienden que en los negocios las obligaciones son mutuas, y que a menudo debemos comprar materia prima a precios ruinosos". Pero de todos modos el prestigio y el ascendiente de los comerciantes extranjeros prestaba considerable fuerza al conjunto del sector comercial, y las vinculaciones entre los grupos fueron a veces fluidas y beneficiosas. Al comenzar su autobiografía —*Exposição do Visconde de Mauá aos credores de Mauá and C.*, Río de Janeiro, 1878— escribía el genial empresario brasileño: "En la primavera de la vida había ya adquirido yo, por medio de una infatigable y honesta labor, una fortuna que me aseguraba la más completa independencia. Uno de los mejores tipos de humanidad, representado por un negociante inglés (Richard Carruthers) que se distinguía por la completa probidad de la vieja escuela de la moralidad positiva, después de pruebas suficientes de mi parte en su servicio, me eligió como socio gerente de su casa cuando aún era un imberbe, poniéndome así, tan temprano, en la carrera comercial, en actitud de poder desenvolver los elementos que por ventura anidaban en mi espíritu". No fue el único caso, y esa vinculación originaria se manifestó a lo largo del tiempo a través de una coincidencia entre el sector criollo y el sector extranjero de las burguesías.

Agazapadas en la administración, aptas para las sutiles negociaciones de la economía y la política, las burguesías de las ciudades renovadas al calor de los cambios sociales y económicos se sobrepusieron de los sobresaltos del desorden y la guerra civil. Quienes obtuvieron el poder por las armas, se volvieron hacia ellas en busca de consejo y apoyo, para instrumentar ese poder eficazmente en el sentido de sus planes y sus intereses. Y en ese juego se integraron las burguesías con los nuevos grupos dominantes constituyendo el nuevo patriciado.

También se integraron de otro modo; pragmáticos y atentos a las cosas de todos los días, los ricos banqueros y los comerciantes poderosos inspiraron y subvencionaron revoluciones, tratando de imponer sus propios puntos de vista o, si los consideraban impracticables, modificándolos lo necesario para coincidir con quien parecía más próximo al poder. Ciertamente, unos ganaron y otros perdieron; pero las burguesías nunca se retrajeron de la pugna ni abandonaron el campo.

El pragmatismo también se apoderó de los hacendados, ricos e influyentes propietarios que fueron convocados a la lucha y muchos de los cuales se engolosinaron con las delicias del mando. También ellos tenían que tratar de sobrevivir en medio de la crisis de autoridad que suscitaron las guerras civiles. El liberal Altamirano pone en boca de uno de sus personajes estas palabras dirigidas al presidente Benito Juárez: "Desconfíe Ud. de esos patrones, señor presidente, porque reciben parte de los robos y se enriquecen con ellos. Por aquí hay un señor que usa peluca güera, que toma polvos en caja de oro, y que recibe cada mes un gran sueldo de los bandidos. Ése da pasaportes a los hacendados para que pasen sus cargamentos de azúcar y de aguardiente sin novedad, pagando por supuesto una fuerte contribución". Hacendados, montoneros y bandidos formaron un complejo social muy fluido durante largas décadas, a lo largo de las cuales los hacendados movilizaron ejércitos privados cuyos miembros podían, ocasional o formalmente, desprenderse de ese núcleo para formar, con otros camaradas, sus propias bandas para trabajar por su cuenta en operaciones de pillaje.

Hubo, ciertamente, hacendados que se mantuvieron al margen de la política y se recluyeron en sus fincas o en sus casas de la ciudad. Así se condenaron a cierta marginalidad, de la que sólo los salvaba su riqueza. Otros, en cambio, decidieron participar en el cambio social y político, en el que tenían mucho que ganar. Encabezaron generalmente los movimientos regionales o federalistas, sin perjuicio de que, llegados al poder, se tornaran centralistas a su vez poniendo en el centro de la política sus propios intereses y los de su región. Por eso se esforzaron en apoderarse de las capitales, desde donde todo poder se ensanchaba y podía llegar a cubrir la totalidad del área nacional. Fueron simbólicas las entradas de los montoneros en ellas, pero fueron hechos efectivos también, inclusive cuando no tuvieron los contornos, entre dramáticos y pintorescos, de aquellas amenazantes cabalgatas de los rurales a través de las calles urbanas.

Los más activos en política fueron los nuevos hacendados, precisamente los que se hicieron tales en la política misma, apropiándose de las haciendas de los adversarios o quizá adquiriéndolas con las fortunas que amasaron en las campañas, equívocas algunas de ellas. Como las montoneras pudieron deslizarse alguna vez hacia el bandidaje, sus jefes se dejaron tentar más de una vez por los bienes ajenos: tierras o ganados. Era el premio de su ascendiente sobre las clases populares rurales, a las que ellos movilizaban y con las que echaban su carta en el tapete de la política.

En el ambiente que predominó después de la Independencia era impensable una política que no estuviera respaldada por la fuerza. El signo de esa situación fue la trasmutación de los civiles en militares. Manuel Belgrano fue el ejemplo de cómo un típico intelectual representante de la burguesía de Buenos Aires pudo transformarse en general de un ejército regular. Pero a medida que el proceso avanzó y cundieron los conflictos civiles, el distingo entre tropas regulares e irregulares se hizo más confuso. Un ejército de paisanos solía conservar su condición híbrida; y en él los grados militares se obtenían de hecho, en el ejercicio eficaz de la conducción según las reglas espontáneas que la banda armada se daba, y muchas veces por autodeterminación del ascendido. Hablando del gaucho rioplatense decía el viajero francés Xavier Marmier en 1850: "Y cuando ha llegado a domar un caballo, a cruzar a nado los ríos de corriente más rápida, a manejar con sangre fría el lazo y el cuchillo, entonces es un hombre completo. Su existencia se encuentra asegurada, y por poca ambición que tenga, sus cualidades de gaucho pueden colocarlo en una posición destacada. Así han comenzado los coroneles y generales de la Confederación Argentina. Héroes inmortales, como los llama Rosas, y él mismo, el gran Rosas, reveló de esta manera a los pueblos del Plata su genio providencial". De origen más o menos parecido fueron casi todos los jefes de los montoneros, y aquellos que después de ser jefes de montoneros terminaron ocupando altas posiciones públicas. Como coronel terminó aquel don Jacobo Baca que se lanzó en México a la revolución y cuyo ascenso relataba en 1869, con fina ironía, el costumbrista José T. de Cuéllar en *Ensalada de pollo*.

El generalato solía dispensarlo el poder político de turno. Pero nadie vacilaba en proclamarse coronel si tenía detrás quinientos hombres bien montados. Coronel era, por derecho propio, el jefe político que estaba en condiciones de hacer efectiva su autoridad arbitraria con el respaldo de una fuerza militar. La época de las guerras civiles fue la época de los militares-políticos, porque difícilmente podía gravitar en la política quien no tuviera esa doble condición. Eugène de Sartiges visitó a las autoridades de Arequipa, y escribió: "El prefecto, que acababa de ser ascendido a general por el presidente Gamarra, repetía de buen grado que el mejor gobierno era el del sable". Y para una sociedad que comprobaba cotidianamente que ese era, de hecho, el gobierno que tenía, la clase dominante fue la de los coroneles y los generales. Por eso pudo decir agudamente la marquesa de Calderón de la Barca, no sin ironía, que la nueva generación que ella veía dominar en México estaba constituida por "esposas de militares", y, naturalmente, por militares, "*parvenus* que se han elevado por un golpe de la fortuna".

Todos con las armas en la mano, cada uno de ellos buscó luego el apoyo que juzgó más propicio. Algunos se mostraron conservadores y otros liberales, sin perjuicio de que cambiaran de partido si lo juzgaban oportuno. Hubo quienes buscaron el apoyo de las masas populares, tanto rurales como urbanas, como Belzú en Bolivia; y, otros, como su matador, Melgarejo, que prefirieron ponerse al servicio de las clases poseedoras y de los intereses extranjeros. Pero todos tuvieron que recurrir a los buenos oficios de las burguesías urbanas para consolidar su gobierno y regularizar de alguna manera su poder. De este entrecruzamiento salió el patriciado, entre urbano y rural, que dominó la vida política en el largo medio siglo que siguió a la Independencia.

Fue una nueva clase dirigente, de caracteres inéditos, surgida espontáneamente de la nueva sociedad y adecuada a ella. Todas las contradicciones sociales se reflejaron en el nuevo patriciado. Y todas las aspiraciones y designios hallaban eco en él. Era, sin duda, un grupo que deseaba ardientemente el poder y la riqueza; pero no deseaba menos manejar y conducir la nueva sociedad, no siempre de acuerdo con definidas ideologías —que, por lo demás, sólo se adecuaban a la realidad de modo muy limitado— sino más bien según concepciones pragmáticas e inmediatas. De las situaciones mismas surgían, para un corto plazo, opciones entre las que cada uno debía elegir: y de esa decisión se derivaron enfrentamientos y luchas facciosas en las que se entremezclaban los intereses y las ambiciones personales con opiniones radicales sobre cuestiones básicas. Y en la confrontación de las opiniones se elaboraron sordamente ciertas líneas políticas que, tocadas en algún grado por las ideologías, terminaban por ser vigorosas tendencias a través de cuyos nombres —o de los nombres de quienes las sostenían— se adivinaba un complejo y multiforme contexto a veces casi inexpresable, pero que en cada país o en cada región o en cada ciudad forzaba la adhesión o el rechazo. Por eso, la nueva clase dirigente fue un auténtico patriciado, cualesquiera fueran las virtudes o los vicios de cada uno de sus miembros. Estuvo ligada a la dilucidación del destino colectivo y su pureza no fue ni mayor ni menor que la de otros patriciados. Lo importante es que fue reconocido por la nueva sociedad como su aristocracia, como su élite. Y sus miembros tuvieron el sentimiento de que constituían una élite. Como fruto de los grupos que lo integraban, el patriciado fue un poco urbano y un poco rural, y acaso un poco señorial y un poco burgués. Rural en los campos y urbano en la ciudad, poco a poco comenzó a ser rural en las ciudades y urbano en los campos.

A lo largo del tiempo, el patriciado se fue consolidando gracias a la continuidad de acción de sus sucesivas generaciones, a la fortuna y al poder heredados, a la acción simultánea en diversos sectores de la sociedad, a las alianzas matrimoniales o económicas. Se convirtió en una "antigua riqueza" y comenzó a considerarse y a ser considerado como una aristocracia que, como de costumbre, velaba o idealizaba sus orígenes. Se constituyeron verdaderos linajes, en los que había lugares prefijados para herederos y colaterales, cuya fuerza crecía si habían logrado entroncar con otro colonial que, acaso, lucía blasones nobiliarios. Con el tiempo comenzó a desvanecerse en algunos sectores de la nueva clase alta la resistencia contra el pasado colonial; pero más pronto pasó el entusiasmo por el sentimiento igualitario que vibraba en las palabras de los oradores jacobinos. Los nuevos linajes reivindicaron los privilegios de los antiguos y afirmaron arrogantemente su presunta excelencia. El que lograba que de sus filas saliera un presidente de la república y un arzobispo —como el de los Errázuriz en Chile o el de los Mosquera en Colombia— se aseguraba el respeto universal y los mejores lugares para sus miembros menos importantes. "Esta estirpe de los Mosquera se ahonda en la historia con títulos de nobleza bien ganados. En Popayán brilló con estrella de primera magnitud", dirá un cronista de la ciudad del Cauca. En Arequipa brillaban los Goyeneche y los Tristán emparentados entre sí, y no sólo pertenecía al linaje el obispo sino también las abadesas de los aristocráticos monasterios de Santa Rosa y Santa Catalina. Y no hubo ciudad en la que los nuevos linajes republicanos no hicieran pesar su autoridad y se revistieran del boato que creían corresponder a su jerarquía. De muchos actos de la vida de las grandes familias se hubiera podido concluir lo que decía en 1840 la esposa del ministro plenipotenciario de España en México, sobre la ceremonia de inauguración del Congreso: "Ofrecía un aspecto tan antirrepublicano como pudiera uno desear que fuera una asamblea".

De los nuevos linajes salían también en su mayoría los jurisconsultos que ocupaban los altos cargos judiciales, los que preparaban las constituciones, las leyes y los códigos, los que asesoraban al gobierno para los más graves problemas y, con frecuencia, los que asesoraban a los gestores extranjeros que ofrecían empréstitos o gestionaban concesiones para obras públicas. Y casi siempre salieron de ellos escritores eminentes y poetas ilustres, con frecuencia polemistas comprometidos que alternaban las letras con la política y a veces con las armas, como el colombiano Julio Arboleda. Fue el patriciado la espuma de la nueva sociedad, y brilló en las grandes y en las pequeñas ciudades, que conservaban casi sin modificaciones el aire colonial.

3. LA LUCHA POR LAS IDEOLOGÍAS

Manejar la nueva sociedad suponía imaginar y poner en funcionamiento una política. Pero la experiencia —clara o difusa— del cambio suponía interpretar de algún modo una realidad social inédita, para adecuar aquella política, tanto en el corto como en el largo plazo, a las situaciones reales. Así cobró inusitada importancia la imagen de la sociedad que cada uno se hiciera, y esbozarla fue, por encima de las anecdóticas luchas por el poder, el desafío que debió afrontar el nuevo patriciado latinoamericano, de todo el cual podría decirse, como puntualizaba Lucio V. López refiriéndose al de Buenos Aires de 1850, que se componía de "estancieros y tenderos" con el solo agregado de los militares que organizaban la fuerza al servicio de cada uno de los grupos. Tener una interpretación de la sociedad fue, pues, tanto o más importante que tener una política. Esa interpretación fue unas veces intuitiva y otras metódica y ajustada a bien elaborados criterios; pero aun cuando parecía puramente intuitiva a través de las palabras o los actos de un caudillo más o menos carismático, era fácil advertir que también respondía a alguna de las orientaciones ideológicas que predominaban en el mundo de entonces. En muchas mentes perduró, con diversos matices y con algunas alteraciones a lo largo del tiempo, la manera de entender la sociedad que había elaborado el pensamiento de la Ilustración y heredado luego el liberalismo. La sociedad era una suma de individuos racionales, libres e iguales que constituían un conjunto orgánico. Cada uno de los individuos ejercitaba su inteligencia y su voluntad para establecer y custodiar el pacto social que lo vinculaba a los demás. Era en ese conjunto orgánico donde residía la soberanía nacional que era, por eso, una soberanía popular, fuente de todo poder. "Nada significa en América —escribía el venezolano Antonio Leocadio Guzmán— el derecho divino, que sirve de fundamento a todo poder y jurisdicción en algunas regiones; nada el derecho hereditario, que legitima en otras la autoridad del monarca y nada sino bombas incendiarias las combinaciones y equilibrios aristocráticos. A todas esas legitimidades del antiguo mundo, ha sustituido la América el voto de la mayoría, constitucionalmente expresado."

Rigurosos eran los deberes que el individuo tenía con el organismo social basado en el pacto, y el primero era el de no quebrar el sistema de normas en que se fundaba. Pero más rigurosas eran las obligaciones que tenía el organismo —y especialmente aquellos en quienes se había delegado el poder— con respecto a los individuos que lo formaban: el sistema de las libertades individuales debía ser celosamente resguardado, porque en esa interpretación de la sociedad lo más importante era el individuo, y sus libertades no debían tener más límite que las libertades de los demás.

El problema práctico suscitado por la nueva sociedad criolla era establecer quiénes eran los individuos que, de hecho, formaban parte del organismo social. En la sociedad colonial nadie abrigaba dudas, puesto que estaba legislado quiénes no formaban parte; pero en la sociedad posterior a la Independencia se produjo una escisión entre la teoría y la práctica, pues según la primera todos formaban parte de la sociedad como iguales, y según la segunda seguían integrándola sólo algunos, aunque la movilidad social forzara el desplazamiento de ciertos límites. En rigor, para la interpretación liberal de la sociedad pareció evidente que el sistema de libertades y derechos individuales no era válido más que para el individuo que fuera racional y libre, lo que traducido a términos reales, significaba que no eran acreedores a las libertades y derechos sino los poseedores —económicamente libres—, los que poseían cierta ilustración y, en general, aquellos que por sus condiciones podían considerarse interesados en el mantenimiento del orden establecido por el pacto y responsables de sus obligaciones para con él. No fue, pues, de hecho, una interpretación igualitaria de la sociedad, aunque lo fuera en la teoría y aunque el principio de la igualdad se enarbolase de vez en cuando por los sectores más radicales del liberalismo, sobreentendiendo que se trataba de acrecentar en una cierta y limitada medida el número de los iguales.

Resabios de la concepción hidalga latían en la concepción liberal, que suplantó el distingo entre las clases fundado en el origen, por otro basado en la propiedad y la ilustración. El "gaucho ignorante" estaba, como el esclavo o como el indio, al margen de la sociedad, o mejor, formaba parte de otra sociedad inferior cuya rebeldía era necesariamente subversiva. La verdadera sociedad la constituía la "gente decente".

Pero la erupción social que se insinuó desde el siglo XVIII y culminó al desencadenarse la Independencia planteó el problema en otros términos. Gentes que pertenecían a "la otra sociedad" se atuvieron a la teoría igualitaria que vibraba en el fondo de la actitud emancipadora y reclamaron a su manera el puesto que creyeron que les correspondía. Entonces quedó planteado un conflicto entre dos interpretaciones de la sociedad, a través de cuál era el significado de la palabra "pueblo" en la doctrina de la soberanía popular. ¿Pueblo era toda la sociedad o sólo una parte de ella? Una vez más, la interpretación iluminista y liberal de la sociedad se encontró atrapada en la contradicción entre la teoría y la práctica.

Intuitivamente, la respuesta de "la otra sociedad" y de sus voceros fue que la sociedad se componía de todo el pueblo y debía ser, en consecuencia, igualitaria. Fue una convicción profunda y espontánea que sólo, poco a poco, cobró claridad y se armó de argumentos. La sociedad comenzó a entenderse no como una suma de individuos razonables y libres que constituían un conjunto orgánico fundado en un pacto, sino por el conjunto mismo, en el que los individuos se desvanecían ante la significación del todo; por eso el conjunto era inorgánico, inestable, fluido, y por eso coexistían en él igualitariamente los individuos sin acepción de calidades: poseedores y no poseedores, letrados e iletrados, responsables e irresponsables, la "gente decente" y la "chusma". Una conciencia, un alma común latía en el conjunto inorgánico que no se expresaba a través de la razón sino del sentimiento y la voluntad. "No eran los paisanos sueltos —escribía el uruguayo José Artigas en 1811—, ni aquellos que debían su existencia a su jornal o sueldo los solos que se movían; vecinos establecidos, poseedores de buena suerte y de las comodidades que ofrece este suelo, eran los que se convertían repentinamente en soldados, los que abandonaban sus intereses, sus casas, sus familias, los que iban, acaso por primera vez, a presentar su vida a los riesgos de una guerra, los que dejaban acompañadas de un triste llanto a sus mujeres e hijos, en fin, los que sordos a la voz de la naturaleza, oían sólo la de la patria". Fue una experiencia semejante la que desencadenó en muchas mentes una interpretación de la sociedad como un todo.

A cada interpretación de la sociedad correspondía una interpretación del modo de expresarse. Para la concepción liberal la sociedad hablaba a través de cada uno de sus miembros, cuyas opiniones y decisiones racionalmente elaboradas se trasladaban a un número reducido de representantes capaces de obrar racionalmente también. Pero la otra concepción —romántica— no contaba con la opinión y la decisión racional de cada uno de los que integraban el conjunto inorgánico, sino con sus sentimientos, profundos pero no traducidos en fórmulas: necesitaban un intérprete que los racionalizara y canalizara convirtiéndolos en actos. Así, a la democracia representativa se opuso una concepción personalista y caudillesca. Carlyle descubrió muy pronto este mecanismo de la vida política latinoamericana y lo explicó en su estudio sobre el dictador paraguayo José Gaspar Francia.

Gran parte de las observaciones y análisis que se hicieron sobre la sociedad latinoamericana por esta época giraron, precisamente, alrededor del tipo de poder de los caudillos carismáticos. Dos argentinos, Juan Bautista Alberdi y Domingo Faustino Sarmiento, llevaron el análisis hasta el fondo de la cuestión, el primero en el *Fragmento preliminar al estudio del derecho*, de 1837, y el segundo en *Facundo*, de 1845. Fue evidente para ellos la representatividad de los caudillos con respecto a la nueva sociedad; su respuesta sería que era urgente modificar las condiciones de esa sociedad; pero, entretanto, el diagnóstico era profundo y la descripción fiel. Otras observaciones se acumularon, unas veces de liberales influidos de algún modo por las ideas sociales del romanticismo, otras de los conservadores y otras de los turiferarios de los caudillos. Todos aceptaron en alguna medida la representatividad de los jefes más o menos carismáticos que polarizaban masas populares, tanto rurales como urbanas. Pero los excesos de la autocracia terminaron por desalentar la interpretación romántica de la sociedad o, más bien, por conducirla hacia el camino abierto por el romanticismo liberal; fue una transacción que llevaba, finalmente, a la aceptación formal del sistema representativo y, en los más radicales, a una perspectiva de incorporación acelerada de los grupos recién emergidos a la sociedad integrada. Era ésta la que, de hecho y a pesar de ocasionales tropezones, seguía conduciendo los destinos regionales y nacionales, y a su cabeza estaban —o volvían a estar— las sociedades urbanas.

La interpretación liberal y la interpretación romántica de la sociedad tenían en Latinoamérica, pese a su contradicción radical, algo que las vinculaba: eran como dos caras de una misma moneda, acuñadas al calor del cambio, que las dos habían percibido y reconocido. Pero no desvanecieron del todo la vieja interpretación, anterior a ambas, que había nacido con la conquista y sirvió de fundamento a la sociedad hidalga. El cambio provocado por la intensificación del desarrollo mercantil había sido importante; el cambio originado por la liberación de las fuerzas sociales tras la independencia no lo era menos; pero el régimen de propiedad de las tierras y de las minas seguía siendo el mismo aunque hubiera habido cambio de manos. Era inevitable que subsistiera la vieja interpretación de la sociedad, sostenida por quienes, aun habiendo percibido el cambio, no estaban dispuestos a reconocerlo: algunos procuraban detenerlo, pero muchos confiaban en la posibilidad de recuperar la situación anterior a su desencadenamiento.

Tres ideologías se entrecruzaron, pues, en la mentalidad del nuevo patriciado, y operaron unas veces puras y otras combinadas en variadas aleaciones. Fue en las ciudades, y especialmente en las capitales, donde se libró esta batalla ideológica, porque en ellas se integraba poco a poco el heterogéneo grupo que disputaba el poder, y en ellas se formaban los movimientos de opinión que aceleraban o entorpecían la consolidación de los grupos de poder. Unas veces lo conquistaba uno con objetivos definidos y otras quienes se preguntaban, al día siguiente de adquirido, qué hacer con él. Las transacciones entre los grupos fueron tan frecuentes como las transacciones ideológicas. Y en esta alquímica tarea el complejo y equívoco ambiente de la ciudad constituía un escenario en el que había que presentarse para formalizar los términos del pacto.

Lentamente, las ciudades fueron absorbiendo el impacto de las irrupciones rurales, seduciendo y catequizando a sus representantes y voceros. Juan Facundo Quiroga —el "tigre de los llanos"— compró en Buenos Aires la rica casa de los Lezica y se instaló en ella con su familia; y en los suntuosos salones de "Viñeta", la casa que habitó en Caracas el general José Antonio Páez, su esposa, doña Barbarita, ofrecía brillantes tertulias. En ese ambiente, la vieja tesis urbana del despotismo para la libertad —el despotismo ilustrado del siglo XVIII— reverdeció modernizada. No todos optaron por ella, ciertamente, porque muchos se refugiaron en el más atávico conservadorismo de tradición encomendera y con ribetes ultramontanos. La aceptaron en cambio los que se llamarían liberales y los que, perteneciendo a los grupos de viejos o nuevos poseedores, habían buscado y obtenido apoyo popular y se reconocieron como conservadores liberales. Por entre la trama de las orientaciones se escapaban a veces las decisiones pragmáticas, relacionadas con los problemas inmediatos de cada momento. Se adivinaba, no obstante, detrás de cada una de aquellas, una intención, una tendencia, una actitud, que revelaba cuál era el peso que cada una de aquellas interpretaciones tenía en la compleja aleación de opiniones que lentamente decantaban en la mentalidad del nuevo patriciado.

Desatado el cambio, una cuestión fundamental quedó planteada por debajo de todas las decisiones que hubo que tomar: el mantenimiento o la transformación de la estructura socioeconómica del mundo colonial. No para todos fue clara desde el comienzo ni estaban todos los problemas inmediatos contemplados en los sistemas de principios que se esgrimían. Pero los hechos hablaron por sí mismos. Conservar el sistema del mayorazgo o el régimen del estanco significaba mantener la estructura socioeconómica de la colonia, y la lucha en favor o en contra de esas instituciones polarizó a conservadores y liberales. La constitución liberal de Chile de 1828 abolió el mayorazgo; pero tras la revolución de 1830, la constitución conservadora de 1833 lo restableció: todo el esfuerzo del ministro Portales se dirigió hacia el mantenimiento de la estructura socioeconómica colonial, como en la Argentina hizo Rosas. En Brasil en medio de una grave conmoción general y una tensa polémica, el mayorazgo fue suspendido en 1835, y con ello sufrió un rudo golpe la aristocracia propietaria que había sostenido a Pedro I. La ley colombiana de 1848 liberando el cultivo del tabaco puso fin a una situación monopolista ardorosamente defendida por los conservadores. Las reformas propuestas en México por Gómez Farías en 1833, apoyadas vehementemente por los liberales, fueron derogadas al año siguiente por Santa Anna, y hubo que esperar hasta la constitución liberal de 1857 y las Leyes de Reforma para que se restablecieran, no sin que se desencadenara la guerra civil y la intervención extranjera.

Quizá lo que más amenazaba la persistencia de la vieja estructura era el problema de la mano de obra. Pese a la predisposición teórica de los gobiernos surgidos de la revolución a liberar al siervo rural indígena y a dar los primeros pasos para abolir la esclavitud, fue largo y enconado el debate que conduciría a la consagración legal de esos propósitos. No sin oposición ni vacilaciones decretó en el Perú el presidente Castilla la manumisión de los esclavos y la supresión del tributo de los indígenas. Quedó también establecida la libertad de los siervos rurales en la constitución mexicana de 1857, y no sólo fue arduo el debate sino que se movilizaron los propietarios alegando a favor de sus intereses. Y en Chile, al discutirse la constitución de 1823 que abolió la esclavitud, no sólo defendieron sus derechos los propietarios de esclavos sino que movilizaron a los mismos esclavos para que declararan ante el congreso que no querían cambiar de condición. Ciertamente, eran los burgueses urbanos —no perjudicados por esas medidas— los que más afanosamente trabajaban por lograr unas conquistas que, por lo demás, liberalizaban el mercado de mano de obra.

Perdieron esta batalla los conservadores antiliberales; pero todos los conservadores y muchos liberales mantuvieron un fuerte prejuicio acerca de las relaciones entre las clases. Se percibía a mediados del siglo un resabio hidalgo que establecía un abismo entre las clases altas y poseedoras y las clases populares. De estas últimas, vastos sectores aceptaban tal interpretación de las relaciones sociales. En algunos países —como en Chile y Colombia— los grupos artesanales alcanzaron cierta consistencia, se agruparon en sociedades y hasta intervinieron en política, pero no llegaron a superar su sentimiento de inferioridad. Fueron las clases medias urbanas las que opusieron a la concepción tradicional de la sociedad una variante inspirada por cierta ideología del ascenso social. No consistía en negar su separación sino en afirmar el derecho de los que alcanzaban ciertas posiciones a ser admitidos en la clase superior. Fue un tema de la literatura realista y costumbrista la crítica de los grupos llamados aristocráticos por su resistencia a abrirse a los méritos o a la fortuna, alegando explícita o implícitamente una suerte de derecho de nacimiento. Y la prédica igualitaria se trasladaría a la política a través del tema del sufragio censitario.

Fue, precisamente, en los temas políticos donde más claramente quedó de manifiesto la lucha de las ideologías. El primero y el más profundo de esos temas fue el de la nacionalidad. Surgidos —excepto Brasil— de una ocasional división de las áreas coloniales, las nuevas nacionalidades se constituyeron sin un fundamento suficientemente vigoroso; era difícil establecer, en las décadas que siguieron a la Independencia, cuáles eran los rasgos específicos y diferenciadores de cada uno de los nuevos países. Dos tendencias se manifestaron contra la definición de las nacionalidades. Una fue la aspiración a constituir grandes unidades políticas, como lo intentaron Bolívar con la Gran Colombia, Morazán con la América Central y Santa Cruz con la Confederación Perú-Boliviana. Otra fue la tendencia de ciertas regiones a convertirse en nacionalidades.

Fracasaron los intentos de los creadores de grandes unidades políticas. Frente a la teoría bolivariana se irguieron los sentimientos y los intereses nacionalistas que encarnaron Páez, Santander y Flórez, cuyos movimientos tuvieron fuerte apoyo para afirmar la personalidad política de lo que serían después nuevos países: Venezuela, Colombia y Ecuador. Las regiones centroamericanas quebraron el proyecto de Morazán, y los dos países unificados por Santa Cruz se desunieron prontamente ante la resistencia de vastos sectores y la presión de Chile. Pero antes, entonces y después se manifestaron tendencias a fortalecer ciertas áreas mediante alianzas y hasta protectorados extranjeros. Hubo, en respuesta, vigorosos movimientos nacionalistas que consideraron tales apoyos como una traición.

De quienes lucharon por la emancipación de sus regiones, triunfaron algunos que, en última instancia, impusieron una imagen nacional de la región: tal fue el caso de Uruguay con Artigas, de Paraguay con Francia y, en cierto modo, en un primer momento, el caso de los países centroamericanos y de Bolivia. Pero fueron muchos los que fracasaron o redujeron sus aspiraciones nacionalistas a fórmulas federalistas. Quizá el caso más dramático fue el de Brasil al producirse la abdicación del emperador Pedro I. Desde 1831 las insurrecciones regionales pusieron en peligro la unidad del Imperio, y en cada región —así como en las grandes ciudades— se dividieron las opiniones que, casi siempre, oponían a liberales y federalistas por una parte y conservadores y centralistas por otra. El problema se planteó, una y otra vez, en muchos países. Centralistas y regionalistas o unitarios y federales fueron los protagonistas de una larga polémica doctrinaria que acompañaba a las tensiones políticas y a las guerras civiles, como las que agitaron a Argentina y Uruguay, Colombia, Venezuela y México. Regiones bien diferenciadas —Yucatán, Cauca, Texas, Coro, Apure, Pernambuco, Río Grande del Sur— con claros intereses locales a veces antagónicos con respecto a los de las capitales, afirmaron su derecho a un cierto margen de autonomía sin negar necesariamente el principio básico de la nacionalidad.

El vigor de la ideología nacionalista, enfrentada con las concepciones supranacionales y las regionales, se manifestó en la obra de los historiadores que se propusieron indagar genéticamente la formación de la nacionalidad y su preexistencia con respecto al sentimiento regional. Se trataba de afirmar —quizá de demostrar o acaso de perfeccionar— la noción de una peculiaridad nacional que abrazaba a todas las regiones de un área, ahondando tanto en el pasado colonial como en la decisiva aventura de la emancipación. Tal fue, en una u otra medida, el sentido de la obra de los mejicanos Lucas Alamán y José María Luis Mora, el cubano José Antonio Saco, los venezolanos Rafael María Baralt y Juan Vicente González, el colombiano José Manuel Restrepo, el boliviano Mariano Paz Soldán, los argentinos Bartolomé Mitre y Vicente Fidel López, los chilenos Diego Barros Arana y Benjamín Vicuña Mackenna, una larga lista que prueba la marcada influencia que había tenido en Latinoamérica la concepción romántica de la historia, movida precisamente por el designio de identificar, en cada caso, las líneas del destino nacional.

Los movimientos regionalistas y federalistas, aunque compartidos y encabezados por poseedores, fueron inequívocamente populares: típico ejemplo fue la revolución *farroupilha* —andrajosa— que en 1835 encabezó Bento Gonçalves en Río Grande del Sur. Todos expresaron lo que había de común en el conjunto de las poblaciones regionales frente a las pretensiones centralistas de las capitales y sus burguesías, a las que consideraban soberbias y codiciosas. Y sin que tuvieran siempre una clara política más allá del autonomismo, escondían una concepción positiva de la vida provinciana y de la tradición local que oponían al modo de vida de las grandes ciudades tocadas por la influencia europea.

Políticamente, el regionalismo aspiraba a una administración descentralizada. Pero la tradición del gobierno centralizado y fuerte era muy vigorosa y pareció a muchos que era la única solución para sociedades inestables. Rosas, García Moreno, Páez, Monagas, Latorre y, desde luego, los emperadores Pedro II y Maximiliano, ejercieron autoritariamente el gobierno y expresaron la opinión de vastos sectores conservadores, compuestos no sólo por los miembros de la clase alta que veían en ellos los defensores del orden —y del "orden de cosas" vigente— sino también por los sectores populares que tenían una concepción paternalista del poder. Los liberales, por el contrario, incluyendo a los conservadores liberales, condenaban violentemente el personalismo o la tiranía, en términos tan violentos como lo hicieron Sarmiento o Montalvo: fueron las burguesías urbanas las que apoyaron las formas de la democracia republicana y representativa, en las que sus adversarios no veían más que una trampa inventada por los doctores para disfrutar del poder y sus ventajas.

Por eso gran parte de las luchas por las ideologías se dio a través de los proyectos constitucionales. Hubo quien, como Rosas, creyó que su país no estaba maduro para establecer una constitución, después de los fracasos que habían sufrido sus adversarios al intentar imponer unas que las provincias rechazaron. Como el doctor Francia en Paraguay, pensaba que él era el vocero fiel de las aspiraciones populares y que, de todos modos, era sólo una personalidad carismática, una voz personal, matizada y sensible a los sentimientos colectivos, lo que podía expresar las vagas tendencias de las clases populares sin experiencia política. Pero en la mayoría de los países y de las situaciones hubo acuerdo acerca de la necesidad de establecer una constitución, pues tal era el modelo político que proponían los teóricos de las nuevas democracias. La disputa fue, primero, entre los que aspiraban a que por imperio de una constitución se modificara la realidad social y el sistema consuetudinario —según un esquema racionalista—, y los que sostenían que la constitución debía, simplemente, codificar las situaciones constituidas que, naturalmente, configuraban un sistema de privilegios de las viejas clases poseedoras. Pero luego el cuadro de las divergencias se enriqueció, porque se quiso incorporar a las constituciones las respuestas a los nuevos problemas que se iban delineando. Se luchó por constituciones resueltamente liberales o conservadoras, y a veces por el triunfo de un texto transaccional. Se luchó por un sistema en el que el congreso tuviera amplios poderes o, por el contrario, a favor de otro que asegurara amplio margen a la autoridad del poder ejecutivo. Pero se luchó también para que la constitución definiera cuestiones concretas acerca de las aduanas, de la navegación de los ríos, del régimen económico, de la condición de las clases sometidas. Y se luchó mucho para regular de una u otra manera las relaciones entre la iglesia y el estado, el poder económico de la iglesia y la condición del clero. Si la Convención de Río Negro dio a Colombia en 1863 una constitución en la que se prescindía de la tradicional invocación a Dios, García Moreno dio al Ecuador en 1869 una constitución teocrática. Conservadores y liberales no eran ya los únicos rótulos que definían a los grupos políticos, porque en todas partes empezaron a perfilarse grupos ultramontanos por una parte y grupos radicalizados por otra.

Vagas opiniones y sentimientos difusos fueron muchas veces los móviles de la acción. En la inquieta y fluida situación social, en los apasionados entreveros de la lucha por el poder, alguien tomaba una bandera y la seguía a muerte sin analizar el impulso que lo había movido y sin detenerse a considerar las implicaciones finales de sus actos. Pero por una u otra vía esas opiniones vagas y esos sentimientos intensos se iban canalizando, porque frente a ellos había cuadros establecidos de ideas y de principios que funcionaban como modelos. Esta canalización, esta reducción de un pensamiento difuso a un cuadro de ideas claras, constituyó una larga tarea que se desarrolló en las ciudades. En el seno de las burguesías urbanas se sabía lo que se quería, y se acumulaba una vasta experiencia política y una suficiente formación doctrinaria como para entrever la significación de cada acto espontáneo, de cada opinión vaga, de cada sentimiento difuso. El conservador sabía lo que quería conservar, hasta dónde valía la pena conservar cada cosa, a qué ritmo podía aceptar el cambio de otras. El liberal sabía lo que quería cambiar y lo que no quería cambiar, y a qué ritmo prefería que el cambio se realizara. Ni todos los liberales ni todos los conservadores coincidían entre sí: matices profundos o sutiles los separaban, aunque coincidieran en algunos esquemas fundamentales. Y con todo eso se establecían aquellos cuadros a los que, en situaciones límite, recurrían los que habían adoptado una opinión o comprometido su vida en un acto, alarmados por el giro de los acontecimientos y temerosos de pasarse o de no llegar a los vagos objetivos perseguidos.

Esta tarea se realizó en las ciudades, lentamente, como era inevitable en una situación social y política en la que se contraponían con frecuencia el arranque audaz de los impulsivos y la calculada prudencia de los cautelosos. Fue en las ciudades donde el trasvasamiento se operó lentamente, corrigiendo los ideólogos sus cuadros para que entraran nuevos contenidos aportados por los que se movían por impulsos espontáneos, por vagas ideas y por sentimientos difusos, mientras estos otros aprendían a moderar sus sentimientos y a inscribirlos en un marco que les permitiera reducir los riesgos de su maniobra o acrecentar el provecho que esperaban de ella.

A través de ese juego se delinearon con progresiva precisión los grupos de opinión y adquirieron visos de partidos políticos. Los problemas se clarificaban al tiempo que se desplegaba el limitado número de opiniones que cada problema suscitaba. Y cada opinión mostraba, a la luz de la experiencia política y del análisis doctrinario, cuáles eran sus alcances, sus posibilidades y sus consecuencias últimas. Los conservadores liberales se diferenciaron de los conservadores ultramontanos y antiliberales herederos de la ideología conquistadora. Los liberales ajustaron y reajustaron su doctrina tratando de armonizar los problemas que debían enfrentar con los principios que recibían elaborados: de los teóricos europeos, de las dos ramas de la masonería —escocesa y yorquina—, de los doctrinarios de otra revolución apenas entrevista en Latinoamérica pero que se ensayó en Europa en 1848. Así se diferenciaron los liberales moderados de los radicales, y ambos de quienes empezaban a pensar en una política autónoma para las clases populares.

Los dos grandes partidos —liberales y conservadores— comenzaron a adquirir coherencia y a incorporar las ideas surgidas espontáneamente de la acción, y a los hombres que las sostenían. El patriciado se dividió en liberales y conservadores. Pero en el mismo instante se dividió cada partido en alas ideológicas, que frente a las situaciones reales se combinaron en las más diversas alianzas. No fue raro ver conversiones doctrinarias, y menos aún conversiones prácticas: de conservadores se hicieron liberales Tomás Cipriano de Mosquera en Colombia y José Tadeo Monagas en Venezuela; y en Colombia se unieron todos cuando el general Melo quiso capitalizar las inquietudes populares en 1851. Ciertamente, era el de Melo un intento típicamente militar. Lo combatieron los militares, pero movidos por los civiles. Tan patente fue el papel de los militares en Latinoamérica por esta época que varias veces la antinomia de liberales y conservadores fue sustituida por la de militaristas y civilistas; pero no fue obstáculo para que hubiera dictaduras civiles tan enérgicas como las militares. En rigor, pese al juego de los partidos y a la vigencia de las constituciones, la lucha de las ideologías alimentó la tendencia espontánea —o acaso cierta necesidad de las sociedades inestables— al ejercicio del poder *de facto*. Fueron las burguesías urbanas las que se ocuparon de revestir los poderes *de facto* con el manto de la legalidad formal, como una transacción entre sus ideales doctrinarios y la tremenda necesidad de volver a encuadrar a las masas rurales liberadas dentro del sistema productivo y de contener la movilidad social que amenazaba desbordar los cuadros de las clases privilegiadas.

4. VISTA DE LA CIUDAD

Una fisonomía colonial o mejor, una fisonomía envejecida, descubrieron en las ciudades latinoamericanas los numerosos viajeros europeos que llegaron a ellas por esta época, muchos movidos por intereses comerciales, otros huyendo de los vaivenes de la política y algunos impulsados por un romántico espíritu de aventura. Desde las ciudades, y como abroquelados en un reducto de civilización, observaron con cierta sorpresa un mundo que no les resultó totalmente ajeno. Era una especie de Europa, quizá más primitiva, pero que ostentaba un exotismo moderado, curioso y al mismo tiempo tolerable. Observaron la naturaleza un poco desmesurada, y las ciudades un poco elementales. El que venía de alguna de las grandes capitales, sonreía con una suficiencia, en el fondo ingenua. Hacia 1850 no había en Mendoza o en Veracruz hoteles tan buenos como en París. Pero, de todos modos, el espectáculo interesaba a los viajeros. Algunos escribieron sus impresiones de viaje y los que sabían manejar el lápiz o la acuarela buscaron un punto de vista apropiado y esbozaron una vista de la ciudad.

A pesar de su aire ligeramente desdeñoso, muchos viajeros —trasmutados en escritores y pintores— observaron cuidadosamente las ciudades latinoamericanas en el medio siglo que siguió a la Independencia. Sin duda les llamaron la atención, sobre todo por sus contrastes. Ciertamente las estaban contemplando en un momento singular de su desarrollo, cuando un cambio profundo se operaba en sus sociedades sin que se produjera simultáneamente una transformación en su aspecto físico. Su trazado y su arquitectura eran predominantemente coloniales, pero las sociedades urbanas eran criollas y estaban en plena ebullición. Raramente el recién llegado podía percibir la intensidad del cambio que se estaba operando en la vida de las ciudades, y sus observaciones sólo sorprendían un momento del proceso. Pero en cambio fijaban en su memoria, o en el dibujo, la perdurable imagen del conjunto urbanístico y arquitectónico: las iglesias, las rejas y balcones de las viejas casonas, el manso conjunto que circundaba la plaza Mayor.

Sin duda era curioso para el extranjero el espectáculo de estas ciudades que, cualesquiera fueran sus rasgos, funcionaban como las ciudades de su país de origen. Así las vieron también los nativos, como núcleos arquitectónicos y como centros sociales que cumplían un papel singular, no sólo en la vida del país sino también en la del mundo, como un eslabón del entrecruzado mundo urbano que había creado la economía mercantilista y que empezaba a servir a la economía industrial. Un papel que no pasó inadvertido para el novelista seducido por el realismo, para el sociólogo sorprendido por una realidad inesperada, para el historiador preocupado por la sucesión de los cambios. Benjamín Vicuña Mackenna escribió metódicamente sobre Valparaíso y Santiago de Chile, y muchos reunieron materiales o expusieron lo que sabían acerca del desarrollo de su ciudad.

Ciertamente, las ciudades eran por entonces objeto de curiosidad y de estudio. Las de Europa crecían al calor de las transformaciones económicas, y la industrialización cambiaba las costumbres, las condiciones de vida, los objetos de uso. La aceleración del cambio técnico acentuaba los contrastes. Y tanto el observador extranjero como el observador nativo que había visitado Europa analizaban y juzgaban las ciudades según ciertos patrones que denunciaban el estancamiento o el progreso. En rigor la ciudad fue el indicador del cambio, y todos pusieron en ella sus miradas para descubrir si la sociedad a la que pertenecían se había incorporado al proceso desencadenado en Europa.

Pero, en Latinoamérica, muchas de las ciudades que habían comenzado a transformarse a fines del siglo XVIII interrumpieron su leve desarrollo con motivo de las alteraciones que produjeron la Independencia primero, y las guerras civiles después. Se trastornaron los circuitos comerciales y se modificaron las relaciones entre los centros urbanos y las regiones circundantes, en tanto que las ciudades fueron ocupadas una y otra vez por los bandos en pugna y destruidos o requisados los bienes de uso y de producción. En esas condiciones, el leve movimiento comenzado poco antes se contuvo. Fue distinto en las ciudades protagonistas de las nuevas corrientes económicas: las que recibían y distribuían las importaciones extranjeras, las que concentraban la producción para exportarla; y fue distinto también en varias capitales que se beneficiaron con la presencia del poder político. Pero en muy pocas la continuación o la renovación del desarrollo económico se tradujo en una transformación de la ciudad física que impresionara al viajero que se disponía a tomar una vista de la ciudad o a describirla. Un agudo geógrafo, Agustín Codazzi, luego de reseñar los progresos de la ciudad venezolana de Barinas desde 1787 hasta 1810, explicaba las causas de su decadencia: "Ya se ha dicho que la guerra la destruyó; el incendio y los saqueos no le permitieron levantarse tan pronto como a otros puntos. Aquellos hombre ricos y pudientes que daban lustre a Barinas, o abandonaron sus hogares huyendo, o perecieron en ellos, o la guerra los regó por todas partes, y los pocos que volvieron quedaron en la indigencia. El dinero se había consumido, la riqueza pecuaria había perecido y la agricultura había quedado enteramente abandonada. Quedó despoblada Barinas, desiertas sus sabanas, yermos sus campos, enmontadas sus haciendas, escombradas sus casas. Una nueva era se presentó, la de libertad e igualdad, y cada cual se creyó libre, como lo era efectivamente; y dueño de todas sus acciones, no se quiso someter a nadie". En mayor o menor medida, el proceso se repitió en muchas ciudades. El argentino Sarmiento describió en *Recuerdos de provincia* la suerte de San Juan y en *Facundo* la de otras ciudades. El brasileño Joao Lisboa anotó los rasgos languidecientes de San Luis de Marañon. La marquesa de Calderón de la Barca decía hablando de México: "Ninguna ciudad de este país ha decaído tanto desde la independencia como Morelia", pero no dejaba de ser significativo que el puerto de Veracruz, víctima de los azares de la guerra, hubiera perdido su antigua pujanza y pareciera una ciudad estancada. Y otros puertos importantes de la época colonial, como El Callao, Panamá y Cartagena, habían sufrido una parecida declinación.

Por lo demás, eran muchas las ciudades que no habían tenido todavía un desarrollo significativo, y se sumaban a las que habían declinado para acrecentar el cuadro general de estancamiento. ¿Qué imagen podían ofrecer Cuzco o Quito, Ouro Preto o Tacna, Cochabamba o Monterrey, Asunción, Guatemala o Valdivia? El siglo xviii sobrevivía en ellas: la misma plaza, la misma fuente, la misma iglesia, las mismas calles con las mismas casas. Quien leía una antigua descripción de la ciudad descubría que nada había cambiado.

Al calor de la nueva economía se fundaron nuevas ciudades, o se transformaron en ciudades viejas aldeas: Bahía Blanca y Rosario en la Argentina, Tampico en México, Colón en Panamá, Barranquilla en Colombia. "Fruto espontáneo del comercio", llama a esta última Miguel Samper, refiriéndose a su fulminante desarrollo hacia 1872: "En ella existen quizá más extranjeros que en todo el resto de la república; el inglés se oye hablar en los escritorios, en los docks, en el ferrocarril, en los vapores; y el movimiento comercial, el ruido de la actividad, el pito de la máquina de vapor, forman contraste con la quietud de las ciudades de la altiplanicie".

Pero el aspecto de estas ciudades prósperas era todavía muy primitivo. El trazado era irregular; la edificación consistía más en ranchos de paja que en casas de mampostería, y aun éstas eran sumarísimas, como para resolver de inmediato el problema del techo; los terrenos baldíos asomaban en pleno centro urbano, y el centro de la actividad solía consistir en dos o tres calles, o en una aglomeración constituida alrededor del puerto o de la estación del ferrocarril. Algo parecido ocurría en las ciudades y pueblos de frontera, o en aquellos que surgían a lo largo de las vías férreas, a partir de una precaria casa de comercio instalada frente a la estación.

También fue gracias al calor de la nueva economía y de las nuevas situaciones sociales como progresaron las ciudades que más cambiaron su fisonomía en el largo medio siglo posterior a la Independencia. Fue en algunas capitales políticas, en algunos puertos, en algunas ciudades donde se acentuó la centralización de la economía regional. Las capitales que eran al mismo tiempo puertos, como Buenos Aires, Montevideo o Río de Janeiro, reunieron las mayores ventajas. A la activación económica unían la influencia del poder político, y a la concentración de la riqueza sumaban, en ocasiones, las tendencias modernizadoras de ciertos grupos. Los puertos reflejaron la intensificación del tráfico comercial. Panamá comenzó a salir de su postración cuando quedó unida por ferrocarril al puerto atlántico de Colón en 1855, y muy pronto adquirió un nuevo rostro impuesto por el nutrido contingente de población norteamericana que se instaló en ella. Guayaquil y El Callao crecían lentamente, aunque el segundo tuvo ya en 1851 conexión ferroviaria con Lima.

Pero el puerto del Pacífico que creció más y el que más pronto se transformó en una ciudad moderna fue Valparaíso, que recogió el fruto de la activación económica del área suscitada por el descubrimiento del oro en California y Australia. En conjunto la superaba Santiago, que no ocultó sus celos del puerto que quería "ser de mayor importancia y consideración que la capital de la República", como diría Blest Gana; pero a medida que se poblaba el anfiteatro montañoso que enmarcaba la bahía, Valparaíso adquiría un aire cada vez más vivaz y pintoresco. Las vistas de la ciudad de Wood, Fisquet y Lafond de Lurcy reflejaban sobre todo ese aspecto; pero las primeras fotografías preferían dar la imagen de la ciudad que se modernizaba, con su aristocrático hotel Aubry en la calle de la Aduana, casi tan elegante como el hotel Pharoux de Río de Janeiro. Para 1856 Valparaíso tenía ya 52.000 habitantes, y veinte años después alcanzaba los 97.000. Una intensa actividad comercial ocupaba a mucha gente. "La plaza de la Aduana, abierta al lado del mar —escribía en 1847 Max Radiguet— muestra esa actividad, esa agitación bulliciosa que denota numerosas e importantes transacciones comerciales: sólo hay allí montones de bultos ensunchados y cubiertos, barriles de todas dimensiones y formas, grandes cajas pintadas vistosamente y llenas de letreros desiguales, obra laboriosa de un pintor chino". Y sin embargo, Valparaíso apenas estaba entonces en el comienzo. Las exportaciones de trigo, especialmente hacia California, habían tonificado su comercio y sus importaciones crecieron paralelamente, acrecentando cinco veces sus rentas de aduana entre 1841 y 1870. Crecía el movimiento portuario, y el tráfico interno se hizo más intenso y ágil a partir de la inauguración, en 1863, de la vía férrea que unió Valparaíso con Santiago. Una notable transformación urbana acompañó a este esplendor económico. La zona portuaria había quedado unida con el suburbio del Almendral ofreciendo un frente compacto de edificación. Nuevos edificios cambiaron el aspecto del centro, en tanto que el Almendral se transformaba en un barrio de hermosas casas ocupadas preferentemente por comerciantes extranjeros. Hoteles, negocios y bancos fueron instalándose sobre la estrecha calle de la Aduana —hoy Prat—, a cuyo alrededor apenas quedaban vestigios de la vieja ciudad colonial.

Río de Janeiro fue la primera ciudad latinoamericana que sufrió cambios importantes en su fisonomía, ya en las primeras décadas del siglo. La sorpresiva llegada del regente de Portugal Juan VI en 1808, fugitivo de los franceses y protegido por la flota británica, transformó de pronto a la somnolienta capital virreinal en corte, sin estar, por cierto, preparada para ello. Alojar a la familia real y a las quince mil personas que componían su comitiva constituyó un problema difícil que se resolvió transformando funcionalmente el centro de la ciudad. El palacio virreinal, el convento de los Carmelitas y la cárcel fueron dedicados sin otras modificaciones que las imprescindibles a hospedar a la corte; pero desde ese momento todo empezó a cambiar poco a poco. Los nobles portugueses impusieron sus propias necesidades y contribuyeron al cambio. Pero más contribuyeron los comerciantes ingleses y franceses que se aprestaron a satisfacerlas aprovechando la apertura de los puertos. Al cabo de poco tiempo, la Rua do Ouvidor se convirtió en un rico y variado escaparate de productos extranjeros, y en ella se reunían los elegantes en improvisadas tertulias callejeras.

Muy pronto el aspecto edilicio de Río empezó a cambiar. El regente recibió en obsequio una lujosa quinta en las afueras de la ciudad, y se trasladó a ella: le llamó *Boa Vista*, y dispuso que se mejoraran las calles para llegar a ella. El camino —*Aterrado*— dio su nombre al barrio, que poco a poco empezó a cubrirse de casas nuevas, prestigiadas por la proximidad del palacio real. Fue la *Cidade Nova*, con la cual se extendió el perímetro urbano hasta San Cristóbal. Pero no fue la única expansión. Una fábrica de pólvora levantada cerca de la laguna Rodrigo de Freitas y el jardín botánico que el regente hizo instalar en sus vecindades creó otro polo de expansión que poco a poco se urbanizó, dando origen a los barrios de Lagoa y Gávea. Y la iniciativa de los nuevos residentes extranjeros —diplomáticos y comerciantes— promovió la formación de nuevos barrios, unos en la costa, como Glória, Flamengo y Botafogo, y otros en los valles, en Laranjeiras o Tijuca.

A lo largo del período imperial Río de Janeiro alcanzó cierto esplendor. Su expansión fue espontánea, pero en algunos aspectos su transformación fue el resultado de la obra de urbanistas franceses que trabajaron intensamente en la ciudad: Auguste Grandjean de Montigny y Auguste Glaziou. Abrieron o remodelaron calles, plazas y jardines, y hasta se pensó —ya bajo la influencia de la obra del barón Haussmann en París— en una modificación de la ciudad que desvaneciera su estructura colonial. Algo se había hecho ya. La Plaza del Mercado, terminada en 1841, renovó el aspecto de la zona, junto con las obras que se hacían en el puerto; y la Plaza de la Aclamación, antes Campo de Santa Ana, se transformó en un jardín francés. Muchos edificios se fueron levantando a lo largo de los años del Imperio; algunos públicos, como el Teatro Real primero, en la Plaza Tiradentes, y el Teatro Lírico después, la Iglesia de la Candelaria, la Casa de la Moneda; otros privados, como los que se levantaron en el *Aterrado*, cerca del Palacio de *Boa Vista*, y muy especialmente el de la amante real, la marquesa de Santos, o como los suntuosos palacios de Itamarati y Catete, que hicieron edificar ricos hacendados, el primero en 1854 y el segundo en 1866.

Capital imperial y puerto al mismo tiempo, Río de Janeiro mostraba cierta actividad comercial. El vizconde de Mauá promovió numerosas empresas, y a él se debió la inauguración del alumbrado a gas y del primer ferrocarril en 1854. Pero él veía su ciudad modesta y provinciana, como lo era en realidad, como la evocó después melancólicamente Machado de Asís en *Don Casmurro*, como parecía en las vistas de la ciudad del austríaco J. Varrone o aun en las del francés Jean Baptiste Debret. Su esperanza estaba puesta en la animación que desencadenarían los ferrocarriles que soñaba construir y que debían internarse en las zonas productivas del interior. "Es entonces cuando Río de Janeiro será un centro de comercio, industria y riqueza, civilización y fuerza, que nada tenga que envidiar a ningún punto del mundo", dijo al inaugurar el primer tramo en presencia del emperador Pedro II.

También México fue, por pocos años, capital imperial, cuando Maximiliano y Carlota ocuparon el trono. Pero fue un trono inestable, amenazado por la resistencia armada de los mejicanos que no veían en él sino el símbolo de la invasión. No era momento para ocuparse de proporcionar a la capital un brillo imperial, y sólo el paseo que unía a la ciudad vieja con el castillo de Chapultepec mereció cierta atención. Y sin embargo, aquella vía —el Paseo del Emperador, luego llamado Paseo de la Reforma— señaló el camino de la expansión de la ciudad.

Promediando el siglo XIX otras capitales comenzaron a cambiar su fisonomía. Una mayor estabilidad política y alguna forma de riqueza permitió que las clases altas y los gobernantes se ocuparan de dar a las ciudades una apariencia nueva, acorde con su importancia y, sobre todo, con sus pretensiones de lujo inspiradas en el ya obsesionante ejemplo de París. No hubo remodelaciones importantes en la planta urbana, pero en los barrios de clase alta empezaron a aparecer las residencias con pretensiones de palacios, mandadas hacer por opulentos comerciantes, hacendados o mineros. La tendencia al *revival* que se manifestaba en algunos países europeos produjo en las ciudades latinoamericanas también la aparición de palacios neogóticos y moriscos. Pero en general predominó en la arquitectura un eclecticismo afrancesado que correspondía a la influencia preponderante en los gustos y las costumbres.

Con la prosperidad de que gozó Chile entre 1840 y 1870, la clase rica de Santiago alcanzó un gran esplendor del que fueron reflejos las casonas o *petit-hotels* que los más poderosos de sus miembros hicieron edificar. Los Ossa tuvieron el capricho de tener una casa que imitara la Alhambra. Enrique Meiggs, el norteamericano enriquecido con los contratos de trabajos públicos, quiso tener su casa bostoniana. Pero la mayoría recogió la influencia francesa: los Blanco Encalada, los Larraín Zañartu, los Concha y Toro, los Subercaseaux, los Cousiño. Las viejas calles se vestían de nueva arquitectura, aunque por la Alameda, donde ya estaba la casa de los Amunátegui, se veía abierta una nueva vía residencial, más al sur de la cual por cierto empezaban los nuevos rancheríos, acaso más siniestros que los que ocupaban la otra ribera del Mapocho. Enclavado en la ciudad, el Parque Cousiño constituyó un alarde de jardinería francesa; y Benjamín

Vicuña Mackenna, historiador y alcalde de Santiago, transformó en hermoso paseo público el cerro de Santa Lucía. Sólo después de 1870 empezó el lento cambio de otras ciudades. Varias adoptaron la iluminación a gas, introdujeron los tranvías a caballo, perfeccionaron los sistemas de aprovisionamiento, comenzaron a pavimentar algunas calles y mejoraron los servicios de seguridad. El crecimiento de la población se tradujo en una extensión de los viejos suburbios y en la aparición de otros nuevos. La estación de ferrocarril fue, como los puertos, un núcleo singular de desarrollo urbano, y el denso mundo del juego y la prostitución estimuló otros focos extramuros. Mercados y mataderos atrajeron una población abigarrada, y muy cerca se fue demarcando el límite urbano-rural. Un chileno, José Antonio Torres, describió en 1858 ese mundillo en *Los misterios de Santiago*, una novela que imitaba la de Eugène Sue.

Algunas de esas ciudades aceleraron su transformación. Caracas, en la época de Guzmán Blanco, sufrió cierto cambio en su fisonomía con la construcción del Capitolio, del frente neogótico de la universidad y con la remodelación de la Plaza Bolívar. Sarmiento incorporó a la ciudad de Buenos Aires el parque de Palermo, trazado en los terrenos de la residencia de Rosas. San Pablo empezó también por entonces a cambiar rápidamente. Hacia 1860 el viajero francés Auguste Emile Zaluar destacaba el aspecto contradictorio de la ciudad, en la que la Facultad de Derecho y el mundo de los estudiantes parecían expresar su espíritu, a pesar del creciente movimiento comercial que se advertía como proyección de la riqueza cafetera de la región. "Sáquese la Academia de San Pablo y ese centro morirá de inanición. Sin trabajo y sin industrias montadas en gran escala, la capital de la provincia, dejando de ser lo que es, dejará de existir." Pero San Pablo se transformó rápidamente a partir de 1870. La ciudad dejó de ser el *burgo de estudiantes* para transformarse en la *metrópole do café*. Contra la opinión de algunos, la creación de la red ferroviaria que unió a San Pablo con Río de Janeiro y con el puerto de Santos robusteció su posición. Apareció la industria textil en 1872 y se instalaron en la ciudad ricos hacendados del interior que construyeron buenas residencias. Comenzó a cambiar la fisonomía de calles y plazas, tanto que se pudo hablar de una segunda fundación de la ciudad: el proceso, a diferencia de lo que ocurrió en Caracas, ya no se detuvo.

"Las murallas de Lima —escribía el viajero francés Edmond Cotteau en 1878— han sido demolidas recientemente y remplazadas por nuevas calles; pero todos estos barrios se construyen lentamente: la crisis comercial y monetaria que sufre el Perú paraliza todo el espíritu de empresa." El designio modernizador del presidente Balta, estimulado por las iniciativas del empresario norteamericano Enrique Meiggs, abatió las murallas entre 1869 y 1871, y construyó el puente de hierro sobre el Rimac; pero las posibilidades de expansión no fueron inmediatas: menos aún después de la guerra y la ocupación de la ciudad por las tropas chilenas. Algo semejante había ocurrido antes con Montevideo. Derribadas las murallas a partir de 1829, se agregó a la ciudad vieja lo que se llamó la ciudad nueva: una plaza para el mercado y una calle central —18 de Julio— ordenaban un damero que fue proyectado en 1836 y cubría el ejido de la ciudad. Durante unos pocos años empezaron a levantarse algunas construcciones en la zona, pero el estallido de la guerra y el sitio de la ciudad a partir de 1843 la transformaron en campo de batalla hasta 1851, deteniendo su desarrollo. Otros núcleos urbanos aparecieron entretanto en las vecindades: la villa del Cerro, llamada Cosmópolis, la villa de la Restauración —luego bautizada con el nombre de La Unión—, el Cerrito de la Victoria y el Buceo. Estos y otros núcleos empezaron a vincularse después de la paz de 1851, y crecieron gracias a la población inmigrante. No faltaron edificios ambiciosos, como el Teatro Solís, levantado en 1856, o el Mercado de la Abundancia, en 1859. Pero aun después la inestabilidad política mantuvo un lento crecimiento urbano, y las vistas de la ciudad que habían pintado Théodore Fisquet en 1836 y Adolphe D'Hastrel en 1840 aún seguían reflejando en cierto modo su tradicional fisonomía.

Abiertas a las influencias extranjeras, las ciudades latinoamericanas empezaron a transformarse cuando se estabilizaron en alguna medida los procesos sociales y políticos y comenzó a crecer la riqueza: fue preocupación fundamental de las sociedades patricias enmarcar su vocación de legítima aristocracia arraigada en la tierra dentro del cuadro de la civilización europea. Todo se imitó: desde los modelos arquitectónicos hasta la costumbre de tomar el té. Y sin embargo, las formas de la convivencia fueron predominantemente acriolladas durante este largo medio siglo que siguió a la Independencia. Cuando se aceptaron definitivamente las costumbres europeas en las clases altas, el viejo patriciado había cedido su lugar a una nueva generación, a una nueva clase.

5. UNA CONVIVENCIA ACRIOLLADA

Centros de irradiación de las metrópolis, las ciudades latinoamericanas reprodujeron durante la colonia las formas de vida hispanolusitanas y las fueron alterando al compás de los cambios que sufrió su sociedad. Imperceptiblemente las formas de vida se acriollaban en las ciudades por las influencias indirectas del ambiente. Subsistían las convenciones de la sociedad hidalga, los usos y las formas, pero muchas cosas alteraban la artificiosa situación de los privilegiados a través de aquellos de sus miembros a quienes las circunstancias sacaban de su reducto y los ponían en contacto con la nueva sociedad. Fue, sobre todo, en el trato con esclavos y servidores, y mucho más en el campo que en las ciudades. Cuando la Independencia quebró los lazos de la sociedad tradicional, las sociedades urbanas comenzaron a ruralizarse en alguna medida, y fue inevitable que las formas de vida y convivencia adquirieran el aire criollo que era patrimonio de los grupos rurales que se incorporaban.

La ruralización no tuvo en todas partes la misma intensidad ni el mismo ritmo. Ciudades provincianas envueltas desde muy temprano en la atmósfera campesina, apenas advirtieron la acentuación de esa influencia después de la emancipación. Donde sí se advirtió fue en aquellas que habían mantenido más viva la tradición urbana y peninsular, y en las que, después de la Independencia, se conjugaron los grupos recién llegados de ingleses y franceses, dedicados al comercio, y los grupos rurales traídos por el sacudón político. Tocaron estos últimos la sociedad urbana por arriba y por abajo: formaron parte del aparato de poder de los nuevos señores, y de los suyos salieron muchos que escalaron posiciones políticas e hicieron fortuna; pero los más se incorporaron a las clases populares, imprimiéndoles unos caracteres que no eran los de los antiguos grupos sometidos de indios, mestizos y esclavos negros.

Se vieron estos cambios en Caracas, en la época de Páez y los Monagas, en Montevideo, en México y en Veracruz. Pero mejor que en cualquier otra ciudad se vio en Buenos Aires, cuyo ambiente durante la época de Rosas describió, con apasionamiento político pero con ajustado colorido, José Mármol en su novela *Amalia*. Criollas y ruralizadas eran las clases dominantes, sin perjuicio de que se sintieran atraídas por el encanto de las costumbres europeas. Y este extraño contraste fue el que percibió y expresó el viajero Xavier Marmier en 1850, en cuyo relato vale la pena detenerse: "Para ayudarme a exponer algunas de estas imágenes cotidianas, suponga el lector que me acompaña por algunos momentos en un paseo a pie por las calles de la ciudad. Entramos en la calle de Perú: a derecha e izquierda se descubre el lujo y la industria de Francia: en las mueblerías, joyerías y peluquerías; en las sedas recién llegadas de Lyon y en las cintas de Saint-Etienne, así como en las últimas creaciones en vestidos y sombreros. Detrás de una ventana enrejada, una muchacha prepara una guirnalda de flores artificiales que podría figurar muy bien en un salón del Quartier Saint-Germain; un sastre coloca en su vidriera el nuevo figurín del *Journal des Modes* que ha llegado la víspera por el paquebote del Havre y que será la atracción de los elegantes; un librero dispone cuidadosamente sobre sus estantes una colección de libros. El librero se sentiría perplejo si alguien le pidiera las obras de Garcilaso de la Vega o de algún otro historiador español antiguo, pero siempre tiene a mano las noveles de Dumas, de Sandeau y las poesías de Alfred de Musset. Diríase un rincón de París o una copia de Rue Vivienne. Y lo es, en efecto, pero una copia con chaleco color escarlata, como aquellos que lucían en París después de nuestra famosa revolución de febrero."

"Hacemos un rodeo y pasamos por los comercios ingleses y por el taller del inteligente Favier, que hace con la misma delicadeza, un retrato al óleo que uno al daguerrotipo. Así llegamos al Cabildo, policía y cárcel de la ciudad. La escena cambia súbitamente. Estábamos en Europa; ahora estamos en la América primitiva, en la región de las Pampas. Bajo los porches se amontonan los soldados, que en nada se parecen a los europeos; los hay negros y blancos, con uniforme y sin él, tal cual lleva un poncho indio y otro el talle oprimido por una chaqueta inglesa. Hay quienes se cubren la cabeza con un pañuelo, otro con un gorro de manga o con un sombrero redondo. Para eso hay completa libertad. Sobre un solo punto de indumentaria, si no me equivoco, deben guardar un orden establecido: en llevar el pantalón desflecado en el extremo inferior y los pies descalzos; se me ocurre que en las tropas de Rosas los grados pueden distinguirse por las extremidades inferiores: los soldados andan descalzos, el sargento con botines, el oficial con bota de cuero común, los generales con botas de charol. Es una manera más prudente que la nuestra de reconocer la jerarquía militar; en esta forma, el subalterno, para saber el grado del superior, deberá mantenerse siempre con los ojos bajos."

"Divertida es la morosidad y pereza con que estos defensores de la patria montan la guardia y llevan sus fusiles. Mientras los observo, un ruido de hierros se deja sentir en el pavimento de la calle y un caballo que ha llegado al galope se detiene bajo la mano vigorosa del jinete, como si clavara las patas en el suelo. Es un caballo de estancia montado por un gaucho. Aquí está el verdadero soldado de la América del Sur, el hijo de la pampa con toda su masculina belleza."

El viajero, después de describir cuidadosamente el traje del gaucho y sus hábitos, pinta el singular ambiente de las plazas de carretas y muestra el tipo del carretero, encerrado en su concepción de la vida, inmerso en su atmósfera rural aunque esté en el borde de la ciudad, a quien no se le ocurre "ver el obelisco de la plaza de la Victoria ni las magnificencias de la calle del Perú"; y termina diciendo: "Carreteros y gauchos: he ahí la parte más pintoresca de la población de Buenos Aires. Veamos, sin embargo, otros aspectos. Tiene la ciudad unos ciento veinte mil habitantes, de los cuales la mitad son extranjeros perteneciente a diversas naciones". Eso era la Buenos Aires rosista, entre europea y gaucha, modelo extremado del cambio que la revolución trajo, en mayor o menor medida, a cierto número de ciudades latinoamericanas.

Al destierro de las tradicionales formas de vida y convivencia, siguió, pues, una extraña conjunción de influencias rurales y anglofrancesas. Hubo partidarios de unas y otras, a veces agresivos y fanáticos; y hubo quienes aceptaron las dos y, al someterse a ellas, elaboraron curiosas combinaciones que sorprendieron a los observadores y no dejaron de suscitar alguna ironía; pero fue ése precisamente el camino que siguió trabajosamente la convivencia en las grandes ciudades —capitales y puertos— en tanto que la tradición peninsular ruralizada predominaba en las ciudades al margen de la influencia y la penetración anglofrancesa.

Refiriéndose a la descuidada manera de vestirse de las mejicanas, la marquesa de Calderón de la Barca apuntaba: "Esta indolencia, es cierto, está pasando de moda, especialmente entre la gente joven de la sociedad, quizás debido a su más frecuente trato con los extranjeros, aunque probablemente ha de pasar mucho tiempo antes de que la mañana en casa deje de considerarse, en tiempo y lugar, el sitio privilegiado para andar a medio vestir. No obstante, he hecho muchas visitas a donde encontré a toda la familia muy bien puesta y arreglada; pero pude darme cuenta de que en estos casos los padres, y lo que es aún más significativo, las madres han viajado a Europa, y a su regreso han establecido un nuevo orden de cosas". Para muchos miembros de las nuevas clases altas parecía importante conservar la tradición criolla manifestada en el vestido, la comida, las devociones y las fiestas. Parecía necesario conservar la tradición jarocha en Veracruz o la tradición gaucha en Buenos Aires para que las nuevas nacionalidades consolidaran su fisonomía. En las mesas de 1840 que evocaba el argentino Santiago Calzadilla era "todo criollo" y del *menu*, "ni el nombre se conocía entonces". El mismo decía que en aquellos tiempos "tampoco caminábamos a la francesa [...] sino que se caminaba a la criolla", costumbre que a su vez criticaba en Río de Janeiro un personaje de Machado de Asís en *Don Casmurro*. Pero el mismo Calzadilla también gustaba de imaginar el barrio sur como una especie de Saint-Germain y decía en otra parte: "A mí me gusta el mate, cierto, pero más me gusta el coñaque, que sienta al estómago después de comernos un buey asado, como lo hacemos generalmente aquí".

De tal contradicción no se saldría hasta las últimas décadas del siglo, cuando los usos extranjeros derrotaron a los de tradición criolla, convirtiéndolos en leves resabios nostálgicos. Pero hasta esa época, y desde la Independencia, las nuevas sociedades vivieron en la contradicción, elaborando sucesivas combinaciones. En Bogotá se distinguía entre la gente de ruana y la gente de levita, dos clases sociales, sin duda, pero protagonistas también de dos estilos de vida. La contradicción se hizo más patente en la gente de levita, que, en algunos casos, había usado ruana hasta muy poco antes. Si cierta ideología nativista la impulsaba a conservar y exaltar lo criollo, la condición de clase alta la inducía a adoptar modas y costumbres extranjeras. La llegada a Bogotá de Madame Gautron, la primera modista francesa, en la década de 1840, fue un hecho importante en la vida de la ciudad que, por lo demás, se había producido en muchas ciudades a partir de la época en que se habían establecido las primeras en Río de Janeiro, en la Rua do Ouvidor. No desdeñaba el pensador argentino Juan Bautista Alberdi ocuparse de la moda —y se llamó *La Moda* un periódico que él inspiraba—, hasta el punto de difundir él mismo, con el seudónimo de *Figarillo*, las que provenían de París y quería ver arraigadas en Montevideo y Buenos Aires.

Casas de pretensiones, obra a veces de arquitectos franceses, alojaron a las familias que querían ostentar su riqueza. En ellas aparecería el lujo, ese fenómeno que despertó la atención de los observadores y la crítica vehemente de los moralistas. Pero durante mucho tiempo fue una excepción en el círculo de las familias tradicionales. Hacia 1860, el novelista limeño Luis Benjamín Cisneros escribiría condenándolo. Pero sólo empezaba a aparecer. Hasta entonces predominaba una convivencia acriollada que él describía agudamente en su novela *Julia*: "La prontitud con que individuos y familias enteras adquieren entre nosotros la amistad más estrecha y la confianza más ilimitada —escribía en un *ex-cursus* moralizante—, constituye una cualidad innata del carácter del país. A ella debe el extranjero que llega desconocido a nuestras puertas la consideración, las predilecciones y el cariño de que inmediatamente se ve rodeado. En esa cualidad tienen también su origen las encantadoras especialidades de nuestro modo social de existir. Hablo de los rasgos distintivos de nuestra vida privada, es decir, de nuestras relaciones de familia a familia, de persona a persona. La necesidad de expansión, las simpatías instintivas, las improvisadas y sinceras afecciones, las ingenuas y mútuas confidencias, las tiernas solicitudes, el deseo general de hacer el bien, el espíritu de caridad en las familias, todo esto reunido constituye entre nosotros cierta vida de corazón que no se halla tal vez en otros pueblos de la tierra. Los que nacidos en nuestra sociedad y transplantados un día al torbellino inmenso de las grandes poblaciones modernas, hemos visto el vacío que esas sociedades dejan a los sentimientos íntimos, vivido en la soledad de todo afecto desinteresado y sentido el corazón como en un desierto, somos los únicos que podemos apreciar toda la dulzura y todos los encantos de nuestra vida de afecciones". Sobre esta atmósfera de las ciudades patricias comenzó a flotar no sólo la tentación de las modas y los objetos extranjeros, sino también una nueva manera de entender la vida.

El costumbrista descubrió un vasto campo de observación en estas sociedades que buscaban su fisonomía entre lo nuevo —aunque viejo— entre lo criollo y lo extranjero. En *Las tres tazas*, José María Vergara y Vergara fechaba cambios insignificantes y reveladores en las tertulias bogotanas: se tomaba chocolate en 1813, café en 1848 y té en 1865. La tertulia era una expresión tradicional de la forma de vida latinoamericana; pero en su seno fueron acuñándose las nuevas costumbres y sus implicaciones. *Figarillo* describía genéricamente la de Buenos Aires y Montevideo; pero pocos novelistas de la época resistieron a la tentación de pintar las tertulias que se celebraban en sus ciudades, con sus personajes en movimiento y ajustados al sistema vigente de normas: Cisneros las de Lima, Cuéllar las de México, María Nieves las de Arequipa, Blest Gana las de Santiago, diferenciadas éstas según las clases sociales. El escritor costumbrista subrayaba los rasgos del ambiente, los pequeños detalles del trato, el vestido, las bebidas y los bocados que se ofrecían. El mismo análisis ejercitaban en la descripción de las fiestas. En *Amalia*, el argentino José Mármol subrayaba los rasgos de la sociedad que se congregaba en el baile ofrecido al gobernador Rosas: "Se bailaba en silencio. Los militares de la nueva época, reventando dentro de sus casacas abrochadas, doloridas las manos con la presión de los guantes, y sudando de dolor a causa de sus botas recién puestas, no podían imaginar que pudiera estarse de otro modo en un baile que muy tiesos y muy graves. Los jóvenes ciudadanos, salidos de la nueva jerarquía social, introducida por el Restaurador de las Leyes, pensaban, con la mayor buena fe del mundo, que no había nada de más elegante y cortés, que ir regalando yemas y bizcochitos a las señoras. Y, por último, las damas, unas porque allí estaban a ruego de sus maridos, y éstas eran las damas unitarias; otras porque estaban allí enojadas de encontrarse entre las personas de su sociedad solamente, y éstas eran las damas federales, todas estaban con un malísimo humor; las unas despreciativas, y celosas las otras." Por su parte, el colombiano Cordovez Moure recordaba el baile que ofreció en Popayán José María Mosquera —"el patriarca de la ciudad"— a Bolívar, en el que el Libertador obligó a una de las jóvenes patricias a bailar con el coronel Carvajal, negro y llanero pero vestido de húsar polaco, y recordaba también el que varios caballeros bogotanos ofrecieron en 1852, del que subrayó que fue el primero en el que empezó a "introducirse la costumbre de arreglar tocadores con objetos de repuesto para las señoras que pudieran necesitarlos": contó este último con la presencia del presidente de la república y fue tan brillante que un acaudalado Mister Goschen, miembro del parlamento inglés que estaba de paso, dijo que "creía estar presenciando un baile de corte dado por su soberana". Agregaba Cordovez Moure que esta observación había sido hecha "con la franqueza peculiar de los ingleses".

De ingleses fue el baile organizado en 1840, en el Palacio de Minería, al que asistió la marquesa de Calderón de la Barca. "En lo que a joyas se refiere, ninguna de las damas extranjeras podría atreverse a competir con las de aquí", escribía la marquesa, pero agregaba: "Muchos vestidos se veían recargados, defecto muy frecuente en México, y muchos otros, aunque magníficos, estaban pasados de moda". En cambio fue un norteamericano residente en Chile, el audaz empresario Enrique Meiggs, quien ofreció en 1866 el magnífico baile que tuvo como escenario su lujosa quinta santiaguina de la Alameda, rodeada de jardines. Benjamín Vicuña Mackenna vio allí una sociedad sin mácula, bien diferente, por cierto, de la que pocos años antes pintaba Blest Gana en los bailes que describía en *El ideal de un calavera* y en *Martín Rivas*: allí estaban los "tontos graves", los "chinchosos" y, sobre todo, los "elegantes", a quienes "pocas mujeres se les resisten, hablan sólo de miles de pesos, ¡nunca de menos! Han ido o piensan ir a Europa y jamás se arredran para decir una necedad", porque como decía su observador personaje, "en toda reunión de gente hay siempre seres más curiosos que en el museo zoológico más poblado".

El teatro o los lugares de veraneo —como Chorrillos para los limeños— era igualmente un lugar de exhibición para las clases altas. Como en las tertulias y en los bailes, se veía en el teatro apuntar lo que no dejó de observar ningún costumbrista: una progresiva tendencia al lujo. No era una tendencia natural en las sociedades criollas, sino una imitación de las formas de vida que empezaban a elaborarse en Europa al calor del desarrollo industrial y de la formación de las primeras grandes metrópolis. En rigor, era, simplemente, una imitación de las formas de vida de las nuevas burguesías de París tal como se delinearon en época de Luis Felipe y cobraron definida fisonomía en la de Napoleón III. Pero no todo lujo ni toda ostentación tenía el mismo signo. Hacia mediados del siglo subsistía en Latinoamérica el lujo colonial, como el que se desplegaba en la vida de muchas familias más o menos hidalgas o el que Flora Tristán observó en el convento de Santa Catalina de Arequipa. De esa misma raíz se alimentó el lujo criollo después de la revolución, más moderado y un poco zafio, que trascendía en los hábitos y costumbres de los patriarcas habituados a la vida de las haciendas. Pero el nuevo lujo que empezó a difundirse en las ciudades más ricas por esa época se manifestó como un propósito deliberado del nuevo patriciado de mostrarse incorporado al opulento mundo de las nuevas burguesías europeas, entrevistas a través del modelo parisiense. Se imitaban ciertos usos, algunas modas, pero pasó mucho tiempo hasta que todo eso cambiara el tinte del estilo acriollado de convivencia que se había elaborado después de la emancipación. Era, pues, un lujo sin estilo, ostentado incoherentemente a través de una forma de vida que sí tenía estilo y cuyo predominio acusaba la simple superposición de elementos extraños.

Viejos que eran nuevos ricos, jóvenes elegantes, damas equívocas, componían en algunas ciudades una sociedad frívola que empezaba a insinuarse por entre la trama de la sociedad tradicional. Eran "los hijos del placer", como decía José T. Cuéllar en *Ensalada de pollos* refiriéndose a los que empezaban o terminaban la juerga en el café de Fulcheri, ese café mejicano en el que la comida parecía una "cena del Café Inglés de París, casi pompeyana". El "pollo" mejicano, como el cachaco de Bogotá o el elegante de todas las ciudades que había viajado a Europa y no podía sobreponerse a la impresión causada por el brillo parisiense, se unía en la imagen del tradicionalista con la de los jóvenes que caían ante la insuperable tentación del lujo como "las loretas de París suelen caer desde el palacio al hospital", según decía Cuéllar; y buscando las causas, hablaba de "el torrente invasor de la prostitución parisiense" y de "la conmoción social en la época de transición porque atravesamos". Diez años antes de que escribiera estas palabras, el limeño Luis Benjamín Cisneros diagnosticaba en 1860, en su novela *Julia*, las causas de esta declinación que amenazaba la sociedad tradicional: "El lujo podría llamarse la serpiente dorada de esta sociedad. Se ha enroscado en su corazón y acabará por roerlo. Ya no constituye solamente un hábito: constituye una pasión, un vicio de nuestras familias. El lujo deslumbra y atrae; da vértigos y produce fiebre. La sociedad en que vivimos ha llegado a este período". Y agregaba: "No es precisamente la pasión del lujo lo que reina en Lima, es la pasión de la exterioridad".

Pero, a pesar de la santa indignación de los moralistas, por entonces el peligro apenas se insinuaba. La sociedad seguía siendo acriollada aun cuando en las nuevas clases ricas de unas pocas ciudades se advirtiera esta tendencia que triunfaría algunas décadas más tarde. "El rebozo —decía el mismo Cuéllar— es el más íntimo confidente de la mujer en México. Las costumbres francesas se han estrellado generalmente ante el uso de este adminículo indispensable, ante esta acentuación de la nacionalidad, ante ese chal de extraña flexibilidad y característico de México". Criollismo y europeísmo libraban una batalla sin cuartel, disputándose el primado de las costumbres.

El lujo europeizante atrajo también a las clases medias, aunque todavía en menor medida. Si la convivencia criolla pudo resistir el embate de las influencias europeas fue, sobre todo, por el vigor que aún tenía en las clases medias y populares. Pero una sociedad abierta en la que los azares de la política o la fortuna permitían la aparición de nuevos ricos localizaba en las clases intermedias una etapa del ascenso que se identificaba con ciertas expectativas y, sobre todo, con su moderada satisfacción. El "siútico" era en Chile, precisamente, el tipo representativo de esa situación, y Blest Gana lo describió minuciosamente en *Martín Rivas*. Casi todos eran siúticos —cursis podría decirse— en la tertulia "de medio pelo" a la que condujo a su personaje en la calle del Colegio, porque tenían "ese no sé qué con que distingue un buen santiaguino a la gente de medio pelo". El agudo observador combinaba en su descripción los rasgos de la convivencia criolla con los importados que aquella familia, modesta y pretenciosa, imitaba de otras con más mundo y más dinero. Y luego, refiriéndose al final de la fiesta, cuando se habían sucedido las libaciones de la vulgar mistela, comentaba: "Al estiramiento con que al principio se habían mostrado para copiar los usos de la sociedad de gran tono, sucedía esta mezcla de confianza y alambicada urbanidad que da un colorido peculiar a esta clase de reuniones. Colocada la gente que llamamos de *medio pelo*, entre la democracia, que desprecia, y las *buenas familias*, a las que ordinariamente envidia y quiere copiar sus costumbres, presentan una amalgama curiosa, en las que se ven adulteradas con la presunción las costumbres populares y hasta cierto punto en caricatura las de la primera jerarquía social, que oculta sus ridiculeces bajo el oropel de la riqueza y de las buenas maneras".

A pocos años de diferencia se situaría aquel baile en lo del coronel y doña Bartolita que Cuéllar pinta en *Baile y cochino*. Refiriéndose al cuadro que trazaba, advertía que no era elección suya. "Existe por desgracia —agregaba—, y no sólo existe sino que se multiplica en México para mengua de la moral y de las buenas costumbres. La creciente invasión del lujo en la clase media determina nuevos derrumbamientos." Y luego describía el baile en lo del coronel y doña Bartolita, con la presencia de niñas cursis, como las de Machuca, y de pollos elegantes que querían divertirse y emborracharse. Pero el lujo apenas disimulaba el primado de las viejas costumbres, que reaparecían en cuanto se perdía la tiesura convencional y aprendida. No en balde había advertido el autor al principio que la dueña de casa era "muy sencillota y muy ranchera". Y su marido, un coronel que acababa de "hacer un negocio gordo". Hubo coñac, y hubo uno que creyó que el agua era pulque.

En las fiestas públicas, patrióticas o religiosas, se encontraban todos; el día del Grito en las ciudades mejicanas, el 20 de julio en las colombianas, el 7 de setiembre en las brasileñas, el 25 de mayo en las argentinas; y luego el día del Corpus, el del Señor de los Milagros, el de la Virgen de Guadalupe. Refiriéndose a la multitud que se reunía para celebrar el 18 de setiembre en Santiago, escribía Blest Gana: "Las viejas costumbres y las modernas usanzas se codean por todas partes, se miran como hermanas, se toleran sus debilidades respectivas y aúnan sus voces para entonar himnos a la patria y a la libertad". Pero eran ocasiones excepcionales. Las clases altas y las clases medias acomodadas procuraban huir de las clases populares, de los léperos en México, de los atorrantes en Buenos Aires, de los rotos en Santiago. Vivían estas últimas en otros barrios y conservaban sus propias costumbres, en las que se advertía el vigor de la tradición criolla. Quienes se consideraban superiores descubrían en ellas su ignorancia, su grosería, en rigor, su pobreza, pero no dejaban de estimar lo que guardaban del caudal vernáculo. Las clases populares conservaban sus platos regionales, sus trajes vistosos, sus antiguas artesanías, sus dichos en los que se acuñaba una bien amasada experiencia de la vida. Se acudía a sus fiestas en los suburbios para escuchar sus canciones y contemplar sus bailes, y aunque ninguna persona con pretensiones sociales se hubiera atrevido a incorporarlas al repertorio de sus propias fiestas, se percibía en ellas una fuerza que no tenía el aria de moda de una ópera italiana o las polcas y valses que se difundían en los salones. Quizá algún resabio peninsular servía de vínculo entre ese pasado vivo y la atracción de la otra Europa que no era España o Portugal.

En las ciudades, las clases populares pasaron de la miseria rural a la miseria urbana, especialmente en aquellas que crecieron en población y riqueza. Las clases populares quedaron confinadas en barrios marginales y miserables que constituían como un mundo aparte del centro de la ciudad. Se necesitaba en Buenos Aires cierta audacia para internarse en el barrio del Tambor, donde predominaban los negros. En el camino hacia la Iglesia de Nuestra Señora de Guadalupe, la marquesa de Calderón de la Barca pasó por los suburbios de la capital mejicana, "pobres, en ruinas, sucios y con tal promiscuidad de olores, que sólo se atrevería a desafiar con agua de Colonia"; así era también, en otra dirección, San Pablo y La Palma. Malambo en Lima y Chimba en Santiago eran suburbios tétricos de ranchos primitivos y sórdidos, donde sólo interrumpía el cuadro de miseria la convencional alegría de los prostíbulos o de las miserables casas de juego. Y en Otra Banda, como se le llamaba al suburbio arequipeño, o en el barrio de las Nieves de Bogotá, habitaban las clases más humildes como en un mundo cerrado y aparte. En las quebradas y barrancos de Valparaíso levantaban sus viviendas las clases populares, y en el Río de Janeiro imperial se amontonaban en Botafogo los *cortiços* o conventillos. Uno de ellos, y de paso otro rival que se levantó enfrente, evocó Aluizio de Azevedo en la novela que tituló precisamente *O Cortiço*. "Noventa y cinco casuchas comprendía el inmenso inquilinato. Una vez terminado, Juan Román hizo avanzar en el frente... un paredón de diez cuartas de altura, coronado de cascos de vidrio y fondos de botellas, con un gran portón en el centro, donde colgó un farol de cristales colorados sobre un tablero en el que se leía este letrero escrito con tinta roja y sin ortografía: Inquilinato San Roman. Se alquilan casitas y tinas para lavar". Y agregaba Azevedo, describiendo los primeros movimientos de la mañana: "Y en aquella tierra encharcada y humeante, en aquella humedad tibia y lodosa, comenzó a moverse como un hormiguero, a hervir, a crecer, un mundo, una cosa viva, una generación que parecía brotar espontánea, allí mismo, de aquel barrial, y multiplicarse como larvas en el estiércol". Italianos y portugueses se mezclaban con brasileños escapados de las *fazendas* y formaban familias híbridas, en cuyo caso se confundían variadísimas tradiciones, usos y costumbres. Y como en Río de Janeiro, pasó en otras ciudades brasileñas y de otros países: en Barranquilla, en Colón, en Panamá, en Veracruz. Caso singular fue el del barrio de la Boca en Buenos Aires, de población casi totalmente genovesa, que mantuvo sus normas y costumbres durante largo tiempo.

Aun los más pobres solían verse por el centro de las ciudades. Se encontraban con personas distinguidas en las fiestas públicas, en las corridas de toros, en los reñideros de gallos. Se reunían solos en las tabernas —chicherías, picanterías, pulperías— que estaban salpicadas por diversos puntos de la ciudad, inclusive el centro, puesto que las clases populares acudían a él llamadas por el trabajo. Pero su reino era el mercado y sus alrededores, donde concurrían desde los suburbios quienes llevaban sus productos para vender. Al aire libre muchas veces, o en locales cerrados —como en el Mercado de la Concepción en Lima, terminado en 1854, o el de la Abundancia en Montevideo, concluido en 1859— se concentraba la producción y se vendía a la manera tradicional; las indias sentadas con las piernas cruzadas extendían sobre un lienzo en el suelo sus frutas y verduras, la carne y el pescado y, sobre todo, comida preparada según la vieja costumbre campesina, que escondía viejos usos indios y criollos; y tan ostentosa como fuera la afición a la cocina extranjera en las clases altas, casi nadie desdeñaba el plato tradicional acompañado con la bebida típica. Un mundillo abigarrado solía rodear al mercado, prolongado en las calles vecinas con puestos fijos o simplemente con vendedores sentados en las aceras. En las vecindades del mercado limeño de la Concepción estaba el barrio chino. "Entre elegantes tiendas de gusto asiático —escribía en 1876 el viajero alemán Ernst Wilhelm Middendorf— se descubren pringosas y angostas tienduchas, en las que, en medio de toda clase de repugnantes comestibles, se vislumbran pálidos y escuálidos hombres en cuclillas; un desagradable olor a opio llena toda la zona. Las fondas de esta parte del mercado son administradas únicamente por chinos, y todos los platos se preparan a la manera china, y también se sirven así". Menos exóticos pero no menos abigarrados eran los alrededores de los mercados del Volador y de la Merced en México, o los de las ciudades provincianas: Oaxaca, Toluca o Veracruz, Puerto Cabello o Barquisimeto, Colón, Bahía o Copiapó.

Era en los suburbios donde tenía su baluarte la delincuencia urbana, allí donde nadie sabía quién era nadie, donde nadie preguntaba al recién llegado qué había sido antes. Una policía fue organizándose poco a poco en las ciudades más importantes, pero la inseguridad era grande. Hurtos, robos y grandes asaltos que a veces terminaban en el crimen alarmaban a los ciudadanos. Los delincuentes que hacían incursiones por el centro urbano tenían sus guaridas en los suburbios o aun más lejos, y en ellos combinaban su actividad delictiva con otras linderas: el juego, la explotación de prostitutas o las riñas de gallos. Santiago de Marfil, un arrabal de Guanajuato, adquirió caracteres legendarios, semejantes por lo demás a los de otras ciudades mineras. Pero en la ciudad misma podía aparecer un "ladrón de levita" que organizara una banda de profesionales del robo para realizar operaciones en gran escala bajo su inteligente dirección: fue el caso de un abogado bogotano, el doctor José Raimundo Russi, que aterrorizó a la ciudad en 1851 con sus bandas. "Cada casa de la ciudad se convirtió en una fortaleza", recordaba Cordovez Moure contando las hazañas y el fin del distinguido bandolero.

Por otras causas solían convertirse en fortalezas las casas. Centros políticos por excelencia, las ciudades fueron el escenario de las luchas por el poder. Pero con frecuencia sólo escenario, pues gran parte de la sociedad no participaba, sabiendo que la disputa era entre grupos armados que respondían a tal o cual pretendiente a la presidencia. Las capitales, sobre todo, sabían que eran el botín del vencedor, y la angustia derivó en una especie de apatía acomodaticia. El peruano Felipe Pardo y Aliaga describía la reacción espontánea de la gente ante el peligro:

> Y apenas tienen del botín barrunto
> gritan los ciudadanos: "¡Cierra puertas!",
> y calles vense y plazas en el punto
> como por golpe eléctrico desiertas.
> ¿Qué extraño, pues, que el mandarín presunto
> las puertas halle del Poder abiertas,
> si al anunciar su criminal empeño
> sólo tranca las suyas el limeño?

Eso decía Pardo y Aliaga de la sensibilidad política de Lima. Poco antes, en 1846, el venezolano Juan Vicente González imprecaba contra Caracas, porque consideraba que la República estaba perdida "si ese centro corrompe las costumbres de la juventud, se afemina en los vicios, crea y fomenta necesidades ficticias que van a devorar pobres poblaciones, y, nueva Síbaris, se aletarga y duerme, y le irrita hasta la hoja de rosa que se dobla, mientras debiera dar el ejemplo de la frugalidad, del amor al trabajo, del patriotismo activo y laborioso". Y denunciando la indiferencia política de la ciudad, concluía: "¿Cuándo tendrás tu parte de desgracia, Caracas egoísta?". Poco después, evocando el episodio final de la guerra civil mejicana en 1860, Justo Sierra escribía en su *Evolución política del pueblo mexicano*: "México, la ciudad reactora y clerical por excelencia, la que había aplaudido desde sus balcones y azoteas todas las victorias de Miramón y Márques, la que, en cada una de las fiestas impías de la guerra civil, había lanzado a las calles céntricas para arrastrar de las carrozas del triunfador y gritar y silbar de entusiasmo, y robar pañuelos y relojes, agitando cañas y banderas, a los artesanos y los léperos de sus barrios mugrientos y hediondos tendidos a la sombra colosal de los conventos, México saludó con una especie de delirio la entrada del ejército reformista de González Ortega. Y es que no era una ciudad clerical, era nada más que católica, y es que la guerra civil había acabado por hacer a todos indiferentes a lo que no fuera la paz, porque era la exacción cruel, el producto mezquino del trabajo, no ya exigido brutalmente sino literalmente robado por el agente del fisco, y la leva chupadora de sangre plagiando incesantemente al hombre válido en la familia y el taller, para lanzarlo al banco de palos en el cuartel y a la carnicería en el campo de batalla. Paz, clamaban todos, el populacho en la plaza y el burgués en el balcón y en la azotea". Las ciudades eran el escenario de las luchas por el poder, pero en el proscenio actuaban muy pocos y los demás se sentían ajenos al drama.

Actuaban en la lucha por el poder grupos reducidos, a veces organizados bajo la forma de un partido político, pero más generalmente como sectores de intereses y de opinión que respaldaban a ciertos conductores de reconocida gravitación. Eran políticos o militares, sin que pudiera distinguirse siempre el matiz que diferenciaba a unos y otros. El grado militar tentaba a los civiles, porque sabían la fuerza decisoria que en la política tenía la fuerza. Pero los militares, formados en la acción y con una mentalidad autoritaria, comprendían que debían aceptar las reglas del juego político para consolidar su poder y estabilizar la situación del grupo que los apoyaba en cada caso. La política se decidía en las ciudades, unas veces a través de procesos electorales y otras veces por medio de motines. Ni el Brasil, sometido al sistema imperial, escapó a esta suerte, y no sólo tuvo que asistir al movimiento de verdadera disgregación nacional que se produjo en 1831 al abdicar Pedro I, sino que afrontó sucesivas revoluciones en Recife y Bahía. En otros países los motines militares, algunos con caracteres de revolución, agitaron la vida de las ciudades con dramática regularidad. Arequipa conoció varias y Lima más todavía. La Paz vio sucederse los gobiernos "revolucionarios". Guayaquil desafió una y otra vez el poder de la aristocracia quiteña. Pero el fenómeno fue tan general que su puntualización equivaldría a esbozar la historia fáctica de cada país y de sus ciudades.

Dos clases de revoluciones podrían distinguirse: aquellas que fueron simples golpes militares y aquellas otras que polarizaron la opinión popular y conmovieron a la sociedad de las ciudades donde estallaron. De estas últimas, Blest Gana ha descripto una en Santiago de Chile, María Nieves y Bustamante otra en Arequipa; de las primeras dejó testimonio la marquesa de Calderón de la Barca, espectadora de una de las que llevaron a Santa Anna al poder. Comprometida o indiferente, la sociedad urbana salía de la experiencia disminuida y desengañada, casi siempre frustrada en sus esperanzas, sin que el triunfo entrañara esa "regeneración" a la que aspiraba: un poder sustituido por otro, siempre indeciso en el establecimiento de una línea coherente y consentida.

Blest Gana percibió que, en la revolución santiaguina que describía, se jugaban otros elementos que no eran solamente los de la lucha por el poder entre los grupos dominantes. Más explícitamente describió Cordovez Moure los conflictos políticos bogotanos que se sucedieron entre 1851 y 1853. Un franco enfrentamiento de clases agudizó la lucha por el poder, cuando los *cachacos*, de familias burguesas, desafiaron a los artesanos que se habían organizado en sociedades populares que recogían de algún modo la onda revolucionaria de 1848. El barrio de las Nieves fue testigo de un combate campal, y poco después el general José María Melo desencadenó su revolución popular, frustrada por la alianza de todas las fuerzas políticas y militares.

También relató Cordovez Moure unas elecciones ejemplares,

el 7 de marzo de 1849, en la que las Cámaras Legislativas reunidas en la iglesia bogotana de Santo Domingo debían decidir entre el general José Hilario López, candidato popular, y el doctor Rufino Cuervo, candidato conservador, que compartía las simpatías de su partido con el doctor José Joaquín de Gori. Una fuerte tensión reinaba en la ciudad, y por momentos pareció que el acto electoral terminaría en tragedia. Pero se pudo llegar hasta el fin sin incidentes, y el general López ganó la elección. "La noticia de la elección del general López —escribía Cordovez Moure— produjo vivo entusiasmo en el pueblo que rodeaba la iglesia. La gritería era aturdidora; unos se abrazaban y estrechaban, aun a riesgo de asfixiarse; otros tiraban al aire los sombreros; los diputados lopistas eran vitoreados al salir del templo, asidos del brazo con los congresistas meticulosos; los cohetes y repique en la torre de la Catedral anunciaban a la ciudad que ya había presidente electo, y los partidarios del candidato triunfante recorrían las calles precedidos de las músicas militares del batallón número 5 y de la Guardia Nacional, a los gritos de «¡Viva López!», «¡Viva el pueblo soberano!»".

Si se hubiera tratado de una elección de diputados, la preparación de la lista se hubiera desarrollado como en aquella tertulia porteña que describió el argentino Lucio V. López en *La gran aldea*, en la que "el partido de mi tía" —dice el autor— presentaba los candidatos que se autodesignaban en una tertulia familiar. Era hacia 1860. "En el partido de mi tía, es necesario decirlo para ser justo, y sobre todo para ser exacto, figuraba la mayor parte de la burguesía porteña; las familias decentes y pudientes; los apellidos tradicionales, esa especie de nobleza bonaerense pasablemente beótica, sana, iletrada, muda, orgullosa, aburrida, localista, honorable, rica y gorda; ese partido tenía una razón social y política de existencia; nacido a la vida al caer Rosas, dominado y sujeto a su solio durante veinte años, había, sin quererlo, absorbido los vicios de la época, y con las grandes y entusiastas ideas de libertad, había roto las cadenas sin romper sus tradiciones hereditarias. No transformó la fisonomía moral de sus hijos; los hizo estancieros y tenderos en 1850. Miró a la Universidad con huraña desconfianza, y al talento aventurero de los hombres nuevos pobres, como un peligro de su existencia; creó y formó sus familias en un lugar lujoso con todas las pretensiones inconscientes a la gran vida, a la elegancia y al tono; pero sin quererlo, sin poderlo evitar, sin sentirlo, conservó su fisonomía histórica, que era honorable y virtuosa, pero rutinaria y opaca". Eran grupos políticos, apenas partidos organizados, y quizá, en el fondo, fueran simplemente grupos de poder que adoptaban circunstancialmente una organización electoral y un rótulo ideológico. Pero era grande la imprecisión en cuanto a la magnitud del consenso que, en esas sociedades inestables e incesantemente renovadas, sostenía a cada grupo, como era grande la imprecisión ideológica ante la urgencia y la originalidad de los problemas inmediatos, extraños a veces a la temática de las doctrinas políticas consagradas. Por eso siempre el poder fue pragmático y sólo de manera muy vaga se apoyó en la teoría.

Se apoyó, en cambio, en la fuerza: en la de las armas, primero, y luego en la fuerza que da el poder mismo. De allí la importancia de las capitales, nacionales o provinciales, en las que radicaba el poder y desde las cuales se manejaban sus hilos. En última instancia el poder era siempre personal, y la presencia física de quien lo ejercía y de aquellos que actuaban como intermediarios directos creaba a su alrededor un polo de atracción y de influencia. El "palacio" o el "fuerte" o la "casa de gobierno" fueron unas veces suntuosos —como en las cortes imperiales de *Boa Vista* o Chapultepec— y otras modestos; pero siempre fueron mirados como el recinto donde se urdía una trama secreta de la que luego sólo se conocían los efectos. Allí había que acercarse si se quería obtener algo, que podía no ser solamente lo que legítimamente correspondiera sino también lo que el poder podía otorgar graciosamente: un grado subordinado de poder y, sobre todo, una fácil riqueza nacida del beneplácito oficial. Parientes, amigos y aliados políticos merodeaban por las antesalas y, si podían, trasladaban sus domicilios a las vecindades de la sede del poder, más aún si el poder estaba en manos de un autócrata criollo, cargado de charreteras y medallas y ansioso de cortesana pleitesía.

Cada capital tuvo algún momento tensamente dramático por la agobiante presencia del poder. El chileno José Victorino Lastarria explicaba en 1868 cómo la presión de un gobierno autoritario había modificado la fisonomía social de Santiago: "Un gobierno omnipotente y represivo ha dominado durante treinta y seis años, apoyándose en los intereses de una oligarquía estrecha y reducida, es decir, de un corto número de hombres y de familias pudientes, que lo han cercado y sostenido. Ese gobierno todopoderoso es el único que ha tenido la palabra, la iniciativa, la supremacía, para definir lo bueno y lo malo, lo justo y lo injusto. El ciudadano que ha tenido la osadía de no someterse, de censurarlo, de oponérsele, ha sufrido la persecución, el desdén, el desprecio del poder y de la pudiente oligarquía que lo apoya"; y puntualizaba los efectos: "Santiago no era hace treinta años lo que es hoy. Los viejos lo hemos conocido alegre, bullicioso, jovial y sincero. Es curioso estudiar el modo cómo se han modificado la índole y las inclinaciones de la población de Santiago, en los últimos treinta años, y cómo se han formado los hábitos que hoy tiene de disimulo, de apatía y de reservada tristeza, que llaman la atención no sólo de los extranjeros, sino de los habitantes de las demás provincias". No otra cosa se dijo de Quito en la época de García Moreno, de Buenos Aires en la de Rosas, de La Paz en la de Melgarejo. Y más se hubiera podido decir de los poderes provinciales cuando el azar los hacía recaer en un sátrapa lugareño.

Cuando funcionaba un sistema republicano, el congreso permitía que la oposición se expresara. Las asambleas fueron entonces otro polo de la vida política de la ciudad. Los debates solían transformarse en torneos de oratoria y los discursos adquirían trascendencia por el comentario público y por la difusión de los periódicos. Hubo debates memorables en todos los congresos, unos por las doctrinas expuestas y por la manera de exponerlas, otros por la trascendencia de las cuestiones discutidas, otros por las tensiones dramáticas que rodeaban las sesiones. Y como los recintos legislativos acogían todas las pasiones políticas, alguna vez vieron trágicos episodios que conmovieron a las ciudades. El presidente de la Sala de Representantes de Buenos Aires fue asesinado en su despacho en 1839 al descubrirse una conspiración que dirigía su hijo; y en Caracas el 24 de enero de 1848 las turbas populares asaltaron el Congreso asesinando o hiriendo a varios legisladores. Algunas veces se reunieron en ciudades provincianas los congresos constituyentes que debían dictar una constitución: diputados de todo el país trasladaban al quieto ambiente lugareño las pasiones de la capital y del país entero. En Ambato se sancionó la constitución ecuatoriana de 1835, en Santa Fe la argentina de 1853, en Valencia la venezolana de 1858, en Rionegro la colombiana de 1863. Luego la convención se disolvía y la paz volvía al seno de la ciudad elegida.

Sitios y ocupaciones extranjeras turbaron la paz y conmovieron la vida de muchas ciudades. Arequipa, sitiada por Castilla, se llamó a sí misma la "Sebastopol", y Montevideo, asediada por Oribe, fue llamada "la Nueva Troya". Naves extranjeras bloquearon el Río de la Plata o bombardearon el puerto de Valparaíso. Norteamericanos y franceses ocuparon Veracruz; los chilenos, Lima. Ejércitos compatriotas ocuparon ciudades durante las guerras civiles, y a veces se comportaron con más saña que los extranjeros. Y en cada caso la ciudad hacía la experiencia de su sacrificio y la sociedad urbana ponía a prueba su cohesión.

Junto a la ciudad política desenvolvía su vida la ciudad intelectual. Las viejas universidades coloniales, como la de Santo Domingo, las de México y Lima, las de Guatemala, Quito, Charcas o Córdoba, languidecían en medio de los sobresaltos políticos y de las nuevas inquietudes intelectuales. Algunas se renovaron, como la de Santiago de Chile, presidida por el venezolano Andrés Bello, y otras nuevas surgieron, como la de Buenos Aires y la de Arequipa. San Pablo albergó una Facultad de Derecho de tan intensa vida que durante mucho tiempo prestó su carácter a la ciudad, como una especie de Coimbra americana. Los estudiantes componían el grupo social más identificable de la ciudad, pese a que provenían de muy diversas ciudades brasileñas incluyendo Río de Janeiro, donde había, en cambio, una Facultad de Medicina. Y en viejos colegios, como el bogotano del Rosario, o en viejas academias, como las de Bahía y Río de Janeiro, se luchó por sustituir las viejas ideas por las nuevas, de marcada influencia francesa.

Para desarrollar los estudios sobre el pasado nacional, el emperador del Brasil Pedro II había creado en Río de Janeiro, en 1838, el Instituto Histórico y Geográfico Brasileño. Con análoga intención fundó Andrés Lamas en Montevideo, en 1843, el Instituto Histórico y Geográfico del Uruguay, y en Buenos Aires Bartolomé Mitre, en 1854, el Instituto Histórico y Geográfico del Río de la Plata. En México, Lucas Alamán, historiador y político, fundó en 1823 el Museo de Antigüedades y de Historia Natural, y en Bogotá José María Vergara y Vergara promovió el establecimiento de la Academia Colombiana. En otras muchas ciudades aparecieron sociedades de sabios, revistas históricas, literarias o filosóficas, periódicos para la difusión de las ideas, intentos muchas veces efímeros, de aglutinar a los que en la ciudad tenían intereses intelectuales. Y proliferaron las tertulias en las que se hablaba de libros y de ideas, como aquella que el propio Vergara fundó en Bogotá con el nombre de "El Mosaico". De todos modos, el periódico fue el principal instrumento de la vida intelectual, que raramente se desentendía de la vida política. Los poetas —el argentino Juan Cruz Carela, el ecuatoriano José Joaquín de Olmedo, el colombiano Julio Arboleda— o los prosistas, los que se inclinaron a la narración o los que prefirieron el ensayo, todos participaron, en mayor o menor medida, en las luchas políticas y dedicaron largas horas al periodismo, que en casi todas las ciudades de alguna importancia contó con uno o con varios medios de expresión de las ideas. El periódico circulaba entre las burguesías activas y pensantes, y para ellas escribía el liberal doctrinario, el conservador convencido, los ocasionales sostenedores de una causa o de un proyecto o de un caudillo. Para ellas escribieron casi cotidianamente las mejores plumas latinoamericanas, en periódicos militantes y de inequívoca orientación. Y las ideas que recibían, las difundían esas burguesías activas y pensantes en las tertulias, en los cafés, en las plazas, en los atrios, comentándolas según el punto de vista personal de cada uno, desarrollándolas unas veces y sintetizándolas otras, hasta transformarlas en patrimonio de todos y difundirlas por todos los sectores de la sociedad: así se formaban y deformaban las corrientes de opinión en el ambiente urbano, en el que el literato-periodista era un portavoz de la pequeña comunidad, a quien todos conocían y de quien todos esperaban el argumento o la glosa, en contra o en favor de la cuestión palpitante de cada día.

No faltaba en la más frecuentada calle de cada capital una librería a la que llegaban los libros extranjeros más solicitados por los curiosos y por los *snobs*. Allí se reunían también tertulias literarias en las que se encontraban los que leían los mismos libros y seguían asiduamente a los mismos autores. Eran los que se encontraban en el teatro, en las redacciones de los periódicos, en el congreso. Política y literatura eran inseparables en la ciudad patricia.

6. LAS CIUDADES BURGUESAS

Desde 1880 muchas ciudades latinoamericanas comenzaron a experimentar nuevos cambios, esta vez no sólo en su estructura social sino también en su fisonomía. Creció y se diversificó su población, se multiplicó su actividad, se modificó el paisaje urbano y se alteraron las tradicionales costumbres y las maneras de pensar de los distintos grupos de las sociedades urbanas. Ellas mismas tuvieron la sensación de la magnitud del cambio que promovían, embriagadas por el vértigo de lo que se llamaba el progreso, y los viajeros europeos se sorprendían de esas transformaciones que hacían irreconocible una ciudad en veinte años. Fue eso, precisamente, lo que, al comenzar el nuevo siglo, prestó a la imagen de Latinoamérica un aire de irreprimible e ilimitada aventura.

Un examen más atento hubiera permitido comprobar que ese juicio no era del todo exacto. Era mucho lo que en Latinoamérica no cambiaba, sobre todo en vastas zonas rurales pero también en muchos centros urbanos. Fueron las ciudades las que cambiaron, y en particular las grandes ciudades. Porque el cambio estaba estrechamente vinculado con cierta transformación sustancial que se operó por entonces en la estructura económica de casi todos los países latinoamericanos y repercutió particularmente sobre las capitales, sobre los puertos, sobre las ciudades que concentraron y orientaron la producción de algunos productos muy solicitados en el mercado mundial. Fue, ciertamente, la preferencia del mercado mundial por los países productores de materias primas y consumidores virtuales de productos manufacturados lo que estimuló la concentración, en diversas ciudades, de una crecida y variada población, lo que creó en ellas nuevas fuentes de trabajo y suscitó nuevas formas de vida, lo que desencadenó una actividad desusada hasta entonces y lo que aceleró las tendencias que procurarían desvanecer el pasado colonial para instaurar las formas de la vida moderna.

Para entonces los países industrializados —los de Europa, los Estados Unidos y luego el Japón— alcanzaban su apogeo. Habían acumulado fuertes capitales, poseían industrias en plena expansión y promovían otras nuevas de vastas perspectivas, y necesitaban tanto materias primas abundantes como mercados para sus productos elaborados. También en ellos crecían desmesuradamente las ciudades, cuyas poblaciones requerían una cuota de productos alimenticios superior a la que producían. Y tanto las exigencias de las grandes capitales y de las pujantes industrias como los requerimientos de las nuevas concentraciones urbanas, promovían una acción indirecta sobre los países que no habían comenzado a desarrollarse industrialmente. Algunas veces esa acción fue directa: los Estados Unidos impusieron progresivamente su dominación desde 1898 en los países del Caribe y de América Central, ocuparon territorios y obtuvieron pleno derecho sobre la franja en la que abrieron el canal de Panamá, en el pequeño país que lograron que se constituyera separándose de Colombia. Fue la época del "destino manifiesto" y de la política del *big stick*, expresión norteamericana de una tendencia imperialista que también se manifestaba en Europa. Dueños de buena parte de la economía venezolana, los alemanes no vacilaron en reclamar el pago de sus cuentas atacando Puerto Cabello a cañonazos en 1902.

Una fuerza de ocupación o un embajador insolente eran expresiones de la acción directa. Pero la acción indirecta no fue menos eficaz para ajustar los vínculos de la economía latinoamericana con las de los países industrializados. Ciertamente, en todos los países hubo consentimiento de las clases dirigentes, que vieron en ellos los símbolos del progreso. Pero la red se tejía en los grandes centros económicos del exterior, y allí se fijaba el papel de cada uno de los sectores de esa periferia que el mundo industrializado organizaba. Se advirtió esa acción indirecta en la promoción de ciertos tipos de productos: en las zonas rurales de Latinoamérica se estimuló el trabajo con un criterio empresarial, para que un país produjera más café, otro más caña de azúcar, otro más metales, otro más cereales, lanas o carne para consumo, otro más caucho, otro más salitre. Las empresas eran casi siempre de capital extranjero, y extranjeros fueron sus gerentes, sus ingenieros, sus mayordomos y, a veces, hasta sus capataces; la mano de obra, en cambio, era nacional; y nacional fue también todo el mundillo de intermediarios que la producción y su comercialización engendraron.

Ese mundillo fue el que creció en las ciudades, que se llenaron de bancos —más extranjeros que nacionales— y de oficinas en las que despachaban sus asuntos agentes comerciales y financieros de toda laya, unos para comprar o vender, otros para invertir capitales, otros finalmente para especular en cualquiera de los sectores que comprendía la inexplorada economía de cada país. También se llenaron de casas de negocios al por mayor y de tiendas para ventas al menudeo. Y sus calles, sus cafés y sus barrios bajos se llenaron de gentes que con artes diversas medraban con lo que sobraba de tanta riqueza concentrada en lo que era el viejo casco urbano colonial.

A las antiguas familias, que se sentían consustanciadas con las tradiciones de la ciudad, se agregaron grupos heterogéneos que aquéllas juzgaron advenedizos; y el contacto trajo a la larga una renovación de las costumbres cotidianas, en las que se notó una creciente tendencia a imitar las formas de vida que prevalecían en las grandes ciudades de Europa. Quedó relegado a la vida provinciana el pasado colonial y patricio, del que sólo de vez en cuando volvía el perfume hacia las grandes capitales para alimentar la nostalgia de la paz perdida. Pero las capitales y las ciudades que se enriquecían no querían la paz sino el torbellino de la actividad que engendraba riqueza y que podía transformarse en ostensible lujo.

El adecuado marco del lujo pareció a todos los *snobs* el parisiense *faubourg Saint Germain* y acaso la *rue de la Paix* y los bulevares. Poco se parecía a ese escenario el viejo casco colonial de las ciudades latinoamericanas. El ejemplo del barón de Haussmann y de su impulso demoledor alimentó la decisión de las nuevas burguesías que querían borrar el pasado, y algunas ciudades comenzaron a transformar su fisonomía: una suntuosa avenida, un parque, un paseo de carruajes, un lujoso teatro, una arquitectura moderna, revelaron esa decisión aun cuando no lograran siempre desvanecer el fantasma de la vieja ciudad. Pero las burguesías podían alimentar sus ilusiones encerrándose en los ambientes sofisticados de un club hermético o un restaurant de lujo. Allí se anticipaban los pasos que trasmutarían a "la gran aldea" en una moderna metrópoli.

1. TRANSFORMACIÓN O ESTANCAMIENTO

El impacto que produjo en la economía latinoamericana el ajuste de los lazos que la vinculaban a los grandes países industrializados no se manifestó en todas las ciudades al mismo tiempo ni con la misma intensidad. Hubo regiones que no pudieron responder al llamado, y sus ciudades quedaron fuera de los nuevos circuitos económicos que se establecían. Esas ciudades se estancaron y parecieron aun más estancadas en comparación con las que comenzaron a prosperar aceleradamente. Fueron éstas las que llamaron la atención. Los negocios de importación y exportación, las operaciones financieras y todas las actividades subsidiarias que ese tráfico traía consigo multiplicaron el movimiento de las ciudades donde se focalizaban el comercio y las inversiones. En ellas el dinero corría, las especulaciones calentaban las cabezas no sólo de los fuertes inversores sino también de los pequeños ahorristas, y las esperanzas de un rápido enriquecimiento alimentaban indirectamente las del ascenso social. Una fisonomía peculiar tomaron esas ciudades que prosperaban tumultuosamente, en medio de un agitado clima de aventura.

La sorpresa de los viajeros fue profunda, y los juicios que las ciudades merecieron sonaron unas veces como exaltados elogios y otras como repeticiones de los viejos dicterios contra Babilonia. Era una sensación que compartían los grupos tradicionales de las ciudades que se trasformaban. Rubén Darío hablaba del "regio Buenos Aires", pero el mexicano Federico Gamboa veía en la prostituta protagonista de su novela *Santa* el símbolo de la "ciudad corrompida". Todos advirtieron que en ellas se labraba un nuevo estilo de vida latinoamericana, signado, sin duda, por las influencias extranjeras pero oscuramente original, como era original el proceso social y cultural que se desenvolvía en ellas. Metrópolis de imitación a primera vista, cada una de ellas escondía un matiz singular que se manifestaría poco a poco.

Entre todas, aquellas ciudades donde más claramente se pudo advertir la prosperidad y la transformación, tanto de la sociedad y de sus costumbres como de la fisonomía edilicia, fueron las capitales que eran, al mismo tiempo, puertos: Río de Janeiro, Montevideo, Buenos Aires, Panamá, La Habana, San Juan de Puerto Rico, todos puertos marítimos en directo contacto con el exterior, cuya intensa actividad económica se desarrollaba junto

a las que eran propias de una capital política y administrativa, centro por eso mismo, de decisiones económicas. Y aun Caracas o Lima que, aunque ciudades interiores, formaban pareja con sus puertos vecinos, La Guayra o El Callao. Una economía pujante, despertada por la incitación del comercio exterior, acompañaba ahora a la tradicional actividad promovida por el poder político, por el juego de la influyente burocracia, por el ejercicio de sabias presiones para obtener tal o cual beneficio. Una capital interior, México, brillaba por su actividad y su riqueza después de contenidas las luchas intestinas, bajo la égida de Porfirio Díaz, vigilante desde las alturas del castillo de Chapultepec.
 Ciertamente no todas las capitales alcanzaron el mismo desarrollo ni tuvieron el mismo brillo. Río de Janeiro, que había comenzado su transformación durante la época imperial, la acentuó durante la república a medida que crecía su población. De 550.000 habitantes al comenzar el siglo pasó a más de un millón en 1920, y tanto crecieron sus barrios periféricos que Olavo Bilac pudo decir en 1908 que era ya "una aglomeración de varias ciudades, que poco a poco vanse distinguiendo al adquirir cada una especial aspecto y determinada autonomía de vida material y espiritual". México creció de otro modo. Fueron las clases medias y altas las que se desplazaron hacia los nuevos barrios —las "colonias"— que surgieron en las vecindades de Chapultepec, en tanto que el casco viejo alojaba cada vez más a las clases populares que transformaban en casas de vecindad las viejas casonas y los palacios. Contaba en 1900 con 390.000 habitantes y logró sobrepasar el millón en 1930, cuando comenzaba a estabilizarse la grave crisis desencadenada por la revolución de 1910. Buenos Aires, la más poblada de todas, tenía ya 677.000 habitantes en 1895 y tocaba los dos millones en 1930. Fue, sin duda, la ciudad cuyo crecimiento llamó más la atención de los europeos —de cuyo tronco se nutría la inmigración que la transformaba— hasta convertirse en un pequeño mito. Un francés, H. D. Sisson, escribía en 1909 que Buenos Aires era "una ciudad nueva que ha crecido con la rapidez de un hongo sobre la pampa desierta"; y, equivocándose en los datos, resumía así su interés por la capital argentina: "Esta ciudad de Buenos Aires es un fenómeno del que es necesario hablar. El hecho del desarrollo de lo que era en 1875 una ciudad de sesenta mil almas y que en 1906 ocupa una extensión más grande que París, edificada en sus dos tercios y poblada por un millón doscientos cincuenta mil

habitantes, es más maravilloso que la aparición de la ciudad más grande de los Estados Unidos".

Prácticamente, aunque partiendo de cifras más modestas, casi todas las capitales latinoamericanas duplicaron o triplicaron la población en los cincuenta años posteriores a 1880, y multiplicaron su actividad en una cierta proporción. Las capitales aprovechaban las riquezas de todo el país a través de los impuestos y del gasto público, además de lo que significaba ser el mercado interno más importante. Porque de una u otra manera y cualquiera fuera el régimen institucional, la conjunción del poder económico y del poder político que siempre había existido se acentuó a medida que el volumen de las operaciones comerciales y financieras crecía. En las capitales tuvieron su centro los grandes intermediarios, los banqueros, los exportadores, los financistas, los magnates de la bolsa. Y las burguesías dominantes procuraron que la fisonomía edilicia reflejara la imagen de un país próspero y moderno.

Pero, en realidad, la riqueza entraba y salía por los puertos, que ya habían crecido en las últimas décadas. Algunos, como Buenaventura o Esmeraldas, no consiguieron sobrepasar su medianía. Pero otros se transformaron en emporios comerciales de intensa vida y congregaron una burguesía mercantil de sólidos recursos, aunque no siempre tuvieran la ostentosa preocupación de las capitales que remedaban las viejas cortes. Valparaíso había ganado la batalla contra sus rivales del Pacífico y brilló como el más activo y el más rico de los puertos. De 100.000 habitantes que tenía en 1880 pasó al doble en 1930, mientras modernizaba sus instalaciones, se multiplicaba el número de barcos que llegaban a sus muelles y crecían acentuadamente las recaudaciones de su aduana. Por debajo estaban los principales puertos del Perú y Ecuador. El Callao, que sufrió las consecuencias de la guerra con Chile y permaneció ocupado hasta 1883, se recuperó lentamente, al compás de la recuperación de la economía del país. De los 35.000 habitantes que lo poblaban antes de la guerra, pasó a más de 50.000 hacia 1930, cuando ya llevaba una década de intensa actividad. Pero no era sino el suburbio portuario de Lima, apretado contra su fuerte colonial. La ciudad vieja, de calles estrechas e irregular trazado, vio desarrollarse a su lado otra nueva, dibujada en damero, que se extendía hasta La Punta. Guayaquil, en cambio, era el principal centro comercial de Ecuador. Era allí donde se había constituido la burguesía mercantil que disputaba una y otra vez el poder a la capital, apoyada en la fuerza que le daba la circunstancia de ser la clave de la economía de importación y exportación. Sobre el estuario del Guayas, protegida del calor ecuatorial por los portales de sus calles, Guayaquil albergaba una población de 40.000 habitantes hacia 1880, que casi triplicó en cincuenta años.

Prosperaron también los puertos colombianos de Santa Marta y Cartagena; pero su desarrollo no fue comparable al de Barranquilla, surgida en 1872 en la boca del Magdalena y a 27 kilómetros del mar. En cincuenta años sobrepasó en movimiento portuario y en población a sus vecinas y llegó a congregar casi 150.000 habitantes en 1930, mientras Cartagena sólo alcanzaba a 100.000 y Santa Marta a 30.000. Barranquilla acaparaba cada vez más el tráfico internacional y servía de llave a la navegación del Magdalena. Y tanto su crecimiento irregular como el aire de improvisación que tenía su arquitectura se moderaron por la acción de esa nueva burguesía de origen cosmopolita y advenedizo que promovió su desarrollo. Nada en ella recordaba el pasado colonial, como lo recordaban las murallas de Cartagena.

Pero Cartagena empezaba a reanimarse, como otros viejos puertos coloniales que sufrieron la sacudida de las nuevas circunstancias económicas. También crecieron en alguna medida Belem, con el auge del caucho, Recife y Bahía al reactivarse la producción azucarera durante la primera guerra mundial. Puerto Cabello y Maracaibo recibieron nueva vida, la segunda a medida que aumentaba el desarrollo de la industria petrolera gracias a la cual su población creció hasta los 100.000 habitantes en 1930. La vieja Veracruz alcanzó los 70.000 habitantes por esa época, a partir de los 24.000 que tenía al comenzar el siglo. Tradicional puerto de intercambio con Europa, debió compartir su actividad con la más moderna Tampico, equivalente en población, y sobre todo con Matamoros, que las sobrepasó a las dos alcanzando hacia 1930 los 100.000 habitantes gracias a su papel de intermediaria en el comercio con Estados Unidos. Iquique y Antofagasta, puertos mineros de Chile; Matanzas y Cienfuegos, centros de la exportación azucarera cubana; Rosario y Bahía Blanca, bocas de salida de los cereales argentinos; Santos, emporio de la exportación del café brasileño; y hasta los pequeños puertos de los países de América Central por los que salían el café y las frutas, se vieron tonificados por la intensificación del tráfico comercial y modificaron en alguna medida su aspecto gracias al predominio de esas burguesías portuarias y a las actividades subsidiarias que la vida del puerto estimulaba. La inmigración extranjera, de origen europeo generalmente pero también de origen norteamericano o asiático, sobre todo en el Pacífico, combinada con la concentración de gruesos contingentes de población indígena, mestiza o negra, daba a las sociedades portuarias un extraño aspecto abigarrado, y a sus formas de vida un encuadre inusual que destacaba sus diferencias con las que eran tradicionales en las ciudades patricias. Los puertos fueron los centros de activación comercial, pero los grupos tradicionales sólo vieron en ellos los agentes de la disociación del carácter nacional, y ciertos grupos acentuaron su conservadorismo pensando que era demasiado caro el precio que había que pagar por la prosperidad.

No sólo las capitales y los puertos prosperaron. También lo hicieron ciertas ciudades interiores que se constituyeron en focos de una zona productora en proceso de expansión. Algunas veces fue un desarrollo ostentoso como el que desde 1870 impulsó el crecimiento de Ribeirão Preto, en el corazón de la zona cafetera, y otras fue una explosión efímera, como en el caso de Manaos. Surgida en el corazón de la Amazonia, Manaos se transformó en la capital del caucho brasileño. Después de visitarla en 1865, William Scully había escrito: "La población es de alrededor de 5.000 habitantes y la ciudad tiene aproximadamente 350 casas...". De pronto, la explotación del caucho concentró en ella gentes de todo origen y condición. Aventureros de diez países y trabajadores de Venezuela, Colombia, Ecuador y Perú se congregaron para la gran aventura, que culminó hacia 1910 gracias a los altísimos precios internacionales del caucho, cuando la ciudad llegó a tener 50.000 habitantes. Una clase de ricos potentados, a cuyo frente estaba el alemán Waldemar Scholz, hizo de la pequeña aldea una suntuosa ciudad, con lujosas residencias particulares, hermosas avenidas, tiendas inverosímilmente surtidas de productos europeos, refinados restaurantes y, sobre todo, un teatro que causaba el asombro de todos los visitantes. Un puerto moderno sobre el río Negro recibía centenares de barcos que cargaban el caucho para transportarlo hacia los puertos marítimos. Era una sociedad cosmopolita y aventurera, en la que las fortunas subían y bajaban vertiginosamente y cuyos vínculos sólo tenían la fuerza que creaban los intereses comunes. Pero, de pronto, los precios del caucho en el mercado internacional comenzaron a bajar a consecuencia del desarrollo de la producción asiática, y la ciudad encantada que había surgido en medio de la selva se estremeció y empezó a declinar, más rápidamente aún de lo que había crecido. Las enredaderas aparecieron en las grietas de los suntuosos edificios y los cubrieron, mientras se desvanecía el trazado de calles y plazas por la maleza que creció implacablemente en cuanto se abandonó su cuidado. Y las gentes comenzaron a desaparecer, cada uno atrás de su suerte, hasta que la ciudad vertiginosa volvió a convertirse en apacible ciudad provinciana.

Más firme fue el crecimiento de San Pablo, cuyo salto de ciudad provinciana a moderna metrópoli comenzó hacia 1872. Fue desde entonces la "Metrópoli del café", donde se radicaron los ricos *fazendeiros* dispuestos a trasformarla en una urbe digna de su riqueza. Una vigorosa inmigración extranjera contribuyó al cambio. De 70.000 habitantes que tenía en 1890 logró aproximarse al millón en 1930. Eran italianos, españoles, portugueses, alemanes, pero eran también brasileños de otros estados que acudían para participar del esplendor económico de que gozaba la ciudad. Crecieron nuevos barrios, se modificó la traza y aparecieron todos los servicios propios de una ciudad moderna. Fue un crecimiento sólido y sostenido, que dio a la burguesía paulistana una gran fuerza nacional. Y en pocas generaciones, una nueva aristocracia dio a la ciudad esa complejidad que haría de ella poco más tarde tanto un importante centro cultural como un vigoroso polo de desarrollo industrial.

En menor escala, un desarrollo semejante tuvo la ciudad argentina de Rosario, centro de atracción de la inmigración preferentemente italiana. Con una población de 100.000 habitantes al comenzar el siglo, tocaba el medio millón en 1930, gracias a la febril actividad de su puerto exportador de cereales y a la aparición de algunas industrias, especialmente la harinera. Un excelente puerto y una privilegiada posición en el sistema de comunicaciones ferroviarias le asignó un papel económico importante dentro de la economía nacional. Y una sociedad aluvial que cobró muy pronto una fuerte cohesión pudo trabajar con ahínco para aprovechar aquellas ventajas y darse un ambiente urbano de ciertas pretensiones.

En Colombia creció una vieja ciudad, Medellín, fundada en 1675. Un promotor industrial, Pedro Nel Ospina, inició allí la industria textil, a la que se sumaron luego otras —cerveza, vidrio, chocolate, loza— que activaron intensamente la ciudad.

De 37.000 habitantes que tenía en 1880 llegó a tocar los 100.000 hacia 1930, en una expansión que continuaría luego acentuándose. Igualmente significativo fue el crecimiento de Manizales, una ciudad nueva fundada en 1848. Originariamente sostenida por la producción de cacao y de quesos, la nueva sociedad constituida en Manizales, preferentemente por migraciones internas, descubrió muy pronto la posibilidad de dedicar las tierras circundantes al cultivo del café, muy solicitado en el mercado mundial. Vastas extensiones se dedicaron a ese cultivo, pero la ciudad ejerció un vigoroso control sobre la producción, puesto que se trataba de un producto de exportación cuya comercialización constituía un proceso tan importante como la producción misma. Ya en 1905 era un emporio cafetero, condición que mantuvo hasta 1930, cuando los precios internacionales del producto sufrieron una acentuada caída. Pero Manizales era ya una fuerte plaza comercial, con una vigorosa y emprendedora burguesía. Si las primeras fortunas se habían acumulado con el cacao y los quesos, las nuevas fueron fundamentalmente cafeteras; y después de la crisis —hacia 1930, cuando la ciudad alcanzaba alrededor de 30.000 habitantes— el capital acumulado permitió, como en San Pablo, afrontar una nueva etapa de su desarrollo económico a través del establecimiento de nuevas industrias.

Ciudades nuevas —pueblos, originariamente— aparecieron muchas durante este período. Algunas alcanzaron rápido desarrollo, como la ciudad argentina de La Plata, fundada en 1882 como capital de la provincia de Buenos Aires a consecuencia de un proceso institucional, pero que alcanzó un importante desarrollo comercial y portuario gracias al esfuerzo de una sociedad urbana de origen predominantemente inmigratorio. Del mismo modo creció Belo Horizonte en el Brasil, fundada en 1897 como nueva capital del estado de Minas Gerais y que alcanzaba los 100.000 habitantes hacia 1930. Y crecieron también a distinto ritmo innumerables pueblos y ciudades que creó la progresiva expansión agropecuaria argentina: Resistencia y Sáenz Peña, Santa Rosa o Venado Tuerto entre muchas. Nacidas de un proceso de expansión económica, sus sociedades ajustaron a él sus formas de vida, libres de toda tradición.

Nueva era la ciudad chilena de Antofagasta, cuyo desarrollo empezó hacia 1870, en relación con la exportación del salitre, y nueva fue, de hecho, la de Punta Arenas, insignificante villorrio antes de 1875 que alcanzó un millar de habitantes a principios del siglo pero que creció intensamente a partir de entonces. Si llegó a tocar las 30.000 almas hacia 1930 fue porque se convirtió en un importante centro de la economía patagónica gracias a la acción tesonera de José Menéndez, un comerciante español que reveló inusitadas condiciones de adelantado. Con la intensificación de la explotación regional —especialmente del ganado lanar— se tonificó la naciente actividad mercantil de la ciudad, de la que se hizo en corto tiempo un extraño oasis en tierras australes: como en Manaos, surgieron calles y paseos, buenas y hasta lujosas residencias, el infaltable teatro de las ciudades que querían manifestar su anhelo de bienestar y prosperidad y todos los servicios propios de una ciudad moderna. Una sociedad activa y la mano de obra barata —hasta un grado dramático— que ofrecía la región, consolidaron la función de la ciudad en un área que carecía de ellas.

Un desarrollo industrial acelerado promovió la prosperidad de algunas ciudades mejicanas. Monterrey llegó a ser la más importante de ellas a comienzos del siglo, cuando su población sobrepasó los 60.000 habitantes, nivel que aumentaría en las décadas subsiguientes a medida que se desenvolvía la siderurgia. Pero también crecieron Guadalajara, Puebla y Orizaba, esta última bautizada como la "Mánchester de México" a causa de sus industrias textiles, a las que se agregaron las de la cerveza y del papel: dos novelas de Rafael Delgado —*Los parientes ricos* e *Historia vulgar*— describieron el curioso ambiente provinciano alterado por la transformación económica.

Entretanto, conservaron su ambiente provinciano las ciudades que quedaron al margen de la modernización. No cambiaron cuando otras cambiaban, y esa circunstancia les prestó el aire de ciudades estancadas. Muchas de ellas lograron, sin embargo, mantener el ritmo de su actividad mercantil al menos dentro de su área de influencia, pero mantuvieron también su estilo de vida tradicional sin que se acelerara su ritmo. Las calles y las plazas conservaron su paz, la arquitectura su modalidad tradicional, las formas de la convivencia sus normas y sus reglas acostumbradas. Ciertamente el horizonte que ofrecían no se ensanchó, cuando en otras ciudades parecía crecer la posibilidad de la aventura, de la fortuna fácil y el ascenso social. Por contraste las ciudades ajenas a las eruptivas formas de la modernización pudieron parecer más estancadas de lo que eran en realidad. Una curiosa jerarquía descendente de estancamiento se constituyó a lo largo de los años: hubo ciudades estancadas en el siglo XVIII como Villa de Leyva o Antigua Guatemala, que contemplaron cómo alcanzaban su mismo carácter otras que las habían aventajado. Fue intenso el sentimiento que provocó el contraste, y muchos lo expresaron como testimonio de una situación contradictoria. El venezolano Rafael Pocaterra describió el ambiente de Valencia en *El doctor Bebé* y el de Maracaibo en *Tierra del sol amada*. Entre irónico y nostálgico, evocaba el casino provinciano, las noches silenciosas, en las que, no se veían "ni perros, ni un último carruaje vergonzante. Apenas entre los macizos de palmas de la plaza Bolívar dos gatos se perseguían aullando, obsesos". Y el protagonista nostálgico de París o, simplemente, de Caracas, se preguntaba: "¿dónde ir?". La paz de la amodorrada capital ecuatoriana movía a Jorge Reyes a hablar de *Quito, arrabal del cielo*. Y el argentino Manuel Gálvez evocaba la calma de la dormida Catamarca en *La maestra normal* y el peso de la tradición colonial de Córdoba en *La sombra del convento*. "Arequipa era una democracia de hidalgos" decía melancólicamente el peruano Víctor Andrés Belaúnde hablando de la ciudad de su infancia; y con igual nostalgia se acordaba de la plácida Mérida el venezolano Mariano Picón Salas.

No faltó quien sorprendiera la sutil persistencia de la calma provinciana, por debajo de la forzada modernización de la ciudad: el argentino Benito Lynch revelaba en *Las mal calladas* la que descubría en La Plata, apenas cincuentenaria, y el mejicano Rafael Delgado en las novelas en las que evocaba a Orizaba y Córdoba. Pero eran débiles contrastes que se desvanecerían poco a poco, como se desvanecerían, en alguna medida, aun en las ciudades que languidecían en su estancamiento.

Ciertamente, el efecto de demostración comenzó a funcionar intensamente, y cada vez más a medida que las comunicaciones se hacían más fáciles. Se añoraba en las ciudades provincianas el brillo de las luces, el lujo ostentoso que las ciudades modernizadas imitaban de París. Se añoraba también el género de vida mundano que difundían las novelas y los periódicos, y esa cierta forma de anonimato que caracterizaba la existencia de la gran ciudad, gracias al cual la vida parecía más libre y la posibilidad de la aventura más fácil. Y ante ese modelo, la placidez provinciana parecía más insoportable para quien sentía la tentación de la aventura metropolitana. Podía ser la joven de buena familia que se hastiaba en medio de lo que consideraba su estrecho círculo; pero fue más generalmente el hombre ambicioso que se aburría en la rutina de una actividad que no parecía permitirle el salto hacia la riqueza o una posición social más alta. En rigor, las metrópolis —grandes o pequeñas— que estaban en el horizonte de quienes sufrían el provincianismo les ofrecían, sobre todo, el señuelo del ascenso social. Eran ya las de las metrópolis típicas sociedades burguesas, con los caracteres que habían adquirido sus modelos del mundo industrializado; o acaso con los caracteres que engendraba la imitación, más acentuados por cierto que en el original. Añoraban las sociedades provincianas esas aperturas que las sociedades burguesas ofrecían. Y ese sentimiento multiplicó la diferenciación real entre las ciudades estancadas y las que se transformaban.

2. LA MOVILIDAD DE LAS SOCIEDADES URBANAS

Lo típico de las ciudades estancadas o dormidas no fue tanto la intacta permanencia de su trazado urbano y su arquitectura como la perduración de sus sociedades. De hecho, se conservaban en ellas los viejos linajes y los grupos populares tal como se habían constituido en los lejanos tiempos coloniales o en la época patricia. Poco o nada había cambiado, y, ciertamente, nada estimulaba la transformación de la estructura de las clases dominantes, ni la formación de nuevas clases medias ni la diversificación de las clases populares.

Todo lo contrario ocurrió en las ciudades que, directa o indirectamente, quedaron incluidas en el sistema de la nueva economía. Las viejas sociedades comenzaron a trasmutarse. Primero las desbordaron los nuevos contingentes humanos que se incorporaban a la vida urbana, resultado unas veces del éxodo rural y otras de la aparición de inmigrantes extranjeros. Pero muy pronto el mayor número —acentuado por un decidido crecimiento vegetativo— alteró también cualitativamente la vieja estructura demográfica, al calor de las desusadas posibilidades de movilidad social que ofrecían las nuevas perspectivas ocupacionales. El resultado no tardó en advertirse, y el sistema tradicional de las relaciones sociales comenzó a modificarse. Donde había un sitio preestablecido para cada uno, comenzó a aparecer una ola de aspirantes a cada lugar; y no eran solamente los recién llegados con vocación por la aventura quienes destruían la armónica y estable sociedad tradicional; eran también los que ya formaban parte de ella sin participar, como marginales, muchos de los cuales comenzaban a incorporarse porque poseían aptitudes y aparecía la ocasión de que las demostraran. El "nuevo rico", el pequeño comerciante afortunado, el empleado emprendedor, el artesano habilidoso, el obrero eficaz, y todos los que descubrían en la intrincada trama de las actividades terciarias una veta que explotar, se abrieron paso por entre los recovecos del armazón social y terminaron por dislocarlo.

No era ése su objeto, ciertamente. Cada uno de los que ascendían aspiraba a situarse en la sociedad tradicional, a ser uno más en ella, a disfrutar de los beneficios y los goces que importaba ser uno de sus miembros, como los que la integraban de tiempo inmemorial. Pero el resultado fue que el armazón no pudo resistir tantas nuevas inclusiones y comenzó a dislocarse. De pronto, el viejo patriciado descubrió, antes que nadie, que su ciudad, "la gran aldea", comenzaba a transformarse en un conglomerado heterogéneo y confuso, en el que se perdían poco a poco las posibilidades del control de la sociedad sobre cada uno de sus miembros, a medida que desaparecía la antigua relación directa de unos con otros.

En las áreas rurales y en las ciudades pequeñas o medianas el viejo patriciado había arraigado más profundamente y constituía una vigorosa y homogénea aristocracia. Constituía esa "democracia de hidalgos" de que se hablaba en Arequipa, como podía hablarse en Tunja, en Trujillo, en Salta, o en Popayán. Ni había en su seno grupos que insinuaran tendencias diversificadoras ni los grupos humildes y medianos le negaban consentimiento a su autoridad. Por eso fue allí donde resistió mejor los embates de los nuevos tiempos. En las capitales y en los puertos, en cambio, en las ciudades que se transformaban, las circunstancias comenzaron a minar la estructura y la fuerza del patriciado, aun cuando estuviera bien constituido y ejerciera su inequívoco poder. Junto a los oriundos de la misma ciudad estaban, más cosmopolitas y más desprejuiciados, los muchos llegados desde distintas partes del país, unas veces con poder y otras en busca de él, unas veces con fortuna y otras veces para procurársela. Y era en ellas donde adquirían más importancia los grupos extranjeros, influyentes y prestigiosos. El juego de tantos y tan diversos grupos amenazaba la posición del patriciado y facilitaba la apertura de algunos de sus grupos hacia nuevas actitudes que comprometerían la situación de la vieja clase.

Hubo, en efecto, en el patriciado quienes, frente a las nuevas perspectivas económicas que se plantearon en las últimas décadas del siglo, se mostraron aptos para modificar sus principios y sus tendencias pensando en aceptar y aprovechar las oportunidades que se presentaban. Otros, en cambio, no quisieron o no fueron capaces de hacerlo, demasiado acostumbrados a otros modos de vida para sumarse a actividades que exigían condiciones para las que no habían sido preparados. Fueron ellos los que comenzaron a dar el paso atrás que los relegaría a la condición de grupo aristocrático y desdeñoso y, en la misma medida pasivo y marginal.

En las últimas décadas del siglo el patriciado republicano constituido después de la Independencia era una clase ya asentada a lo largo de varias generaciones. No sólo los miembros de rancios linajes coloniales sino los que habían ascendido después de la emancipación o de las guerras civiles configuraban una clase caracterizada por la "antigua riqueza". Eran, ciertamente, los aristócratas de aquella sociedad. En el Brasil —donde los tiempos del Imperio corresponden al período patricio del resto de Latinoamérica— no faltó un racista declarado como Oliveira Vianna que tuviera a la aristocracia del Imperio por una estirpe superior: era blanca y poseía esa "ancestralidad germánica" capaz de empujarla "hacia los *sertoes* a la caza de oro o de indios". Pero él mismo —en su libro *Evoluçao do Povo Brasileiro*— explicaba, a su manera, lo que pasó después: "Con el triunfo de la revolución republicana, se quiebran los viejos cuadros políticos y partidarios que los cincuenta años del antiguo régimen habían formado lentamente: la nación, tomada por sorpresa, ve su inestabilidad, agravada por la que provocan los nuevos ideales victoriosos. Hay una subversión de las capas sociales, que se invierten y se mezclan: la nación asiste, atónita, a la aparición, al lado de las grandes figuras del republicanismo, de una turba de personalidades intérlopes, sin títulos que acrediten su ascensión, pero que batallan todas con audacia y vehemencia por la posesión del poder y la dirección del país. Los elementos sociales, en ese pueblo sacudido por un terremoto, se mueven desordenadamente, como moléculas accionadas por fuerzas divergentes. En ese juego de acciones y reacciones indescriptibles, la estructura social adquiere una plasticidad enorme, bajo la presión de las influencias más encontradas".

Quizá lo más significativo fuera el aire señorial que esa clase —rica y políticamente hegemónica— había comenzado a adoptar. Y no solamente en el Brasil, donde el Imperio había repartido abundantemente los títulos de nobleza, sino también en las repúblicas más modestas y más austeras. Para aquella fecha diversas generaciones se habían sucedido desde los comienzos del encumbramiento familiar. Y así como las primeras se habían caracterizado por su tenacidad en la conquista de la fortuna y del poder, las siguientes dejaron de ser tan exigentes consigo mismas y muchos de sus miembros adquirieron la fisonomía del caballero de abolengo que se sume en el ocio, delegando en sus servidores el cuidado de sus intereses y abandonando su preocupación por imprimir al país la dirección que creía mejor.

El ocio de esas nuevas generaciones de las viejas clases tuvo formas diversas en esa sociedad que se constituía y cuya ley era la actividad productiva. A veces fue cierta tendencia a huir de la ciudad mercantilizada y burguesa, llena de exigencias y de advenedizos dispuestos a satisfacerlas, para buscar una tregua en la hacienda lejana. Fue uno de los temas predilectos de la novela naturalista, a través del cual intercalaba el autor —Gamboa, Pocaterra, Cambaceres— el análisis del estado de ánimo de esos presuntos hidalgos urbanos frente a los cambios sociales. Porque el campo parecía el ambiente propio de los señores y la afirmación de tal calidad constituía una despechada respuesta, y casi una venganza, a una sociedad que empezaba a estimar más otros valores. Otras veces cobró el ocio la forma de una indolencia elegante y escéptica que se manifestaba en un franco desdén por el ejercicio viril de la voluntad en las luchas cotidianas de la sociedad. Podía ser una indolencia estetizante que realzara el valor de las experiencias personales por la vía del estudio, la lectura o el simple ejercicio de un modo cotidiano de vida, un poco a la manera de Oscar Wilde, en la que cobraba sentido de finalidad el goce de la belleza de un cuadro, de una porcelana o de un mueble. O podía ser cierto afán dispendioso de afirmar el señorío a través del mantenimiento de una clientela de parásitos. Y a veces era la declinación del señorío en un señoritismo vulgar que solía terminar en el vicio y la depravación.

Una imagen nostálgica del pasado solía sostener la melancólica marginalidad de estos patricios del Imperio, de la "patria vieja", de la "gran aldea", que se sentían a disgusto en la patria nueva y en las ciudades que se transformaban. Por inercia conservaban, además de su riqueza, alguna forma de poder: la banca de senador que nadie se atrevía a disputar al heredero de una vieja familia, el alto cargo judicial y, en ocasiones, la primera magistratura ofrecida por los amigos unas veces y por amigos y enemigos otras, si la gravedad de la situación obligaba a pensar en un "patricio" que estuviera por encima de las pasiones y los partidos. Pero cada vez más, desde las últimas décadas del siglo, se percibía que los hombres de mentalidad patricia no eran los que más convenían para las nuevas circunstancias. Conservaron su prestigio y aun su autoridad allí donde tenían propiedades y constituyeron en esas zonas las oligarquías mal llamadas "feudales". Y los conservaron en las ciudades provincianas, con esos mismos rasgos y sin que se notara demasiado su creciente marginalidad en la vida del país, particularmente si la región y la ciudad caían también en la marginalidad a medida que se afirmaba el nuevo sistema económico. Pero en el ámbito de la conducción nacional, orientada hacia el aprovechamiento total de las nuevas posibilidades que el mercado mundial ofrecía, empezaron a predominar figuras de otra mentalidad y otro temperamento que emergían formando un nuevo grupo social, como respuesta al nuevo desafío: eran esas "personalidades intérlopes" de que hablaba el brasileño Oliveira Vianna expresando el resentimiento del viejo patriciado dolido por su desplazamiento.

Para remplazar al viejo patriciado, nuevas burguesías se venían preparando al compás del cambio de las circunstancias. De pronto los negocios se multiplicaron porque se multiplicaron las demandas del mercado internacional; las exigencias de ciertos requisitos fueron formuladas por quienes lo controlaban y se hizo necesario satisfacerlas no sólo ajustando los sistemas de producción sino también creando la infraestructura necesaria. En todas partes se compraba y se vendía, pero además se apostaba al logro de grandes ganancias con pequeñas inversiones o con dinero ajeno y, sobre todo, se especulaba con audacia y con ciega fe en un indefinido crecimiento del volumen de la riqueza y de los negocios, sin el tradicional sistema de recaudos financieros con que se habían constituido hasta entonces las explotaciones y las empresas y sin las preocupaciones de carácter moral que tocaban tanto al honor hidalgo como al honor burgués. Prevalecía un nuevo estilo: el de la gran burguesía del mundo industrial, despersonalizada y anónima cuando se trataba de negocios, un estilo audaz y arrollador que suplantaba al tradicional, más cauto, y en el que, cualquiera fuera el volumen de los negocios y el margen de la aventura, asomaban, mezclados, los prejuicios del hidalgo y los del pequeño burgués.

Las nuevas burguesías se constituyeron con quienes se mostraron poseedores de las aptitudes requeridas para afrontar las nuevas circunstancias, dejando decididamente de lado las limitaciones impuestas por los hábitos tradicionales y optando por otras formas de comportamiento. Pero ¿quiénes eran y de dónde surgían?

Sin duda desempeñaron un papel muy importante aquellos miembros del viejo patriciado, herederos de una fortuna y un apellido, que se desprendieron de su clase —o, mejor, de las actitudes de su clase— para incorporarse al "progreso", al proceso de modernización de las estructuras. Aprovecharon las ventajas de sus vinculaciones mundanas, de su posición y de su experiencia para beneficiarse con los primeros y más seguros beneficios del cambio. A los ojos de muchos fueron los modelos del nuevo comportamiento: se veía en ellos a los que abandonaban la vida fácil, la rutina, la indolencia, quizá la depravación de muchos de su clase, para incorporarse a la nueva ola del trabajo y el progreso. Y respaldados por ese prestigio encabezaron procesos concretos de modernización en el área de sus actividades privadas. Mineros o hacendados de antigua data los más, abandonaron y renovaron sus explotaciones utilizando nuevos métodos e introduciendo maquinaria industrial moderna, con la que multiplicaron sus ingresos. Se asociaron con frecuencia a empresas extranjeras y muchos dieron un paso decisivo incorporándose al gran comercio o, mejor, al mundo de los negocios financieros y bursátiles. El ferrocarril valorizó sus tierras, y cuando las ciudades crecieron, se volcaron al negocio de la tierra urbana fundando nuevos barrios y pueblos sobre las vías.

Pero el grupo verdaderamente activo de las nuevas burguesías se compuso de gente menos comprometida con el pasado. Eran los que buscaban el ascenso social y económico con apremio, casi con desesperación, generalmente de clase media y sin mucho dinero, pero con una singular capacidad para descubrir dónde estaba escondida cada día la gran oportunidad. El grupo se

LAS CIUDADES BURGUESAS   265

constituyó como resultado de una selección espontánea de los más
aptos para la nueva situación, y los más aptos fueron quienes
descubrieron no sólo los negocios básicos —los de la producción
y su comercialización— sino los innumerables negocios derivados
que en cada coyuntura aparecían en el vasto sistema de la intermediación hasta llegar a las altas finanzas y a la especulación.
Los hombres de negocios fueron los señores de la nueva sociedad,
con su imaginación exacerbada por la ilusión del enriquecimiento
repentino: en una jugada de bolsa, en una especulación de tierras,
en una aventura colonizadora, en una empresa industrial; pero
también en menesteres más insignificantes, como el acapara-
miento de un producto, la obtención de una concesión privilegiada, la solución de un problema de transporte, de envase, de
almacenamiento, o simplemente el cumplimiento de gestiones
que dejaban una importante comisión. Las comisiones enlazaban
a los productores con los exportadores, los mayoristas, los funcionarios, los abogados, las empresas extranjeras: fueron un reino
misterioso al que se podía llegar pobre y salir de él rico, porque
se extendía por sobre todos los engranajes de la intermediación.
Una oficina y ningún capital se necesitaba para obtenerlas, y a
veces ni siquiera oficina porque se gestionaban en el club, en las
fiestas de sociedad, en las antesalas de un ministro o en los
pasillos del congreso. Solían ser los miembros de esas nuevas
burguesías oriundos del país o, a veces, extranjeros de diverso
origen y con un pasado variable. Desempeñaron un papel importante estos últimos porque, generalmente, llevaban a cada lugar
una vasta experiencia del funcionamiento de la intrincada ma-
deja de los negocios internacionales. Quizá con una quiebra más
o menos honesta a sus espaldas, se acercaba el recién llegado al
nuevo escenario explorando las posibilidades del país y los negocios reales o potenciales que parecían ofrecerse. Se acercaba a
los grupos más influyentes, donde generalmente era bien recibido por su condición de extranjero si tenía don de gentes y
capacidad para suscitar simpatías en las fiestas aristocráticas o
en los clubes donde los caballeros se reunían. Y luego comenzaba
a tantear los despachos ministeriales, acaso buscando concesiones y privilegios, gestionando inversiones y cobrando las comisiones correspondientes, o simplemente informaciones para introducirse en el sagrado recinto de la especulación. El azar podía
hacer de él un triunfador; pero si perdía comprometiendo a sus
nuevos amigos, podía desaparecer dejando atrás de él dramas

como el que el argentino Julián Martel relató en *La bolsa*, la novela en que describía el mundo de los negocios de Buenos Aires hacia 1890. En el momento del cataclismo Martel ponía en boca del aventurero francés que se hacía llamar Fouchez un explícito —e ingenuo— soliloquio: "Mi deber, no lo niego, me manda pagar a mis acreedores; pero yo no he venido a América para cumplir con mi deber, sino para hacer fortuna. ¿Quién me conoce aquí? ¿Quién sabe que soy el marqués de Charompfeux? Estoy, es cierto, atado a esta tierra por los lazos del agradecimiento, pues en ella encontré trabajo y fortuna [...] ¿Agradecimiento he dicho? ¡Qué tonto soy! ¿He de estar agradecido a un país que, después de enriquecerme, quiere dejarme más pobre de lo que vine? ¡Vaya un modo de enriquecer! Además, si él me ha dado el dinero, yo le he dado el trabajo, he propendido a su engrandecimiento [...] No, es cosa resuelta, me escapo a París sin pagar a nadie [...] ¿Qué me importa abandonar esta oscura republiqueta americana, si con lo que poseo puedo brillar en París como el más atildado elegante del *Faubourg Saint-Germain*? [...] La Argentina no es mi centro [...] Tengo la nostalgia de París, única ciudad en el mundo en que la vida es soportable, y allá me vuelvo".

Hubo muchos Fouchez en Latinoamérica en esas décadas, acaso más cínicos que el personaje de Martel. Pero hubo muchos extranjeros, personalidades notables algunos de ellos, que, simplemente, canalizaron su genio y su capacidad empresaria dentro del proceso general de la economía del país que elegían. Muy vinculados a los grupos capitalistas de su país de origen, William Russell Grace y John Thomas North actuaron en los países del Pacífico. Norteamericano el primero, trabajó en el Perú preferentemente en relación con los transportes marítimos; el segundo, inglés, actuó en Chile y terminó siendo dueño de innumerables empresas y el "arbitro del porvenir", como él mismo decía, en la industria salitrera y en los ferrocarriles. En Manaos, el alemán Waldemar Scholz dominó la extracción y la comercialización del caucho. El español José Menéndez logró crear un polo económico en el sur de la Patagonia tanto chilena como argentina, con centro en Punta Arenas. En México, el inglés Weetman Pearson desarrolló la industria textil y los ferrocarriles, mientras los franceses Henri Tron, Honoré Reynaud y sobre todo, Ernest Pugibet, dominaban un vasto sector de la producción textil y tabacalera. Un catalán, Emilio Reus, apareció en Montevideo como promotor del desarrollo económico y dejó una huella importante de su labor. Todos ellos, y muchos más de variada capacidad, fundaron compañías, aglutinaron capitales y personas, prestaron a las ciudades el ritmo dinámico de un puesto de comando desde el que se proyectaba el destino inmediato y mediato del país. Hombres de experiencia, no sólo ofrecían a las burguesías locales caminos insospechados para ellas sino también experiencia del mundo internacional y conocimiento concreto en relación con el manejo de los negocios. En cada ciudad se estrechó esta relación, de la que saldría, por cierto, robustecida la relación de dependencia entre las economías nacionales y los grandes centros del mundo industrializado. Pero, además, la relación daba al conjunto de las burguesías urbanas un aire cosmopolita que dejaba atrás al sentimiento provinciano que atormentaba a los ricos que habían visitado Londres o París y volvían deslumbrados a sus ciudades nativas de Latinoamérica. Era, ahora, un grupo moderno que sabía vivir al ritmo de los tiempos.

A esos grupos aspiraban a entrar también muchos de los que pertenecían a las clases medias urbanas y que, en sus diversas actividades, llegaban a recibir los últimos efluvios de la acelerada circulación del dinero. Comerciantes por mayor o minoristas, profesionales o medianos ahorristas que disponían de una cierta masa de dinero, procuraron participar de la gran aventura. Y los que lo lograron se instalaron de un salto en lo más alto de la pirámide dejando el recuerdo de su genio mercantil o de su suerte a los que fracasaban en aventuras semejantes. Por eso, precisamente, las nuevas burguesías tuvieron el aire de clases aventuras. En rigor, no todos sus miembros tenían, personalmente, esos rasgos. Muchos —innumerables, quizá— eran hombres de empresa y de trabajo que, una vez entrevista la promisoria perspectiva de cierta actividad o la necesidad de una obra, aplicaban a su ejecución un sostenido esfuerzo con extremada eficacia. Pero la aventura estaba en la base del sistema que cambiaba, precisamente, porque despertaba posibilidades nuevas que requerían imaginación para identificarlas y, a veces, cierta falta de prejuicios para emprenderlas mediante los apoyos que fueran menester. Estas aptitudes combinadas fueron las que configuraron en conjunto los rasgos de ese sector social que, a sabiendas o no, modificaba la fisonomía de su ciudad y su país.

El valor asignado a la eficacia, mayor que cualquier otro, fue lo que, pese a su inocultable sentimiento exclusivista, obligó a estas nuevas burguesías de las ciudades que se transformaban a mantenerse abiertas, permeables a todas las aspiraciones de ascenso social que latían en los estratos medios y populares. La sociedad urbana en conjunto se hizo más fluida y los canales para pasar de un estrato a otro más variados y transitables. Sólo se requería eficacia —y, sin duda, suerte— para salvar los obstáculos y alcanzar el pequeño olimpo del *tout* México, del *tout* Río de Janeiro o del *tout* Buenos Aires. Una vez en él se disfrutaban las delicias que podía proporcionar la fácil multiplicación de los bienes y el ejercicio de un difuso poder.

Sin duda, los miembros de las nuevas burguesías, especialmente en las capitales, lograron controlar simultáneamente el mundo de los negocios y el mundo de la política, y operaron desde los dos para desatar y aprovechar el proceso de cambio. Manejaron los centros de decisión económica fundando bancos o consiguiendo su dirección mediante operaciones a veces sinuosas, dominando la bolsa hasta donde pudieron, asociándose con los capitales extranjeros que operaban en el país a través de sutiles agentes. Disponían además, de los mecanismos de la importación y la exportación regulando cotizaciones, fijando precios, urdiendo maniobras para sorprender y derrotar al competidor adversario; y desde las administraciones ponían en funcionamiento los dispositivos sabiamente armados, que repercutían sobre los sectores intermedios y sonaban finalmente en los centros de producción. Todos conocían los límites de su juego, impuestos por quienes manejaban el mercado mundial. Pero quedaban unos márgenes de acción que les permitía sentirse poderosos. Un mundo de agentes, abogados, gestores y comisionistas aceitaba oportunamente los engranajes, cuyas ruedas maestras regulaba de alguna manera el poder político.

Pero el poder político lo ejercían las mismas personas, o sus personeros. Miembros de las nuevas burguesías dominaron progresivamente los centros de decisión política, y se los podía ver —a ellos o a sus personeros— en los despachos ministeriales, en la dirección de los grandes organismos públicos, en los escaños legislativos o en los estrados judiciales. La ley, el decreto, la reglamentación que determinada política requería se estudiaban y redactaban por los mismos grupos que los utilizaban para sus actividades privadas. Y las ideas que los inspiraban eran defendidas por los partidos políticos oficialistas —tradicionales o circunstanciales— en cuya dirección era visible la acción o la influencia de los mismos grupos. Esa unidad de acción, esa coherencia, testimoniaban la cohesión interior que iban alcanzando las nuevas burguesías, integradas por hombres y grupos de distinta extracción pero aglutinados todos por la unanimidad de las respuestas que daban al desafío lanzado desde los grandes centros económicos y financieros de Europa y los Estados Unidos.

Esa cohesión era, pues, el resultado de un proyecto propuesto por la coyuntura económica internacional, al que adherían individuos y grupos que formaban, en las ciudades latinoamericanas donde se tomaban las decisiones locales, la clase dirigente. Pero la mayoría de ellos —individuos o grupos— estaba demasiado unida al proyecto en función de sus intereses particulares. Algo había en su concepción del liberalismo económico que debilitaba su sentido público, y en el fondo el conjunto estaba formado no tanto por los que compartían un riesgo como por los que coincidían en la prometedora aventura. De aquí que las nuevas burguesías —a diferencia del viejo patriciado— constituyeran una clase con escasa solidaridad interior, sin los vínculos que proporcionaba al patriciado la relación de familia y el estrecho conocimiento mutuo. Las nuevas burguesías, por el contrario, se constituyeron como agrupaciones de socios comerciales, cada uno de ellos jugándose el todo por el todo dentro de un cuadro de relaciones competitivas inmisericordes en el que el triunfo o la derrota —que era como decir la fortuna o la miseria— constituían el final del drama.

Pusieron al descubierto esos rasgos las sucesivas crisis financieras en las que desembocó la euforia de las aventuras económicas, de los proyectos alocados y desmedidos y, sobre todo, de las inversiones descabelladas y los empréstitos mal usados. La especulación socavó el andamiaje y, al precipitarse, arrastró en cada una de sus caídas a todos los que se habían excedido en sus posibilidades. Quiebras fraudulentas, suicidios, descensos a la última miseria desde los más altos niveles de la riqueza, fueron temas predilectos de la novela naturalista de la época —entre otras, *La bolsa*, de Julián Martel, y *Quilito*, de Carlos María Ocantos, las dos argentinas—, precisamente porque era el espectáculo revelador de esa sociedad cuya ley parecía ser el ascenso social fundado en la rápida conquista de la fortuna. Siempre fue esta esperanza un rasgo de las sociedades de gran movilidad. Y la fortuna fue siempre voluble. Los halagados por el éxito podían ser al día siguiente los menospreciados por el fracaso. Y este esquema revelaba la estructura interna de las nuevas burguesías, montadas en el más alto estrato de una sociedad que creía sobre todo en el ascenso social.

Fue, justamente, la posibilidad y la esperanza del ascenso social lo que promovió la inmigración: del extranjero hacia los diversos países latinoamericanos, y dentro de ellos, de las regiones pobres hacia las ricas, o de los campos hacia las ciudades. La intensa movilidad geográfica correspondía a las expectativas de movilidad social que crecían hasta un grado obsesivo. Y si algunos pocos millares de recién llegados se incorporaban directamente a las clases medias o altas, la gran mayoría engrosaba las filas de las clases populares. Un sentimiento de sorpresa frente a una sociedad que se hacía cada vez más cosmopolita cundió entre los viejos sectores criollos; llamaban la atención los grupos extranjeros de los sectores medios, que en algunas ciudades casi monopolizaban el comercio —como los alemanes en Maracaibo o los españoles en Veracruz— y parecían sentirse dueños de la ciudad; pero más llamaba la atención la hibridación de las clases populares, especialmente en las grandes ciudades. De más de una ciudad se dijo que parecía una Babel moderna. Porque hacia las grandes ciudades se dirigió preferentemente la inmigración, precisamente porque era en ellas donde esperaba encontrar la más amplia gama de posibilidades para tentar fortuna.

Transformadas por la presencia de fuertes contingentes inmigratorios o con su fisonomía habitual apenas cambiada, las clases populares adquirieron una nueva significación en las ciudades que se transformaban. Nuevas fuentes de trabajo aparecían, unas veces espontáneamente y otras convocadas por el ingenio de los buscavidas duchos en los secretos de la vida urbana. Para los que no tenían más que la fuerza de sus brazos, el trabajo en los puertos, en la construcción o en las obras públicas podía asegurarles el jornal diario. Como dependientes o peones en comercios y talleres podían tener también trabajo regular. Pero la ciudad que crecía ofrecía posibilidades nuevas. Se podía ser portero en una oficina pública, mozo de café o de restaurant, acomodador en teatros o cines, cochero o chófer, mensajero o lustrabotas o vendedor de billetes de lotería o innumerables cosas más. El servicio doméstico absorbió un número considerable de personas, así como los servicios de orden público o los transportes urbanos. Esa apertura de las posibilidades del trabajo modesto no sólo sirvió para canalizar las expectativas de las nuevas clases populares sino también para sacudir la modorra de los grupos tradicionales, cuyos miembros, antes contentos con su suerte, veían ahora prosperar al imaginativo vecino. Los inmigrantes dieron el ejemplo del pequeño ahorro. Con sostenidos sacrificios, el dependiente de comercio o el vendedor ambulante terminaba por reunir un pequeño capital que le permitía establecerse; y a partir de ese momento el ascenso hacia la clase media solía estar asegurado. Una generación después había en la familia del honrado tendero un hijo licenciado o doctor.

El paso de los servicios subsidiarios de la vida urbana al pequeño comercio fue uno de los diagramas típicos del ascenso social en las clases populares de las ciudades que crecían. La aparición de nuevos barrios creaba una mentalidad de frontera, porque en ellos todos empezaban una especie de nueva vida y no valían los prejuicios ni tenían sentido las preguntas acerca del pasado de cada uno. La mercería o la tienda de comestibles que abría el emprendedor inmigrante se transformaba en el foco del nuevo distrito, en el que se levantaban sólo unas pocas casas. Y al cabo de poco tiempo el comerciante había aprovechado el crecimiento del núcleo y acaso amasado una pequeña fortuna. Ahora empezaba otra etapa dentro del sueño incontenible de las aspiraciones.

Para otros, el trabajo cotidiano apareció en las nuevas manufacturas e industrias que empezaron a establecerse. Hubo trabajo en los talleres ferroviarios, en las fábricas de tejidos, de cigarros, de vidrio, de alpargatas, de artículos diversos que el fabricante creía que podrían competir con los importados. Así apareció poco a poco un sector nuevo de las clases populares: el proletariado industrial, no muy numeroso pero de fisonomía social muy definida.

En algunos países se reclutó preferentemente entre los sectores de inmigrantes extranjeros, pero en otros ingresaron al naciente proletariado industrial trabajadores nacionales, generalmente mestizos, negros y mulatos, que se adecuaron rápidamente a las características del sistema. Algunas veces se trataba de gente de ciudad que, simplemente, cambiaba de oficio, pero abundó la que venía del campo o de aldeas rurales atraída por los altos salarios que esperaba encontrar. En la actividad industrial todos debieron ajustarse a una disciplina desacostumbrada: la que impersonalmente imponía la empresa a través de sus cuadros medios. Y en este ejercicio comenzó ese sector popular a organizarse y a regular sus acciones y sus reacciones en la defensa de sus intereses. No le era lícito a los miembros del naciente proletariado industrial esa alegre despreocupación del vendedor callejero o del mayoral del tranvía que siempre encontraban una pausa para la conversación amable y desocupada. En cambio, adquirían poco a poco las modalidades de una clase combativa, disconforme y capaz de expresar su rebeldía. Poco a poco aparecía en las ciudades un sector popular que abandonaba el viejo sistema patriarcal y que no tenía con sus empleadores la relación ambigua del señor con su criado o con el que le servía la mesa en un restaurant. Como las fábricas, las grandes ciudades despersonalizaban las relaciones sociales y suscitaban tensiones antes desconocidas.

La despersonalización de las relaciones sociales contribuyó a modificar la fisonomía de los sectores marginales. Crecieron en número pero, sobre todo, cambiaron de modalidad. Creció el número de los mendigos, pero fue muy difícil que una dama caritativa siguiera teniendo "sus" pobres: disminuyó el número de los resignados y acaso filosóficos y creció el de los agresivos. También cambió el carácter de la delincuencia, haciéndose más sutil y organizada, hasta llegar, en sus más altos niveles, a alcanzar connivencias internacionales. Las tuvo también el juego y luego el tráfico de drogas; pero sobre todo las tuvo la trata de blancas, que proporcionó a los prostíbulos de las ricas ciudades que se transformaban no sólo la diestra dirección de encargadas europeas sino también rubias pupilas que seducían a los cobrizos parroquianos. En el creciente anonimato de las grandes ciudades la mala vida tomaba un aire más áspero y cruel, como se iba haciendo áspera y cruel la nueva miseria urbana.

Quienes se apretujaban en las ciudades esperando un jornal o la limosna que les permitiera vivir sin él, los que sólo ganaban salarios insuficientes para subsistir constituían, en verdad, un sector no menos marginal que el de la mala vida. Hasta que no conseguían sobrepasar ciertos niveles que los pusieran en la vía del posible ascenso, sus miembros no participaban realmente en la vida de una sociedad que amaba el lujo y medía en dinero la significación de grupos y personas. Por debajo de esos niveles estaba en Buenos Aires el "atorrante", que hacía su morada en los caños que se apilaban en las calles esperando la instalación de las obras sanitarias, o en Santiago de Chile el "roto", típica expresión de la pobreza urbana. El novelista Joaquín Edwards Bello lo describió en su propio ambiente: los barrios miserables como el que se formaba en los alrededores de la estación Alameda. Allí se hacinaban en inquilinatos que, como los del Tepito en México, como los callejones limeños, los *cortiços* cariocas o los conventillos de Buenos Aires, hundían en formas infrahumanas de vida a quienes se refugiaban en ellos. Grave riesgo, allí convivían los que luchaban por ascender con los que habían aceptado la marginalidad y se habían deslizado hacia la prostitución o el delito. Y ese contacto detenía las posibilidades de escalar la posición mínima desde la que podía aspirarse a ese soñado paraíso de la clase media.

El fenómeno social más sorprendente y significativo de las ciudades que se transformaban al calor de los cambios económicos fue el crecimiento y cierta trasmutación de las clases medias. Ciertamente, no faltaban antes. Las constituían quienes ejercían el comercio o una profesión liberal, los burócratas, los militares, los clérigos, los funcionarios. Pero en todos esos sectores hubo una expansión que creó nuevas posibilidades y expectativas. La ciudad era, fundamentalmente, un centro intermediario, y las necesidades de esa función multiplicaban las de la producción misma. Más burocracia, más servicios, más funcionarios, más militares, más policías se hacían necesarios cada vez. Quienes pertenecían a la vieja clase media y eran originarios de la ciudad tenían más posibilidades de alcanzar esas posiciones; pero quienes llegaron a ella y hacían su carrera desde los primeros peldaños, solían subirlos lentamente a fuerza de tenacidad y de humillaciones, demostrando eficiencia y constituyendo un ahorro que les permitiera mostrar esa modesta dignidad que la clase media exigía. Y, normalmente, sólo después podían hacer fortuna, o incorporarse a la clientela política de un influyente, o quizá sumarse a la corriente de un grupo de poder.

El tránsito desde las clases populares hacia las clases medias fue frecuente y, a veces, rápido. El comercio, las profesiones que ejercían los hijos de quienes habían dado el primer paso, la vinculación a empresas que premiaban la lealtad y la eficiencia de sus servidores, y muchas veces la política, fueron vías que permitieron ese acceso. En el otro extremo, las posibilidades de recorrer los distintos estratos de la clase media hasta llegar a los más altos aumentaron con el desarrollo de los negocios y la ampliación del panorama que se abría a las sociedades en crecimiento. Quizá se necesitaba cierta fortuna, largamente acumulada e invertida después en la minuciosa operación que conducía al ascenso social; pero podía servir eficazmente la protección de un poderoso o una alianza matrimonial ventajosa. La movilidad fue la regla dorada de estas nuevas clases medias cuya magnitud y cuya singular fisonomía caracterizaron la transformación de las ciudades. Y no sólo porque reflejaron la peculiaridad del proceso social que se operaba en ellas sino también porque sus miembros permitieron la renovación de sus formas de vida: eran los que compraban los periódicos, los que discutían sus opiniones en el café, los que se proveían en los nuevos almacenes que ofrecían la moda de París, los que llenaban las aceras de la bolsa y los bancos, los que atendían los comercios y las oficinas. Y fueron los que empezaron a pensar que también ellos tenían derecho a participar en el poder y formaron las filas de nuevos partidos políticos que desafiaban el poder de las viejas oligarquías en busca de una extensa democracia.

En pocos años, veinte o treinta ciudades latinoamericanas, en distinta medida, vieron transformarse sus sociedades y arrinconar las formas de vida y de mentalidad de las clases tradicionales. En su lugar, las nuevas sociedades elaboraron lentamente los rudimentos de otra cultura urbana, que empezaría a desarrollarse en ciudades que muy pronto modificaron los rasgos de su rostro.

3. EL EJEMPLO DE HAUSSMANN

Una sociedad que se renovaba parecía exigir una transformación de su habitat. Y, ciertamente, numerosas ciudades latinoamericanas comenzaron a renovar su fisonomía a partir de las últimas décadas del siglo xix. El crecimiento de la población obligó a ocupar nuevas zonas para establecimiento de viviendas y el desarrollo mercantil e industrial requirió amplios espacios fuera del centro urbano. A lo largo de los caminos de acceso, al lado de núcleos ya existentes o en las proximidades de ciertos focos de atracción —una estación de ferrocarril, una zona fabril— iban surgiendo nuevos barrios. Era un crecimiento espontáneo, consolidado al poco tiempo con la prestación de ciertos servicios que mejoraban la condición de los adelantados de la expansión urbana: el agua y los transportes, las obras de drenaje, el alumbrado.

Pero junto a esta transformación espontánea creada por el crecimiento, algunas ciudades latinoamericanas conocieron una transformación deliberada que tendría larga influencia. Mientras las ciudades se extendían poblando zonas periféricas, el casco viejo de la ciudad conservaba su aspecto tradicional, muchas veces deteriorado por el tiempo y la presencia de grupos sociales modestos que ocupaban las viejas casonas. Las nuevas burguesías se avergonzaban de la humildad del aire colonial que conservaba el centro de la ciudad y, donde pudieron, trataron de transformarlo, sin vacilar, en algunos casos, en demoler algunos sectores cargados de tradición. La demolición de lo viejo para dar paso a un nuevo trazado urbano y a una nueva arquitectura fue un extremo al que no se acudió por entonces sino en unas pocas ciudades; pero se transformó en una aspiración que parecía resumir el supremo triunfo del progreso. Donde no se pudo o no se quiso llegar a tanto, se procuró organizar el desarrollo de las zonas adyacentes al centro tradicional y el de los nuevos barrios de acuerdo con los modernos principios urbanísticos. Una influencia decisiva ejercía sobre las nuevas burguesías el modelo de la transformación de París, imaginada por Napoleón III y llevada a cabo por el barón de Haussmann.

El audaz principio de la modernización de las ciudades fue la ruptura del casco antiguo, tanto para ensanchar sus calles como para establecer fáciles comunicaciones con las nuevas áreas edificadas. Pero dentro de ese esquema se introducía una vocación barroca —un barroco burgués— que se manifestaba en la preferencia por los edificios públicos monumentales con una amplia perspectiva, por los monumentos emplazados en lugares destacados y también por una edificación privada suntuosa y de aire señorial. Extensos parques, grandes avenidas, servicios públicos modernos y eficaces debían "asombrar al viajero", según una reiterada frase de comienzos del siglo XX.

Se asombraron los viajeros, pero todos reconocieron la visible influencia que en el remodelamiento de las ciudades tenía la concepción de Haussmann. El barón de Río Branco llamaría al que fue prefecto de Río de Janeiro desde 1902, Francisco Pereira Passos, "el Haussmann brasileño"; y cuando en Montevideo el Consejo general de Obras Públicas aconsejó adoptar el plan de remodelación urbana que el arquitecto Norberto Maillart había presentado en 1887, fundó su dictamen en que se ajustaba a la concepción de Haussmann. A la misma inspiración respondieron desde 1880 el primer intendente de Buenos Aires, Torcuato de Alvear, y sus sucesores, así como los prefectos de San Pablo Antonio Prado y Raimundo Duprat que trabajaron en la urbanización de la ciudad desde 1898. Otros trabajaron en otras ciudades, pero el alcance de su obra fue más reducido porque no tuvo como objeto modificar el casco antiguo sino organizar el espacio que comenzaba a ocuparse.

Buenos Aires se decidió por las demoliciones. Federalizada en 1880, Torcuato de Alvear fue designado intendente poco después y empuñó la piqueta. Cayó la Recova Vieja que cortaba en dos la actual Plaza de Mayo y cayó buena parte del antiguo Cabildo colonial para dejar el paso a una avenida que comunicaría aquella plaza, donde había estado el Fuerte y ahora se levantaba la Casa Rosada, con la otra plaza tras la cual se levantaría el monumental Palacio del Congreso. Se abrió, efectivamente, en poco tiempo la Avenida de Mayo, y muy pronto se vio totalmente flanqueada de edificios modernos, de estilos variados entre los cuales no faltaban audaces ejemplos de *art nouveau*. Desde ese momento se transformó en el corazón de Buenos Aires. Por debajo de la Avenida de Mayo y de la calle Rivadavia comenzó a circular pocos años después el primer tren subterráneo de Latinoamérica. No mucho después se proyectarían dos grandes diagonales que debían salir de Plaza de Mayo y una extensa Avenida de Norte a Sur, hoy llamada 9 de Julio. Centenares de casas cayeron para la ejecución de esos planes.

En Río de Janeiro fue necesario demoler setecientas casas para abrir la Avenida Central, luego llamada Río Branco, desde la plaza Mauá hasta el Obelisco. Todo el casco viejo cambió; dos cerros cayeron también a sus costados para dejar sitio a amplias explanadas. Desde entonces el *Largo da Carioca* se trasformó en el punto neurálgico de la ciudad, mientras se cubría de nuevas construcciones la avenida recién abierta que miraba hacia el Pan de Azúcar. Pero otras obras más contribuyeron al cambio: el ensanche de la calle Trece de Mayo, la apertura de las avenidas Beira-Mar y Rodríguez Alves, Francisco Bicalho, Mem de Sá, Salvador de Sá. La escala de la ciudad, que aún recuerda la *rua do Ouvidor*, cambió sustancialmente en el centro como ya cambiaba en las nuevas urbanizaciones periféricas.

Refiriéndose a la capital del estado de San Pablo escribía Roberto Capri en 1912: "[...] es esa ciudad casi europea, toda cuajada de construcciones magníficas de hermoso estilo italiano, toda cruzada por calles y avenidas, con fábricas por todas partes, con edificios públicos suntuosos, con una vida dilatada e intensa". El centro antiguo, conocido como "el triángulo", seguía intacto, pero se salía por él hacia los barrios por las avenidas San Juan, Rangel Pestana o Tiradentes. Y tanto la avenida Higienópolis como la Paulista empezaban a verse flanqueadas de lujosa edificación al tiempo que se transformaban en nuevos ejes urbanos. Más moderado, el desarrollo de Montevideo se manifestó en la normalización de las vías de salida de la ciudad, en el trazado de los primeros sectores de la Rambla, desde el puerto hasta Pocitos, y sobre todo en el trazado, dispuesto finalmente, de la Avenida Agraciada desde la Avenida 18 de Julio hasta el Palacio Legislativo, que dominaría una vasta perspectiva.

De estilo clásico o de estilo francés, los numerosos edificios de que pudo enorgullecerse al cabo de poco tiempo cualquiera de las ciudades donde se abrían nuevas avenidas ponían de manifiesto cierta ostentación o cierto gusto por la monumentalidad. Los edificios legislativos de Montevideo y Buenos Aires, el Palacio de Bellas Artes de México, el Teatro Colón de Buenos Aires o el Municipal de Río de Janeiro revelaron la riqueza y el gusto peculiar de estas burguesías de las ciudades que se transformaban. Amaron los jardines de trazado francés y las amplias avenidas. Aun en ciudades de poco cambio aparecieron paseos y avenidas: el Paseo de Colón y luego la avenida Arequipa en Lima, la avenida Bolívar en Caracas, la avenida Colón en Bogotá. El paseo de coches era casi una ceremonia social. Se la practicaba desde antes en los jardines bonaerenses de Palermo, en las Alamedas de Lima y de Santiago, en el Paseo de la Reforma en México; y se la practicó poco a poco en otros: en el Prado montevideano, en el bosque de Chapultepec en México, en el Paseo de Colón en Lima. Creció el número de plazas y plazuelas, cuidadas con esmero las de los barrios altos, y en las más importantes de las cuales se levantaban los monumentos a los héroes, grandiosos como las estatuas ecuestres de San Martín y Bolívar en varias ciudades, como la de Alvear que Buenos Aires encargó a Bourdelle, como la de Artigas en Montevideo; o los que adoptaron otra fisonomía, como el de Tiradentes en Río, el de Sarmiento en Buenos Aires, el de Juárez en México o el de Santander en Bogotá. El destino del casco antiguo fue diverso. Siguió siendo el centro administrativo y comercial en casi todas las ciudades, pero sólo en algunas —Río de Janeiro y Buenos Aires especialmente— se modernizó su arquitectura y mantuvo su prestigio. En la mayoría sucumbió a causa de los desplazamientos ecológicos. Las familias de clase alta —las que solían llamarse "las de la plaza"— empezaron a emigrar en un movimiento inverso al de los sectores populares que ocupaban las grandes residencias transformándolas en conventillos o callejones. Nuevos barrios alejados del centro acogieron a los que abandonaban las vecindades de la plaza mayor. La Alameda y luego los barrios que surgieron sobre la avenida Providencia atrajeron en Santiago de Chile a las clases pudientes, como ocurrió en el Prado montevideano y luego en Ramírez y Pocitos. Así definieron su categoría social y arquitectónica el barrio Norte de Buenos Aires, Catete y Laranjeiras en Río de Janeiro y los que aparecieron sobre las avenidas marítimas, las colonias Roma y Juárez en México y luego las Lomas de Chapultepec, Chapinero en Bogotá, Sabana Grande en Caracas con tendencia a escaparse hacia el Country Club y El Paraíso, Miraflores en Lima, Higiénopolis en San Pablo. Algunas veces eran viejas aldeas o ciudades aledañas que quedaron incorporadas de ese modo a la ciudad. El ferrocarril o las avenidas y carreteras acortaron las distancias; pero conservaron su carácter de núcleo, frecuentemente con sus propios comercios y servicios. Una arquitectura de calidad, y muchas veces de buen gusto, proporcionó un aire elegante a esos rincones residenciales, en cuyos alrededores podía estar emplazado un hipódromo o un elegante club de tenis o de golf.

A veces surgieron esos barrios del fraccionamiento de alguna finca, acaso poblada de añosa arboleda que se procuraba conservar. Pero por un movimiento análogo comenzaron también a fraccionarse parcelas para compradores de mediana o de humilde condición económica, y surgieron en muchas ciudades barrios innumerables, constituidos por gentes que habían comprado su lote en mensualidades y construían luego trabajosamente un cuarto y una cocina para empezar a vivir en lo que era ya su "casa propia". Los fraccionamientos o loteos adquirieron a veces caracteres de fiesta popular, organizada por rematadores imaginativos que eran al mismo tiempo comisionistas, empresarios y urbanistas. Explotaban sabiamente el anhelo de las clases populares de abandonar los tugurios del centro de la ciudad y de poseer su propia casa, aunque fuera modesta. Y el rematador —algunos, como Piria en Montevideo, se hicieron famosos— convocaba a los aspirantes que habían logrado ahorrar algún dinero, los transportaba al lugar del remate acompañados por una charanga que tocaba estruendosamente, y mientras los niños jugaban en el campo, él transformaba el plano del fraccionamiento en realidad gracias a su incontenible labia, señalando dónde estaban la escuela, la iglesia y la comisaría y puntualizando las ventajas del lugar y de cada lote en particular. Fue una singular aventura la de la expansión de las ciudades transformando en tierra urbana lo que hasta ese momento había sido tierra rural aledaña a la ciudad. Los precios no tenían patrón fijo, y la especulación hizo presa de los aspirantes a poseedores de lotes, porque los que no habían comprado cuando no había nadie se entusiasmaban cuando veían levantarse las primeras casas o surgir la primera tienda de comestibles. Era el momento en que hacía su agosto el que había comprado con propósito especulativo. Y en ese juego se encarecía la tierra en los nuevos fraccionamientos, como, por lo demás, se encarecía en las zonas céntricas y en los nuevos barrios residenciales.

En los distritos populares la arquitectura fue primaria. La compra del terreno y la construcción suponían un costo que siempre sobrepasaba las posibilidades inmediatas de quien se metía en la aventura, sin duda confiando en el futuro, en su capacidad de trabajo y de ahorro. Giraba sobre el porvenir, y lo importante era abandonar el tugurio para dejar de pagar alquiler; de modo que su preocupación urgente fue levantar las primeras cuatro paredes y poner un techo. Fueron barriadas sin estilo, excepto aquel que se filtraba a través del arraigado oficio del albañil o el maestro de obra: una proporción, la disposición de puertas y ventanas, acaso una cornisa elemental podían revelar la mano artesanal y la cultura que estaba detrás de la mano. Pero era una cuestión accidental. Ante la urgencia el futuro propietario podía acudir a sus propias manos, y acaso a la tradición del rancho rural o de la vernácula vivienda suburbana. Y entonces el conjunto mostraba su hibridez y su elementalidad.

La mano de un maestro de obra, y acaso ciertas pretensiones de sus dueños, podían advertirse de vez en cuando en algunas viviendas de clase media, en las que la fachada solía acusar una preocupación estética, corroborada luego por la cuidadosa elección del empapelado interior, de los *bibelots* o los cortinados. A medida que subía el nivel económico y social, todo era un poco mejor, o quizá, un poco más convencional y ajustado a lo que ofrecían los negocios de reconocida categoría. Desde la calle no había duda posible en el diagnóstico social, y sin duda el observador podía hacerlo utilizando su propia experiencia. En cambio, la preocupación estilística era fundamental en los barrios de alta clase media o de clase alta. Sólo viviendas de categoría podían levantarse en ellos, y la categoría suponía consultar a un arquitecto —extranjero, si fuera posible—, discutir el plano y, antes que él, el estilo; pero sabiendo que se terminaría por preferir el estilo francés, a menos que el propietario hubiera caído bajo el influjo esteticista de un *revival*: el gótico, el morisco o acaso otro más exótico aún. El llamado estilo francés, más o menos puro y siempre de rigurosa imitación, sirvió para las buenas casas de la alta burguesía y, sobre todo, para las lujosas residencias —el *petit-hotel* o el "palacio"— de quienes habían llegado a los más altos niveles económicos y aspiraban a la posición casi sublime que parece ofrecer el boato. Ortodoxo y tradicional, el estilo francés parecía consagrar la importancia social de quien, celoso de las formas, decidía adoptarlo. Y de esa consagración estaban ansiosas esas burguesías enriquecidas demasiado rápidamente como para sentirse firmes en el más alto estrato de una sociedad.

Hubo, empero, quienes prefirieron otros estilos, quizá por falta de adecuado asesoramiento acerca de lo que les convenía. Y algunos que se sumaron al entusiasmo que suscitaba el *art nouveau*, cuyos modelos, franceses o catalanes, parecieron expresar no sólo la novedad del momento, sino también cierta vocación por un lujo rebuscado que se manifestaba en las clases opulentas. Pináculos de formas torturadas y estatuas imponentes jugaban en las fachadas con las atrevidas cornisas, en un alarde de irrealidad y como un desafío a las reglas clásicas de la arquitectura y del gusto tradicional. De buena factura, algunas cabecitas o algunos florones provocaban el éxtasis de los entendidos; pero era aquella ostentación de la decoración superflua lo que provocaba el interés y la admiración de los más. Y en contraste, los Palacios de las Exposiciones o las estaciones ferroviarias que imitaban el modelo de la Victoria londinense exhibían sus estructuras de hierro como si fueran monumentos al progreso y a la industria. Entretanto, muchas ciudades mejoraron sustancialmente su infraestructura. Se remodelaron muchos puertos, construyendo o ampliando las obras de defensa, los muelles, los depósitos, las grúas, las vías férreas; y en relación con las epidemias que se trasmitían por vía marítima, se establecieron los servicios sanitarios: fue Osvaldo Cruz quien dio la más tremenda batalla contra la fiebre amarilla en Río de Janeiro. Para completar la obra de higienización de las grandes ciudades no sólo hacía falta la atención médica preventiva. Se emprendieron las obras de drenaje y las de aprovisionamiento de agua corriente. Ríos y arroyos empezaron a ser entubados, y sobre alguno de ellos correrían importantes avenidas, como la Jiménez de Quesada en Bogotá o la Juan B. Justo en Buenos Aires.

La iluminación pública a gas deslumbró a quienes estaban acostumbrados al aceite, y la eléctrica colmó de asombro a los espectadores el día que se encendieron los primeros focos. Los tranvías a caballo fueron remplazados por los eléctricos, y más tarde empezaron a circular los autobuses. En alguna ciudad apareció un aeródromo. Y cuando ya se había difundido el uso del telégrafo y del teléfono, empezaron a levantarse las antenas trasmisoras y receptoras de radiotelefonía. Año más, año menos, como en Europa, porque el trasvasamiento de las innovaciones técnicas fue casi instantáneo en Latinoamérica. La sociedad que se renovaba acogía rápidamente todas las conquistas del progreso y se apresuraba a modernizar sus ciudades proveyéndolas de todos los adelantos que, desde la época de Haussmann, imaginaban los urbanistas para resolver los problemas que creaba la creciente concentración urbana.

Pero, ¿cuántas fueron las ciudades que siguieron el ejemplo de Haussmann? El desarrollo espectacular sólo se produjo en unas pocas capitales; en otras, y en algunas ciudades importantes, se aplicaron algunas partes de un teórico plan de conjunto que, por lo demás, no parecía tener urgencia. Y en el mayor número la estructura urbana colonial se mantuvo casi sin cambios. El hecho es de decisiva importancia, porque el cuadro del desarrollo urbano pone de manifiesto los caracteres del desarrollo socioeconómico general. Y los brillantes testimonios que ofrecen esas pocas ciudades de gran esplendor contrastan con los signos de un desarrollo escaso y lento en todas las otras, un poco al margen de la red económica que alimentaba el brillo de las primeras. Sobre este tema hizo curiosas reflexiones un escritor francés que vivió largos años en Argentina, H. D. Sisson, y que publicó en 1910 un libro sobre ese país. Después de describir largamente la ciudad de Buenos Aires y destacar su rápida modernización, Sisson se ocupa en el capítulo siguiente de "las provincias", iniciando su análisis con estas palabras: "Hablar de las provincias después de la capital es casi retroceder de la nación a la colonia". Y sin duda podía hacerse una afirmación semejante para los demás países latinoamericanos cuyas capitales habían dado un salto espectacular. Sisson desarrollaba su pensamiento, nacido sin duda de una observación penetrante. "Pero he aquí que desde 1880 Buenos Aires avanza a paso de gigante en los progresos materiales y en esta cultura social aparente que trae, con la riqueza, la necesidad de imitar a los países más refinados y más civilizados. La capital cosmopolita, arrastrada por el flujo de las comodidades y de los placeres, y bajo el influjo de esa sugestión que crea el exhibicionismo social, ha abandonado muy rápidamente las antiguas costumbres de austeridad, de autoridad, de solidez serena, que resisten a las seducciones por medio de las tradiciones; las fortunas inmensas formadas en algunos años han permitido a los porteños los viajes y las temporadas en el extranjero, y les han hecho perder la vinculación con su tierra y las sanas costumbres de las antiguas familias".

"Las provincias, cuyas capitales están alejadas de Buenos Aires entre mil y dos mil kilómetros, han seguido siendo lo que eran, al menos hasta que las facilidades de las comunicaciones las hayan aproximado a la capital, lo que no ocurre más que poco a poco, teniendo en cuenta las distancias kilométricas que las separan y que hasta impiden la explotación de la riqueza que encierran. He aquí lo que explica suficientemente que el distanciamiento entre la capital y las provincias haya aumentado con rapidez aunque sólo desaparecerá muy lentamente."

Las observaciones de Sisson valen para toda Latinoamérica. La expansión económica provocada desde el exterior se reflejó en los centros que mantenían contacto con él, y acentuó la diferencia que ya existía entre ellos y el resto de las ciudades. Hubo como dos mundos que se separaban, uno moderno y otro colonial, pero que coexistían. Y al mundo todavía colonial fueron llegando los últimos ecos del ejemplo de Haussmann, melancólicamente traducido en una inmensa plaza desproporcionada o en un bulevar con plazoletas que conducía del centro de la ciudad hasta la nueva estación del ferrocarril. A algunos lugares llegaron los últimos ecos del ejemplo de Haussmann cuando ya había pasado o cuando todavía no había llegado la expansión económica. Pero quedó flotando en el ambiente como una vaga aspiración a proporcionar a cada ciudad provinciana algo que le permitiera creerse metrópoli. Y cuando aparecieron otros recursos urbanísticos y otros modelos de planeamiento, todavía el ejemplo de Haussmann siguió señoreando sobre todas las concepciones porque era, al fin de cuentas, el ejemplo insustituible de París.

4. LA COTIDIANA IMITACIÓN DE EUROPA

Cuando Pierre de D'Espagnat estuvo en Colombia en 1897, Bogotá era todavía una ciudad muy colonial; y el viajero francés creyó corresponder a la amable acogida que le habían brindado las buenas familias bogotanas ofreciéndoles este consejo que estampó en sus *Souvenirs de la Nouvelle Grenade*. "El único temor que yo formularía sería el de ver a las bogotanas cediendo a un modernismo incongruente de vestidos, en un cuadro como el de Bogotá, tan particular, de una gravedad sentimental y católica tan especial. Sean cuales fueren los decretos de la tiranía universal de la moda de París, el vestido que le va mejor a la sudamericana, el que armoniza mejor con ese medio de pasión y de fe, es y será siempre la mantilla, que le da su sello propio y afortunado". Casi todos los que observaron con atención esa coyuntura latinoamericana repararon en el riesgo y la gravedad del paso que se daba de una forma de vida arraigada y tradicional a otra que consistía, al fin de cuentas, en un conjunto de recetas y fórmulas exteriores para modificar la apariencia de los usos y las costumbres. Pero no se dio en todas partes. Muchas ciudades mantuvieron su aire colonial, apenas modificado por la adopción gradual de nuevas técnicas. Colonial, en rigor, quería decir provinciano, y definía, sobre todo, un estilo de vida que resistía a la adopción de aquellas recetas y fórmulas exteriores que tenían que ver, sobre todo, con las formas de vida y de convivencia, no por virtud de determinada sociedad urbana sino, simplemente, por no haber sufrido los estímulos de la modernización y no haber experimentado los fenómenos que transformaron a las ciudades, como el acelerado crecimiento demográfico o la formación de nuevas burguesías. Alfredo Pareja Diez-Canseco fechaba el comienzo del ciclo novelesco que tituló *Los nuevos años* en el momento en que él advierte en el Ecuador aquellos cambios. "Son, en verdad, varias historias, una distinta en cada libro. Empiezan en 1925, cuando otras formas de la convivencia humana encuentran asidero en nuestro país. Entonces comenzó la agonía del patriarca; entonces, no hay duda, un nuevo país quiere remplazar al viejo, se organiza con premura para alcanzar lo que ya estaba hecho en otros lados, y su aliento aprende a respirar en la gran atmósfera del mundo. Es la inicial de los nuevos años nuestros".

Seguían predominando en las ciudades ajenas a la transformación las viejas clases patricias, y con ellas, formas patricias de convivencia cuyas normas amparaban también a las otras clases. Hasta que algo pasara —algo cuyo centro dinámico solía estar lejos— la ciudad provinciana o colonial perseveraba en su placidez, que sólo el *snob* capitalino percibía como tal condenándola como enemiga del progreso.

Lo más significativo de la transformación de las ciudades fue, como siempre, la transformación de su sociedad. Los viejos estratos tomaron nueva fisonomía, y aparecieron, además, estratos nuevos. Tan característica como la aparición de vastas clases medias fue la aparición de nuevas burguesías que se instalaron rápidamente en la cresta de la sociedad. Y fueron ellas las que introdujeron un nuevo estilo de vida que quiso ser cosmopolita por oposición a las formas provincianas de vida predominantes hasta entonces.

Dos modelos europeos tuvieron particular resonancia en Latinoamérica: el de la Inglaterra victoriana y el de la Francia de Napoleón III. Y a imitación de ellos —y bajo su despótica influencia— crecieron las nuevas burguesías latinoamericanas, y traduciéndolos elaboraron sus formas de vida, con algo propio y algo extraño, como siempre. Fue en las capitales y en los puertos donde hallaron su escenario propio las nuevas burguesías, allí donde se recibía primero el correo de París o de Londres, donde vivían extranjeros que llevaban consigo el prestigio europeo, donde estaban instaladas las sucursales de los bancos y las casas de comercio extranjeras. Y allí apareció la obsesión —y la ilusión— de crear un estilo de vida cosmopolita, o para decirlo más exactamente, europeo.

La preocupación fundamental de las nuevas burguesías latinoamericanas —por lo demás, como las de gran parte del mundo— fue ensayar y consagrar finalmente un estilo de vida que expresara inequívocamente su condición de clase superior en la pirámide social a través de claros signos reveladores de su riqueza. Pero no solamente mediante la actitud primaria de exhibir la posesión de bienes sino, sobre todo, a través de un comportamiento sofisticadamente ostentoso. Por esa vía se buscaba dignificar a las personas y a las familias, y obtener el reconocimiento de una superioridad que, hasta entonces, le era admitida solamente al antiguo patriciado. No eran, pues, sólo los objetos lo que preocupaba a las nuevas burguesías, sino más bien el uso que podía hacerse de ellos dentro de este vago barroquismo burgués.

Fue este género de vida —barroco, burgués y rastacuero; o acaso simplemente rastacuero, que quizá quiera definir el barroco burgués— el que nutrió la vasta creación de la novela naturalista latinoamericana, la del chileno Luis Orrego Luco, la del mejicano Federico Gamboa, la de la peruana Mercedes Cabello de Carbonera, la del venezolano José Rafael Pocaterra, la del argentino Julián Martel, la del brasileño Julio Ribeiro entre tantos otros. Y fue este género de vida el que, idealizado, sirvió de marco a la poesía del modernismo. De los novelistas todos eligieron el rasgo que creían más significativo para sorprender el mecanismo de esta nueva burguesía que, con el correr de los meses, en esos años locos de especulación que van de 1880 a la primera guerra mundial, adquirió humos aristocráticos y llegó a convencerse de que poseía "alcurnia".

Un día, en cierto número de ciudades latinoamericanas, aparecieron los clubes de estilo inglés. Clubes con salones para estar, amueblados con cómodos sillones, salas de lectura con pocos libros y, en cambio, muchos periódicos y revistas —la *Revue des Deux Mondes*, sobre todo—, lujosos salones para fiestas, comedor abierto hasta altas horas de la noche, y, sobre todo, un personal de camareros experimentados y de criados fieles que conocieran a cada *clubman* por su nombre, por sus debilidades y sus preferencias. Así se constituyeron estos reductos de las nuevas burguesías, de los que, por lo demás, solían no estar ausentes los miembros del viejo patriciado.

El club cumplía diversas funciones. Allí se congregaban los contertulios para refugiarse en "su círculo", donde todos se conocían; allí se comentaban las novedades económicas y políticas del día, fuera de las murmuraciones sociales; allí se establecían contactos y se iniciaban conversaciones informales que no hubiesen estado bien en los despachos oficiales o en las oficinas financieras; allí se comía y se bebía entre amigos confiables y encontraba albergue el calavera que trasnochaba y el jugador que se aburría; y allí se celebraban de vez en cuando las fiestas de más alto vuelo en las que se congregaba la alta sociedad de la ciudad.

Centro de un grupo relativamente cerrado, el club reflejaba el designio de mantenerlo lo más cerrado posible. Sólo la fortuna rompía el cerco. Era, en eso, un exponente claro de la tendencia de las nuevas burguesías a constituirse cuanto antes en estrechas oligarquías. Lo importante no era, claro está, lograr que no creciera el número de socios del club: lo importante era que no creciera demasiado el número de los que manejaban la nueva riqueza. Y el exclusivismo segregacionista del grupo dominante buscaba una expresión pública, un sitio donde pudiera manifestarse que sus miembros, y no otras personas, eran los que estaban instalados allí, el lugar desde donde se dirigía la vida social y, en cierto modo, la vida económica y política.

La idea de constituir un "círculo", un grupo cerrado en el más alto nivel de una sociedad abierta, caracterizó a las nuevas burguesías, quizá en grado más obsesivo porque no eran, originaria y tradicionalmente, una clase constituida. Sin duda recurrieron sus miembros al ejemplo del patriciado como un modelo de imitación, pero acentuaron el exclusivismo no sólo por cierta secreta sordidez que brotaba de sus proyectos económicos sino por la inseguridad personal de muchos de ellos, recién incorporados, trabajosamente, a los sectores altos de la sociedad. Eran las nuevas burguesías, en efecto, grupos constitutivamente abiertos; pero —como antes había hecho el patriciado— procuraron cerrarse; y por tratarse de un grupo fundamentalmente financiero y mercantil, supieron que convenía hacerlo cuanto antes.

La misma función que los clubes —el Jockey, el Club del Progreso, el Nacional, el de la Unión— cumplían otros centros convencionales de reunión. Cierto restaurant era, en cada momento, el lugar convenido donde todos los miembros del "círculo" sabían que podían encontrarse. Allí se imitaban los modelos parisienses, tanto en la decoración del ambiente como en la cuidada cocina y en la etiqueta vigente. Se bebía champagne, se hablaba de negocios, de política, de teatro o de mujeres, pero, sobre todo, se estaba en el mentidero donde se veía y se era visto. Para ver y ser visto el teatro era un lugar indispensable, especialmente la Ópera donde la había. Ningún elegante podía faltar. Los "abonados" de los palcos o la platea se encontraban en los entreactos, ponían de manifiesto su presencia y tomaban nota de la de los demás, y ejercitaban allí también ese contacto fluido gracias al cual estaban permanentemente al tanto de las menores vibraciones del juego de la política o los negocios. Allí se exhibía una prenda fina traída de Europa o una joya exótica; y nadie dejaba de observarlo, para corregir la estimación que la persona merecía si aquello que exhibía la justificaba. Más raudamente se veía la buena sociedad en los paseos de carruajes; se cruzaban los coches, y en un instante se descubría quiénes iban en él y qué *toilette* llevaban las mujeres. Algunos caballeros participaban del paseo montando ricos caballos y solían ponerse a la par del coche de sus amistades para tener con cada una de ellas un instante de conversación. Era lo mismo que ocurría en bodas y bautizos, en las salidas de las misas elegantes, o en los balnearios que empezaban a ponerse de moda, todos imitación más o menos suntuosa de Trouville, o en las reuniones del hipódromo.

En esta constante confrontación, una fiesta ofrecida por una familia de prestigio constituía un momento culminante. Eran fiestas lujosas, cuidadosamente organizadas, con verdaderos alardes de buen gusto algunas veces, pero siempre de riqueza ostentosa. El argentino Julián Martel en *La Bolsa* y el venezolano José Rafael Pocaterra en *La casa de los Abila* ofrecieron dos versiones homólogas de esa especie de ceremonia ritual que reunía lo más granado del mundillo de Buenos Aires o Caracas: la misma sociedad elegante que no lograba encubrir su arribismo, la misma inocultable preocupación por la riqueza inmediata o el éxito fácil, la misma inconsistencia de las personalidades. devoradas por la trivialidad. Un banquero, el nuncio apostólico, el ministro y acaso el presidente de la república daban a la reunión tal relieve que quien ofrecía la fiesta parecía ese día un triunfador. Y sin embargo, todos habían ido para hacer su propio negocio: para ver y ser vistos, para ratificar su papel de miembro importante del grupo decisivo, para contribuir a que toda la sociedad se viera obligada a reconocer que eran ellos, y sólo ellos, los que constituían la nueva clase directiva.

Era evidente que, en sus formas de vida, las nuevas burguesías acusaban una vigorosa devoción por los modelos europeos, y era inevitable que desempeñaran socialmente el mismo papel intermediario que les correspondía en la vida económica. Se advirtió en la preocupación por remplazar la vieja casona patricia, prácticamente colonial, por una residencia moderna, de estilo francés preferentemente, decorada y amueblada de acuerdo con el estilo y la categoría, sin que faltara el alarde esteticista que se manifestaba en la presencia de cuadros, esculturas y *bibelots* acordes con el gusto de los *snobs* del momento. Un respeto casi litúrgico por la moda europea en materia de vestimenta acompañaba a la penetración de las costumbres extranjeras, siempre en colisión con las tradicionales, que cada vez parecían más provincianas y decadentes. Y cuando comenzó a difundirse la práctica de los deportes, la esgrima, el tenis o el hockey atrajeron a los jóvenes elegantes para los que no resultaba suficiente la emoción del coche de brioso tronco. Poco después tuvieron el automóvil y los deportes de equipo practicados en clubes casi íntimos.

Volcadas hacia el exterior y preocupadas por constituirse y ser reconocidas como clases dirigentes, las nuevas burguesías fueron, formalmente, grupos de pautas severas. Estimularon, pues, en los más jóvenes o en los más escépticos de sus miembros una tendencia a la evasión, que no se consideró menos elegante puesto que también tenía tradición parisiense. El café cantante, el cabaret o, simplemente, el prostíbulo, ofrecieron expansión a los jóvenes disipados. Allí entraron en contacto con prostitutas, jugadores fulleros, cuidadores de caballos de carrera, a veces con tratantes de blancas o con delincuentes. El mundillo del toreo, el del turf o el del juego ayudaba al establecimiento de esas relaciones peligrosas, cuya frecuentación otorgaba al burgués disipado el título de calavera, que nunca llegó a tener un significado del todo peyorativo, sino que entrañaba un margen de elogio. El calavera violaba las normas de las nuevas burguesías, pero no las negaba, y siempre había la esperanza —casi la certidumbre— de que abandonara la pendiente del vicio, sentara cabeza, y acaso se convirtiera en el más celoso defensor no sólo de las normas morales establecidas sino también de sus formas exteriores más convencionales.

Sin duda, el estilo de vida de las nuevas burguesías comenzó a cambiar después de la primera guerra mundial. La *belle époque* fue terminando también en Latinoamérica y entre las muchas cosas que quedaron olvidadas estaba la retórica de los nuevos ricos. De pronto apareció una concepción deportiva de la vida, a la que se plegaron primero los jóvenes y luego todos poco a poco. La influencia de las costumbres norteamericanas, acentuada por el cine, contribuyó a destruir algunos esquemas tradicionales, y enseguida el *shimmy* y el *charleston* remplazaron el vals.

Para algunos grupos de las nuevas burguesías, el desarrollo de cierto gusto estético, la preocupación por la pintura o la literatura, pareció el complemento necesario de una modernización acabada que debía culminar en ciertas formas de refinamiento personal. Hubo, seguramente, quienes poseían espontáneamente ese gusto y procuraron satisfacerlo auténticamente; pero predominaba una actitud *snob* que invitaba a estar al tanto de "las últimas novedades de París", a comentar la obra del escritor más en boga, a elogiar lo que debía elogiarse para que se advirtiera que se estaba integrado en el renovado mundo de la época del progreso. Fue un alarde más de superioridad social.

Sin duda se formaron en el seno de estas nuevas burguesías auténticos grupos de intelectuales, de escritores, de artistas que reflejaron la intensidad de la sacudida que habían experimentado las sociedades latinoamericanas. Para algunos el tema fundamental fue la política; pero hubo los que comenzaron a extender sus preocupaciones bajo la inspiración de la sociología que predominaba por entonces en Inglaterra y Francia. Muchos se preocuparon por los temas sociológicos, porque empezaron a percibir los conflictos profundos que se escondían por debajo de los avatares de la política, manifestados no sólo en los enfrentamientos de clase o de grupos sino en la contraposición de actitudes entre los distintos sectores de una sociedad que resistía la oprimente acción tanto del viejo patriciado como de las nuevas burguesías. Los sociólogos —el peruano Francisco García Calderón, el venezolano César Zumeta, el colombiano Carlos A. Torres, el argentino José Ingenieros, entre otros muchos— fueron los testigos y los analistas del cambio. Junto a ellos hubo los que se ocuparon de filosofía, y fueron a veces los mismos. Se sintieron atraídos por la filosofía positivista, tanto en su versión francesa desarrollada alrededor del pensamiento de Augusto Comte, como en la anglosajona en la que cobraban especial significación John Stuart Mill, William James y Herbert Spencer. Fueron, entre otros, el peruano Alejandro Deustúa, el cubano Enrique Varona, el mejicano Gabino Barreda, el argentino José Ingenieros. Era una filosofía que entrañaba, sin duda, profundos problemas teóricos, y que tenían también importantes proyecciones prácticas, especialmente en el campo de la educación. Pero era, sobre todo, la justificación doctrinaria de una sociedad "progresista", volcada hacia el progreso material, orientada por una filosofía del éxito: la sociedad que presidían las nuevas burguesías.

Los grupos de poetas, escritores y artistas fueron, a veces, un poco marginales, pero, en rigor, sólo en apariencia. La bohemia de los cafés, los ateneos, las redacciones y las tertulias desdeñaba los valores consagrados y las ideas generalmente admitidas; pero sus miembros estaban dentro de alguna de las varias direcciones que apuntaban en el seno de las nuevas burguesías. El naturalismo novelístico trataba de penetrar los secretos de esta nueva sociedad devorada por la tentación de la fortuna fácil y del ascenso social acelerado; y aunque condenaba lo que creía en ella inhumano y cruel, compartía lo que pudiera llamarse sus sanos principios. El modernismo de los poetas —el mejicano Gutiérrez Nájera, el cubano Julián del Casal, el uruguayo Julio Herrera y Reissig, el argentino Leopoldo Lugones, y sobre todo, el nicaragüense Rubén Darío— recogía y expresaba la sensibilidad de los exquisitos; pero de los poderosos exquisitos, a quienes seducía el mundo refinado del lujo y, a veces, el refinado lujo del poder. Más que disconformismo había en él un rechazo de la vulgaridad, que se confundía fácilmente con el apresurado aristocratismo de las nuevas burguesías. Al fin, el refinamiento sensible podía ayudar a justificar el ascenso de la nueva aristocracia del dinero.

Audaces y obstinadas, las nuevas burguesías necesitaron y quisieron dar la batalla por el poder. No les fue fácil. El poder tenía dueños y, frente a ellos, las nuevas burguesías fueron, en principio, solamente un factor más de poder, y por cierto no el único entre los nuevos que se disponían a enfrentar a los viejos. Extrañas combinaciones de intereses, en las cuales no se advertía bien quién servía a quién, modificaron poco a poco las formas y los contenidos de la política. No siempre lograron —o no quisieron— las nuevas burguesías ejercer el poder por sí mismas, quizá porque no siempre contaron con el hombre de mando que se necesitaba en sociedades tan inquietas. Pero fueron el poder detrás del trono, o mejor, el poder detrás del "señor presidente". El proceso económico y social de la aparición de las nuevas burguesías —y muy pronto de las nuevas clases medias y populares— tenía una raíz distinta del proceso político y, en consecuencia, no lo interfirió radicalmente, como si hubiera habido una batalla y, con ella, vencedores y vencidos. Más bien el proceso social empezó a impregnar el proceso político y a tergiversarlo lentamente. En las capitales ejercieron funciones políticas, directas o indirectas, no sólo los representantes de los antiguos factores de poder sino también de los nuevos. Y en diversa escala, en todas las ciudades que se transformaban aparecieron los nuevos factores de poder para competir con los antiguos. Eran éstos, sobre todo, los viejos linajes patricios, los grupos militares y eclesiásticos; y junto a ellos, su clientela política sostenida durante largo tiempo y sostenedora en consecuencia de aquellos que la sostenían; y en un grado de menor influencia, los antiguos grupos económicos compuestos por ricos comerciantes y propietarios y los círculos ilustrados que merecían consideración especial. Los nuevos, en cambio, fueron exclusivamente los que expresaron el nuevo poder económico. Su fuerza consistió en que el poder político descubrió que los necesitaba. Así empezó un estrecho maridaje de viejos caudillos y generales afortunados con los sinuosos grupos de indefinida nacionalidad en los que se mezclaban los inversores y comerciantes extranjeros con los representantes y agentes nacionales. Era inevitable. Ante el desafío de la economía internacional y las necesidades del desarrollo interior, el poder político se lanzó a la tarea de modernizar el país y a una explotación más intensiva y organizada de las riquezas naturales. Cuando descubrió que necesitaba capitales, los buscó o, simplemente, los aceptó si se los ofrecían. El inversor y el comerciante procuraron privilegios y garantías, y los solicitaron del poder político que procuraba atraerlos. En el juego de toma y daca crecieron los intermediarios, los agentes, los comisionistas, y también los que, efectivamente, trabajaban en alguno de los sectores recién abiertos. Muchos se enriquecieron fácilmente, y todos los que representaban de alguna manera al capital extranjero adquirieron una inusitada personería que les proporcionaba valimiento en los estrados oficiales. Privilegios y garantías quedaban establecidos en leyes que sugerían gestores, estudiaban ministros y funcionarios, votaban diputados y senadores, ponían en funcionamiento burócratas. El vínculo quedó establecido, y poco a poco el poder político se encontró apresado en una red, de la que, acaso, no tenía interés en sacarlo quien lo ejercía. Con todo, los principales factores de poder fueron, en apariencia al menos, los partidos políticos. Algunos eran tradicionales y su pensamiento solía corresponder a una problemática de otros tiempos que había perdido actualidad. Pero en su seno mismo se formaron grupos que se adecuaron a las nuevas circunstancias, y la teoría del progreso sirvió a veces de escudo para esconder sus aspiraciones. Salvo algunos sectores que perpetuaron una imagen tradicional de la actividad productiva, tanto liberales como conservadores procuraron canalizar en su provecho las nuevas circunstancias.

Algo nuevo pasó, sin embargo, después de desencadenarse el proceso de transformación económica. Las nuevas clases medias y ciertos sectores de las clases populares comenzaron a organizarse políticamente y a reclamar su derecho a intervenir en la vida política del país. O en el seno de los viejos partidos o a través de partidos que trataban de constituirse, estas nuevas masas urbanas empezaron a exigir que se hiciera efectiva la democracia. Las ciudades empezaron a agitarse. De pronto comenzaron a formarse en ellas nuevas agrupaciones políticas —liberales avanzados, radicales, socialistas— cuya composición y cuyas formas de actuar quebraban la paz de los acuerdos entre caballeros. Ahora la lucha por el poder tomaba otros caracteres. Los mitines de varios millares de personas reunidas en la plaza pública, el orador exaltado, las inflamadas consignas reformistas o revolucionarias, conmovieron a las ciudades y sacaron a la política de las tertulias y los cenáculos donde tradicionalmente se hilaba con una prudente discreción. Hubo manifestaciones obreras que parecieron amenazadoras a las clases acomodadas porque anunciaban la revolución social, proclamaban la huelga y cantaban las encendidas estrofas de la *Internacional*. Hubo revoluciones populares, llamadas así, pero que, en realidad, estaban movidas por las clases medias aunque contaran a veces con el apoyo de sectores más humildes. Y nuevos periódicos políticos, avanzados y revolucionarios, acrecentaban su tiraje, circulaban pública o clandestinamente, y orientaban la opinión de los nuevos grupos que se incorporaban a las luchas por el poder.

La vida política se hizo mucho más agitada en las ciudades que se transformaban, y el ejercicio del poder político tuvo que aceptar otras reglas. Hasta entonces había sido cosa de unas decenas o unas centenas de familias, a cuyo alrededor giraba una clientela política de fácil manejo. Pero la aparición de nuevas fuerzas modificó las cosas, y para que el poder siguiera en manos de quienes lo tenían fue necesario ejercerlo con más dureza y llegar a la dictadura metódica y severa. Y no sólo para que siguiera en manos de unas cuantas familias, sino para que no se escapara de los nuevos grupos de poder que se estaban constituyendo. Oligarquías y dictaduras fueron las típicas formas de gobierno que —puras o combinadas— se ejercitaron desde las capitales.

En ellas reinó "el señor presidente", según la feliz fórmula acuñada por Miguel Ángel Asturias, que pensaba en los días del gobierno guatemalteco de Manuel Estrada Cabrera. Con caracteres semejantes ejercieron el poder, entre otros muchos, Rafael Núñez y Rafael Reyes en Bogotá, Porfirio Díaz en México, Gerardo Machado en La Habana, Eloy Alfaro en Quito, Cipriano Castro y Juan Vicente Gómez en Caracas, Augusto Leguía en Lima, Hernando Siles en La Paz. Su actitud fue autocrática y derivó hacia un personalismo que algún exégeta definió como "cesarismo democrático", pero que era sólo una deformación viciosa del tipo de poder que las oligarquías querían que ejerciera aquel a quien confiaban, expresa o tácitamente, la custodia de sus intereses. En otras ocasiones, las oligarquías se mantuvieron más unidas como clase y más activas como grupo político, y entonces el "señor presidente" ejerció el poder dentro de un sistema limitado: así ocurrió en Río de Janeiro, Buenos Aires, Santiago de Chile, Asunción, La Paz, Bogotá o Lima.

El "señor presidente" poseía extensos poderes, y la capital era su corte, a la que había que encaminarse para resolver cualquier problema, sin perjuicio de que sus delegados tuvieran también sus cortes en las ciudades provinciales. Pero, en rigor, la corte era "el palacio", tan suntuoso como fuera posible, en el que funcionaba un protocolo a veces grotesco y en el que no faltaban los pechos cubiertos generosamente de condecoraciones ni los criados con librea y calzón corto. Lo que predominaba allí era el espíritu de las nuevas burguesías, alucinadas por el lujo de los salones, por los hermosos jardines, por el prestigio del champagne y de las aristocracias europeas de la *belle époque*, burguesas, por lo demás, como ellas mismas. A veces el "señor presidente" tenía su propio estilo, y hasta podía ser austero como Porfirio Díaz, recluido en el castillo de Chapultepec. Lo importante era que no perdiera ni un instante el control del poder, y en eso confiaban sus mandantes. El "señor presidente" tenía su pequeña nobleza de incondicionales que lo rodeaban, todo un mundillo palaciego que se interponía entre él y los demás; tenía sus ministros, que estaban en contacto con lo que la calle decía, sus funcionarios, sus amigos predilectos, a quienes invitaba "a palacio" y quienes se permitían introducir en él de vez en cuando a algún aspirante a cortesano. Y tenía a sus generales, y a su jefe de la policía, y a sus esbirros y a sus soplones, todos encadenados a los favores del "señor presidente", cada vez más rico, cada vez más poderoso y cada vez más prisionero de su corte, en su capital, que se transformaba con amplias avenidas y paseos, con vistosos edificios públicos, con lámparas de gas o de electricidad, y cada vez más prisionero de los grupos de poder, a los que daba imperiosamente aquellas órdenes que ellos esperaban y querían cumplir.

El "señor presidente" solía llegar al poder mediante elecciones, generalmente amañadas, luego de largas deliberaciones entre los notables, de las que solía participar algún banquero a quien le estaba reservada una palabra sugestiva. Siempre había un club en el que se tomaban las decisiones, o algún hotel cuyos salones frecuentaban los iniciados, o la redacción de algún periódico en cuyos despachos se anudaban las voluntades. Después, el acto eleccionario consagraba al candidato, y para más adelante bastaba con el aparato del estado. Pero las clases medias crecieron en número, en poder, en claridad de ideas, y vastos sectores de las clases populares coincidieron con ellas, aunque algunos grupos propusieron sus propios objetivos. La política empezó a complicarse y no bastó con poner presos a los opositores más destacados sino que fue necesario organizar cada vez más crudamente el fraude electoral y, en ocasiones, recurrir a la policía o al ejército para reprimir a los manifestantes que inundaban las calles y mostraban siempre una marcada vocación por concentrarse bajo los balcones del "señor presidente".

Estas nuevas multitudes urbanas que aspiraban a participar en la vida política reflejaban, en su composición, el cambio que se había operado en muchas ciudades. Ahora, al lado de las familias tradicionales, no había tan sólo una masa indiscriminada de gente indiferente: había nuevas clases populares en cuyo seno se constituían grupos avanzados, quizá socialistas o anarquistas capaces de leer a Marx o a Bakunin, en las que, en todo caso, crecía diariamente el número de los que querían participar de la vida cívica, y había, sobre todo, nuevas clases medias con definidas pretensiones políticas, que por su educación y por las funciones que desempeñaban en la vida de la ciudad, adquirían una importancia inocultable. Eran esas clases medias las que movían el comercio y ocupaban importantes empleos; eran las que leían los periódicos, las que usaban el tranvía, las que conversaban en los cafés o en los clubes políticos, las que empezaban a ir al cine. Entretanto, había habido una revolución triunfante en México y otra en Rusia. Ni el "señor presidente" ni los círculos a los que representaba podían engañarse acerca de las tendencias que impulsaban a estos grupos que adquirían caracteres multitudinarios antes nunca vistos cuando se congregaban para reclamar "democracia" o, acaso, "justicia social". Heterogéneos, sin duda, esos grupos estaban encabezados por los más esclarecidos representantes de las nuevas clases medias.

Caracterizaba a esas clases su decidido interés por mejorar su preparación educacional y cultural. Muchos de sus miembros empezaron a leer libros, pero no para distrarese, como hacían frecuentemente los de las clases altas, sino para aprender, para adquirir "conocimientos útiles" y para compenetrarse de las "ideas modernas", relacionadas con la ciencia, la sociedad y la política. El fenómeno era general en Europa y, en consecuencia, no faltaron libros, como los que en España publicaba la editorial Sempere que, ofrecidos a precios económicos, inundaron las bibliotecas públicas organizadas por los municipios, las sociedades de fomento y los sindicatos obreros; pero fueron también la base de innumerables bibliotecas privadas de gente modesta que se sentía orgullosa de su colección, aunque no pudiera ostentar encuadernaciones en cuero de Rusia. Muchas otras colecciones de libros económicos aparecieron por entonces, y no faltaron las que vieron la luz en ciudades latinoamericanas. Además, para alimentar esa curiosidad inagotable de los que empezaban a sentirla, hubo revistas y periódicos doctrinarios de los grupos políticos, socialistas y anarquistas, y revistas para el público general, con artículos de divulgación científica y relatos literarios.

Así alcanzaron las clases medias y los sectores más preparados de las clases populares un nutrido bagaje de información y conocimiento que les permitió opinar y discutir, hasta llegar a definir una actitud ante los problemas del mundo: una opinión, por cierto muy intelectual, muy ideológica, que, por eso mismo, entorpecería sus relaciones tanto con las clases altas como con las populares, ambas con una apreciación más espontánea e inmediata del mundo.

Del seno de las clases medias salieron los nuevos profesionales —médicos, ingenieros, abogados—, aunque muchos de ellos ingresaron a las clases medias provenientes de estratos más modestos. También se instaló en esos niveles intermedios un nuevo tipo de hombre de letras que no era el caballero distinguido y refinado que distraía sus ocios con la literatura; era un escritor menos esteticista, más comprometido y, generalmente, más utópico. Se lo veía junto con los pintores y escultores, en los cafés bohemios —como ese de Buenos Aires que describe Manuel Gálvez en *El mal metafísico*—, en las tertulias literarias y artísticas, en los estrenos de los dramas o sainetes de sus compañeros, o en las exposiciones, o en los talleres donde trabajaban sus amigos. Así se constituyó un tipo de actividad cultural distinto en las ciudades que se transformaban: más militante, menos académico. La cultura tradicional subsistía y tenía sus propios hogares, donde se hacía fuerte contra los embates de esa otra que consideraba mesocrática y un poco tosca: eran las academias, las sociedades sabias, las universidades; pero también las tertulias literarias de alto rango, muy exquisitas y un poco puristas, que se desarrollaban en los salones o en las bibliotecas de los próceres, en las que la elegante *boiserie* encuadraba los lomos de fina encuadernación. El contraste quedó de manifiesto y, como las nuevas luchas políticas y sociales, agitó la vida cotidiana de las ciudades que se transformaban. Hubo polémicas, enfrentamientos de grupos, lucha entre revistas que expresaban distintos credos estéticos o ideológicos. Con frecuencia se entrecruzaban los problemas y los grupos, de modo que no era fácil distinguir los sobrentendidos de cada actitud. Pero el tiempo y las circunstancias desvanecían rápidamente los equívocos.

Tertulias significativas —acaso semejantes a la que describió en *De sobremesa* José Asunción Silva— fueron las que funcionaron en Lima desde 1885, en el Ateneo de Lima primero, en el Círculo Literario luego y, finalmente, alrededor de Clorinda

Matto de Turner a partir de 1887, en las que la política radical, el indigenismo y otros problemas candentes se mezclaron con las preocupaciones estrictamente literarias. Significativas fueron las de Buenos Aires —en el café La Brasileña, primero, y en el de Los Inmortales después— al comenzar el siglo. Como lo fue la del Ateneo de la Juventud, hacia 1910, en México. Más adelante se constituyeron otras: la que en Lima encontró su centro en la figura de Víctor Andrés Belaúnde y su expresión en el *Mercurio Peruano*; y todas las que nacieron al calor de la revolución estética que siguió a la primera guerra: la que impulsó el "movimiento modernista" en San Pablo, la del grupo Martín Fierro en Buenos Aires, la de la revista *Contemporánea* en México, la de la *Revista de Avance* en La Habana. Todas estaban compuestas por gente que, en su mayoría, venían de las clases medias y se ganaban la vida de diversas maneras, sin perjuicio de que hubiera entre ellos el hijo de un rico cafetero o de un estanciero poderoso. Todas alentaban cierto sentimiento minoritario, como de quienes habían alcanzado un alto refinamiento. Pero todas acusaban también, en mayor o menor medida, cierta receptividad para los nuevos problemas sociales que apuntaban por todas partes.

Muchos que se sentían de minoría comenzaron a empeñarse en servir a las mayorías, que ya empezaban a ser llamadas "masas". Escribieron en periódicos y revistas, el número de cuyos ejemplares crecía en las ciudades que se transformaban porque cada vez los leía mayor cantidad de gente. No sólo había cada día más gente, sino que cada vez había más gente que sabía leer y sobre todo que quería leer para instruirse y para no estar ajena a los problemas del mundo en que vivía. Para aprender y para entretenerse iba la gente al cine, que en las primeras décadas de siglo empezó a ser la atracción de un vasto público de todas las clases sociales. Y mientras subsistía la aristocrática devoción por la esgrima y por el tenis, deportes populares como el fútbol empezaban a congregar muchedumbres en los estadios deportivos, cada vez más grandes, en los que se percibía cada vez más claramente la aparición de actitudes inusitadas en las aglomeraciones que los poblaban los días de grandes espectáculos. Como algunos movimientos políticos, eran expresiones de un movimiento multitudinario que se constituía poco a poco.

El cine y los deportes fueron los signos más típicos de la transformación de las ciudades, en cuanto revelaban la presencia de unas clases populares de fisonomía distinta de la tradicional. Ahora, no sólo la procesión del Señor de los Milagros o la peregrinación al santuario de Guadalupe congregaban multitudes; también un match de box o el partido final de un campeonato de fútbol reunían millares de personas que, evidentemente, querían escapar de la rutina del trabajo y gozar de la vida, expresar sus sentimientos y sus opiniones y acaso dar rienda suelta, un domingo, a cierta oculta cuota de rebeldía. Era como los toros, cada vez con más gente en las plazas, y más apasionada. Y luego en las tabernas suburbanas y en las esquinas de los barrios, cada uno defendía sus opiniones multitudinarias como si fueran sus opiniones individuales. Una creciente tendencia de las clases populares hacia su integración y un marcado propósito de cada uno de sus miembros de afirmar su personalidad estaban latentes en los cambios que desencadenó la transformación de las ciudades.

Por lo demás, en la mayoría de las ciudades cambiaron poco a poco las formas de la vida cotidiana de los sectores populares. Empezaron a gozar de algunas comodidades nuevas —el agua corriente, el alumbrado, las obras sanitarias—, y no siempre, puesto que el crecimiento de las ciudades y el alto costo de la tierra urbana desplazaba siempre a los sectores de bajos ingresos hacia áreas que no se beneficiaban con esos servicios. Fue más fácil la educación de los niños, porque creció el número de escuelas, o la atención de los enfermos, porque aumentó el de los hospitales y mejoró la atención que se prestaba en ellos. El más grave problema fue la vivienda. Los conventillos o callejones proliferaron y la promiscuidad se hizo tan agobiante que muchos se lanzaron a la aventura de levantar un cuarto en un lote comprado en mensualidades. Ese cuarto reveló las formas de la cultura popular: mostró el cromo de la Virgen, la fotografía de un boxeador y acaso flores, en las que se depositaban todas las aspiraciones sentimentales de las clases populares. En algunas ciudades —Montevideo y Buenos Aires— hallaron un aire nuevo para expresarlas: el tango, entre inmigratorio y campero; y el conflicto de las dos influencias cobró voz en el sainete, un género teatral que se cargó de nuevos contenidos en las ciudades rioplatenses.

Otra cosa fue el cambio que experimentaron las formas de vida de las clases medias. Si algo las caracterizó fue un vehemente deseo de ascender socialmente y, sobre todo, de conservar su decoro y mejorar su apariencia. Fue eso lo que indujo a sus miembros a aceptar todas las incitaciones de la publicidad, cada vez más eficaz puesto que crecían los medios de difusión, a preocuparse más por poseer objetos. Junto con los objetos aceptaron las costumbres y las convenciones que implicaban su posesión y su uso, cada uno en la medida de sus posibilidades o, mejor, un grado más arriba de ellas. En rigor, la vida del hogar no fue la que cambió más. Fue la vida de los hombres fuera de su casa la que reveló transformaciones más profundas, porque más aún que en las clases populares, creció el afán de participación en las clases medias. Para satisfacer ese designio era necesario estar en todo, y la calle se hizo más importante que la casa. Todos notaban que la vida se hacía poco a poco más vertiginosa, y deseaban estar en el vértigo porque sospechaban que, de lo contrario, retrocederían en lugar de avanzar. La calle eran los cafés y los restaurants, los teatros y los cines, pero también eran las oficinas y los bufetes, los clubes y los centros políticos. Si la familia quería progresar, era imprescindible que su jefe cultivara sus relaciones y procurara extenderlas. Y "progresar" era la ley de esas nuevas clases medias que crecían en las ciudades que se transformaban.

No ocurrió tanto con las pequeñas clases medias, generalmente agobiadas por el peso de sus obligaciones. Ni el empleado de tienda ni el pequeño burócrata tenían muchas esperanzas, porque el mundo era de los que tenían iniciativa para buscar aventuras, y los apremios cotidianos solían no dejar respiro para romper la rutina. Pero acaso porque no veían muchas posibilidades de ascenso individual, confiaron todas sus esperanzas a los movimientos políticos que les ofrecían mejoras inmediatas y, sobre todo, una nueva carrera. Quien no tenía oportunidad de poner un pequeño negocio o una empresa, acaso tuviera capacidad para trabajar en el club político de su barrio y terminar siendo su caudillo o su cacique electoral. Fue en las pequeñas clases medias urbanas en las que se apoyaron los movimientos renovadores que impulsaron González Prada y Piérola en el Perú, Alem e Yrigoyen en Argentina, Alfaro en Ecuador, Batlle y Ordóñez en Uruguay, Alessandri en Chile. Atrás de ellas se movilizaron las clases populares que no sentían la atracción de la política de clase. Fue un cambio grande el que produjo en las formas de vida esta creciente politización de vastos sectores urbanos, y las clases altas comprendieron que las ciudades habían dejado de ser suyas.

5. TENSIONES Y ENFRENTAMIENTOS

La creciente politización de las ciudades no hizo sino acentuar cada vez más su influencia sobre las regiones y el país en las que estaban incluidas. En las ciudades se decidía el tipo y el grado de explotación que debía realizarse en cada área, se creaban indirectamente las condiciones de vida de las diversas clases, se abría o se cerraba el horizonte según los intereses de los grupos, cada vez más impersonales, que tomaban las decisiones. Y una vez tomadas llegaban a través de sucesivos eslabones a cada comarca, donde sus consecuencias se sentían como un rayo sin que pudiera saberse con exactitud quién lo había lanzado. La ciudad, el centro de las decisiones anónimas, se convertía en un monstruo cada vez más odiado y cada vez más inaccesible: quien se rebelaba contra ella estaba destinado a pelear con una sombra.

Sometidos a nuevos y desmedidos tributos, los indígenas de Huaraz se sublevaron en 1886 cuando el gobierno peruano encarceló y azotó al alcalde Pedro Pablo Atusparia que solicitó su derogación. Para reprimir a los insurrectos se envió un barco de guerra, varios regimientos y, sobre todo, la Guardia Urbana, en la que "la juventud selecta ocupa los primeros lugares". La ciudad concentró sus esfuerzos para asegurar el funcionamiento del mundo rural en las condiciones más ventajosas para el sistema económico que desde ella se administraba. Del mismo modo había organizado en Argentina la represión y expulsión de los indígenas, mediante la "campaña del desierto" que condujo el general Roca en 1879, y en México, en época de Porfirio Díaz, la sumisión de los indígenas de Sonora en 1901 y de Yucatán en 1905. Un vehemente deseo de resistir a la fuerza del sistema que se hacía fuerte en la ciudad intermediaria mostraron los brasileños sertaneros que desde 1893 empezaron a congregarse alrededor de Antonio Conselheiro en el escondido rincón de Canudos. Una inmensa masa negra y mestiza, a la que se incorporaban viejos bandidos y antiguos propietarios, todos mezclados en un mismo afán de constituir un mundo propio, ajeno a la civilización de las ciudades, aglutinados por cultos y creencias de vigoroso primitivismo, y hostiles a la república laica y liberal recién instalada en Brasil, se preparaba para vivir a su manera y, si fuera necesario, para morir defendiéndose de los ataques del poder urbano y civilizador. Euclides de Cunha explicó en un libro profundo e inquietante —Os sertôes— la peculiaridad de ese universo social que circundaba a lo lejos el mundo de las ciudades y que se congregó alrededor de un poblado y un jefe, en los que se fundían confusamente los sentimientos ancestrales y los odios contra la civilización. Y luego relató la inexorable acción represiva que en 1897 puso fin a esa irrupción del mundo rural contra las ciudades. Quince años después reaparecería un movimiento similar —el de Juan María, "El Monje"— en los estados de Santa Catalina y Paraná, que fue reprimido en 1916. De otro carácter fueron las explosiones rurales que hacia la misma época se produjeron en Venezuela y en Uruguay. Un fuerte hacendado del departamento de Cerro Largo, Aparicio Saravia, se levantó en 1897 contra el gobierno con unos centenares de paisanos mal armados para defender su autonomía, sabiamente cercenada desde Montevideo por un sistema que obligaba al rico propietario a someterse a las reglas del mercado. Cronista de la revolución —y luego sucesor de Saravia en la jefatura del Partido Nacional— Luis Alberto de Herrera precisaba en una crónica los caracteres del enfrentamiento: "Por lo demás —preguntaba— ¿de dónde salía aquel rebelde de sombrero blando y poncho campero, general improvisado de un movimiento estrafalario? Quizá no lo sabían las clases burguesas de la capital, aquellas personas que se agitan en esta inmensa colmena sin conocer otro camino que el de sus tareas, ni horizonte más alto que el tapete de su escritorio; pero para quienes reciben alguna vez los ecos de la rica campaña y siguieron las fases trágicas de la revolución riograndense, poseía talla propia el infatigable guerrillero que ya atraía sobre sí envidias y nacientes admiraciones". Vencido en 1897, Aparicio Saravia volvió a la lucha en 1904 y halló la muerte en la batalla de Masoller, en la que sucumbió también su ideal nostálgico: José Batlle y Ordóñez organizaría el Uruguay moderno. Un país que casi se confundía con Montevideo, su capital. Entretanto, más éxito había tenido en 1899 el jefe de los "andinos" de Venezuela, Cipriano Castro, que amenazaba desde sus montañas al presidente que mandaba en Caracas: "¡Aprenderá a conocer cómo roncan los tigres que bajan de los Andes!". Bajaron, pero al entrar en Caracas aprendieron el sutil juego en el que se combinaban la economía y la política, sin que quedara de sus arrestos campesinos otro vestigio que los malos modales que el tiempo tardaría en corregir.

También en México resonó la voz del mundo rural contra las ciudades, contra la civilización, contra el sistema económico, cuando estalló en 1910 la revolución contra Porfirio Díaz. Fueron rugidos estentóreos, pero terminaron en impotentes sollozos, ahogados por el esfuerzo metódico de quienes defendían el sistema urbano. La revolución comenzó como un movimiento político contra la reelección de Díaz, encabezado por un político liberal, Francisco I. Madero; pero desde el primer momento, y más aún después de las primeras trágicas peripecias, empezaron a manifestarse los movimientos populares rurales. En Chihuahua se levantaron grupos armados al mando de Abraham González, Pascual Orozco, José de la Luz Blanco, Francisco Villa; en Morelos se sumaron a la lucha Torres Burgos y los hermanos Zapata. Y cuando la lucha se precipitó, tras el asesinato de Madero y bajo la dirección de Venustiano Carranza, el movimiento agrario se generalizó hasta adquirir cierta autonomía, separándose del movimiento político. Hubo repartos de tierras con y sin doctrina social que los fundamentaran, y hubo bandidismo. Finalmente se enfrentaron, en el seno de la revolución, los dos movimientos. Emiliano Zapata y Francisco Villa combatieron la línea institucional de Venustiano Carranza y terminaron derrotados y muertos, mientras se iniciaba la estabilización del proceso revolucionario con la sanción de una constitución. Poco a poco los sectores más politizados formaron detrás de Venustiano Carranza y Álvaro Obregón para reconstruir el sistema económico, proceso que encauzaría definitivamente el presidente Plutarco Elías Calles. Menos resonante, la decisión del nicaragüense Augusto César Sandino no fue menos reveladora. Tras largos años de lucha, conservadores y liberales habían llegado a un acuerdo político, bajo la presión y la garantía de las fuerzas de los Estados Unidos. Pero Sandino, al frente de un pequeño ejército campesino, decidió desconocer el pacto y se lanzó a la guerrilla, fuerte en su baluarte de San Rafael del Norte. Hostigado por las fuerzas de ocupación, el movimiento rural fue finalmente reducido por el sistema que controlaba la riqueza agraria del país.

Movimientos espontáneos y populares, su característica fue que no pudieron operar contra las causas remotas de las situaciones exasperantes. Se interpusieron todos los obstáculos y mecanismos de un sistema sabio y bien montado que, operando desde las ciudades, despersonalizaba las relaciones y ocultaba los centros de decisión. Cosa semejante pasó con las grandes huelgas, especialmente las de las regiones mineras de México y Chile, o en las zonas textiles del estado de Veracruz, o en la Patagonia argentina, o en la zona frutícola de Colombia. En las ciudades, entretanto, diversos movimientos revelaron la existencia de graves tensiones y enfrentamientos entre los grupos urbanos de poder. Pero allí el juego se desarrolló dentro de normas convenidas, entre quienes conocían los mecanismos y tenían la posibilidad de operar sobre ellos.

Las capitales, particularmente, fueron escenario de las disputas por el poder entre los diversos grupos de las clases dirigentes. De acuerdo en lo fundamental, cada grupo y cada persona pugnaba por imponerse en el ejercicio de la autoridad. Era unas veces una lucha descubierta, con alegación de argumentos, y otras veces un forcejeo sordo y disimulado. El palacio presidencial, el congreso, pero además los clubes, los restaurants y las tertulias privadas acogían a los que preparaban la trama y anudaban los hilos. Río de Janeiro, Santiago de Chile, Buenos Aires, Bogotá, eran grandes mentideros en los que los grupos influyentes disputaban en silencio candidaturas y designaciones. Situaciones fluidas obligaban a extremar la cautela para no quebrar las reglas del juego, y era obligación del perdedor saber perder.

El juego era distinto donde existía un poder fuerte, una vigorosa dictadura personal constituida en fuente de poder. La capital era entonces el centro de una gigantesca maniobra para anudar las influencias capaces de mover la voluntad del dictador. Los hubo conservadores como el mejicano Porfirio Díaz, el guatemalteco Manuel Estrada Cabrera, el venezolano Juan Vicente Gómez, el colombiano Rafael Núñez; y los hubo liberales, como el nicaragüense José Santos Zelaya, el guatemalteco José María Reina Barrios, el ecuatoriano Eloy Alfaro. Pero todos tenían una manera personal de ejercer el poder que respetaban hasta los más íntimos y de la que sólo podía sacarse partido siguiendo ciertas reglas. Generalmente sensibles a la adulación, los dictadores poseían su corte a la que era necesario llegar para poder llegar luego al favor presidencial: las antesalas fueron los escenarios de las luchas por el poder delegado, que era también la lucha por las mercedes, los honores y los beneficios.

De todos modos, el dictador no era un producto aislado de la política. Cualesquiera fueran sus dotes de mando y su autoridad personal, llegaba al poder como jefe o como exponente de un grupo. Generalmente asumía un poder que el grupo dirigente no estaba en situación de ejercer en conjunto. El dictador prestaba entonces su autoridad, su capacidad para imponer orden en la situación general y al mismo tiempo orden en el seno del grupo que lo respaldaba. El ejercicio del poder iba poniendo en sus manos cada vez más posibilidades, pero el dictador sabía que era hombre de una clase o un grupo, que era el suyo, y servía sus intereses de una manera consecuente. Podía herir a personas con su desdén o rechazo, pero no a los intereses del grupo que lo apoyaba. Y si el grupo comenzaba a desintegrarse, la dictadura estaba condenada a caer.

Mientras se luchaba en las antesales por las migajas del poder, en otros ambientes se conspiraba. Si cierto grupo económico y político constituía el respaldo fundamental de la dictadura, su mantenimiento efectivo reposaba en una fuerza militar. El ejército conocía su fuerza y recibía las recompensas debidas a su lealtad. Pero había generales y coroneles. La aparición de una brecha en el andamiaje de la política del dictador despertaba las ambiciones de quien podía mover la fuerza en un sentido o en otro, y desde ese día el cuartel se convertía en otra antesala del poder. A veces no se necesitaba la conspiración: el general Cipriano Castro abandonó Caracas para que lo curaran de sus enfermedades, y en su ausencia se proclamó presidente su hombre de confianza, el general Juan Vicente Gómez.

Pero no siempre fue tan fácil echar a un dictador. Lo defendía la red de intereses que él había sabido anudar y el sistema defensivo que había montado. Sólo que el paso del tiempo modificaba las estructuras sociales y, con ellas, las relaciones políticas. En las ciudades, nuevas ideas circulaban e influían sobre las corrientes partidarias ya constituidas, sobre todo en el seno de los partidos liberales, en cuyas filas empezaron a producirse fisuras por la influencia de quienes querían arrastrarlos a posiciones más populares. Una especie de radicalismo brotó en los ambientes urbanos agitados por nuevas situaciones sociales y nuevas ideas, que se caracterizó por originar nuevas y sucesivas olas de radicalización, cada vez más extremadas aunque fueran cada vez más verbales. Ya se había manifestado en Chile en 1854; en Argentina y en Perú se hizo presente hacia 1890, en Ecuador en 1895, en Uruguay en 1903; y participaban de esas tendencias los movimientos que encabezaron Madero en México, en 1910, y Alessandri en Chile, en 1920.

La política varió a partir de entonces. Dejó de ser patrimonio de unas camarillas que resolvían sus problemas en los salones y las antesalas y se transformó en algo tumultuoso que tenía como encenarios las calles y las plazas. Multitudes, o por lo menos grupos numerosos y apasionados, expresaban a gritos y con cantos sus opiniones, centradas unas veces alrededor de un problema candente y otras personificadas en un candidato cuyo nombre se aclamaba en mitines y manifestaciones.

Los amigos podían exaltarse, los adversarios llegar a las manos y la policía intervenir para disolver la reunión o acaso para castigar a los enemigos del gobierno. Pero la política había adquirido ya una nueva magnitud y dentro de esa escala jugaban el gobierno y la oposición.

Otro carácter empezaron también a tener las revoluciones. Un grupo de ciudadanos armados con el apoyo de algunos militares podía ocupar en la ciudad de Buenos Aires el Parque de Artillería y proclamar desde allí la revolución, el 28 de julio de 1890. Era la Unión Cívica, un movimiento popular que desafiaba a la oligarquía y que, de momento, sería vencido; pero veintiséis años después triunfaría en las elecciones, y la misma ciudad que contempló la lucha callejera, vería la apoteosis del caudillos popular, Hipólito Yrigoyen, conducido hasta la Casa Rosada en una carroza arrastrada por la multitud que había desenganchado los caballos.

Con fuerte apoyo popular, laboriosamente organizado, entró Nicolás de Piérola en Lima el 17 de marzo de 1895. Se combatió en las calles, y el último gran caudillo militar, el general Cáceres, cayó derrotado por el nuevo caudillo civil. Era un hombre de mentalidad moderna que dotó a la ciudad de Lima no sólo de importantes servicios sino, especialmente, de nuevas fuentes de trabajo para la población urbana. Sacudieron la calma de Asunción las dos revoluciones desatadas por los liberales: la de 1891, fracasada; la de 1904, triunfante. También una revolución liberal, apoyada por las poblaciones indígenas, aseguró a La Paz en 1898 su condición de capital, cuando la explotación de la plata sureña declinaba y crecía, en cambio, la del estaño del norte; y conservó su condición después del triunfo de la revolución antiliberal de 1920. Se agitó Santiago de Chile en octubre de 1905 cuando una inmensa masa protestó inútilmente ante el presidente Germán Riesco por la carestía de la vida. Treinta mil personas se habían reunido en la Alameda y marcharon hacia el Palacio de la Moneda con aire amenazador. Fue necesario el despliegue de numerosas fuerzas para contener ese desborde popular, que con caracteres semejantes se había producido tres años antes en Valparaíso y se repetiría en los años siguientes en Antofagasta e Iquique. La entrada de Eloy Alfaro en Guayaquil el 4 de junio de 1895 acabó con la era conservadora e inauguró, al establecerse en Quito, tres meses después, el régimen liberal, uno de cuyos rasgos sería el estímulo de la vida urbana y de las actividades mercantiles. Pacífica había sido la revolución militar que había puesto fin al imperio brasileño: la población de Río de Janeiro no se enteró de lo que había pasado, y la misma familia imperial estuvo ajena a la tarea pedagógica que había cumplido en los cuarteles el mariscal Deodoro de Fonseca. México, en cambio, reunió en sus calles cien mil personas para recibir el 7 de junio de 1911 a Francisco I. Madero, jefe de la revolución triunfante contra Porfirio Díaz. Pero no reinó el mismo júbilo en otros episodios que siguieron: cuando en febrero de 1913 se sublevaron contra Madero tres generales que tuvieron en zozobra a la capital durante diez días, hasta que Madero fue aprisionado y muerto; o cuando entraron en ella, en diciembre de 1914, las divisiones del norte y del sur que mandaban Villa y Zapata. Siempre temerosas de verse convertidas en botín de guerra, las ciudades conocían el magnetismo que tenían para los nuevos señores que empezaban a saborear el poder.

En realidad, las ciudades se comportaban como conjuntos sociales complejos. La victoria de cierto grupo estimulaba el entusiasmo y las exteriorizaciones de un grupo afín. Y cuando la ciudad misma definía la victoria política a favor de nuevos sectores mayoritarios, la fisonomía social y cultural de la ciudad cambiaba con la retracción de unos sectores y la ostensible presencia de otros.

El aglutinamiento de la clase obrera de la ciudad con motivo de huelgas o mitines sacudía a las clases medias y altas. En esos días se vivían jornadas tensas, en las que los enfrentamientos se percibían prácticamente, e independientemente de cualquier teoría revolucionaria. Así ocurrió en Santiago de Chile en 1905 o, en Buenos Aires, en la época del Centenario y más aún durante la "Semana Trágica" de 1919 —que Arturo Cancela, evocó con dramático humor en *Una semana de holgorio*— o en Guayaquil en 1922. Retraídas en sus casas y atrancadas las puertas y ventanas, las clases acomodadas esperaban impacientemente que el estado acudiera a remediar la situación con la fuerza pública, cuya acción dejaba normalmente varias decenas de muertos y heridos entre los que, por un momento, habían adquirido la amenazadora apariencia de una potencial fuerza política capaz de dominar la situación.

Menos inquietantes eran los conflictos estudiantiles. Desde 1918 muchas ciudades que tenían centros universitarios conocieron trastornos ocasionados por la movilización estudiantil. La de la ciudad argentina de Córdoba fue el modelo. Dueños de los locales universitarios y en cierto modo de las calles y plazas aledañas, los estudiantes ejercían actos de fuerza relacionados con su ámbito: impedían la entrada de determinadas autoridades o de los profesores a quienes rechazaban, derribaban estatuas, descolgaban cuadros, arrojaban muebles por las ventanas o levantaban trincheras en las calles adyacentes. Pero todos descubrían en el episodio una cuota de humor y suficiente autocontrol como para temer que el arrebato llegara más lejos. Sólo ocasionalmente coincidían las algaradas estudiantiles con movimientos obreros o políticos, y cuando ocurría una secreta advertencia prevenía acerca de las distintas implicaciones que tenían uno y otro movimiento. Pero en la acumulación de esas experiencias hacían sus armas los grupos sociales y políticos que un día concurrirían a formar las grandes corrientes de opinión suficientemente poderosas como para desafiar las estructuras de poder. Lima vio sacudida la paz de los claustros de San Marcos; y en su novela *Fiebre*, el venezolano Miguel Otero Silva recordaba las luchas estudiantiles en la Caracas de 1928, en la que se formaría la vanguardia de la lucha contra Juan Vicente Gómez.

6. EL APOGEO DE LA MENTALIDAD BURGUESA

Si la época que transcurre entre 1880 y 1930 tuvo una definida e inconfundible fisonomía fue, sobre todo, porque las clases dominantes de las ciudades que impusieron sus puntos de vista sobre el desarrollo de regiones y países poseyeron una mentalidad muy organizada y montada sobre unos pocos e inquebrantables principios que gozaron de extenso consentimiento. Eran ideas muy elaboradas y discutidas en el mundo, muy ajustadas a la realidad socioeconómica y política, y con ellas había elaborado la burguesía europea, en su época de mayor esplendor, una forma de mentalidad que entrañaba una interpretación del pasado, un proyecto para el futuro y todo un cuadro de normas y valores: triunfante, la gran burguesía industrial ofrecía el espectáculo del apogeo de su mentalidad triunfadora. Era inevitable que, entre tantas cosas, también aceptaran las burguesías latinoamericanas ese modelo de pensamiento de eficacia probada. Muchos matices introdujeron en él; pero su núcleo fue recibido intacto y conservado fielmente hasta que las circunstancias demostraron que empezaba a ser cosa del pasado.

Quizá lo más singular de esa forma de mentalidad fuera, tanto en Europa como en Latinoamérica, que estaba arraigada en la certidumbre de que el mundo pasaba por una etapa muy definida de su desarrollo y que era necesario consumarla conduciéndola hasta sus últimos extremos. En los países latinoamericanos todo contribuyó a que esa imagen alcanzara los caracteres de una evidencia incontrovertible, porque no sólo el fenómeno se percibía claramente sino que parecía inscribirse en una teoría con evidencia de lugar común. Entretanto, una fuerte presión de los centros de poder procuraba perfeccionar la incorporación de Latinoamérica en la esfera de su influencia. La consecuencia necesaria fue que las nuevas burguesías latinoamericanas, al adherir a la tesis de que había que consumar el proceso en el que el mundo estaba empeñado, aceptaran todo el sistema interpretativo y proyectivo de la mentalidad burguesa triunfante.

El proceso —que era el de la gran expansión industrial— estaba sustentado en la convicción generalizada de que no sólo era correcto sino que era necesario hacerlo: más que necesario, obligatorio por razones morales; y era obligatorio para el hombre blanco, inventor de la ciencia y la técnica, cuyos beneficios debían llegar a todos a cualquier precio. Consumar ese proceso era "la carga del hombre blanco", como diría Rudyard Kipling. Cualquiera fuera el color de su tez, "hombres blancos" se sintieron los miembros de las nuevas burguesías latinoamericanas.

Por cierto que esa moderna religión de la ciencia y del progreso puso de manifiesto cierta crisis en las clases altas. Hubo sectores que se mantuvieron fieles al tradicionalismo de fuerte sabor hispánico, perpetuando, aunque empobrecido, tanto el legado hidalgo como el legado patricio. Pero las nuevas generaciones y, en general, los grupos de las nuevas burguesías, se volcaron hacia las nuevas ideas que circulaban simplificadas, acuñadas como consignas de combate. Corrían en los periódicos y revistas, en los muy difundidos libros de Spencer, en las innumerables obras de divulgadores de diversa cuantía. Hasta el teatro, que tanto atraía a las burguesías urbanas, se transformó en instrumento para la formación de esa nueva mentalidad de la clase dirigente, que se inspiraba en el liberalismo progresista y tonificaba a veces sus convicciones en la masonería. "Es así como haremos teatro, ¡el verdadero teatro de ideas [...] ! Basta de sainetes vacíos y huecos. ¡Tesis, tesis!", hacía decir, no sin ironía, a su personaje, el argentino Gregorio de Laferrere en *Locos de verano*, estrenada en Buenos Aires en 1905. Era el teatro que preferían los jóvenes intelectuales, pero también todos aquellos que se preocupaban por los problemas sociales y políticos y los que creían en el progreso.

A medida que pasaba el tiempo también las clases medias en ascenso se inclinaban más decididamente por las ideas liberales, ensanchando de esa manera su superficie de sustentación. Las polémicas entre partidarios del laicismo y aquellos que defendían la tradicional influencia de la iglesia sacudieron la paz de muchas ciudades, en cuyos foros discutían los prohombres con las ristras de argumentos que, de cada lado, se habían venido ensayando en todas partes durante largo tiempo. Pero en las ciudades que se transformaban podía advertirse una creciente indiferencia religiosa, y era fácil comprobar que disminuía considerablemente el número de concurrentes del sexo masculino a los templos. Poco a poco, el tradicionalismo fue mirado también por crecientes sectores de las clases medias con irónico desdén, como un obstáculo para el progreso. Algo semejante ocurrió en las clases populares. Los sectores vernáculos de áreas marginales se mantuvieron adheridos a sus viejas ideas y creencias; pero los grupos migratorios, y sobre todo los externos, no sólo se sentían ajenos a los contenidos del tradicionalismo sino que se dejaban arrastrar fácilmente por las ideas que alimentaban la corriente económica que los había atraído a las ciudades, sobre todo en la medida en que servían una justificación de la intensa movilidad que caracterizaba la vida urbana.

Pero donde la filosofía del progreso arraigó soberana e impregnó las formas predominantes de mentalidad fue en el seno de las nuevas burguesías. Ciertamente, eran hijas del progreso y se sentían vestales de su llama. El progreso era una vieja idea que el siglo xviii había desarrollado cuidadosamente como una teoría de la historia y una filosofía de la vida. En aquella versión el progreso era fundamentalmente una continua y tenaz conquista de la racionalidad. Pero en la segunda mitad del siglo xix se había comprometido con las sociedades industrializadas, y ofrecía una nueva versión o, al menos, una variante muy definida: el progreso era el continuo desarrollo de la conquista de la naturaleza para ponerla al servicio del hombre, de la producción de bienes, de la producción de riquezas, de la producción de bienestar.

Esa imagen del progreso era inseparable del alto grado de avance que habían alcanzado las ciencias y las técnicas aplicadas a la industria, e inseparable también del prestigio alcanzado por el mundo industrial. Era la imagen que predominaba en la Inglaterra victoriana, en la Francia del Segundo Imperio y la Tercera República, en la Alemania imperial. Pero en Latinoamérica nada de todo aquello se había producido. Fue un modelo, o mejor, un espejo. Y a partir de entonces pareció imprescindible incorporarse a aquella corriente importando los productos que eran fruto del progreso, primero, y constituyendo luego los sistemas para posibilitar esa incorporación de manera sólida y definitiva.

Las nuevas burguesías, aglutinadas precisamente por esas posibilidades que se abrían ante sus ojos, fraguaron al calor de esas ideas, que configuraban una imagen del proceso histórico en el que ellas aspiraban a insertarse. Así se constituyó el núcleo de su mentalidad, definida fundamentalmente por su progresismo, por su oposición al estancamiento y a la perduración de los viejos modos de vida. Y en ella subyacía una concepción de la sociedad latinoamericana, no referida tanto a su realidad —cargada de viejos problemas raciales y sociales— como a sus posibilidades de transformación.

Grupos heterodoxos y disconformistas podían entretanto elevar su clamor en favor de los indígenas sometidos y explotados. La escritora peruana Clorinda Matto de Turner desencadenaba en 1889, con su novela *Aves sin nido*, un movimiento indigenista que tendría luego vastas repercusiones: vibraría en la revolución mejicana de 1910, afirmaría su presencia en los frescos de Diego Rivera y cuajaría en la plataforma política del APRA inspirada por Víctor Luis Haya de la Torre. Pero la reacción inmediata de los sectores que representaban el progresismo y la mentalidad burguesa fue la que se manifestó en las campañas militares como la que en Argentina encabezó el general Roca, o las que promovió Porfirio Díaz en Sonora y Yucatán, o la que terminó con la guerra de Canudos en Brasil. Todo lo que se oponía al desarrollo lineal y acelerado del mundo urbano y europeizado era condenable, constituía una rémora y merecía ser eliminado. Juiciosos sociólogos convenían en que nada podía obtenerse de las degradadas poblaciones aborígenes. En su libro *Nuestra América*, el argentino Carlos Octavio Bunge terminaba bendiciendo el alcoholismo, la viruela y la tuberculosis que diezmaban a las poblaciones indígenas y africanas; y el boliviano Alcides Arguedas declaraba en *Pueblo enfermo* que el indio "hoy día, ignorante, degradado, miserable, es objeto de la explotación general y de la general antipatía... y oyendo a su alma repleta de odios, desahoga sus pasiones y roba, mata, asesina con saña atroz". Sólo la sociedad integrada dentro del sistema económico que controlaba el mundo urbano y civilizado, constituía el ámbito que era necesario promover, aquel donde los cambios desencadenaban nuevos cambios, en un incesante proceso que traía consigo no sólo el bienestar de la humanidad sino también el ascenso de los mejores.

La sociedad latinoamericana inscripta en el proceso de cambio fue ante todo, para las nuevas burguesías, una sociedad de oportunidades. Cualquiera fuese su estructura, cualquiera fuese el origen y la peculiaridad de sus grupos y de sus miembros, lo importante para aquéllas fue descubrir que la sociedad se encontraba frente a un desafío exterior preñado de promesas, y que sus miembros tenían la ocasión de aceptarlo y de tentar alguna de las oportunidades, en la seguridad de que, si tenían éxito, escapaban de las determinaciones de la vieja estructura y se situaban en sus niveles más altos. El progreso, manifestado en el desarrollo de la ciencia y la técnica y, en consecuencia, de la producción, operaba indirectamente sobre la estructura social puesto que ocasionaba la formación de grupos nuevos; pero, en la realidad, el desafío no se planteaba como un problema de grupos sino como un problema de individuos, capaces o no de aceptar las nuevas posibilidades de éxito económico. Y la respuesta fue una concepción profundamente individualista tanto de la sociedad como del éxito, que no excluía la creencia en cierta providencia profana que operaba sobre el conjunto y regulaba los ascensos sociales según el principio de la selección natural. Esta providencia profana no podía, pues, conocer la caridad. Los sectores inertes de la sociedad —sectores medios y populares, pero también altos de las clases tradicionales—, que fueron incapaces de aceptar el desafío y de jugar decidida y audazmente la carta del triunfo económico y del ascenso social, resultaban deleznables para las nuevas burguesías, cuya mentalidad se nutría de la convicción de que el éxito era un premio merecido. Era legítimo para los capaces y los afortunados instrumentalizar a los sectores inertes, porque el estancamiento o el fracaso parecían también merecidos.

Así plasmó la mentalidad burguesa en una ideología del éxito económico y del ascenso social. Los triunfadores constituyeron una aristocracia. Quizá en otras épocas sus laureles hubieran sido cuestionados, acaso por hipocresía; pero la atmósfera moral del siglo XIX y comienzos del XX no sólo había disipado esa tradicional hipocresía sino que, por el contrario, había convalidado los principios que justificaban la fortuna, en su doble acepción de capital acumulado y de azaroso éxito. Fue, pues, una aristocracia legítima, sostenida por el consenso de vastos sectores; y si se levantaron críticas contra ella, no fueron las víctimas de sus expoliaciones quienes las formularon; fueron los representantes del viejo pudor —el antiguo patriciado, las clases medias tradicionales— que se escandalizaban del espectáculo ofrecido por los grupos que trepaban la escala del poder y la riqueza, insensibles a las normas de la antigua moralidad, vigentes para ellos aunque sin duda ya caducas. Esa aristocracia del éxito económico y del ascenso social barrió con los grupos antes dominantes e impuso sus principios a una sociedad que los conservó durante varias décadas y tardaría bastante en elaborar otras normas aunque sólo fueran expresión de disentimiento y disconformismo.

Fue característico de esta aristocracia del éxito económico y del ascenso social que, a pesar de estar constituida por gentes que reconocían su singular origen, manifestaran muy pronto una vocación oligárquica, esto es, una tendencia prematura a cerrar sus filas. Acaso fue porque sus miembros monopolizaron los negocios y decidieron —como en un tiempo la oligarquía veneciana— asegurarse la totalidad de los beneficios sin dejar que otros, recién llegados, tuvieran acceso al mismo proceso de enriquecimiento del que ellos eran beneficiarios. Pero fue, además, porque quisieron monopolizar el poder político y el poder social, ejercido de manera difusa el segundo gracias a la fuerza que les daba el dinero, y de manera concreta el primero mediante la ocupación de puestos clave o la participación en los consejos áulicos del poder.

Hubo teóricos de la superioridad de las oligarquías. Hacia 1930, el brasileño Oliveira Vianna pudo intentar un elogio casi delirante de los grupos blancos de su país: "Otro hecho —escribía en su libro *Evoluçao do Povo Brasileiro*— que parece reforzar también la presunción de la presencia de dolicocéfalos rubios, con celtas e íberos, en la masa de nuestra primitiva población, es el soberbio eugenismo de muchas familias de nuestra aristocracia rural. Los Cavalcanti en el norte, los Prados, los Lemes, los Buenos en el sur, son ejemplos de casas excepcionales que han dado al Brasil, desde hace trescientos años, un linaje copioso de auténticos grandes hombres, notables por el vigor de la inteligencia, por la superioridad del carácter, por la audacia y la energía de la voluntad". Era un delirio, que Gilberto Freyre pudo llamar "arianismo casi místico", de un defensor del viejo patriciado. Pero lo importante ya no era ese sector. Por eso más significativas eran las palabras con que el chileno Enrique Mac-Iver defendió a la nueva oligarquía, a esas nuevas burguesías que se constituían en el proceso del cambio socioeconómico y que encabezaban decididamente la nueva sociedad. "La oligarquía —decía en un debate parlamentario en 1880—, esa de que tan seriamente se nos habla, vive en un país representativo parlamentario, que tiene sufragio universal o casi universal, donde todos los ciudadanos tienen igual derecho para ser admitidos al desempeño de todos los empleos públicos y en que la instrucción, aun la superior y profesional, es gratuita. Agréguese que no existen privilegios económicos ni desigualdades civiles en el derecho de propiedad y convendrán, mis honorables colegas, conmigo, en que un país con tales instituciones y con oligarquía, es muy extraordinario; tan extraordinario que es verdaderamente inconcebible. Me temo mucho que los honorables diputados que nos dieron a conocer esta oligarquía hayan sufrido un ofuscamiento, que les ha impedido mirar bien, confundiendo así lo que es distinción e influencias sociales y políticas de muchos, nacidas de los servicios públicos, de la virtud, del saber, del talento, del trabajo, de la riqueza y aun de los antecedentes de familia, con una oligarquía. Oligarquías como ésas son comunes y existen en los países más libres y popularmente gobernados. Los honorables representantes encontrarán oligarquías de esta clase en Inglaterra y aun en los Estados Unidos de América. A esas oligarquías que son cimientos inconmovibles del edificio social y político, sólo las condenan los anarquistas y los improvisados".

Estas oligarquías —o mejor estas nuevas burguesías— sabían que representaban el proceso fundamental de la nueva sociedad, y desdeñaban a los grupos sociales que quedaban marginados. Sabían también que el poder les correspondía, pero estaban dispuestos a delegarlo si los enfrentamientos sociales entrañaban una ruda lucha. Y solían apoyar al dictador que les ofrecía orden y estabilidad social, aun al precio de ciertas limitaciones en el ejercicio de sus propias libertades, quizá porque, habiendo aprovechado el impulso de un proceso de ascenso social, aspiraban a que ese impulso se contuviera después que ellas hubieran alcanzado una posición preeminente. Entonces el dictador consolidaba la situación constituida y las nuevas burguesías le concedían su apoyo fundado en el reconocimiento de que representaban la paz social.

Generalmente la relación entre el dictador y las nuevas burguesías fue fluida, como de quienes se saben recíprocamente dependientes. Pero la movilidad social empezó a introducir inesperadas e insospechables variantes en esas relaciones. Si el dictador descubría que un grupo social en ascenso podía ofrecerle cierto apoyo que acrecentara su autoridad personal, difícilmente resistía a la tentación de sacudirse la dependencia del grupo que lo había encumbrado. El dictador dejaba de considerarse personero de una clase y de la política de esa clase para asumir el papel de representante de una nueva sociedad, —de un nuevo avatar de la sociedad en cambio— en la que empezaban a ser cada vez más importantes las masas urbanas, despolitizadas y necesitadas en tal grado que era posible convocarlas, protegerlas y utilizarlas sin pagar por ello un precio político. Los viejos dictadores se trasmutaron en una especie nueva, que se insinuó en las primeras décadas del siglo y cuya teoría expresó en términos inequívocos el venezolano Laureano Vallenilla Lanz al justificar, en 1919, el tipo de poder de Juan Vicente Gómez en su libro *Cesarismo democrático*: "Si en todos los países y en todos los tiempos —decía— se ha comprobado que por encima de cuantos mecanismos institucionales se hallan hoy establecidos, existe siempre, como una necesidad fatal, el gendarme electivo o hereditario de ojo avizor, de mano dura, que por las vías de hecho inspira el temor y que por el temor mantiene la paz, es evidente que en casi todas estas naciones de Hispanoamérica, condenadas por causas complejas a una vida turbulenta, el caudillo ha constituido la única fuerza de conservación social, realizándose aun el fenómeno que los hombres de ciencia señalan en las primeras etapas de integración de las sociedades: los jefes no se eligen sino que se imponen".

Fue una nueva manera de entender la sociedad, de tradición romántica y vinculada a incipientes fenómenos sociales. Y fue una nueva manera de entender el poder político. Pero las nuevas burguesías tenían demasiado internalizados los principios básicos del liberalismo individualista. Los preferían sin vacilación a los del autoritarismo. Sólo estaban dispuestos a transigir si cierto autoritarismo dejaba vigente un sistema liberal para ellos, en tanto que se ejercía plenamente con respecto a las otras clases. En rigor, las nuevas burguesías creían sobre todo en los principios del liberalismo económico, vigentes en ese momento en los centros dominantes del mundo industrial porque convenían a sus intereses. Creían en la competencia, sobre todo; en la destreza para imponer la voluntad y los designios de cada uno en esa tremenda "lucha por la vida" que Darwin había descripto como esquema fundamental del comportamiento de los seres biológicos, entendiendo que el hombre era, antes que nada, un ser biológico. El liberalismo económico transportaba la idea de la lucha por la vida a la lucha por la riqueza y el ascenso social, y justificaba las estudiadas estrategias, las sórdidas tácticas de los que competían en el mercado utilizando una transposición del esquema básico de que había que elegir entre adaptarse o morir. Con esa filosofía, llamémosla así, las nuevas burguesías daban un sustento a sus actitudes básicas, expresadas en la ideología del éxito económico y el ascenso social.

Hacia fines del siglo se destacaron de su seno algunos grupos que adoptaron otras posturas. Aparecieron en los bordes de las nuevas burguesías quienes pensaban que, manteniendo las mismas concepciones básicas, era llegado el momento de abandonar las actitudes restrictivas para ofrecer amplia participación a quienes, en sucesivos movimientos, alcanzaban el éxito económico y el ascenso social. Esas "posturas democráticas" parecieron

suicidas a algunos —que temían perder algo en el reparto—
y prudentes a otros, que preferían conceder graciosamente lo
que temían perder por la fuerza. Más que "democráticas" esas
posturas fueron consideradas "radicales", y acaso con razón,
puesto que no importaban una modificación de contenido sino,
simplemente, una extensión a nuevos grupos de lo que antes
se había considerado adecuado para los primeros que se encauzaron en las nuevas formas de vida.

Este liberalismo democrático y progresista arraigó sobre
todo en las clases medias y populares, al menos hasta que aparecieron fórmulas más avanzadas. En Lima, Manuel González
Prada pronunció en 1888, en el Teatro Politeama, un célebre
discurso en el que sostuvo una audaz consigna revolucionaria:
"Los viejos a la tumba, los jóvenes a la obra". Sus esfuerzos
cristalizaron en la formación del Partido Unión Nacional, bastante semejante a la Unión Cívica Radical que organizó en
Buenos Aires Leandro N. Alem. Eran partidos populares que
ofrecían participación política a las nuevas mayorías, preferentemente urbanas, sin definir claramente sus objetivos finales.

También en otras ciudades la politización de esas mayorías
fue importante, como en Montevideo y Santiago de Chile. Pero
algunos de sus sectores prefirieron soluciones más concretas:
Buenos Aires vio constituirse un Partido Socialista bajo la inspiración de Juan B. Justo; y de sus filas salió Alfredo L. Palacios,
que logró en 1904, en el popular barrio porteño de La Boca,
la primera banca que un socialista latinoamericano ocupara en el
Congreso. Emilio Frugoni en Montevideo y Luis Emilio Recabarren en las zonas mineras y en Santiago de Chile, bregaron
por la formación de partidos socialistas que llegaron a tener
cierta fuerza electoral y política. Al lado de todos ellos luchaban
los anarquistas y los sindicalistas, en tanto que los católicos
procuraban oponerles una fuerza no revolucionaria a través de
los primeros Círculos de Obreros Católicos que constituyeron
siguiendo las enseñanzas de la encíclica *Rerum Novarum*. Hubo
luchas por las ideas; pero como el movimiento obrero socialista y
anarquista organizó huelgas importantes, se lo consideró subversivo y sufrió una despiadada represión. Las grandes ciudades
parecieron escapar a todo control y algunos consideraron imprudente mantener la vigencia del orden liberal y de las libertades
individuales. La idea de la dictadura empezó a anidar en muchas
mentes. En Lima, al celebrarse el centenario de la batalla de

Ayacucho, en 1924, el poeta argentino Leopoldo Lugones proclamó la llegada de "la hora de la espada". Y se vio a algunos sectores incorporarse a la corriente ideológica del fascismo italiano. En rigor, el crecimiento de la riqueza, el proceso de ascenso social de vastos grupos y el crecimiento demográfico —especialmente el provocado por las migraciones extranjeras— habían cambiado la fisonomía de las sociedades en el transcurso de medio siglo, y en los años que siguieron a la primera guerra mundial era visible que no existía un nuevo cartabón para entender las transformaciones que se habían operado. Las ciudades fueron, sobre todo, la pantalla en la que los cambios sociales se advirtieron mejor y, en consecuencia donde quedó más al desnudo la crisis del sistema interpretativo de la nueva realidad. Se entrevió que no se la entendía y no pudiendo captarse el nuevo y diferenciado conjunto como tal, se hizo hincapié en cada uno de sus grupos. Entonces se descubrió que la ciudad no era un conjunto integrado sino una yuxtaposición de grupos de distinta mentalidad. La imagen de Babel volvió —una vez más— a simbolizar la confusión propia de las ciudades en crecimiento, con grupos externos incorporados y grupos internos integrados. La sociedad urbana que comenzaba a ser multitudinaria provocaba la quiebra del viejo sistema común de normas y valores sin que ningún otro lo remplazara. Cada grupo retornó a su sistema normativo básico, y el conjunto comenzó a ofrecer un típico cuadro de anomia.

Quizá sólo unas pocas ciudades latinoamericanas dieran esa impresión en las vísperas de 1930. Hubo unas cuantas en que se ofreció el conjunto de ese cuadro, y muchas en las que aparecieron, al menos, algunos de sus rasgos. Hubo en los grupos recién incorporados a la carrera del ascenso social una agudización de la agresividad, un desprecio más irracional por las reglas del juego, cierto empuje un poco más primitivo para luchar por aquellos fines que se le presentaban como inmediatos. Era como el comienzo de una degradación de la ideología del ascenso social, que, ciertamente, continuó degradándose. Vagamente aparecía en vastos grupos la certeza de que el conjunto social —o acaso el estado— estaba obligado a impulsar y apoyar el proceso de ascenso de los marginales y los recién llegados, dejando de lado las reglas tradicionales de la competencia. Muchos siguieron confiando en su ascenso individual, pero otros comenzaron a pensar que era el grupo, el sector o la clase lo que debía ascender como un todo, gracias al apoyo de un estado de nueva fisonomía. Era un verdadero cuestionamiento de la ideología del ascenso social. Entretanto, en sectores integrados y beneficiarios del sistema empezaron a advertirse insólitas doctrinas que conspiraban contra su estabilidad. Hubo quien cuestionó la legitimidad del lucro y la moralidad de la libre competencia. Se comenzó a objetar la validez de la familia, de las formas tradicionales de la educación, de las relaciones sociales y económicas. Para muchos, las viejas costumbres —las de los últimos treinta años— empezaron a parecer ridículas y cayeron condenadas como "prejuicios". Fue una palabra definitiva en labios de las jóvenes generaciones de las nuevas burguesías, que, por lo demás, ya comenzaban a ser viejas. Un conjunto de ridículos prejuicios pareció lo que algunos hijos llamaban la "moral victoriana" de sus padres. Ellos preferían actitudes más libres y espontáneas frente a las situaciones reales que, en verdad, habían cambiado en las vísperas de 1930 lo suficiente como para que quedara patente la necesidad de revisar el sistema de normas. No las había cambiado mucho la Inglaterra posvictoriana, ni siquiera después de la primera guerra; pero otros países de Europa y los Estados Unidos, ejemplos a los que empezaron a apelar los que, en la década del veinte, comenzaron a transformar la existencia convencional de las ciudades latinoamericanas. Lentamente se inició un sacudimiento del vetusto sistema de ideas acerca del papel de la mujer en la sociedad, y al compás de ese cambio la sociedad entera se deslizó hacia un cambio de normas.

Nadie hubiera podido encontrar coherencia en las nuevas actitudes políticas, sociales, estéticas o morales que aparecieron en las vísperas de la crisis de 1930. Pero fueron muchos los que advirtieron que había pasado el apogeo de la mentalidad burguesa. Casi nadie sabía por qué se la podría remplazar; pero pocos de los que percibían la metamorfosis de las ciudades latinoamericanas dudaban de que otras formas de interpretación de la realidad y de los proyectos de vida se estaban elaborando sordamente en esas sociedades urbanas que se caldeaban.

7. LAS CIUDADES MASIFICADAS

La crisis de 1930 unificó visiblemente el destino latinoamericano. Cada país debió ajustar las relaciones que sostenía con los que, en el exterior, le compraban y le vendían, y atenerse a las condiciones que le imponía el mercado internacional: un mercado deprimido, en el que los más poderosos luchaban como fieras para salvar lo más posible de lo suyo aun a costa de ahogar en el fango a sus amigos de ayer. Comenzaba una era de escasez que se advertiría tanto en las ciudades como en las áreas rurales. La escasez podía llegar a ser el hambre y la muerte. Pero fue, además, el motor desencadenante de intensos y variados cambios. De pronto pareció que había mucha más gente, que se movía más, que gritaba más, que tenía más iniciativa; más gente que abandonaba la pasividad y demostraba que estaba dispuesta a participar como fuera en la vida colectiva. Y de hecho hubo más gente, y en poco tiempo se vio que constituía una fuerza nueva que crecía como un torrente y cuyas voces sonaban como un clamor. Hubo una especie de explosión de gente, en la que no se podía medir exactamente cuánto era el mayor número y cuánta era la mayor decisión de muchos para conseguir que se contara con ellos y se los oyera. Una vez más, como en las vísperas de la emancipación, empezó a brotar de entre las grietas de la sociedad constituida mucha gente de impreciso origen que procuraba instalarse en ella; y a medida que lo lograba se trasmutaba aquélla en una nueva sociedad, que apareció por primera vez en ciertas ciudades con rasgos inéditos. Eran las ciudades que empezaban a masificarse.

Todo se gestó desde la época de la primera guerra mundial y a lo largo de los diez años que le siguieron. Los países europeos y los Estados Unidos ajustaban trabajosamente sus economías, en parte para restañar sus heridas y en parte para situarlas en la posición más ventajosa desde allí en adelante. Pero la tarea era difícil y en 1929 el complejo armazón financiero y monetario de los vencedores se sacudió con inusitada violencia. El crac de la bolsa de Nueva York desarticuló todo el sistema y arrastró casi instantáneamente a las piezas menores. Poco después comenzaron a advertirse las consecuencias secundarias de la catástrofe, que afectaban a la economía misma, y los protagonistas del drama resolvieron actuar drásticamente para salvarse. Entre los pasos que dieron, uno muy importante fue ajustar cada uno sus relaciones con los países de su periferia, en los que vendían productos manufacturados y compraban materias primas. Las ventas se retrajeron y los precios se desbarrancaron. El pánico multiplicó los efectos del nuevo plan y a las consecuencias económicas de la crisis se sumaron los efectos sociales y políticos.

Era inevitable que los poseedores latinoamericanos de la riqueza repitieran la maniobra de que habían sido víctimas. Reducidos a aceptar las condiciones del mercado internacional, procuraron ajustar la vida interna de cada uno de sus países para que los perjuicios no tuvieran que pagarlos ellos solos y, de ser posible, que los pagaran exclusivamente los demás. Hubo revoluciones, cambios en la política económica, modificaciones sustanciales en los mecanismos financieros y monetarios, y ajustes en las relaciones entre el capital y el trabajo, muchas veces perfeccionados, cuando fue necesario, con una enérgica política represiva de las clases populares. Para ellas no hubo misericordia y ni siquiera consejo. Caídos vastos sectores en la miseria, buscaron en su horizonte cómo salir de ella. Una de las salidas pareció a muchos la emigración hacia las ciudades.

En algunas comenzaban precisamente entonces a desarrollarse ciertas industrias, fuera para sustituir importaciones, fuera porque los capitales extranjeros habían comenzado a radicarlas, fuera porque al calor de esos primeros incentivos se despertara en los capitalistas locales la tentación de hacer inversiones industriales. Así había comenzado a aparecer una demanda de trabajo urbano con buenos salarios que desató la imaginación de muchos desocupados rurales. Empezó una bola de nieve, cuyas consecuencias fueron amargas. Había desarrollo urbano y, al mismo tiempo, desempleo y miseria urbana, porque la oferta de trabajo superaba siempre a la demanda. Algo mejoró la situación a partir de 1940, cuando la segunda guerra mundial provocó una activación del aprovisionamiento de los beligerantes. En poco tiempo aparecieron inusitadas fuentes de trabajo, aunque siempre la demanda de empleos fue superior al número de plazas vacantes.

No fue difícil advertir en los años que siguieron a la segunda guerra mundial que, en casi todos los países latinoamericanos, la vieja estructura socioeconómica resentida en 1930 no había logrado recuperarse y que se insinuaba en ella un cambio espontáneo e imprevisible. Hechos aislados revelaban que se abrían nuevos caminos, pero era imperceptible el sistema en el que se insertarían. Y al cabo de muy poco tiempo se advirtió que se cobraba conciencia de ese fenómeno, y que se empezaba a trabajar en proyectos de ordenación del desarrollo económico para corregir con un sentido nuevo y nuevas posibilidades las viejas estructuras. Múltiples posibilidades parecían ofrecerse a los países latinoamericanos en la década de 1940.

La situación desmejoró luego un poco, pero, con todo, ciertas perspectivas quedaron abiertas para muchos países latinoamericanos: sólo los viejos esquemas eran irrepetibles, y era necesario correr el albur de elegir uno nuevo y de explorar sus posibilidades en los hechos. Fue una era de tanteos, aún no agotados, para encauzar los nuevos problemas de una sociedad convulsionada. Pero, como en el caso de la explosión social de fines del siglo XVIII, la que se produjo después de la crisis de 1930 consistió sobre todo en una ofensiva del campo sobre la ciudad, de modo que se manifestó bajo la forma de una explosión urbana que transformaría las perspectivas de Latinoamérica. Ciertamente hubo muchas ciudades que no alteraron su ritmo de crecimiento y muchas que permanecieron estancadas. Pero Latinoamérica asistió al despegue de cierto número de ciudades, algunas de las cuales alcanzaron muy pronto la categoría de metrópolis; otras, en cambio, comenzaron entonces su desarrollo, pero en condiciones tan favorables que asumieron precozmente una condición de grandes ciudades en potencia y demostraron que lo llegarían a ser en un plazo no muy largo. De todos modos, unas y otras se transformaron en polos de tal significación en su región y en su país que influyeron decisivamente sobre el conjunto. Las regiones y los países giraron, aún más que antes, alrededor de las grandes ciudades, reales o potenciales. Y cada una de ellas constituyó un foco sociocultural original en el que la vida adquirió rasgos inéditos.

El fenómeno latinoamericano seguía de cerca al que se había producido en los países europeos y en los Estados Unidos, pero adquirió caracteres socioculturales distintos. En algunas ciudades comenzaron a constituirse esos imprecisos grupos sociales, ajenos a la estructura tradicional, que recibieron el nombre de masas. Y allí donde aparecieron, el conjunto de la sociedad urbana comenzó a masificarse. Cambió la fisonomía del habitat y se masificaron las formas de vida y las formas de mentalidad. A medida que se masificaban, algunas ciudades de intenso y rápido crecimiento empezaron a insinuar una trasformación de su fisonomía urbana: dejaron de ser estrictamente ciudades para transformarse en una yuxtaposición de guetos incomunicados y anómicos. La anomia empezó a ser también una característica del conjunto.

Fue un proceso que se inició sordamente con la crisis de 1930 y que prosigue hoy, acaso más intensamente, hasta caracterizar y definir la situación contemporánea de Latinoamérica. Y acaso no sea menos significativo que, por un efecto de demostración, comenzaron a masificarse también muchas ciudades en cuyas sociedades no se habían constituido masas.

1. LA EXPLOSIÓN URBANA

En las primeras décadas del siglo XX se produjo en casi todos los países latinoamericanos, con distinta intensidad, una explosión demográfica y social cuyos efectos no tardaron en advertirse. Más se tardó en identificar el fenómeno y más todavía en distinguir lo estrictamente demográfico de lo social. Hubo, notoriamente, un crecimiento de la población con decidida tendencia a sostenerse y acrecentarse. Pero inmediatamente comenzó a producirse un intenso éxodo rural que trasladaba hacia las ciudades los mayores volúmenes de población, de modo que la explosión sociodemográfica se trasmutó en una explosión urbana. Con ese rostro se presentó el problema en las décadas que siguieron a la crisis de 1930.

En México, la revolución de 1910 desató un proceso de desarraigo rural que se canalizó, a partir de 1920, en una decidida marcha hacia las ciudades: documenta el fenómeno la vasta novelística de la revolución, a partir de *Los de abajo* de Mariano Azuela, publicada en 1916, y de *La sombra del caudillo*, que publicó Martín Luis Guzmán en 1929. En el Perú, en la década de 1920, comenzaron los serranos a bajar hacia Lima por el camino que se había abierto desde Puquio. "Al mismo tiempo —relata José María Arguedas en *Yawar Fiesta*— por todos los caminos nuevos bajaron a la capital los serranos del Norte, del Sur y del Centro." La crisis de las salitreras llevaron millares de desocupados a las ciudades chilenas; la de la agricultura pampeana a las ciudades argentinas; la del café y la sequía de los sertones a las ciudades brasileñas. En casi todas partes aparecieron los mismos hechos. Explosión demográfica y éxodo rural se combinaron para configurar un fenómeno complejo e incisivo, en el que se mezclaba diabólicamente lo cuantitativo y lo cualitativo, cuyo escenario serían las ciudades elegidas para la concentración de esos inmigrantes desesperados y esperanzados a un tiempo.

Prolíficos en sus lugares de origen, los inmigrantes lo siguieron siendo en las ciudades en las que se fijaron y donde constituyeron un conjunto agregado, perdido en la complejidad de la sociedad tradicional. Una vez instalados, siguieron aumentando en número. Familias numerosas se arracimaban en los antiguos barrios pobres o en las zonas marginales de las ciudades, acaso agrupadas por afinidades de origen los de un mismo pueblo o una misma región. Y a medida que el grupo crecía, su presencia se hacía más visible y alertaba acerca del fenómeno demográfico que se estaba produciendo. Si alguno de los inmigrantes salía de su gueto y aparecía en otro barrio, llamaba la atención de la sociedad tradicional y merecía un calificativo especial: era el "peladito" de la ciudad de México o el "cabecita negra" de Buenos Aires. Se veía que la ciudad se inundaba, y el número de los recién llegados, de los ajenos a la ciudad, siguió creciendo a una velocidad mayor que la que desarrollaron para alcanzar los primeros grados de la integración.

Los inmigrantes internos traían vivo el recuerdo de su lugar de origen: las zonas rurales deprimidas o las aldeas y pequeñas ciudades empobrecidas. El brasileño Jorge Amado dio en *Gabriela, cravo e canela* una imagen brillante de esos inmigrantes fugitivos de la sequía del sertón. Campesinos, muchos querían seguir siendo campesinos y tentar fortuna con cultivos en alza. Pero otros, campesinos también, adivinaban las posibilidades de la ciudad; y los que conocían algún oficio o tomaron la decisión de aprenderlo, se quedaron en las ciudades. Así crecieron Ilheus, Bahía, Recife, y sobre todo San Pablo, con la gente que empezaba a sentir la crisis del café sumada a la que emigró del Nordeste.

Pero no todos los inmigrantes venían del campo. Muchos se arrancaban de pequeñas o medianas ciudades que acentuaban su decadencia: de Ayacucho o Cajamarca en el Perú, de los pueblos de la sabana en Colombia, de San Carlos de Salta o Moisesville en Argentina. Así se creó la imagen de la ciudad abandonada, como aquella de los llanos venezolanos llamada Ortiz por Miguel Otero Silva en su novela *Casas muertas*, o la de Comala donde sitúa Juan Rulfo a *Pedro Páramo*, o, en fin, la ilusoria Macondo que evoca Gabriel García Márquez en *Cien años de soledad*. La miseria sin esperanzas echaba de la ciudad a los jóvenes, a los que no se resignaban a enterrarse vivos en la ciudad que se moría, a los que todavía tenían fuerza moral para intentar reconstruir su vida en otra parte. Y la vieja ciudad apuraba su caída, abandonadas y en ruinas la mayoría de sus casas, y poblada solamente por viejos que arrastraban sus trabajos y sus días.

Hubo, pues, pueblos y ciudades de diversa magnitud a los que la explosión urbana no contagió su dinamismo ni benefició con la movilización sociodemográfica que produjo. Por el contrario, fueron sus víctimas. A costa de su despoblación crecieron otros pueblos que empezaban desde la nada en regiones donde aparecía una nueva fuente de riqueza que desataba las imaginaciones. "He oído decir a los camioneros —explicaba el personaje de *Casas muertas*— que, mientras Ortiz se acaba, mientras Parapara se acaba, en otros sitios están fundando pueblos". Estos entraban en la explosión urbana, pero al precio de la declinación de otros, que se acababan ante la impotencia de sus antiguos pobladores, que no entendían quién movía los hilos de su destino.

Pero a veces no se acababan del todo. Quienes no emigraban solían encontrar ciertas débiles formas de vida que sostenían, en parte al menos, el armazón del poblado. Una economía mínima lo alimentaba. Pero los nuevos tiempos ofrecieron otras opciones a muchos de ellos, si el azar de una carretera los ponía en la ruta del desarrollo. Y sobre todo, si alguien descubría que el somnoliento paraje escondía algún encanto capaz de atraer el flujo del turismo. Signo de los tiempos, la vocación turística crecía en las grandes ciudades y desbordaba sobre los pequeños rincones en los que se conservaba alguna huella de ese pasado que se perdía irremisiblemente en las grandes ciudades. Y la prodigiosa organización de esa nueva industria del turismo orientaba la curiosidad, inventaba el indiscriptible encanto de un lugar, y de pronto insuflaba nueva vida a la vieja ciudad que parecía moribunda. Un cuidado folleto con unas sugestivas fotografías redescubría un lugar: su silenciosa plaza, su vieja iglesia, sus añosas casonas alguna de las cuales alojaba un desvanecido recuerdo de la historia patria. Las caravanas de turistas, extranjeros y nacionales, empezaron a alimentar la vida artificial de algunas ciudades, entre las cuales estaban las que con justicia podían ser designadas como "ciudades-museo", como Taxco o Guanajuato en México, como Antigua Guatemala, como Villa de Leyva en Colombia o la misma ciudad de Cuzco en Perú. Y a la inversa de las "ciudades-dormitorio", éstas, deshabitadas por las noches, lucían una bulliciosa actividad durante el día, entre el ir y venir de los autobuses de turismo, los automóviles, los grupos que se desplazaban sacando fotografías o comprando *souvenirs*. Este disimulo del estancamiento no sólo alcanzó a ciudades a las que la emigración había vaciado sino a muchas que, quizá, arrastraban su inmovilidad desde mucho tiempo.

De otras muchas ciudades, ciertamente, no pudo decirse que se disimulara el estancamiento. Nacidas durante la colonia o surgidas luego, en un momento favorable para la región, nada estimuló su crecimiento. Sería imposible enumerarlas porque su cantidad supera de lejos al de las ciudades en proceso de crecimiento; y sería ocioso porque sus nombres no resuenan fuera del país al que pertenecen. Pero se puede recordar el nombre de algunas, elegidas al azar, o acaso entre las más significativas en las vísperas de la erupción urbana: Popayán, San Cristóbal, Ouro Preto, Maldonado, Concepción del Uruguay, Loja, Sucre, León. Ni por ellas, ni por otras muchas como ellas, pasó la explosión urbana, porque los movimientos migratorios y los fenómenos que los acompañaron no podían producirse sino donde existía un polo de atracción y una posibilidad, efímera o duradera, de desarrollo.

Como antes el oro y luego el caucho, el petróleo despertó por estos años una viva esperanza. Con la ilusión del petróleo iban los inmigrantes venezolanos de *Casas muertas*, en busca de ese "oriente" más allá del cual estaba Ciudad Bolívar, una ciudad que en la década del treinta no llegaba a 20.000 habitantes y que cuadruplicaría su población al llegar a 1970. Más espectacular era el crecimiento del emporio petrolero de Venezuela, Maracaibo: apenas 100.000 habitantes en la década del treinta, y luego, 235.000 en 1950, 420.000 en 1960 y 660.000 en 1970. Y de alguna significación fue el crecimiento de la ciudad de Comodoro Rivadavia, levantada en el desierto petrolero de la Patagonia argentina, y que pasó de 5.000 habitantes en la década del treinta a casi 90.000 en 1970.

Pero lo que más poderosamente atrajo la atención de los que querían abandonar las zonas rurales o las ciudades estancadas fue la metrópoli, la gran ciudad cuya aureola crecía en el impreciso comentario de quien sabía algo de ella, y aun más a través de los medios masivos de comunicación: los periódicos y revistas, la radio y, sobre todo, el cine y la televisión, que mostraban a lo vivo un paisaje urbano que suscitaba admiración y sorpresa. La gran ciudad alojaba una intensa actividad terciaria, con mucha luz, con muchos servicios de diversa índole, con muchos negocios grandes y chicos, con mucha gente de buena posición que podía necesitar criados o los variados servicios propios de la vida urbana. La atracción era aún mayor si la ciudad había comenzado a dar el salto hacia la industrialización. Era un buen signo. Quienes comenzaban a proyectar la instalación de fábricas buscaban una infraestructura favorable, buena provisión de agua y energía, buenos transportes y comunicaciones; esperaban hallar un aparato eficaz para la comercialización y quizá aspiraban a participar en los privilegios acordados a ciertas zonas para localizaciones de industrias y a aprovechar la proximidad de los grandes centros financieros, administrativos y políticos. Esa gran ciudad era la preferida. Allí podría el inmigrante encontrar "trabajo urbano": en los servicios, en el comercio o en la industria, y quizá con altos salarios si se alcanzaba el nivel de preparación suficiente como para ser un trabajador calificado.

Pero el gran centro urbano ofrecía más. El trabajo urbano se hacía en compañía de otros trabajadores con quienes compartir, primero la tarea, y luego el comentario, las reacciones, quizá la lucha contra la patronal a través de sindicatos que ofrecían la posibilidad de una intensa participación en la vida social. El trabajador vivía en un ambiente urbano, compacto, tentador. De día las calles estaban llenas de gente y sólo verlas era un espectáculo; de noche se iluminaban, y también encendían sus luces los negocios, los cines, los teatros, los cafés. Había donde ir. Y los domingos se ofrecían diversiones populares que reunían muchas gentes y en las que hasta se podían dejar de lado las represiones cotidianas. Quizá lo más duro era tener un techo; pero a la larga se lo conseguía, bueno o malo. Y desde la vivienda, primaria quizá, pero urbana al fin, parecía que se tenía el derecho de reclamar todos los beneficios de la vida urbana, aquellos de que gozaba el que ya estaba establecido e integrado. Hasta el consumo empezaba a parecer posible: una radio, un refrigerador, quizá a la larga un televisor. Todo eso parecía ofrecer la gran ciudad al inmigrante, que se acercaba a ella con esa encadenada esperanza del cuento de la lechera. El problema era llegar, e inmediatamente después introducirse en el misterioso tejido social de la ciudad. Era difícil conseguir un techo, un trabajo, un amigo familiarizado con la ciudad que iniciara al recién llegado en sus secretos. Pero poco a poco se conseguía, unas veces en los núcleos deprimidos de la ciudad y otras veces en las zonas marginales. Y cuando se conseguía, la masa inmigrante se encontraba agregada al conjunto de las clases populares tradicionales y multiplicaba su número, esto es, acrecentaba enormemente la proporción numérica de las clases populares en relación con las otras clases. Muchos tuvieron la sensación de que la ciudad podía estallar en cualquier momento, porque, además, la tasa de crecimiento vegetativo era alta en las clases populares. Y algunas estallaron. Las tensiones sociales se intensificaron, porque el crecimiento desmesurado de la población urbana originó un círculo vicioso: mientras más crecía la ciudad más expectativas creaba y, en consecuencia, más gente atraía porque parecía que podía absorberla; pero, en rigor, el número de quienes se incorporaban a la estructura urbana era siempre superior a lo que la estructura podía soportar. Era inevitable que la explosión urbana, nacida de una explosión sociodemográfica, desencadenara a su vez graves explosiones sociales en el seno de las ciudades.

Las migraciones y el alto índice de aumento vegetativo concurrieron para provocar el crecimiento cuantitativo de las ciudades. Otras circunstancias concurrirían para que se produjera, en la nueva estructura social de las ciudades que crecían, una transformación cualitativa que influiría sobre los caracteres de la explosión urbana. Pero, de todos modos, lo más visible fue el aumento numérico de la población.

Sólo alrededor de diez ciudades superaban, en el año 1900, los 100.000 habitantes. Pero en 1940 cuatro ciudades —Buenos Aires, México, Río de Janeiro y San Pablo— sobrepasaban el millón, alcanzando la primera a los dos millones y medio; contaba pues, entre las mayores ciudades del mundo. Para ese año, cinco ciudades sobrepasaban el medio millón: Lima, Rosario, La Habana, Montevideo y Santiago de Chile, de las cuales esta última tocaba ya el millón. Y once ciudades sobrepasaban los 200.000 habitantes: tres en Brasil —Recife, Salvador y Porto Alegre—, tres en Argentina —Avellaneda, Córdoba y La Plata—, una en México —Guadalajara—, una en Bolivia —La Paz—, una en Colombia —Bogotá—, una en Venezuela —Caracas— y otra en Chile —Valparaíso—.

En el curso de los treinta años siguientes la situación se precipitó. Ocho capitales no sólo sobrepasaron el millón sino que, derramándose sobre extensas áreas metropolitanas, alcanzaron cifras comparables a las de las ciudades más pobladas del mundo: dos de ellas, México y Buenos Aires, sobrepasaron los ocho millones y medio de habitantes. Cuatro capitales —Santiago, Lima, Bogotá y Caracas— tuvieron un crecimiento vertiginoso. Santiago se acercaba al millón en 1940 y llegó a 2.600.000 treinta años después; pero en el mismo plazo Lima pasó de 600.000 a 2.900.000, Bogotá de 360.000 a 2.540.000 y Caracas de 250.000 a 2.118.000. Tan vertiginoso fue el crecimiento, que de todas ellas podría decirse lo que Antonio Gómez Restrepo escribía de Bogotá muy al principio de este proceso: "Los bogotanos vamos siendo una colonia cada día más pequeña en nuestra tierra natal; pero esta misma superabundancia de gentes, si por una parte ha contribuido a la formación de los nuevos barrios residenciales y de otros, muy bien acondicionados, para empleados y modestos funcionarios, ha arrojado sobre los suburbios una masa confusa que ha buscado refugio en un conglomerado de habitaciones míseras, faltas de toda higiene". Las migraciones arrinconaban a la sociedad tradicional de la capital, se filtraban en ella o acaso la cercaban. Menos se notó en las capitales que no llegaron por entonces a alcanzar los dos millones de habitantes: Montevideo y La Habana.

Entretanto otras ciudades que no tenían rango de capitales habían alcanzado un crecimiento notable. Río de Janeiro, que dejó de ser la capital brasileña en 1960, había pasado de 1.800.000 habitantes en 1940 a 6.700.000 en 1970 en el área metropolitana; pero su crecimiento fue menos intenso que el de San Pablo, cuyo prodigioso desarrollo puso de manifiesto todos los elementos que contribuyen al proceso latinoamericano de urbanización. Con una población de 1.326.000 en 1940, la ciudad industrial extendida sobre una amplia área suburbana y rebasando esos límites incontenibles, alcanzó en el conjunto de la zona metropolitana, en 1970, una población de 7.750.000. Otras ciudades brasileñas crecieron considerablemente: de 1940 a 1970 Recife pasó de 250.000 a 1.200.000 habitantes; Porto Alegre de 350.000 a poco más de un millón, y Salvador de Bahía de 350.000 a un millón.

A más de un millón llegó también hacia 1970 la población de dos ciudades colombianas del valle de Cauca, Cali y Medellín, ambas constituidas en centros comerciales e industriales de zonas muy ricas, pero cuya población rural optó por la emigración: más de 400.000 campesinos llegaron a Medellín entre 1938 y 1968 para instalarse en los "barrios piratas" de la ciudad. Y a muy cerca de los dos millones alcanzaron hacia 1970 dos ciudades mejicanas: Guadalajara, antigua capital del Estado de Jalisco y tradicionalmente la segunda ciudad del país, que pasó de 229.000 en 1940 a un millón y medio en 1970, y aun más si se considera su área metropolitana; y Monterrey, la nueva metrópoli industrial crecida al pie del Cerro de la Silla, que contando apenas 150.000 habitantes en 1940 llegó a 1.200.000 en 1970.

No menos trascendental —a escala nacional y regional— fue el crecimiento de otras ciudades que están cerca del medio millón de habitantes, como Guayaquil en Ecuador o Barranquilla en Colombia; y aún otras que oscilan más allá o más acá del medio millón, como Maracaibo en Venezuela, Puebla en México o Rosario o Córdoba en Argentina. En todos los casos el polo urbano funcionó como una opción frente a la crisis de las áreas rurales y, en cada caso a su escala, provocó las migraciones, las concentraciones de población y la explosión urbana. Pero lo más significativo fue que la misma influencia ejercieron las innumerables pequeñas explosiones urbanas. Decenas y decenas de ciudades que tenían entre veinte y cuarenta mil habitantes hacia 1930 multiplicaron su población por tres o por cuatro en cuarenta años, y a veces por más, produciéndose en pequeña escala los mismos fenómenos sociales que en las grandes ciudades. Ciudades con 200.000 habitantes se sintieron masificadas y vieron su infraestructura superada por el crecimiento de la población. Y casi podría agregarse que aun en ciudades más pequeñas todavía pero de crecimiento acelerado se advirtieron los mismos efectos.

La explosión urbana modificó la fisonomía de las ciudades. Se quejaron de ello quienes las disfrutaron antes, apacibles y sosegadas, pero, sobre todo, con una infraestructura suficiente para el número de sus habitantes. Los invasores las desfiguraron e hicieron de ellas unos monstruos sociales que revistieron además, por los mismos años, los caracteres inhumanos que les prestó el desarrollo técnico. Alguien llegó a decir que las ciudades eran ya "invisibles". Un testimonio es el del peruano Sebastián Salazar Bondy, que reunió sus observaciones sobre su ciudad en un libro que tituló *Lima, la horrible*. Y refiriéndose a la explosión urbana y a la masificación de la ciudad escribía en 1962: "Hace bastante tiempo que Lima dejó de ser... la quieta ciudad regida por el horario de maitines y ángelus, cuyo acatamiento emocionaba al francés Radiguet. Se ha vuelto una urbe donde dos millones de personas se dan de manotazos, en medio de bocinas, radios salvajes, congestiones humanas y otras demencias contemporáneas, para pervivir. Dos millones de seres que se desplazan *abriéndose paso*... entre las fieras que de los hombres hace el subdesarrollo aglomerante. El caos civil, producido por la famélica concurrencia urbana de cancerosa celeridad, se ha constituido, gracias al vórtice capitalino, en un ideal: el país entero anhela deslumbrado arrojarse en él, atizar con su presencia el holocausto del espíritu. El embotellamiento de vehículos en el centro y las avenidas, la ruda competencia de buhoneros y mendigos, las fatigadas colas ante los incapaces medios de transporte, la crisis del alojamiento, los aniegos debido a las tuberías que estallan, el imperfecto tejido telefónico que ejerce la neurosis, todo es obra de la improvisación y la malicia. Ambas seducen fulgurantes, como los ojos de la sierpe, el candor provinciano para poder luego liquidarlo con sus sucios y farragosos absurdos. La paz conventual de Lima, que los viajeros del siglo XIX, y aun de entrado el XX, celebraron como propicia a la meditación, resultó barrida por la explosión demográfica, pero la mutación fue sólo cuantitativa y superficial: la algarada urbana ha disimulado, no suprimido, la vocación melancólica de los limeños, porque la Arcadia colonial se torna cada vez más arquetípica y deseable".

Tales fueron los efectos de la explosión sociodemográfica. Pero nadie quiere renunciar a la ciudad. Vivir en ella se convirtió en un derecho, como lo señalaba Henri Lefebvre: el derecho a gozar de los beneficios de la civilización, a disfrutar del bienestar y del consumo, acaso el derecho a sumirse en cierto excitante estilo de enajenación. Las ciudades crecían, los servicios públicos se hacían cada vez más deficientes, las distancias más largas, el aire más impuro, los ruidos más ensordecedores. Pero nadie —o casi nadie— quiso ni quiere renunciar a la ciudad. Focos de concentración de fuerzas, las ciudades ejercieron cada vez más influencia sobre la región y el país. Y en las ciudades adquirieron cada vez más influencia las masas, esas formaciones sociales que las tipifican desde que se produjo la explosión urbana. Ciertamente, la explosión urbana ha desencadenado una revolución, latente y perceptible. O acaso sea la forma en que se manifiesta una revolución ciega, nacida del proceso social. Pero la ciudad, fiel a su vocación, comenzó a someter a severo tratamiento a la revolución ciega y fue abriéndole los ojos. Poco a poco empezó a tentarla con el fruto agridulce de la ideología.

2. UNA SOCIEDAD ESCINDIDA

En aquellas ciudades donde se produjo la concentración de grupos inmigrantes la conmoción fue profunda. Muy pronto se advirtió que la presencia de más gente no constituía sólo un fenómeno cuantitativo sino más bien un cambio cualitativo. Consistió en sustituir una sociedad congregada y compacta por otra escindida, en la que se contraponían dos mundos. En lo futuro, la ciudad contendría —por un lapso de imprevisible duración— dos sociedades coexistentes y yuxtapuestas pero enfrentadas en un principio y sometidas luego a permanente confrontación y a una interpenetración lenta, trabajosa, conflictiva, y por cierto, aún no consumada.

Una fue la sociedad tradicional, compuesta de clases y grupos articulados, cuyas tensiones y cuyas formas de vida transcurrían dentro de un sistema convenido de normas: era, pues una sociedad normalizada. La otra fue el grupo inmigrante, constituido por personas aisladas que convergían en la ciudad, que sólo en ella alcanzaban un primer vínculo por esa sola coincidencia, y que como grupo carecía de todo vínculo y, en consecuencia, de todo sistema de normas: era una sociedad anómica instalada precariamente al lado de la otra como un grupo marginal.

Antes de que sufriera el complejo proceso social que lo convertiría en el núcleo fundamental de la masa urbana, tal como apareció en las ciudades de Latinoamérica a partir de la primera guerra mundial, el grupo inmigrante ofreció el aspecto de un conjunto humano heterogéneo: familias, mujeres y hombres solos, todos entregados a una especie de azar del que dependía la nueva etapa de sus vidas. Venían de áreas rurales —generalmente próximas, remotas algunas veces— o de pequeñas ciudades que abandonaban convencidos de que no había horizontes para ellas, y llegaban a los bordes de las ciudades que constituían su meta. En Lima —cuenta José María Arguedas— los que habían llegado primero consiguieron trabajo doméstico en casa de los ricos de su pueblo que también se habían desplazado hacia la capital. Y ya familiarizados con la ciudad, estos últimos acogieron a los que llegaban en olas sucesivas. "Y sin que nadie lo organizara —escribe en *Yawar Fiesta*—, la entrada de los puquios, como la de todos los serranos, se hizo en orden: los «chalos» ayudaron a los «chalos» [...] los «mistis» a los «mistis» [...] relacionándolos con la sociedad [...] Los estudiantes también se ayudaron en el mismo orden, según el dinero de sus padres; los pobres buscaron cuartitos, cerca de la Universidad o de la Escuela de Ingenieros, se acomodaron en los cuartos para sirvientes, en las azoteas, bajo las escaleras o en las casas señoriales, antiguas, que ahora que están a punto de caerse, son casas de alquiler para obreros y para gente pobre."

En algunas ciudades había lugares fijos para la concentración de los inmigrantes, como relata el brasileño Jorge Amado en *Gabriela, cravo e canela* refiriéndose a la de Ilheus. Para llegar allí había que salir del centro, dejar atrás la feria donde las barracas estaban siendo desmontadas y las mercaderías recogidas, y atravesar los edificios del ferrocarril. "Antes de comenzar el Morro de Conquista —sigue diciendo Jorge Amado— estaba el mercado de los esclavos. Alguien, hacía mucho tiempo, había llamado así al lugar donde los "retirantes" acostumbraban acampar, en espera de trabajo. El nombre había pegado y ya nadie lo llamaba de otra manera. Allí se amontonaban los sertaneros huidos de la sequía, los más pobres de cuantos abandonaban sus casas y sus tierras ante el llamado del cacao. En otras ciudades la llegada era aun más formal. En las argentinas, la emigración era por tren y el arribo a las estaciones ferroviarias, en las que descendían de cada convoy decenas de familias de extraño aspecto y estrafalario equipaje que buscaban al que esperaban que fuera a recibirlas: un inmigrante anterior que tenía previsto algún acomodo. En otras partes los autobuses rurales volcaban la misma carga. Y desde el apeadero empezaba la peregrinación, unas veces hacia los barrios viejos y deprimidos de la ciudad, como el Tepito en México, y otras hacia los bordes despoblados, tierra de nadie en la que era posible instalarse con la condición de renunciar a todos los servicios: los cerros que rodean a Caracas o a Lima, las zonas bajas próximas a Buenos Aires, los basurales de Monterrey o las salitrosas tierras del desecado lago Texcoco en México. Un rancho precario, quizá levantado en una noche, consolidaba la situación del inmigrante que, desde el día siguiente, comenzaba la ardua labor de acercarse a la estructura en la que reinaba la sociedad normalizada, un acercamiento que terminaría en su integración después de un plazo imprevisible que, quizá, podía alcanzar a más de una generación.

En rigor, el grupo inmigrante no era todavía una sociedad y no podía contraponer un sistema a otro. Lo que se oponía al sistema de la sociedad normalizada entre cuyos vericuetos quería entrar, era el pecho descubierto de un conjunto humano indefenso, sin vínculos que lo sujetara, sin normas que le prestaran homogeneidad, sin razones válidas para frenar, en última instancia, el desborde de los instintos o, simplemente, del desesperado apremio de las necesidades. Era un conjunto de seres humanos que luchaban por la subsistencia, por el techo, esto es, por sobrevivir; pero que luchaban también por tratar de vivir, aunque el precio de ese goce fuera alto. Y ambas luchas entrañaban la necesidad de aferrarse en algún lugar de la estructura de la sociedad normalizada, seguramente sin autorización, acaso contra determinada norma, quizá violando los derechos de alguien perteneciente a aquella sociedad y que miraba asombrado al intruso.

Podía la otra sociedad ofrecer techo y trabajo al intruso, podía prestarle apoyo caritativo para atender la salud y la educación de los hijos; pero pasaría mucho tiempo —nadie podría decir cuánto— hasta que los inmigrantes descubrieran y aceptaran que todo lo que constituía la estructura de la sociedad normalizada les pertenecía también a ellos. Entretanto sus actitudes estaban presididas por la certidumbre de que todo era de los otros: el grifo de agua, el banco del paseo, la cama del hospital, todo era ajeno y para todo había otro que tenía mejor derecho.

La sociedad normalizada visualizó el conjunto inmigrante que se filtraba por sus grietas como un grupo uniforme. Constituía a sus ojos la "otra sociedad", cuya existencia se conocía de oídas pero cuya presencia se rehuía. Cuando alguno de sus miembros aparecía fuera de su gueto, la sociedad normalizada lo observaba con curiosidad, lo reconocía como diferente de la clase popular normalizada y lo dejaba pasar. Fue diferente cuando la "otra sociedad" apareció formando un grupo. Para entonces seguramente habían logrado los inmigrantes fortalecer ciertos vínculos que empezaban a aglutinarlos, y acaso entrevieron que podían oponer a la estructura algo más que la expectativa individual: la fuerza de un grupo, una fuerza multiplicada porque se ejercía sin sujeción a normas y de manera irracional. Era la fuerza del que se siente ajeno a aquello que ataca y que carece de frenos para la acción. Se los vio en las calles de México, Bogotá o Buenos Aires en grupos compactos, ajenos a las reglas de la urbanidad, atropellando el sistema que para los demás era pactado y apoderándose o destruyendo lo que era de "los otros", de la sociedad normalizada.

Naturalmente, el efecto que la aparición de esa sociedad anómica operó sobre la sociedad normalizada fue intenso, precisamente porque el centro del ataque del nuevo grupo era el sistema de normas vigentes, al que ignoró primero y desafió después. La sociedad normalizada sintió a los recién llegados no sólo como advenedizos sino como enemigos; y al acrecentar su resistencia, cerró no sólo los caminos del acercamiento e integración de los grupos inmigrantes sino también su propia capacidad para comprender el insólito fenómeno social que tenía delante de los ojos. Quizá contribuyera a decidir esa actitud el creciente número de la sociedad anómica y la impresión arrolladora que ofrecía no sólo por el número sino también por su agresividad. También fue intenso y decisivo el efecto que la confrontación con la sociedad normalizada tuvo sobre la sociedad anómica. Ésta la había elegido como presa, pero al mismo tiempo como modelo. La confrontación se resolvió en una lenta y sostenida coerción de la sociedad normalizada para obligar a la otra a aceptar el acatamiento de ciertas reglas básicas, y luego para ofrecerle los mecanismos para una incorporación que, al cabo de cierto tiempo, resultaba forzosa. Y a partir de esa situación, las dos sociedades trabajaron sordamente, y a su pesar, en un proceso de integración recíproca, cuyas alternativas se manifestaron y se siguen manifestando en la vida cotidiana y en las formas de la vida social y política de aquellas ciudades latinoamericanas donde, a distinta escala, se produjo la irrupción inmigratoria. La integración recíproca comenzó a partir del momento en que los grupos inmigrantes consiguieron un techo y, sobre todo, un trabajo. De ello derivaron necesidades y obligaciones que forzaron el contacto y la familiarización. Fue necesario aprender a tomar un autobús, a conocer las calles, a llegar hasta el estadio de fútbol; quizá fue necesario gestionar un documento de identidad y llegar un día hasta un puesto policial. Pero lo que puso en marcha la integración fue su progresiva inserción en el tejido social de la sociedad normalizada. Fue, sin duda, una etapa importante aquella en que los grupos inmigrantes tomaron contacto entre sí, afianzaron los vínculos que unían a los del mismo pueblo o la misma región, adquirieron un principio de solidaridad que les prestaría confianza y fuerza en la difícil operación de asediar la estructura. Pero la decisiva fue la siguiente, fue el contacto con quienes pertenecían a la sociedad tradicional y estaban en condiciones de iniciarlos en los secretos. Fueron, naturalmente, los sectores populares de la sociedad normalizada los que cedieron primero ante la presión de los recién llegados y se abrieron a la comunicación, pero no faltaron grupos de la pequeña clase media —tanto o más deprimidos que los sectores populares, y en cierto sentido marginales también— que se mostraron benévolos y, finalmente, solidarios con los sectores inmigrantes.

No todos, sin duda. Hubo recelo, temor a la competencia y, sobre todo, ese mal expresado sentimiento de superioridad que siempre alegan los urbanos frente a los rurales. Pero por allí aparecieron las grietas por las que el nuevo grupo pudo introducirse, echar raíces y comenzar su emparentamiento o su solidaridad con gente ya arraigada. Por lo demás, la situación de crisis favoreció la aproximación. Si los inmigrantes eran desocupados, también había desocupados en las clases populares tradicionales de la ciudad y en algunos sectores de la pequeña clase media. Si la miseria se extremaba y había que abandonar el cuarto para buscar refugio en un rancho del borde urbano, el arraigado se encontraba con el recién venido; y se encontraba en las colas de los que buscaban trabajo, en las ocupaciones ocasionales que uno y otro conseguían, y acaso en la olla popular que un gobierno o una institución caritativa ofrecía a los más miserables. Y luego estaban las mujeres, menos prevenidas, cuyo contacto solidario anudaba unos lazos a los que los hombres se plegaban luego. Fue la fusión entre los grupos inmigrantes y los sectores populares y de pequeña clase media de la sociedad tradicional lo que constituyó la masa de las ciudades latinoamericanas a partir de los años de la primera guerra mundial. El nombre con que se la designó, más frecuente que el de multitud, adquirió cierto sentido restringido y preciso. La masa fue ese conjunto heterogéneo, marginalmente situado al lado de una sociedad normalizada, frente a la cual se presentaba como un conjunto anómico. Era un conjunto urbano, aunque urbanizado en distinta medida, puesto que se integraba con gente urbana de antigua data y gente de extracción rural que comenzaba a urbanizarse. Pero muy pronto su fisonomía fue decididamente urbana y lo fue su comportamiento: constituyó una sociedad congregada y compacta que, en cada ciudad, se opuso a la otra sociedad congregada y compacta que ya existía. Así se presentó el conjunto de la sociedad urbana como una sociedad escindida, una nueva y reverdecida sociedad barroca.

La masa urbana fue no sólo anómica sino básicamente inestable. La constituían, en principio, sectores inmigrantes y sectores ya arraigados que, en cierto modo, se desarraigaban de la sociedad tradicional cuyas normas habían acatado hasta poco antes. Esto acentuaba la anomia. Pero acaso la acentuaba aún más la aparición sucesiva de nuevas promociones en cada uno de los sectores integrantes de la masa. Cada promoción nueva traía un nuevo índice de integración, nuevas expectativas con respecto a la estructura de la sociedad tradicional, nuevas estrategias para enfrentarse con el monstruo que ellas temían menos que la generación de sus padres. El juego se fue tornando diabólico, porque a medida que crecía la integración crecía la anomia. Y sin embargo, la masa fue adquiriendo cierta homogeneidad radical y, a poco, cierta claridad acerca de sus objetivos. Quedó claro que la masa no quería destruir la estructura hacia la que se había lanzado; que, por el contrario, tenía por ella un respeto absoluto, así como por los principios en que se sustentaba; que su plan no era modificarla sustancialmente —como pensaban ciertos grupos arraigados y disconformistas de la sociedad tradicional— sino, simplemente, aceptarla como estaba y corregirla solamente en lo necesario como para que se abriera; que su objetivo final era que cada uno de sus miembros se fuera incorporando a ella para gozar de sus bienes y luego para ascender de rango dentro de su escala. Esos objetivos eran inequívocos; pero como no podían satisfacerse rápidamente, y como los que los alcanzaban se separaban rápidamente de la masa, creció en ésta la agresividad contra la estructura y la sociedad normalizada que dominaba en ella, entibiándose poco a poco el sentimiento primigenio de adhesión. Al acentuarse la hostilidad de la masa se renovaba la de la sociedad tradicional, puesta a la defensiva. El juego seguía siendo diabólico, y muchas políticas fueron imaginadas para romper ese círculo vicioso.

La formación de la masa urbana —contemporánea en las ciudades latinoamericanas del proceso de industrialización— adquirió cierta peculiaridad en relación con la nueva situación ocupacional. Para muchos, especialmente mujeres, la esperanza de insertarse o de prosperar en la estructura se asoció a la posibilidad de introducirse en el servicio personal de alguien que perteneciera a la estructura. Era la esperanza de Gabriela en la novela de Jorge Amado. "Voy a quedarme en la ciudad; no quiero vivir más en el campo. Me voy a contratar de cocinera, de lavandera, o para limpiar la casa de los otros... Agregó en un recuerdo alegre: Yo anduve de empleada en casa de gente rica, aprendí a cocinar." Por esa vía se obtenía casa y comida, un salario, pero, sobre todo, un tutor, alguien de quien aprender cómo funcionaba la estructura, alguien con cuyo apoyo pudiera extenderse esa primera relación establecida en ella. A partir de esa relación toda una vasta parentela y una fila interminable de amigos y paisanos podía beneficiarse con esa brecha abierta en la estructura.

Pero esa perspectiva no atraía a los hombres, y menos a los más ambiciosos. Fueron los altos salarios industriales los que sedujeron a muchos, que no repararon en si tenían las condiciones necesarias para alcanzarlos. Se necesitaba capacidad y voluntad para el aprendizaje. Y los que pudieron satisfacer esas condiciones se incorporaron a la nueva aristocracia de los sectores populares, que fue el proletariado industrial. Junto a ellos hubo los que no tenían una idea clara de lo que querían o, acaso, los que no tenían capacidad suficiente para definir sus fines. Fueron muchos los que se conformaron con hallar un trabajo no calificado, quizá en las obras públicas y en la construcción —obsesión de los gobiernos asediados por estas renovadas y crecientes masas urbanas que pedían trabajo— o acaso en los servicios municipales que se extendían a medida que crecía la población urbana. No faltaron los que intentaron con diverso éxito el pequeño comercio ambulante que puede iniciarse casi sin capital, o los que aprendieron algunos oficios o artesanías para obtener un jornal diario. Y hubo los que aceptaron su destino de marginales y cayeron en formas abyectas de abandono, acaso lindando con el delito: el tráfico ilegal, la prostitución, el robo o el juego robustecieron sus posiciones en las ciudades en las que el crecimiento de la población acrecentaba las posibilidades de anonimato.

Una gama tan amplia de posibilidades no ofrecía, sin embargo, mucha seguridad a los miembros de esta nueva sociedad que se constituía en las ciudades: ni a los inmigrantes ni a los sectores populares arraigados que se unieron a ellos en esta desesperada aventura del ascenso social. El juego seguía siendo diabólico, y mientras crecían las posibilidades que la ciudad ofrecía, más crecía la demanda de oportunidades que reclamaban los ya arraigados, los inmigrantes de la primera hora y los que sucesivamente se agregaban a ellos en ininterrumpidas olas. La ciudad seguía creciendo y la competencia se hacía más despiadada: por lo demás, tanto como en el seno de la sociedad normalizada, pero más al desnudo puesto que no existía para aquéllos un cuadro de normas ni un sistema convencional de formas. Y ese sentido competitivo —un verdadero "sálvese quien pueda" de los que marchaban "abriéndose paso"— conspiró contra la homogeneidad de la masa, de la que se desprendían cada día los "triunfadores", esto es, aquellos que lograban insertarse firmemente en la estructura.

Así quedó al descubierto que la masa no era una clase sino un semillero del que saldrían los que lograban el ascenso social y en el que quedarían los que, al no lograrlo, consolidarían su permanencia en las clases populares acaso descendiendo algún peldaño en la escala.

Por eso la masa fue inestable. Sus miembros no se sintieron nunca miembros de ella, ni ella existió, en rigor, sino para sus adversarios. Nunca quisieron sus miembros formar "otra" sociedad, sino incorporarse a ésa en la que se habían introducido e insertado trabajosamente, ésa que admiraban y envidiaban, ésa que, sin embargo, los rechazaba y a la que, por desdén, agredían. Drama de odio y amor que el individuo conoce bien, pero que las sociedades sólo raramente llevan al plano de la conciencia.

Si el proyecto personal de cada uno de sus miembros no podía unir a la masa, sino, por el contrario, desunirla, el sentimiento de fracaso de aquellos que quedaban en ella le prestó una ocasional homogeneidad. La sociedad normalizada —pacata, temerosa e inhibida para entender la magnitud del fenómeno social que tenía delante de sus ojos— la vio, por eso, como una sociedad enemiga. La observó en ciertas calles céntricas los días de fiesta, acaso desde un balcón o desde un automóvil, y la vio como una hidra de mil cabezas. La vio en un estadio, enfervorizada hasta los límites de la irracionalidad, y acaso la vio alguna vez en su propio ambiente —los tugurios y los rancheríos—, reducida de masa, abstracta y colectiva, a angustioso conjunto de seres humanos individuales y concretos, agobiados por la miseria y la desesperanza, impotentes frente al monstruo que los mantenía sometidos y cuyos designios no alcanzaban a entender.

Si alguna vez expresaron sus sentimientos fue cuando operaron como masa, muchos unidos, los recién llegados y aquellos ya integrados que se les sumaron para expresar su protesta. Así ocurrió algunas veces en algunas ciudades, provocando fenómenos inusitados que revelaron la intensidad de las transformaciones que la aparición de una masa, de una sociedad anómica, podía provocar en el seno de una ciudad hasta poco antes controlada por una sociedad normalizada. Volcada hacia la violencia, la masa ponía al descubierto la fuerza de que era capaz cuando lograba galvanizarse, y mostraba de paso las debilidades y las grietas que presentaba la estructura de la sociedad tradicional. Así ocurrió en Buenos Aires el 17 de octubre de 1945 y en Bogotá el 9 de abril de 1948. Ambas ciudades habían crecido rápidamente en número a causa de las migraciones internas; ambas habían visto formarse alrededor de la ciudad tradicional un cordón de barrios populares; y ambas verían polarizarse contra la sociedad tradicional la nueva masa, en la que se fundían los grupos inmigrantes con los sectores de clase popular y de pequeña clase media que más habían sufrido la crisis y la recesión económica.

La masa que se concentró en la Plaza Mayo de Buenos Aires el 17 de octubre, pidiendo la libertad del coronel Juan Perón, provenía en gran parte de los distritos obreros del sur de la capital: Avellaneda, importante centro industrial, Berisso, sede de la industria de la carne, Lanús, Llavallol y otros menores, todos poblados por clases muy humildes y por trabajadores industriales de no muy larga data. Pero provenía también de la ciudad misma, de los barrios populares y de pequeña clase media. El conjunto mostraba, acaso, un color de tez un poco más oscuro que el que solía verse hasta entonces en el centro de Buenos Aires, más oscuro sin duda que el que predominaba en la sociedad tradicional. Y si ésta identificó a la masa por el color de la tez, llamando a sus miembros "cabecitas negras", el caudillo popular la identificó con el nombre de "descamisados" que aludía a su condición marginal. La estructura, por entonces en manos de los partidarios de Perón, prestó su apoyo a la concentración de la masa a través del ejército y la policía; pero también la Confederación General del Trabajo, en la que convivían ya obreros arraigados y recién venidos, tomó partido declarando la huelga. El conjunto amenazó con la violencia y la sociedad tradicional temió el saqueo; pero la masa se abstuvo de toda violencia excepto el acto —simbólico para la sociedad tradicional— de lavar sus fatigados pies en las fuentes de la Plaza de Mayo. Ciertamente, la masa no sabía bien lo que quería; pero una fractura producida en la estructura de la sociedad tradicional permitió que algunos de sus miembros le ofrecieran algo que parecía un programa, resumido en la delegación de todo el poder en manos de aquel en quien depositaban su esperanza.

En Bogotá, la masa que copó la ciudad como desesperada respuesta al asesinato de su caudillo, Jorge Eliécer Gaitán, sorprendió a la sociedad tradicional no sólo por su número sino también por su actitud. A diferencia de la del 17 de octubre porteño, tenía ya poco que esperar, puesto que aquél en quien confiaba estaba muerto. No salió a defenderlo sino a vengarlo, y la cuota de violencia fue mucho mayor. En la sociedad normalizada bogotana se conocían bien los ingredientes sociales que tradicionalmente la componían: eran, como se decía en el siglo XIX, los hombres de levita y los de ruana. Muchas veces se habían enfrentado y la confrontación había llegado a alimentar la guerra civil, en los términos clásicos de las sociedades patricias o burguesas. Ahora, en 1948, la sociedad tradicional descubrió que la masa que llenaba la ciudad el día del *bogotazo* no se componía exclusivamente de los hombres de ruana, arraigados y participantes, aunque marginalmente, de la sociedad normalizada. Era una multitud diferente, en la que abundaban los recién llegados, inmigrantes originarios de las áreas rurales y para quienes la ciudad era todavía algo que no les pertenecía.

Fue su peso el que multiplicó la fuerza de los sectores arraigados y marginales, dándole a la nueva masa un distinto comportamiento social caracterizado por la indiscriminada agresividad contra la ciudad, que todos sus miembros —arraigados o recién venidos— coincidían ahora en considerar como algo ajeno, como algo propio de la "otra sociedad". Cuando J. A. Osorio Lizarazo quiso, en su libro *Gaitán*, describir las fuerzas que constituían la multitud del *bogotazo*, no hizo hincapié en la presencia del grupo inmigratorio, aunque seguramente estaba incluido en varios de los factores que enumeró; pero describió el conjunto de los grupos, minoritarios y sutiles, que se agregaron a ese cauce de los que todavía no eran nada para inspirarles unas actitudes radicales a través de fáciles consignas. "De todos los extremos llegaban presurosas gentes empujadas por la angustia", escribía. Y agregaba más adelante: "Las moléculas anónimas que componen el pueblo eran arrebatadas por una vorágine. Y provenían de todas partes. Era el hombre de clase media, condenado a vivir en la más indescifrable angustia, en una puja martirizada entre la ficción de su vida, el hambre silenciosa, la necesidad de aparentar categoría social con un juego miserable, y que siente minada la voluntad y depravada el alma ante la crueldad de la lucha. Era el obrero ingenioso y locuaz, que busca estériles compensaciones a su miseria. Era el sombrío trabajador de pasiones tenebrosas, embrutecido por el alcohol que le entregaba el estado para pervertir el ambiente moral con el instrumento de las recompensas burocráticas. Era el hampón envuelto en delincuencia, porque no disfrutó de una instrucción para guiar sus instintos, que desde la infancia sufrió una enfurecida persecución, no encontrando jamás un defensor, que sólo conoció el aspecto fúnebre y espantoso de la vida. Era el pueblo, multiforme, heterogéneo, monstruoso y quemado por todas las pasiones de la venganza, del odio y de la destrucción".

Fluida y numerosa, la nueva masa urbana fue perdiendo agresividad en el curso de las décadas siguientes. El proceso de industrialización se acentuó y con él se multiplicaron las posibilidades ocupacionales. Y si no todos, por cierto, muchos de los miembros de aquella masa inestable y desorientada fueron encontrando los caminos para alcanzar o fortalecer su inserción en el tejido social. Tres décadas es muy poco tiempo para que ese proceso se consume, de modo que el proceso empezó pero continúa, y se manifiesta cada vez con caracteres diferentes. Eso sí, con caracteres menos dramáticos, aunque no menos inquietantes. Las masas son formaciones sociales virtuales, y una circunstancia cualquiera puede operar como factor desencadenante de su aglutinación. Y es evidente que tanto las pequeñas clases medias como los sectores populares han conservado la capacidad de masificarse, sobre todo en aquellas sociedades urbanas que, por el volumen de su población, han perdido la capacidad de ejercer el control social sobre los individuos. Ciudades multitudinarias, las masas existen virtualmente en ellas. Pero independientemente de que puedan aparecer en algunas ocasiones comportamientos de masa, sus miembros parecen tender cada vez más a integrarse como individuos en el tejido social.

Evidentemente, tanto las pequeñas clases medias como las clases populares quedaron dislocadas tras las primeras experiencias de su masificación. Quedó en duda si el individuo económicamente deprimido podía mejorar su condición por su propio esfuerzo, como aseguraba la ideología del ascenso social, o si tenía que apelar a la presión colectiva, y esa duda influyó sobre las ideologías y los comportamientos. Pero toda la estructura social acusó el golpe de esa experiencia de masificación. Para algunos sectores, quizá mayoritarios, sirvió paradójicamente para acentuar su preocupación por la conquista individual del éxito económico y del ascenso social, y en la medida en que la industrialización y la reactivación económica los estimulaban, los límites entre las clases populares y las pequeñas clases medias se hicieron más fluidos e indefinibles. Una decidida propaganda a favor del mayor consumo contribuyó a desvanecerlos, pues los objetos que constituían signos de status quedaron, por una u otra causa, al alcance de muchos.

No se detuvieron del todo las migraciones de población rural hacia las ciudades, y esa circunstancia mantuvo la inestabilidad de las clases populares urbanas. Pero además fue produciéndose, entretanto, la renovación generacional de esa masa fraguada en la agitada interpenetración de los grupos inmigrantes y los grupos arraigados. Nuevas promociones nacieron y se criaron en la protesta, en la progresiva clarificación de la situación de clase. Y como eran muchos los que nacían, fueron muchos naturalmente los jóvenes que, llegados a cierta edad, empezaban a pedir trabajo en una estructura económica que crecía, pero nunca lo suficiente como para satisfacer totalmente la demanda. Hubo desempleo juvenil, y mucho tuvo que ver con ello la formación de bandas que se deslizaron hacia la delincuencia, como los "gamines" bogotanos, capaces de operar sin escrúpulos ni temores en la carrera Séptima. Pero también hubo desempleo de adultos y, lo que es más grave y significativo, hubo un creciente subempleo que ponía a miles de familias en la incertidumbre acerca del pan de cada día.

Sin ingresos fijos ni suficientes, alojados en viviendas precarias y generalmente sin los servicios imprescindibles y sin posibilidad de conservar la unidad familiar, vastos sectores sociales —los últimos estratos de la masa— constituyeron un mundo dos veces marginal: porque habitaban en los bordes urbanos y porque no participaban en la sociedad normalizada ni en sus formas de vida. Ese mundo marginal —el mundo de los rancheríos y acaso de algunos otros distritos— manifestó ostensiblemente su condición anómica. No era exactamente una clase obrera, aunque hubiera algunos obreros en su seno. El conjunto, pese al trabajo de las mujeres y los niños, era un complejo social por debajo del nivel de la subsistencia. Constituía, para la sociedad normalizada, "otra sociedad", irreductible e irrecuperable. Así se fijó físicamente la sociedad escindida, una sociedad barroca, y se podría decir que, en algunas ciudades, el espectáculo de lujo ostentoso —como el de las cortes barrocas— que ofrecía la sociedad normalizada era contemplado desde los rancheríos de los cerros por millares de seres que componían la sociedad anómica. A la agresividad de la primera hora siguió cierta resignada domesticidad; pero entretanto, como en la parisiense "corte de los milagros", nadie podría entrar a los rancheríos sino protegido por un dispositivo de seguridad.

Quizá pertenecieran también a la "otra sociedad", a la sociedad anómica, algunos sectores de trabajadores de condición media: jornaleros o peones de trabajo esporádico, mal incorporados a la estructura y proclives al descenso social. Pero los que sin duda no pertenecían a ella, sino a la sociedad normalizada, fueron los que se incorporaron a las nuevas y privilegiadas actividades de la industria. En muchas ciudades se constituyó en pocas décadas un proletariado industrial más o menos numeroso que se transformó en la élite de las clases populares, con tendencia a escapar de esos cuadros. Con altos niveles de ingresos, considerable capacidad adquisitiva y cierta organización sindical, el proletariado industrial pudo alcanzar una situación que le estaba vedada a otros sectores populares. En poco tiempo se había transformado en un importante factor de poder capaz de obtener considerables beneficios. Planes de vivienda largamente financiados por el estado o por los sindicatos aseguraban a muchos discretos departamentos en buenos monobloques levantados en áreas urbanizadas que contrastaban con los rancheríos surgidos en los cerros, en las tierras anegadizas o en los basurales. Servicios de protección de la salud, clínicas excelentemente instaladas, seguros y vacaciones en buenos hoteles de la costa o la sierra a precios accesibles, otorgaban al proletariado industrial sindicalizado una situación que lo alejaba del resto de la clase trabajadora. Se insinuaba su desviación hacia los rangos de la pequeña clase media, que se acentuó con la posibilidad de ofrecer a los hijos una educación de nivel secundario y, eventualmente, de nivel universitario. De ese modo se consolidó la posición del proletariado industrial dentro de la sociedad normalizada y su progresiva separación del resto de las clases populares.

Un atajo para trasponer los límites entre las clases populares y las clases medias fue el acceso al sector terciario. Era éste, tradicionalmente, el reino de la mediana clase media; pero el creciente desarrollo de la educación de nivel secundario permitió a muchos jóvenes de clase popular ponerse en condiciones de buscar una salida hacia las actividades mercantiles o administrativas. La relación obrero-empleado fue la expresión de la fluidez de los límites entre las clases populares y la mediana clase media. Sin duda era importante la capacidad, pero con todo el tránsito no fue fácil. La manera de vestirse, el lenguaje o las formas de trato social denunciaban el origen y acusaban una diferencia que servía para decidir situaciones parejas. Quienes provenían de la clase media contaban con esa deletérea superioridad que daba una educación de familia y algunas generaciones de asentada estabilidad en la sociedad normalizada.

Por lo demás, el desarrollo industrial y la activación económica multiplicaron las posibilidades de la mediana clase media: creció el número de sus miembros, pero creció el volumen de las actividades terciarias en casi todas las ciudades. Quien contaba con un apoyo familiar o con vinculaciones importantes podía confiar en que tendría su empleo o en que empezaría su carrera profesional sin zozobras. Empero, poco a poco la competencia se hizo más dura. El número de la mediana clase media siguió creciendo y fue sobrepasando las posibilidades de la estructura, porque no sólo aspiraban a las tradicionales posiciones de clase media los que por su origen pertenecían a ella, sino todos aquellos que, desde arriba o desde abajo, tenían expectativas de clase media: el hijo de obrero industrial o el joven de clase alta descendido en sus aspiraciones y posibilidades. Así, se masificaba la mediana clase media, a medida que perdía holgura y libertad de movimiento.

A diferencia de lo que ocurría dos generaciones antes, no fue fácil obtener graciosamente un empleo para un hijo de familia sin otro título. El estado y las empresas sabían que podían elegir mejor y empezaron a exigir ciertos estudios para cualquier trabajo: primarios al principio, luego secundarios, acaso universitarios en muchos casos. Las profesiones empezaron a cerrarse también. Fuera de que las universidades lanzaban millares de graduados, el ejercicio profesional se hizo más difícil. Las mutualidades restringieron el campo de acción de médicos y dentistas; la industrialización de los productos medicinales el de los farmacéuticos; los grandes estudios el de los abogados y las grandes empresas constructoras el de los arquitectos. No se tardó mucho en oír hablar de un proletariado profesional. Hasta se masificó la actividad mercantil, oscilando entre el supermercado y la *boutique*. Sólo crecía, para los imaginativos y los audaces, ese vasto campo de los servicios intermedios —las comisiones, los seguros, la venta de inmuebles—, y especialmente aquellas actividades nuevas que crecían en los ambientes urbanos: la de las modelos, la de los promotores de publicidad, la de los productores de espectáculos en la radio, la televisión o el cine. Crecían también las posibilidades de los que se inscribían en los cuadros de la creciente tecnocracia. Las organizaciones empresariales, públicas o privadas, perfeccionaban cada vez más su funcionamiento de acuerdo con nuevos métodos, y requerían mayor número de técnicos, desde los que operaban las computadoras electrónicas —pieza maestra de la nueva tecnocracia— hasta los altos especialistas en estudios de costos, de factibilidad o de organización empresarial. Ingenieros, físicos, economistas, estadísticos, sociólogos y psicólogos eran requeridos por las grandes corporaciones para constituir los equipos dedicados a planear y realizar las complicadas obras que requería el desarrollo industrial. Y crecían también los cuadros dedicados a actividades que merecían cada vez más atención: la salud, la asistencia social y la educación, campos en los que se multiplicó el número de profesionales de especialidades cada vez más circunscriptas en apariencia, pero que, desprendidas de otras más amplias, apuntaban a nuevos problemas creados por una sociedad cada vez más compleja y cuyos nuevos y diversos engranajes requerían permanente atención. La sociedad entera se masificaba y se masificaban las funciones que la sociedad requería: la asistencia social, una preocupación nueva que aparecía en el mundo masificado; la atención médica, y no sólo para las clases populares sino también, progresivamente, para las demás clases; y más aún la educación, cuyo desarrollo cuantitativo parecía condenarla a cierto descenso del nivel, perceptible en todos los grados y especialmente en la universidad, antes de élite y poco a poco masificada, especialmente en las grandes ciudades.

Era explicable, pues, que quienes se dedicaban a todas esas tareas no tuvieran —o no se preocuparan por tener— la convencional distinción del antiguo vendedor de una tienda de lujo, o del antiguo notario de familia, o del reposado médico de cabecera, o del prestigioso abogado. En la mediana clase media de los profesionales y los empleados nadie tenía tiempo que perder, puesto que casi todo el mundo tuvo que desempeñar dos funciones para poder sobrevivir. Trabajaba el marido y la mujer, y aun así costaba trabajo sostener cierto tren de vida. Pero la masificación obligaba a modificar los esquemas tradicionales y la mediana clase media llegó a desdeñar aquella pacata preocupación por las apariencias que había sido su rasgo predominante dos generaciones atrás. Al masificarse se liberó de muchos prejuicios y, como la de Londres, decidió abandonar el cuello blanco.

De lo que no se liberó fue de su anhelo de ascender económica y socialmente. Como en una institución jerárquica, había que alcanzar el grado superior. Y del desesperado esfuerzo pudo salir la ansiada promoción hacia la alta clase media, una clase que era casi alta. Pertenecían a ella todos los que habían triunfado en las profesiones, en el comercio o en las actividades empresariales y, en consecuencia, habían acumulado fortunas que les permitían independizarse del trabajo cotidiano y comenzar tímidamente a deslizarse hacia la vida ociosa: poder jugar golf un día laborable o poder disponer de tres semanas para hacer un viaje a las Bahamas fuera de la época convenida de vacaciones, eran triunfos sobre la rutina que sólo podía conseguir quien estuviera ya en el más alto nivel de la estructura. Otros, entretanto, habiendo llegado a ese mismo nivel, estaban todavía en la etapa de consolidación de las posiciones y no podían insinuar su vocación por el ocio. Los ejecutivos de alto nivel, un sector que creció considerablemente en esas décadas, se caracterizaron por su celosa dedicación a un trabajo que solía sobrepasarlos, hasta hacer de ellos las víctimas predilectas del infarto. Era un trabajo diabólico, porque agregaba a las tareas intelectuales de dirección las preocupaciones inherentes a la adopción de decisiones importantes y comprometedoras; pero agregaba también toda la parafernalia de las relaciones públicas, que incluía las diversiones forzosas: las comidas de cierta etiqueta, las reuniones de *night-club*, los cocktails, los teatros, todo lo necesario para instalar a la vida de los grandes negocios en un terreno que se asemejaba a la del ocio y aun a las formas de vida de la clase alta, pero que se realizaba fuera de las horas de oficina y después de haber agotado las fuerzas en la discusión de un contrato o el planeamiento de una operación importante. Una casi delirante persecución de los signos de status —premonitorios de la situación a la que se aspiraba— agregaba a los compromisos y a las preocupaciones de la vida societaria los que correspondían a la vida privada: era menester habitar en los barrios altos, pertenecer a clubes exclusivos, frecuentar ciertos ambientes y poseer todo lo que se consideraba indispensable. Porque, en rigor, el ejecutivo de alto nivel que quería consolidar su posición, aspiraba, él también, al ascenso social y a su incorporación a la clase alta.

Era un proyecto algo difícil pero no imposible. Las clases altas habían sufrido también el impacto de la masificación y estaban en plena crisis. El primer signo de ella fue la pérdida del papel de élite de toda la sociedad que habían desempeñado hasta pocas décadas antes. Se había quebrado su unidad, y se podía llegar a ella con más facilidad que antes, si se cumplían ciertos requisitos. Subsistía, ciertamente, en muchas ciudades una clase alta tradicional que defendía desesperadamente su posición de privilegio: pero era solamente un privilegio social que consistía en abrir sus filas lo menos posible, en acentuar su retracción y en conservar el culto de los linajes y los apellidos. De su mismo seno se desplazaban muchos de sus miembros hasta las nuevas clases altas, engrosando las filas de los empresarios y los industriales para sobreponerse a la crisis de las viejas fortunas. Quedaba abierto, pues, el camino que comunicaba a las antiguas y a las nuevas clases altas, deconcertadas todas frente a la sociedad masificada de la que querían ser la élite y cuyo juego las sorprendía y las alarmaba. Pragmáticas, las clases altas optaron por dirigir aquellos procesos que podían entender —los económicos y los políticos principalmente— y se mantuvieron a la expectativa de los problemas sociales que, cada cierto tiempo, irrumpían en la superficie de la vida cotidiana y alteraban sus planes. No lograron, pues, ser la élite del conjunto de la sociedad escindida sino, solamente, de la sociedad normalizada, adoptando frente a la otra una actitud defensiva, corregida con intentos de hegemonía cuando las circunstancias le indicaban la necesidad de medidas coactivas o la posibilidad de aplacar al enemigo con sabias y oportunas concesiones.

En la sociedad industrializada y de consumo masivo, las oportunidades de enriquecimiento aumentaron. Grandes fortunas se constituyeron, y sus poseedores se instalaron sin vacilación en la clase alta, cualquiera fuera su origen. En poco tiempo se familiarizaron con los signos de status, y hasta la resistencia de las clases altas tradicionales —que los periódicos conservadores seguían llamando aristocracia— sucumbió frente a su poder económico. Los linajes se fueron desvaneciendo para dejar lugar precisamente, a los clanes económicos en los que se mezclaban fortunas de diverso origen, como lo probaban las listas de los directorios de los bancos y las grandes empresas: un apellido de prestigio social valía la presidencia, y atrás de él se entremezclaban otros que representaban distintas líneas de ascenso social. Pero hasta las clases altas se masificaban. La fortuna no podía impedir que a su poseedor lo empujaran en las calles, ni que tuviera que hacer cola en los ascensores. Viajar en la primera clase de un avión de línea obligaba a casi tantas incomodidades como si se viajara en la clase turística. Y si surgían inconvenientes en el dispositivo propio de privilegio, nadie podía estar seguro de encontrar un taxi o una mesa en el más exclusivo de los restaurants o de obtener una comunicación telefónica.

Era inevitable que la aparición de una masa, sometida a sucesivos cambios y operando de diversas maneras, repercutiera sobre el resto de la sociedad urbana. La masa primigenia se decantó y constituyó una sociedad marginal y anómala que se instaló al lado —y enfrente— de la sociedad normalizada. Sufrió el impacto de la industrialización, como lo sufrió la sociedad normalizada. Pero ésta acusó también las repercusiones de la presencia de la masa, en términos cuantitativos y cualitativos. La sociedad normalizada no adquirió los caracteres de masa, pero se masificó cualitativamente, acaso en un proceso preparatorio de la integración, a plazo imprevisible.

3. METRÓPOLI Y RANCHERÍOS

En poco tiempo, aquellas ciudades donde se había constituido una sociedad escindida empezaron a revelar en sus estructuras físicas la peculiaridad de su estructura social. Construida originariamente a cierta escala, se había ensanchado luego para dar cabida a la sociedad burguesa, y había sido provista de una moderna infraestructura de servicios suficiente para su número. Pero la explosión urbana modificó ese número y la ciudad física amenazó con explotar también.

En un principio —en el *shock* originario—, el número fue lo que alteró el carácter de la ciudad, y lo que atrajo la atención acerca de que algo estaba cambiando. Se vio más gente en las calles; empezó a ser trabajoso encontrar casa o departamento; comenzaron a aparecer viviendas precarias en terrenos baldíos, que muy pronto constituyeron barrios; se hizo difícil tomar un tranvía o un autobús. Pero no se tardó mucho en advertir que empezaba a cambiar el comportamiento de la gente en las calles, en los vehículos públicos, en las tiendas. Antes se podía ceder cortésmente el paso. Ahora era necesario empujar y defender el puesto, con el consiguiente abandono de las formas que antes caracterizaban la "urbanidad", esto es, el conjunto de reglas convencionales propio de la gente educada que habitaba tradicionalmente la ciudad. De pronto se descubrió que para entrar en un cine había que hacer cola.

El número cambió la manera de moverse dentro de la ciudad. Las estrechas calles del casco viejo resultaron insuficientes para la creciente concentración de personas. ¿Cómo detenerse a conversar con un amigo en el centro financiero de la ciudad? Hasta las calles tradicionales de paseo —desde la calle Florida de Buenos Aires hasta la calle del Conde en Santo Domingo— empezaron, más tarde o más temprano, a ponerse nerviosas. Poco a poco se descubría que nadie conocía a nadie. El número sobrepasó las posibilidades del transporte urbano. Aumentaron los automóviles, desaparecieron los tranvías para ser remplazados por más ágiles autobuses, pero a casi todas las horas, y especialmente en las de pico, hubo que contar con un rato largo para salir del centro con el propio automóvil y acaso con otro más largo para hacer la cola en la parada del autobús. El subterráneo se transformó en una necesidad urgente, y México lo puso en funcionamiento. Hasta entonces sólo Buenos Aires lo poseía, desde 1914; pero en las últimas décadas las autoridades de diversas capitales comenzaron a proyectar su trazado. Entretanto, costosas redes viales de tránsito rápido —como las autopistas caraqueñas o el Periférico mejicano— se construyeron para resolver los problemas del tránsito, sin poder evitar graves interferencias con el sistema tradicional de comunicaciones que correspondía a las viejas formas de convivencia. Ensanches, repavimentaciones y severos controles de tránsito procuraron aliviar la gravedad de los problemas creados, sobre todo, por el número inconteniblemente creciente de automóviles, y cuya expresión fueron los endiablados embotellamientos que llegaron a ser parte del paisaje urbano de las metrópolis latinoamericanas. Dónde dejar un automóvil se transformó en una cosa generalmente más importante que aquello que se quería hacer cuando se emprendió la marcha en él.

El número alteró en las ciudades la densidad de población por hectárea. A la fisonomía tradicional de las ciudades, un poco chatas, remplazó la que les confería la cantidad creciente de casas de departamentos: en el centro, primero, y en los barrios poco a poco. Un día apareció, en Caracas, la masa arquitectónica del El Silencio, y otro día la Torre Latinoamericana en México, como desafíos a la ciudad colonial que quedó a sus pies. Eran monumentos erigidos en homenaje al poder del estado, de los bancos, de las compañías de seguros, de las grandes empresas extranjeras. Enseguida aparecieron las casas de departamentos propiamente dichas, nuevas formas de la vivienda familiar. En rigor, eran expresión de una nueva forma de vecindad. La casa de departamentos de alto nivel atrajo a quienes querían dejar las viejas casonas, con sus patios y sus numerosos cuartos, que exigían un abundante servicio doméstico. Y por cada dos o tres casas demolidas surgía un edificio de ocho o diez pisos con veinte o treinta departamentos para otras tantas familias. Pero la casa de departamentos no era sólo un tipo de vecindad sino también un tipo de arquitectura. Su mole disminuía la cuota de sol que recibían las calles y condenaba a los árboles de las aceras. Las calzadas parecieron más estrechas, y resultaron así de hecho al

aumentar el número de vecinos que aspiraban a estacionar sus automóviles. La ciudad empezó a tomar un aire monumental, lo que empezó a designarse como un aire moderno, con los altos prismas de cemento.
Correlativamente, el número modificó el valor de la tierra urbana. Ante la perspectiva de que creciera la demanda, los terrenos grandes se subdividieron y, en las afueras, comenzaron a lotearse los solares de las viejas quintas que, con el crecimiento de la ciudad, habían quedado enclavadas en zonas de población creciente. Los valores subieron acentuadamente, sobre todo cada vez que la amenaza de la inflación aconsejó la inversión en bienes raíces. Entonces los valores se tornaron especulativos. Se supuso que la tendencia era poblar tal o cual barrio, tal o cual calle y, a veces, tal o cual cuadra de una calle, señalada por el snobismo de los "buscadores de prestigio"; entonces el valor de la tierra subía desmesuradamente, en parte porque aumentaba la demanda y en parte porque sobre esos puntos se focalizaba la especulación. Sobre el valor de la tierra urbana y suburbana —loteada y ofrecida publicitariamente como la tierra prometida— había que cargar los gastos del loteo, de la publicidad, de la promoción de las ventas, pero, sobre todo, la suma aproximada que debían compartir los que especulaban con el negocio de bienes raíces: los vendedores que promovían la primera venta y que pretendían hacerle pagar al primer comprador una prima por las ganancias que obtendrían luego al revender. Y los sectores de medianos y bajos ingresos que aspiraban solamente a adquirir una vivienda para alojarse debían dirigirse hacia los sucesivos anillos periféricos que iban apareciendo, donde todavía los precios no hubieran entrado definitivamente en la espiral especulativa.
Finalmente, el número replanteó el problema de los servicios públicos. Previstos e instalados para servir a un cierto radio con una determinada y estable densidad de población —generalmente en una época en que los costos eran relativamente bajos—, la expansión de la zona edificada y, sobre todo, el aumento de la densidad de población por hectárea empezó a someter a un desafío cotidiano a los servicios públicos. Exigidos al máximo por la aparición y el crecimiento de los centros industriales de intenso consumo, los servicios de agua, de drenaje y de energía empezaron a resultar insuficientes y fue menester afrontar la renovación y ampliación de las redes prácticamente sin pausa y

sin límites, puesto que cada metrópoli tenía preanunciada a su alrededor un área metropolitana. Lo mismo pasó con los servicios de recolección de basuras, pesadilla metropolitana cuyo descuido permitía que se acumularan en dos días de huelga o feriados montañas de desperdicios mal acondicionados en los lugares más céntricos y cuidados de la ciudad. El correo padeció de crónicas demoras, los teléfonos se saturaron de llamadas a pesar del perfeccionamiento técnico de sus equipos, los bomberos se tornaron impotentes para el cumplimiento de sus tareas específicas y de las nuevas que tuvo que afrontar en las complejas metrópolis, y la policía se vio sobrepasada no sólo por el aumento de los delitos comunes sino también por el incremento de nuevos peligros de los que la sociedad quería precaverse: el tráfico de drogas, las agresiones de bandas juveniles, la guerrilla urbana. Ni las escuelas ni los hospitales dieron abasto. Hasta los cementerios se vieron colmados de muertos y sin sitio disponible para los que morían cada día.

Tantos y tan profundos cambios no influyeron de la misma manera sobre todos los sectores de la metrópoli, generalmente una ciudad ya vasta y compleja antes de que se desencadenaran. Influyeron particularmente en el casco antiguo, pero no siempre de la misma manera. Unas veces el centro administrativo, comercial y financiero se desplazó rápidamente, y el casco viejo empezó a deteriorarse y a descender de categoría. Quizá algún día llegaría a recuperar cierta dignidad, protegido por quienes descubrieron que valía la pena restaurarlo, acaso pensando en la atracción del turismo; pero entretanto los negocios bajaron de nivel, las viejas casas quedaron semiabandonadas o se transformaron en vecindades y las calles otrora aristocráticas y sosegadas se transformaron en bullicioso campamento de los grupos juveniles que jugaban al fútbol o desarrollaban sus peligrosas andanzas por las proximidades. Solían quedar habilitados los edificios de los bancos, algunos negocios mayoristas, acaso algunas dependencias gubernamentales y quizá la propia Casa de Gobierno, cerca de la Catedral y del Cabildo, si subsistía como melancólico recuerdo de la ciudad colonial. Pero al terminar las horas de actividad el barrio quedaba desierto y adquiría los rasgos de un rincón suburbano. Hubo algunas metrópolis en la que el casco viejo no perdió nunca ni su función ni su dignidad y mejoró al compás del progreso de los barrios más adelantados. Tal fue el caso de Santiago de Chile, el del sector norte del centro de

Buenos Aires, en cierto modo el de Río de Janeiro. Allí subsistieron buenos hoteles —si no los mejores—, y los centros de atracción para turistas y viajeros, a los que se agregaron nuevas casas de departamentos y edificios públicos. Una cierta continuidad se mantuvo en ellas entre el viejo centro modernizado y las nuevas áreas de la ciudad. Progresaron sin exceso las zonas vecinas al viejo centro, integradas de antiguo y habitadas generalmente por familias de pequeña clase media y clase popular en las que alternaban las casas de familia de medianos o escasos ingresos con las tradicionales casas de vecindad y con los comercios modestos. Fueron zonas de paso, en un tiempo suburbios, que se beneficiaron con la marcha radial del desarrollo urbano sobre todo a favor de las buenas comunicaciones. Pero lo significativo de su desarrollo fue la influencia que ejerció su arraigada integración. Si urbanísticamente esas zonas aseguraron la continuidad de una ciudad que tendía a extenderse periféricamente, socialmente fueron el hogar de ciertas avanzadas de los grupos inmigrantes que hicieron allí —en sus zonas más deprimidas— los primeros ensayos de su integración. En un barrio así de la ciudad de México, cerca del Tepito, estaba "La Casa Grande", esa inmensa vecindad que describe Oscar Lewis en su *Antropología de la pobreza*. "Los inquilinos de La Casa Grande —dice— vienen de veinticuatro de las treinta y dos divisiones políticas de la nación mexicana. Algunos, desde el lejano sur, de Oaxaca y Yucatán; otros de los estados norteños de Chihuahua y Sinaloa. La mayor parte de las familias han vivido en la vecindad durante lapsos de quince a veinte años, y otras, tantos como treinta años. Más de un tercio están ligadas por parentesco de consanguinidad, y casi un cuarto de las mismas están emparentadas por maridaje y compadrazgo. Estos lazos, así como las rentas congeladas y la escasez de viviendas que sufre la ciudad, ayudan a la estabilidad del vecindario. Algunas familias de ingresos elevados, cuyas viviendas se atiborran de buenos muebles y objetos eléctricos, esperan una oportunidad para mudarse a mejores barrios, pero la mayoría están contentas y aún orgullosas de vivir en La Casa Grande. El sentido de comunidad es muy fuerte, especialmente entre los jóvenes que pertenecen a los mismos grupos con amistad de toda la vida y que asisten a las mismas escuelas, a los mismos bailes en los patios, y que con frecuencia se casan entre sí. Los adultos tienen amigos a quienes visitan, con los que salen, y a los que piden dinero prestado. Grupos de vecinos organizan rifas y participan en tandas, y juntos celebran las festividades de los patrones de la vecindad, las posadas y otras fiestas".

Precisamente porque en esos barrios se realizaron esas experiencias de integración, quedaron incluidos en el ámbito de la "otra sociedad". Eran barrios de masa, reductos de la sociedad anómica. De ellos huía la sociedad normalizada, evitando el contacto con grupos que le parecían ajenos, y en su huida estimulaba la formación de nuevos distritos residenciales de clase alta en los que funcionarían reglas tácitas para preservar la intromisión de gente de condición social inferior, caracterización que significó por mucho tiempo no sólo cierto nivel de ingresos sino también cierto arraigo y cierto proceso previo de ascenso.

La dispersión por clases caracterizó el desarrollo de las ciudades de sociedad escindida: no era un fenómeno nuevo, sin duda, pero nunca había tenido caracteres tan netos y evidentes. Fue una dispersión hacia la periferia. En Río de Janeiro originó, sucesivamente, el desarrollo de Copacabana, Ipanema, Leblón, Gavea y Tijuca; en Santiago de Chile, de Providencia y Tobalaba, en Caracas de Sabana Grande, Chacaito y los barrios que surgieron más allá del Country Club; en Bogotá de Chapinero y Chicó; en Montevideo, de Pocitos y Carrasco; en Buenos Aires, del barrio Norte y San Isidro; en Lima de Miraflores y Monte Rico; en México, de San Ángel y el Pedregal. Coexistían en ellos el suburbio residencial y, poco a poco, el refinado centro comercial de moda. Sus habitantes acusaban un deseo de tranquilidad y reposo, pero era evidente que marchaban en busca de "exclusividad", contando con que el precio de la tierra y la distancia evitarían invasiones indeseables: era necesario poseer automóvil para poder vivir tan lejos de los lugares de trabajo, y poco después se necesitó no sólo un automóvil por familia sino dos o tres. Surgieron los negocios de alto nivel, las *boutiques* de lujo, los bares y restaurants más sofisticados, los clubes nocturnos exclusivos, los clubes de golf o tenis más cerrados, todo lo necesario, en fin, para que, finalmente, el suburbio residencial se transformara en un gueto de clase alta con sus propias convenciones y normas —lo que era necesario tener, lo que era necesario decir, lo que era necesario pensar— y siempre preocupado por la aparición de un intruso, de gente, según una expresión reveladora, que no es "como uno". Eran los distritos de la élite de la sociedad normalizada.

Sin duda, también pertenecían a la sociedad normalizada los barrios de clase media. Los había antiguos y tradicionales, dentro de la ciudad algunos, como la Colonia Roma en México, el Cordón en Montevideo, Belgrano o Flores en Buenos Aires, o suburbanos otros. Con el aumento del valor de la tierra esos barrios consolidaron la posición de sus habitantes y muy pronto aparecieron en ellos casas de departamentos con ciertas pretensiones que publicaban la condición ascendente de quienes compraban su vivienda en propiedad horizontal. Pero el desarrollo de las clases medias suscitó el problema del alojamiento de los nuevos grupos, especialmente de los de medianos ingresos. Un empleado o un profesional corriente, aun próspero, no podía alcanzar a satisfacer el costo de una vivienda de cierto nivel. Ciertamente, pertenecían a la sociedad normalizada, pero tuvieron que aceptar soluciones más modestas y poner sus ojos en barrios suburbanos. A veces fue el estado el que desarrolló una política, más o menos eficaz, de construcción de viviendas, calificadas generalmente como "para empleados", con lo que se quería indicar exactamente que no eran barrios obreros y populares. Sistemas de préstamos y largos créditos permitían a un cierto número —o mejor, a un corto número— de beneficiarios conseguir una casa adecuada a sus aspiraciones. Otras veces fueron empresas imaginativas las que programaron loteos o construcciones para clase media —generalmente mediana—, con el mínimo de comodidades y de aislamiento que pretendían. Solían ser chalets unifamiliares o grandes casas de departamentos multifamiliares, monótonos quizá, pero dotados de comodidades e instalados en áreas parquizadas que permitían hablar, con mayor o menor propiedad, de una "ciudad-jardín". Y cuando la empresa se emprendía en gran escala, generalmente con una fuerte inversión estatal, surgían verdaderas ciudades completas y cerradas en su ámbito, como la Ciudad Satélite de México o como Ciudad Kennedy en Bogotá.

Del proletariado industrial, no todos los miembros se radicaron en los suburbios específicamente industriales. Los barrios construidos por los sindicatos se instalaban siguiendo otros criterios. Pero muchos prefirieron la proximidad de las fábricas y, en todo caso, los permanentes y renovados problemas habitacionales provocaron la aparición de conglomerados en sus cercanías. Necesitadas de la infraestructura urbana, las plantas industriales surgieron en ciertos barrios de la ciudad o acaso en algún suburbio: rehuyendo el centro pero sin despegarse mucho de él. Sólo cuando el crecimiento de la ciudad hizo difícil la permanencia o la expansión de la fábrica se decidió trasladarla a zonas más abiertas. Así ocurrió que en algunas ciudades se desarrollaron zonas específicamente industriales. Unas veces constituyeron un cordón que rodeaba a la ciudad, como en Buenos Aires; otras se prolongaron en alguna dirección, como en San Pablo, donde se alinearon sobre el camino a Santos. Pero otras ciudades que nacieron con la industria misma crecieron consustanciadas con ella y crearon apretados complejos de fábricas y viviendas que repetían el cuadro de los antiguos barrios industriales de las grandes ciudades. Sólo allí donde se establecieron localizaciones preestablecidas para "parque industrial" se mantuvo un principio de sofisticación. De todos modos, resultó inevitable la formación de núcleos habitacionales en las zonas industriales, tanto dentro de la ciudad como en su zona periférica. Pero fueron muy distintos los que se formaron espontáneamente de los que levantaron más tarde el estado o los sindicatos. Los primeros eran tugurios donde se hacinaba la gente en estrecha promiscuidad, pero también en solidaria camaradería. Eran los conventillos como los que describía el chileno Nicomedes Guzmán en *Los hombres oscuros* y en *La sangre y la esperanza*. Para ellos, más que para el resto de la ciudad, era el ambiente malsano, las calles sucias, la existencia abigarrada. Los segundos, en cambio, se instalaron en lugares parquizados y tenían ya los caracteres de las viviendas modernas e higiénicas. Eran, prácticamente, barrios de pequeña clase media, en los que solía no faltar el jardín de juegos para niños o la artística fuente. Pero su número, aun en las ciudades ricas, fue siempre escaso en relación con el de los aspirantes, y muchos obreros industriales tuvieron que seguir viviendo en zonas deprimidas, pues aun con altos salarios no podían afrontar el desafío del valor especulativo de la tierra.

De todos modos, buena parte de los obreros industriales, con alta capacidad profesional, trabajo estable, buenos salarios y poderosas organizaciones sindicales que los amparaban y les proporcionaban servicios sociales, fueron inscribiéndose en la sociedad normalizada, de la que recibían beneficios y de la que esperaban recibir aun más. Sólo la vivienda seguía constituyendo un obstáculo insalvable, como si la ciudad física se resistiera a consagrar su posición privilegiada. Y para otros trabajadores con altos ingresos la situación fue semejante, como lo era para los que escapaban de la condición de asalariados para trabajar por su cuenta: transportistas que llegaban a tener su propio camión, mecánicos que instalaban un pequeño taller, pintores o albañiles que lograban trabajo independiente y terminaban formando pequeñas empresas constructoras. Todos ingresaron en la ciudad normalizada —en la zona intermedia y difusa que separaba a la clase obrera de la pequeñas burguesía—, esperando resolver un día el problema de alcanzar una vivienda apropiada a su nueva condición.

Quienes, ostensiblemente, no pertenecían a la sociedad normalizada fueron los pobladores de los rancheríos, esas formaciones suburbanas que, sin ser nuevas del todo, crecieron intensamente después de la crisis de 1930. Su crecimiento se aceleró sobre todo después de 1940 y finalmente llegaron a ser un polo en la estructura física de muchas ciudades, reflejo de su estructura social. Con nombres diversos se los conoció en cada país: callampas en Chile, villas miseria, y luego, simplemente, villas en Argentina, barriadas en Perú, favelas en Brasil, cantegriles en Uruguay, ciudades perdidas en México, pueblos piratas en Colombia, y genéricamente, en casi todas partes, invasiones, construcciones paracaidistas y, sobre todo, rancheríos. El nombre tenía casi siempre curiosas y significativas implicaciones: solía entrañar una actitud irónica o una afirmación polémica de lo que, hasta entonces, sólo parecía merecer una actitud vergonzante. Este último carácter tenía la población de los barrios pobres incluidos en la ciudad, que evitaba el uso de la palabra callejón, corralón o conventillo. Pero la formación de los nuevos barrios suburbanos reveló un cambio de actitud en los invasores.

Los rancheríos no fueron patrimonio exclusivo de las metrópolis. En ellas fueron más numerosos, más poblados, y su significación social fue mayor. Pero aparecieron en otras muchas ciudades de diverso tipo. En México proliferaron en un balneario de lujo como Acapulco, desde cuyos cerros parecían vigilar el desborde de la riqueza, mientras sus habitantes se introducían por entre las rendijas de la sociedad ociosa tratando de obtener algún provecho. Crecieron también en Culiacán, la capital del estado de Sinaloa, una ciudad enclavada en una rica región agrícola y sin desarrollo industrial. Un cinturón de miseria que creció rápidamente reunió más de doce barrios de inmigrantes, compuestos de tugurios insalubres y desprovistos de servicios públicos, en los que se especulaba con el agua potable y se robaba la luz de los cables públicos. Y se multiplicaron, naturalmente, en Monterrey, una ciudad de 1.300.000 habitantes en la que se fueron instalando más de nueve mil industrias. Una densa red de colonias miserables se apretó alrededor de la ciudad misma y a lo ancho de su área metropolitana, calculándose que aumentaba cada año en 40.000 habitantes aproximadamente. Casuchas hechas con cartones o con bolsas viejas de plástico alojaban una población creciente que carecía de todos los servicios, especialmente las cinco colonias constituidas en los basurales. Se calcula que vive en esas condiciones el 40 % de la población, pero que el 70 % carece parcialmente de ellos.

Con caracteres semejantes podrían describirse los rancheríos de otras muchas ciudades. Como en Monterrey, el desarrollo eruptivo de las industrias provocó la aparición de rancheríos en las ciudades argentinas de Rosario y Córdoba, así como en otras que rondan apenas los 50.000 habitantes, como Zárate y San Nicolás; en la mejicana de Puebla, donde en los barrios periféricos hay 100.000 personas que carecen de agua y se ven sitiadas por los basurales; en las venezolanas de Maracaibo y de Santo Tomé de Guayana, naciente emporio al que se calcula que llegan mil personas por mes y que ya ha sobrepasado los 150.000 habitantes; en las colombianas de Medellín, que recibió alrededor de medio millón de habitantes desde 1938, de Manizales que aloja una sexta parte de su población —unas 40.000 personas— en sórdidos barrios ubicados en cerros constantemente amenazados por deslizamientos de tierras, de Barranquilla y de Cartagena; en las brasileñas de Porto Alegre y Belo Horizonte, invadidas, como San Pablo, no sólo por migrantes de la región sino también del deprimido nordeste del país; en la peruana de Chimbote, donde la industria metalúrgica se desarrolla desde 1958 y en la que un 20 % de la población se aloja en barriadas. Pero la aparición de los rancheríos tampoco fue exclusiva de las ciudades que se industrializaron. Como Acapulco o Culiacán, otras razones determinaron en otras partes su aparición. Las migraciones se dirigieron también hacia ciudades medianas e importantes cuya actividad era fundamentalmente administrativa y comercial, por el solo hecho de ser centros activos donde parecía verosímil encontrar trabajo y mejores condiciones de vida, y el resultado fue la formación de cinturones de miseria. Aparecieron en las ciudades peruanas de Piura, Chiclayo, Huacho, Ica o Tacna, y especialmente en Arequipa, donde sobre una población de alrededor de 120.000 habitantes, un 10 % habita en los barrios de emergencia; en la mejicana de Guadalajara, todavía eminentemente comercial pese al empuje del suburbio de Tlaquepaque; en la ecuatoriana de Esmeraldas, puerto exportador que de 15.000 habitantes en 1951 pasó a más de 50.000 en 1972, y cuyos barrios pobres —El Malecón, Vida Suave, Pampón— alojan casi mil familias en condiciones subhumanas; la brasileña de Recife, en cuyos *mocambos* —chozas de barro, ramas y chapas situadas en los *mangués* del río— sobrevive multitud de familias —más de 100.000 personas— gracias a los cangrejos del repugnante barro del río impregnado de sucios desperdicios según relata Josué de Castro.

Pero los más numerosos, los más poblados y los más representativos fueron y siguen siendo los rancheríos que se constituyeron en las grandes ciudades. En Buenos Aires, un censo de 1966 estimaba la población de las villas miseria del área metropolitana en 700.000 personas. En cada una de ellas se repetían los mismos caracteres: las viviendas precarias, la promiscuidad familiar, la aglomeración infrahumana de vastos grupos en una extensión limitada, la falta de servicios elementales. El 35 % de los inmigrantes se concentró en esas villas miseria, pobladas con gentes provenientes no sólo del interior del país sino también de los países vecinos, especialmente Bolivia y Paraguay. Instaladas en zonas periféricas —excepto alguna situada cerca del puerto—, son poco visibles para el porteño normal, que puede pasar largos años sin verlas y hasta sin acordarse de ellas. Menos aún las ve el turista; y cuando aparecieron cerca de la autopista que conduce al aeropuerto internacional de Ezeiza, se levantó pudorosamente un muro que las ocultara.

Tampoco divisan fácilmente, ni el ciudadano común ni el turista, las ciudades perdidas de México. Alguien debe advertir al despreocupado turista que se dirige a contemplar las bellezas de Puebla que, mientras recorre la calzada Zaragoza, deja a su izquierda las colonias de Netzahualcóyotl. Terminado el desecamiento del lago Texcoco, quedaron disponibles 6.500 hectáreas de tierras salitrosas que empezaron a ser ocupadas por migrantes que venían del interior del país y gentes que habían tenido que abandonar su vivienda en los barrios céntricos de la ciudad. Quizá llegaron las colonias de Netzahualcóyotl a albergar un millón de personas, para quienes tener agua potable, luz, drenaje o servicios de comunicaciones constituyó una sostenida obsesión, frustrada una y otra vez. Allí observó Oscar Lewis a la familia de Jesús Sánchez, un migrante veracruzano que había comprado un lote en la colonia para construir en él la casa que "se levantaba al descubierto en la llanura sin árboles, a cierta distancia del polvoroso camino, en un conjunto de cinco o seis casas". Con el tiempo la edificación se fue haciendo más apretada y se constituyeron barrios compactos, algunos de los cuales empezaron a tener algunos servicios.

Pero Netzahualcóyotl no es, por cierto, la única ciudad perdida de la ciudad de México: se habla de 452, que alojarían cerca de dos millones de personas en parecidas condiciones. Pero crecen, porque el número de pobladores aumenta, tanto de los que siguen viniendo del interior como de los que abandonan el centro para radicarse en las zonas periféricas, sobrepasando los límites administrativos de la ciudad y extendiéndose por una creciente área metropolitana. Quizá la más sorprendente proyección de ese proceso sea la formación de las 39 colonias que se han formado en Ecatepec, extendidas sobre dos mil hectáreas y con una población de 180.000 habitantes. Ninguna de las calamidades propias de los rancheríos faltan en ellas, pero agrega una más: en la época de las lluvias, las aguas inundan las casas hasta un nivel de cincuenta centímetros.

En otras ciudades no se ven fácilmente los rancheríos: en Santiago de Chile, en San Pablo, en Guayaquil. Hay que mirar con alguna atención o es necesario ir expresamente donde están instalados. Pero en ciertas metrópolis el cuadro adquiere una particular intensidad porque han surgido en los cerros que la rodean y la ciudad anómica forma una especie de anfiteatro que rodea a la ciudad normalizada. Es agradable tomar cocktails en el hotel Tamanaco en Caracas; pero es inevitable que el que se cree observador sea observado por cientos de millares de ojos desde los cerros. Y al anochecer, acaso resulten pintorescas las luces que se encienden en las laderas: nada puede hacer olvidar, sin embargo, los tugurios que iluminan y el cuadro urbano en el que se despliegan.

Una imagen semejante ofrece Lima, dominada por el cerro San Cristóbal. Por la falda de ese cerro y de otros vecinos empezaron a trepar las barriadas, que se extendieron también por los arenales del valle del Rímac. Era la obra de los migrantes rurales que llegaban a la capital, unas veces lenta y mansamente y otras de manera agresiva y en masa. Desde 1945, pero sobre todo después de 1950, el movimiento se fue haciendo cada vez más intenso. Precisamente en 1945 fundó un grupo decidido la barriada de San Cosme, en un cerro ocupado sin autorización. El presidente José Luis Bustamante y Rivero expresó entonces la sorpresa de todos al juzgar el hecho en su *Mensaje al Perú.* "Este fenómeno social —decía—, que no ha podido ser contenido por las autoridades, obedece fundamentalmente [...] al aumento anormal de la población de la capital por la afluencia de forasteros provincianos [...] y el último brote de este morbo demográfico ha sido la ocupación por más de quince mil personas de un paraje de Atacongo para fundar la llamada «Ciudad de Dios»". Pronunciadas estas palabras en los últimos años de la década del cuarenta, el "morbo" siguió desarrollándose cada vez más. Acaso más de un 10 % de la población de la capital peruana habite en barriadas.

Quizá sean los de Lima los rancheríos más rápidamente organizados, y aquellos cuya población demuestra más decidida voluntad de integrarse. "Al realizar la invasión de una zona determinada —escribe José Matos Mar— lo primero que hacen es dividir el terreno en lotes de diversos tamaños y, previa inscripción de familias, se los reparten. Cada familia procede inmediatamente a edificar su vivienda en estos lotes, para lo cual utilizan toda clase de materiales de construcción, a fin de asegurar con su presencia un derecho. En esta forma organizada, que se repite en todos los casos, inician la vida de la barriada y paralelamente fundan una asociación de pobladores, la cual en un primer momento es constituida por los promotores de la invasión, que generalmente son mestizos urbanos. Posteriormente, ya instalados, elegirán sus propias autoridades."

Esa capacidad de organización se debió a que, para hacer la invasión, se trasladaron desde sus pueblos de la sierra a la capital comunidades enteras, que luego conservaron no sólo su organización sino también sus costumbres. Sus pobladores bajan al centro para ganarse la vida, pero su actitud es gregaria. Todos juntos constituyen la "otra sociedad", cuyo espectáculo entristece y deprime a los limeños de las clases acomodadas.

Una vasta expansión de la ciudad de Bogotá hacia el sur, después de la calle 1 A, de oriente a occidente, se produjo sobre todo después de 1945. Los rancheríos ocuparon tanto las estribaciones de los cerros como la parte llana, y crecieron como en todas partes: con viviendas precarias y sin servicios públicos. Se calcula que la mitad de la población bogotana vive en tugurios, y buena parte de ella en esos rancheríos periféricos cuyo conjunto constituye un panorama desolador. Pero el bogotano normal no tiene por qué pasar de la calle 1 A hacia el sur. Su vida se desarrolla en otros lugares y, si es de clase acomodada, se desplaza progresivamente hacia el norte, hacia la calle 57 si vive en Chapinero, hacia la 92 si vive en Chicó; son muchas calles las que lo separan de la expansión hacia el sur.

Tampoco son excesivamente visibles las favelas de San Pablo. Ciudad industrial, atrajo una nutrida inmigración tanto de la región circunvecina como del nordeste, especialmente del estado de Ceará. Pero ni todos los migrantes obtuvieron trabajo en las fábricas, ni los salarios industriales permitieron enfrentar el precio especulativo de la tierra. La ciudad creció en todas direcciones: hacia Santo Amaro, hacia Santo André, más allá de la avenida Agua Branca, Rua Guaicurús y, sobre todo, más allá del Tieté, tratando de trepar la sierra de Cantareira, en los barrios de Tremembé y Guarulhos. Una pobre edificación aloja cientos de miles de personas.

En cambio, en Río de Janeiro los cerros fueron de muy antiguo las zonas preferidas para las invasiones, y lo volvieron a ser cuando los veteranos de la guerra de Canudos buscaron dónde establecerse: se quedaron en el cerro Providencia y allí surgió la palabra favela que luego se generalizaría.

Pero el crecimiento de las favelas empezó después de 1930 y fue acelerándose rápidamente. Quizá alojen un 20 % de la población de la ciudad. Cubrieron las faldas de los cerros, pero también algunas zonas llanas dentro y fuera del perímetro urbano, e introdujeron el tipo de vivienda rual. Dato significativo, no fue sólo la vivienda lo que denotó la supervivencia rural: fueron también las costumbres y las creencias, tan vigorosas como el culto de San Jorge o el espiritismo y, sin duda, viejos resabios de las culturas africanas. Acaso todo esto preste a la sociedad de los "favelados" una homogeneidad mayor aún que la de los invasores limeños, cuyo vínculo es predominantemente social. Y en ambos casos la homogeneidad se traduce en una contraposición con la sociedad normalizada.

Contrapuestas las dos sociedades en casi todas las metrópolis y ciudades donde se formó una masa de doble origen, externo e interno, la oposición se materializa en el ámbito físico. La metrópoli propiamente dicha es de la sociedad normalizada y los rancheríos de la sociedad anómica, aunque, en el fondo, los dos ámbitos están integrados y no podrían vivir el uno sin el otro. Son dos hermanos enemigos que se ven obligados a integrarse, como las sociedades que los habitan. Pero del enfrentamiento a la integración hay un largo trecho que sólo puede recorrerse en un largo tiempo.

4. MASIFICACIÓN Y ESTILO DE VIDA

Si el espectáculo de la fisonomía física de muchas ciudades latinoamericanas sugería la idea de que alojaban una sociedad escindida, revelaba de inmediato una diversidad de estilos de vida. Sensación muy distinta tuvieron, seguramente, los viajeros del siglo XIX que describieron ciudades de aspecto homogéneo habitadas por sociedades compactas, cualesquiera fueran los grados de diferenciación social que las caracterizaban. Pero el observador que se enfrentaba con las ciudades que sufrieron más intensamente los efectos de la crisis posterior a 1930 no sólo percibió grados de diferenciación sino verdaderos abismos sociales.

Ciertamente, las migraciones y las polarizaciones sociales que enseguida se produjeron, transformaron a las ciudades en una yuxtaposición de guetos, zonas urbanas poco comunicadas entre sí o con contactos muy superficiales y convencionales. No se necesitaba mucho tiempo para descubrir que en cada uno de ellos se vivía de distinta manera. Y no sólo era evidente que se diferenciaba el modo de vida de las gentes que vivían en los suburbios aristocráticos del que llevaban los habitantes de los rancheríos: aún dentro de cada uno de esos sectores se apreciaba una diferenciación que parecía más profunda precisamente porque estaba a veces velada por ciertas engañosas coincidencias anteriores. Quien miraba de cerca los rancheríos limeños aprendía pronto a distinguir los que se formaban con gentes que venían de Ayacucho o Cajamarca; en México distinguiría los que reunían gentes de Tepoztlán de los que se constituyeron con gentes de Oaxaca o de Veracruz; y en Buenos Aires, los que se componían de bolivianos o paraguayos de los que estaban integrados por santiagueños o correntinos. Y no sólo percibiría la diferenciación nacida del distinto origen geográfico, sino también la que se derivaba de la diversa condición social originaria, de la aptitud para incorporarse a la vida urbana y al mundo tecnológico, del grado de alfabetización o de la tendencia a dejarse arrastrar hacia la vida delictiva. Del mismo modo, el observador de los distintos grupos de la sociedad normalizada advertiría la existencia de barrios "exclusivos", diferentes unos de otros no sólo por los niveles de vida sino también por su estilo. Grupos altos, medios o populares, semejantes en algunos rasgos exteriores, acentuaron su diferenciación en el seno de la sociedad escindida según su grado de cosmopolitismo, de aceptación del cambio, de tradicionalismo, o según el tipo de sus expectativas. Muchos vivían como querían, pero muchos más vivían como podían, contrastando a cada momento sus tradiciones con las circunstancias creadas por el cambio.

De todos modos, el contraste fundamental quedó patente entre la sociedad normalizada y la sociedad anómica: una y otra acusaban diferencias tan profundas que el espectáculo de su contigüidad pareció explosivo. Tenía cada grupo, en conjunto, actitudes tan diferentes que podía suponerse que eran dos mundos en contacto más que dos sectores de una sociedad que, en última instancia, vivía en común. Detrás de esas actitudes había diversas concepciones del mundo y de la vida, tan diversas que parecían irreductibles. La situación era, por cierto, muy compleja. La sociedad normalizada tenía un estilo de vida de marcada coherencia. Era heredado y tradicional, y estaba sustentado por la experiencia cotidiana de algunas normas inamovibles y de ciertos cambios, lentos y bien asimilados, que le otorgaban flexibilidad y vigor al mismo tiempo. Legado de la vieja burguesía, un poco señorializada con el tiempo, conservaba la consistencia necesaria como para enfrentar los nuevos cambios —éstos de ahora muy acelerados— con la esperanza de no perder su coherencia. Pero los cambios fueron demasiado acelerados y profundos. Pese a la recia contextura del legado recibido, las circunstancias cuestionaron ciertas actitudes y pusieron en evidencia que eran insostenibles frente a las nuevas situaciones reales. Una cierta duda hacía mella en esa sociedad normalizada, que hubiera querido defender hasta el fin su estilo de vida pero que comprendía la necesidad de adecuarse a la nueva situación.

Fue esa misma crisis la que obligó a la sociedad normalizada, sacudida y dubitativa, a recibir en la sociedad que hasta entonces era coherente a nuevos grupos que vivían de otro modo.

No era, en rigor, un solo modo, sino muchos. Y esta inserción de grupos de tan diversas actitudes terminó de sacudir a la sociedad normalizada, que vio en la masa que se constituía la expresión de un mundo ajeno. No exageraría quien dijera que la primera sensación fue una extraña mezcla de asco y de desprecio. El que tenía el hábito de ceder el paso quedó azorado frente al que atropellaba para conquistar un lugar, y el que se bañaba todos los días tuvo un gesto de repugnancia frente al que ostentaba indiferente su desaseo. La sociedad normalizada tardó algún tiempo en acostumbrarse a la idea de que se había incorporado a la estructura en que antes se movía ella sola, un grupo diferente que, por el momento, parecía irreductiblemente distinto en cuanto a sus actitudes básicas y en cuanto a las normas a que se atenía.

En rigor, esa masa no tenía un sistema coherente de actitudes ni un conjunto armonioso de normas. Cada grupo tenía las suyas, y era la sociedad normalizada la que le prestaba una unidad de que carecía. Precisamente por eso constituía una sociedad anómica. No poseía ésta un estilo de vida, sino simplemente, muchos modos de vida sin estilo. Y acaso fuera esa anomia lo que más comprometía el juego de las influencias recíprocas. En los cuarenta años que siguieron a la crisis de 1930 no avanzó mucho el proceso de integración profunda de las dos subsociedades que componían la sociedad escindida.

Pero, sin duda, avanzó algo, aunque por extraños caminos. Puede decirse que, aunque parezca paradójico, avanzó en la medida en que, cada día, mayor número de miembros de la masa se sintieron llamados a la participación y se enfrentaron con la sociedad normalizada. El diálogo empezó algunas veces con insultos y desafíos, pero empezó y no se detuvo. Se deslindaron los intereses comunes y, sobre todo, se identificaron aquellos puntos de la estructura donde la masa podía morder. Aquellos que, en conjunto, constituían una sociedad anómica, poseían, en particular, una cultura originaria que, en algunos casos, les permitió reducir sus propias normas a las de la sociedad normalizada. Por lo demás, la necesidad obligaba. Muchos empezaron a imitar los modos de comportamiento de la sociedad normalizada: las fórmulas de cortesía que, sin duda, le eran familiares, los principios de acatamiento a las jerarquías, las reglas del juego para cierto tipo de relaciones. Pero acaso imitaron más: la manera de tomar un vaso o un tenedor, o de poner un mantel en la mesa, o de vestir a un niño. Y acaso más aún, cómo actuar frente al estado y sus agentes, cómo exigir. Y todavía más: cómo juzgar ciertos actos, cómo decidirse ante ciertas opciones, cómo pensar sobre ciertos temas que entrañaban un compromiso. Esa imitación no implicaba haber internalizado los supuestos de la estructura: era, generalmente, una repetición superficial de actitudes que habían sido observadas y juzgadas convenientes y beneficiosas. La imitación era una defensa típica de quien pasaba tímidamente al ataque. Por esa vía la integración comenzaba, difícilmente, a través de una adaptación cautelosa a las exigencias primarias de la estructura propia de la sociedad normalizada.

Algo identificaba, sin embargo, a estas dos sociedades tan diversas: la coincidencia en la revolución de las expectativas. El migrante recién llegado se parecía al más alto ejecutivo en que los dos querían dejar de ser lo que eran. Eso había instaurado la crisis: el triunfo definitivo de la filosofía del bienestar, definitivo sobre todo por la incorporación multitudinaria a ese credo de gentes que hasta la víspera no se hubieran atrevido a acariciar la esperanza de romper el círculo de fuego de la miseria. Pero una vez en la ciudad, aun en el último peldaño del sector deprimido de la sociedad, parecía legítimo esperar el éxito económico y el ascenso social. Mejores salarios deseaba el que aún no había conseguido su primer trabajo, porque ya sabía en qué iba a gastar el primer dinero que llegara a sus manos: una cama, una ropa, una sortija, y luego quizá una radio, y quizá una batidora, y quizá un refrigerador. Y mejores salarios o mayores rentas deseaba el alto ejecutivo porque hacía tiempo que sabía en qué gastarlos: un departamento en un barrio de más alto nivel, un segundo coche para su esposa, un yate, una casa de fin de semana con pileta de natación, dos criados para que ostentaran su chaleco a rayas o su impecable saco blanco. Los proyectos no tenían límite una vez producida la revolución de las expectativas, y en ese cauce común se encontraron la sociedad anómica y la sociedad normalizada.

Ciertos rasgos comunes acercaban a todos los sectores de la sociedad normalizada. Todos, cualquiera fuera su nivel, se sentían poseedores de un derecho preexistente no sólo a lo que cada uno tenía, sino también al conjunto de la estructura, a la que le habían impreso su sello y se habían acostumbrado a usar según un sistema aceptado de normas. Había una manera de circular por la carrera Séptima de Bogotá, y se sabía quiénes podían detenerse a conversar en el Altozano, como había en Buenos Aires una manera de discurrir por la calle Florida o de conducirse en el teatro Colón; y había una manera de comportarse en la limeña plaza de toros de Acho o en la fiesta del Grito en la mejicana Plaza del Zócalo. Cada uno creía tener su puesto definitivamente adquirido y sabía a qué reglas debía someterse para disfrutarlo y mantenerlo. Era un derecho adquirido. Pero la conmoción social que siguió a la crisis de 1930 le opuso a quienes se sentían usufructuarios de la estructura en cualquiera de sus niveles, un grupo social inesperado que reclamaba un sitio en ella sin que pareciera tener otro derecho que el de un asaltante de caminos. La primera actitud de la sociedad normalizada, en todos sus niveles, fue de rechazo a los que consideraba intrusos, y se unificó con tal fuerza en la defensa de un estilo de vida tradicional que la unión llegó a derivar en extrañas alianzas políticas policlasistas.

Pero los efectos del impacto de la nueva masa fueron variados y contradictorios, quizá porque se produjo en medio de una crisis que obligaba a rever otras muchas cosas. Mientras la mayoría se congregaba en defensa del mundo del pasado, otros —acaso de las nuevas generaciones— descubrieron en la nueva situación otras opciones vitales. Cuestionado desde fuera el estilo de vida de la sociedad normalizada, también empezó a ser cuestionado desde adentro. El cuestionamiento iluminaba lo que había de caduco y de irrecuperable en aquel estilo de vida, y restaba autoridad y argumentos a sus defensores. Un día aparecieron en el seno de la sociedad normalizada algunos —jóvenes, generalmente— que se declararon en libertad frente al estilo de vida que sus padres se empeñaban en conservar incólume. Fueron los rebeldes, en quienes indirectamente resonaba de singular manera el clamor de la sociedad anómica.

Si hubo normas que empezaron a parecer caducas e irrecuperables a los ojos de algunos miembros de la sociedad normalizada, no debía extrañar la tolerancia que éstos empezaron a mostrar para aquellos que las violaban o las desconocían. Los rebeldes se transformaron en aliados objetivos de la sociedad anómica. Pero algunos fueron más lejos y acusaron una tendencia radical, transformándose en aliados subjetivos en la medida en que empezaron a sentir vivamente la seducción de la anomia, que era como una puerta abierta para escapar de una sociedad que se hacía más estrecha y rígida a medida que crecían sus temores y acentuaba su actitud defensiva. Quizá la seducción de la anomia liberara, sobre todo en las nuevas generaciones, los impulsos primarios y los designios irracionales que toda sociedad constriñe eficazmente. Frente a la estructura cuestionada y amenazada, pareció lícito a algunos buscar su salvación individual dando libertad a su vocación no comprometida con la estructura, a sus sentimientos antes tan controlados, a los impulsos de una voluntad que no quería ser constreñida. La crisis generó una visión crítica de la sociedad, y de ésta nació una actitud disconformista más o menos extendida. Como el fenómeno social latinoamericano prolongaba el que se había producido con análogas características en los países europeos después de la primera guerra mundial, muchas respuestas para las nuevas situaciones llegaron de allí antes de que las situaciones se hubieran presentado. Pero también hubo respuestas originales ante la crisis. Quizá la más notoria en la turbada Latinoamérica de las décadas del treinta y del cuarenta fue un creciente escepticismo que ganó a las nuevas generaciones. Pero el disconformismo creció más tarde, cuando el efecto de la conmoción se hizo patente en las ciudades y se acentuó el repliegue de la sociedad tradicional. Fue entonces cuando empezó a difundirse en el seno de las nuevas generaciones de la sociedad normalizada la tentación de una vida sin barreras. Se manifestó como una exacerbación del disconformismo tradicional, de la bohemia artística y literaria, de la bohemia estudiantil. Creció en las ciudades el número de los que practicaron el "vive como quieras" y se vio liberarse a las mujeres de viejos prejuicios: aumentó el número de las que seguían carreras universitarias, de las que tenían empleos o ejercían profesiones, de las que concurrían con amigas y amigos a cafés y restaurants y llegaban tarde a sus casas, de las que se vestían con una audacia inusitada cinco años antes. Cuando se difundió el uso del pantalón y la minifalda, fueron muchachas de todas las clases sociales las que acataron los nuevos usos. Y empezó a parecer normal, en las familias de clase media o alta, que los jóvenes de ambos sexos quisieran dejar la casa paterna para instalarse en un departamento que quería tener aire de *atelier*. ¿A qué norma había que sacrificar la libertad, la vocación o, simplemente, las tendencias espontáneas, si todas estaban cuestionadas y muy pocas parecían resistir el embate de la masificación? Un día aparecieron los *hippies* y empezó a crecer el número de los drogadictos, reunidos en los bares, en las disquerías o en los clubes nocturnos que practicaban el culto de la media luz.

El disconformismo se manifestó en el abandono de la preocupación por un futuro "normal", según el criterio de las personas mayores y conservadores. Fueron muchos los que no se sintieron obligados a seguir una "carrera de provecho" y se volcaron al estudio de la psicología o la sociología. Muchos quisieron hacer cine, o tocar la guitarra, o, simplemente, no hacer nada fijo, y experimentar las delicias, antes prohibidas, de la vida del juglar. Muchas familias empezaron a consentir una vida mixta, entre familiar y juglaresca, que acalló los escrúpulos y estimuló el disconformismo de los menos audaces.

Los más audaces se deslizaron muchas veces hacia un disconformismo peligroso. La vieja estructura estaba cuestionada, sin duda, y no podía sostener la vigencia de cierto estilo de vida ni el primado de cierto tipo de normas. Pero no estaba muerta, y a medida que crecía la impotencia de los que querían defenderla con argumentos crecía también el dispositivo de seguridad para proteger las últimas líneas del sistema. Un desafío al sistema mismo acarreaba automáticamente el funcionamiento de ese dispositivo. La estructura toleraba que sus normas fueran violadas, pero no que se atacaran sus fundamentos; y el disconformista que se hacía cargo del desafío solía pagar cara su audacia: el rechazo ostensible o silencioso que significaba su extrañamiento. No menos caro, y acaso más, solía ser el precio impuesto a quien se deslizara hacia una política radicalizada. Si el disconformista adoptaba el género de vida del activista revolucionario, el dispositivo de seguridad funcionaba, y no sólo era extrañado del seno de la sociedad normalizada sino perseguido y duramente castigado por el estado.

Las clases altas y las clases medias fueron, sin duda, las más celosas defensoras de los últimos bastiones de la estructura; pero no todos sus sectores defendieron con el mismo vigor el estilo tradicional de vida. Hubo grupos tradicionalistas: quizá los más conservadores o los de más viejo arraigo, que se sentían depositarios de un legado que se consustanciaba con su posición aristocratizante. Encerrados en un círculo cada vez más estrecho, velaban por el prestigio de sus apellidos y conservaban lo que podían de aquellas costumbres y formas de vida que heredaron de sus mayores. En los viejos clubes o en las sociedades de beneficencia, en los conciertos y las fiestas, una vaga atmósfera decadente impregnaba la convivencia de quienes se resistían a ceder a la presión de los cambios.

Los sectores no tradicionales, en cambio, se manifestaron más ágiles, en parte porque muchos de sus miembros habían llegado a sus filas no hacía mucho tiempo. Quizá por eso algunos intentaron asimilar lo que podían de esas formas de vida de los sectores conservadores. Pero estaban demasiado urgidos por establecer y consolidar el control de lo que parecía una nueva estructura y no era sino una metamorfosis de la antigua. Sin duda lo lograron, y esa conquista repercutió sobre el estilo de vida que elaboraron y adoptaron, invistiéndolo del prestigio que le proporcionaba su posición eminente y, sobre todo, su poder. Era el estilo de vida que correspondía a una cultura cosmopolita, creación de las metrópolis, o mejor dicho, de una capa común a muchas metrópolis de las que integraron el nuevo mundo urbano de Latinoamérica, relacionado, sobre todo, con los Estados Unidos. En todas ellas crecían los grupos que se envanecían de ser cosmopolitas, de hablar varias lenguas de las que intercalaban palabras en la conversación cotidiana, de vestir como en las grandes capitales, de deslizarse toda la jornada a través de un sistema de actividades que suponían su inserción en el mundo y no en su país o su ciudad. Era una cultura en la que la amistad y el diálogo iban siendo remplazados por las formas convencionales de las relaciones públicas, y en la que la espontaneidad parecía tan inadecuada y peligrosa como en una corte barroca. Era una cultura de secretarias ejecutivas, de cocktails, de reuniones de alto nivel realizadas en una sala a la que un móvil de acrílico prestaba su frialdad, de agendas saturadas de fechas comprometidas y de decisiones adoptadas en complicidad con la computadora amiga. Esa cultura era, sin duda, propia de las metrópolis, pero no especifica de cada metrópoli. Era la que habían creado entre todas bajo la seducción del modelo elaborado en las grandes ciudades de los Estados Unidos, y en la que quedaron sumergidos y atrapados sus creadores, víctimas y usufructuarios a un tiempo: los grandes empresarios, los abogados influyentes, los científicos enloquecidos por el *paper* que debían presentar a un congreso con el objeto de que no dejaran de invitarlos al próximo, los gestores de las grandes empresas multinacionales, los artistas de éxito, los promotores de la parafernalia publicitaria, los organizadores de grandes espectáculos, las reinas de la belleza que aspiraban a ser modelos internacionales, y todos los que trataban de ser internacionales antes de ser o acaso olvidados de ser. Toda una corte de imitadores y de aspirantes a ingresar en sus filas alimentaba esa cultura cuya resonancia multiplicaba los medios masivos de difusión y consagraba el creciente prestigio del poder social. Era, acaso, la cultura que correspondía al mundo industrial y especialmente a la era tecnológica; pero era una cultura que subestimaba la vida privada y la espontaneidad. Típica de una sociedad escindida y barroca, las élites habían aceptado el sacrificio de ofrecerse como espectáculo a los demás.

Las torres modernas —vidrio y aluminio, de ser posible— se transformaron en los baluartes de esta cultura cosmopolita o, si se quiere, multinacional. Porque no sólo la economía se fue haciendo multinacional, sino también la peculiar cultura creada en gran parte por quienes la manejaban y por los creyentes de esa nueva fe, en la que se trasmutaba, sin diferenciarse demasiado, la antigua fe del siglo xix en el progreso. Baluartes y símbolos de ella eran también los Sheraton internacionales y los Hilton internacionales, entre los que se desplazaban los habitantes de las torres de vidrio y aluminio, quizá sin saber bien si estaban en México, San Pablo o Buenos Aires, porque las diferencias desaparecían en el ambiente cosmopolita e internacional. Sólo el perfil y el color de la tez del personal de servicio podía sembrar alguna duda. Y acaso algún viajero llegara a sospechar que la camarera que lo atendía regresaba a un rancherío periférico cuando terminaba su escrupuloso trabajo.

Un estilo de vida tan decididamente fundado en la dependencia de una sociedad exigente rechazaba la posibilidad de que aquellos que habían optado por la extroversión se reencontraran en algún momento consigo mismos. La renuncia a un estilo interior de vida era el precio que había que pagar por el éxito. Se inventó una cultura convencional para paliar la dura experiencia de la orfandad interior. Fue la cultura de los *bestsellers*, de los espectáculos que no había que dejar de ver, de la exposición que era necesario haber visitado. Hasta se inventó un uso convencional del ocio, dedicado a un golf ejercitado como un rito o a unos viajes a los lugares en los que convenía haber estado. Era exterior y enajenadora, pero era, en el fondo, una cultura y acaso la única compatible con el estilo de vida de una élite enajenada. Quizá su expresión más diáfana fuera la preocupación por el status y por la posesión de sus signos. Las cosas perdieron valor por sí mismas y se convirtieron en símbolos. Era una alegría diabólica —en el más estricto sentido de la palabra— la que producía gozar las cosas saboreando al mismo tiempo la envidia de los que no las poseían. Sólo una nube enturbiaba la sensación de poderío que experimentaban las nuevas élites: su masificación inevitable e incontenible. Sus miembros eran, sin duda, los privilegiados de la nueva sociedad, pero los privilegiados eran muchos. Alguno pudo tener su avión particular. Acaso un Boeing que le permitía hacer viajes intercontinentales. Pero aun ése tuvo, alguna vez, que someterse al rigor cósmico de la cola. Nada tan revelador de la nueva sociedad como la cola de los privilegiados. Y aun en los lugares más exclusivos y manejados por la propia élite, se vio instalar el *self-service* en el elegante *buffet* y se vio a los privilegiados hacer cola ante la seductora mesa de los platos fríos. Fue un doloroso descubrimiento comprobar que había muchos más privilegiados que localidades en un teatro de revistas semipornográficas y lujosas o en el *ring-side* de un estadio de box. Triste cosa fue para un gran empresario tener que confesar a su huésped que no había podido conseguir localidades, a pesar de la intervención de todos los gestores oficiosos que manejan los hilos de la gran ciudad. Pero nadie podría sorprenderse de su impotencia: en el proceso de masificación de la gran ciudad hay un momento en que no hay hilos ni quien los maneje. Es el momento en que vuelve a la memoria el viejo símbolo de Babel.

Fueron las clases altas y las altas clases medias —las nuevas élites— las que introdujeron un nuevo estilo de vida en las ciudades latinoamericanas, sin duda luego de un progresivo remplazo de las influencias europeas por la de los Estados Unidos. Tanto en el resto de las clases medias como en las clases populares, por el contrario, se advirtió cierta apelación a las formas tradicionales de vida, quizá porque sus miembros deseaban que quedara bien claro que pertenecían a la sociedad normalizada. Eran, por lo demás, clases necesariamente conservadoras, no en el sentido político de la palabra sino en cuanto a respetar ciertos valores acuñados de antiguo: se podía ser liberal, socialista o comunista y seguir siendo conservador de esos valores. Se notaba, precisamente, en la perpetuación de su estilo de vida tradicional. Cierto terror a un salto en el vacío que pusiera en peligro un ascenso difícilmente conquistado —o, en todo caso, estimado suficientemente como para no comprometerlo en balde—, aconsejaba moderar las acciones. La casa siguió siendo lo que había sido, aunque el tocadiscos o el aparato estereofónico remplazara al piano. La lucha por el ascenso siguió perturbando las mentes, pero el nivel de la aventura no sobrepasó nunca el de la seguridad. Y si creció la tentación del consumo, raramente el monto de las cuotas mensuales que debía pagar la familia sobrepasaba las posibilidades de su presupuesto.

Frente al delirio de las clases altas y de las altas clases medias, frente a la modestia de las clases populares normalizadas y frente a la pujanza sin canales de la nueva masa, las medianas clases medias constituyeron el sector más estable. Renovaron el estilo de vida burgués dentro de una concepción entre antigua y moderna, en el que el sentido de la medida no impedía del todo cierto alarde de audacia; y como que era burgués de origen, se mostró sólido y equilibrado. En el fondo, ese estilo de vida del núcleo central de las clases medias se fundaba en el reconocimiento de que en ninguna sociedad —ni en la antigua mercantil ni en la nueva industrial y tecnológica— eran incompatibles el ocio y el trabajo; no estaba en sus posibilidades ni en sus tendencias, ciertamente, desdeñar el trabajo; pero su filosofía se dirigía a alcanzar una cultura del ocio, o mejor, un estilo interior de vida en el que el ámbito de lo privado constituyera el reducto eficaz contra la masificación. En el seno de ese estilo de vida se reelaboró un nuevo sistema de normas, elástico y firme al mismo tiempo, y sobre todo un conjunto de pautas para la vida individual que entrañaba la reivindicación de ciertos valores antiguos: los morales, los estéticos, los intelectuales. Clase consumidora como todas, formó parte de su estilo de vida el consumo de los productos de cultura y la preocupación por la calidad de la vida.

Conservadoras también a su manera, las clases populares fieles a las normas de la sociedad normalizada persistieron en su forma de vida tradicional. Fuera de su incorporación al consumo, poco cambió en sus actitudes, que acusaron la influencia de las medianas clases medias a las que anhelaron incorporarse y trataron de imitar. Fue expresión de esa tendencia la adopción prematura, por parte de quienes aspiraban al ascenso social, de las formas de vida y de mentalidad de las clases medias, cada uno a la espera de que su ascenso se materializara en su nivel de ingresos y le fuera posible transformar sus expectativas en realidad. Pero esas clases populares fueron las más sensibles y las más indefensas frente a las nuevas situaciones, y sufrieron rápidamente el proceso de masificación. Aceptarla fue para ellas un problema de supervivencia, fuera de que no tuvieron otra alternativa. Engrosaron las filas de los sindicatos y pudieron remediar parte al menos de sus carencias gracias al apoyo colectivo. Ciertamente, poco tenían que perder y mucho que ganar cediendo a la masificación. Fue distinto el caso de las medianas clases medias. La masificación fue para ellas una experiencia dolorosa porque atacaba, precisamente, ese anhelo de interioridad que caracterizaba a sus miembros, celosos de su individualidad y de su condición de personas diferenciadas. Duro fue para el pequeño burgués que cultivaba amorosamente su ámbito privado avenirse a las nuevas y ásperas condiciones de la vida colectiva; y encontrarse sumido en una multitud o agregado a una cola le pareció un agravio a su dignidad.

Unidos por una condición común y por un proceso de cambio que todos sufrieron por igual, los distintos estratos de la sociedad normalizada mantuvieron cierta homogeneidad que se manifestó en ciertas coincidencias en sus estilos de vida. Pero la sociedad anómica que se constituyó a su lado, y frente a ella, careció de supuestos comunes que integraran a sus diversos grupos. Era, pues, inverosímil que pudieran ostentar un estilo de vida definido. Tuvo cada grupo su modo de vida, pero el conjunto se definió, en cada ciudad, por su aire abigarrado y, finalmente, por su anomia.

El conjunto fue anómico. Pero no porque lo fuera cada grupo, sino como resultado de su azarosa yuxtaposición en el ámbito urbano en el que habían coincidido. Cada grupo traía, en rigor, un estilo de vida, bien definido, por cierto, puesto que correspondía a tradiciones casi seculares, inclusive los tradicionales grupos populares urbanos que más pronto cedieron a la presión de los grupos inmigratorios. Pero el nuevo ambiente de las ciudades y las duras condiciones creadas por la incorporación de los grupos recién llegados disolvieron rápidamente esos estilos de vida hibridándolos y destruyendo su armonía interna. Quedó en el seno de cada grupo, quizá, un conjunto de hábitos y creencias, de normas y actitudes que provenían de su tradición; pero los principios básicos fueron quebrados por la adopción de otros muy disímiles, de los que no podían prescindir quienes afrontaban la dura experiencia del trasplante y la forzosa adecuación a nuevas situaciones.

Acaso en un plano muy profundo pudiera descubrirse que el inmigrante optaba, secreta o inconscientemente, por el estilo de vida de la sociedad a la cual decidía incorporarse. Si abandonaba el ámbito rural por el urbano, abandonaba también su estilo de vida tradicional y aceptaba el cuadro de posibilidades que la ciudad podía ofrecerle. Pero su opción no estaba situada en el plano de la conciencia, puesto que las motivaciones de su éxodo eran elementales y se relacionaban la mayor parte de las veces con el duro problema de la subsistencia. Conservaba, pues, lo que podía de su bagaje cultural, abandonaba lo que no podía conservar y adoptaba lo que era imprescindible para sobrevivir. Pero, sin duda, a partir de una predisposición favorable a su incorporación al mundo urbano.

Por eso fue contradictoria la actitud de los grupos migratorios frente a la sociedad normalizada y a la estructura a la que se incorporaban. Objetivamente, esa estructura era el sistema elegido, la mejor de las opciones posibles, la meta capaz de provocar una decisión tan grave y difícil como era la del desarraigo del hogar ancestral. Los grupos migratorios adhirieron a ella, con tanta más facilidad cuanto que compartían sus fundamentos sociales, políticos y religiosos. Y llegaron a ella no para destruirla ni modificarla, sino, simplemente, para incorporarse y disfrutar de los bienes que ofrecía compartiéndolos con los que formaban parte de ella. Pero no era fácil llegar a esa participación. Quienes detentaban la estructura se mostraron recelosos y esquivos, y los recién llegados sintieron el rechazo y comprobaron la fortaleza del dispositivo de resistencia que se montaba contra ellos. Contra esa resistencia fue el odio, no contra la estructura misma. Y cuando la resistencia pareció insuperable, hubo estallidos de incontenible cólera destructiva que parecieron actos de hostilidad profunda. Eran, acaso, actos de despecho y resentimiento, y por eso mismo de adhesión secreta. Frente a la sociedad normalizada y a la estructura, la nueva masa —los grupos migratorios y los sectores a los que primero se integraron— había adoptado la actitud de pedir y esperar: fue la espera inútil lo que provocó su irritación y su estallido.

Sin duda la anomia que caracterizaba a esa masa permitía la irrupción temperamental de los más violentos. Hubo, luego, un acostumbramiento a la violencia, acaso estimulado por el sentimiento de que sólo la violencia podía inducir a los más obstinados custodios de la estructura a conceder lo que se les pedía. Pero la violencia pública fue accidental, y la violencia privada no sobrepasó los límites de lo que podía esperarse de una sociedad urbana que rápidamente se tornaba multitudinaria. En la existencia cotidiana la nueva masa trabajaba oscuramente para conquistar un lugar en la estructura, y cada uno de sus miembros competía con sus iguales para obtener un trabajo, un techo y el alimento de cada día.

En esa existencia cotidiana, la nueva masa elaboró un modo de vida dentro del cuadro de la más sostenida miseria. Pero no era una miseria cualquiera: era la peor de las miserias, puesto que estaba enclavada en el seno de ciudades en las que señoreaba una poderosa plutocracia de cuya concepción del mundo formaba parte el uso de un lujo ostentoso y agresivo. Ciertamente, sin esa riqueza no se hubiera podido constituir este modo de vida de la miseria, puesto que se desarrolló a costa de las sobras de una sociedad opulenta. Fue llamativo el espectáculo de todo lo que se pudo crear con los desperdicios sin valor de la sociedad industrial, de todo lo que pudo obtenerse con una mínima capacidad adquisitiva, de todo lo que se le pudo arrancar a las sociedades de consumo, acaso explotando sabiamente el complejo de culpa que las embargaba. Vivir casi sin nada en una sociedad montada sobre la escala del valor del dinero constituyó una extraordinaria proeza de esta nueva masa. Casi se inventó una cultura material de los desperdicios: casas, muebles, utensilios, todo salió de lo que les sobraba a otros. Y en ese marco se constituyeron familias, se criaron niños y crecieron adolescentes, confrontando lo que les faltaba con lo que les sobraba a otros, o peor aún, a ese mundo indefinido de los productos industriales que dejaba en los vaciaderos de basura bolsas de nylon, pedazos de madera, chapas inservibles, latas diversas, trapos o prendas de vestir, y hasta sobras de alimentos, que podían llegar a ser suculentas si provenían de restaurantes de lujo.

Hubo un modo de vida material, subsidiario de los desperdicios del mundo industrial. Pero hubo también un modo de vida moral, subsidiario de una sociedad de consumo. Como las "Marías" mejicanas, hubo en todas partes los mendigos especializados en conmover a los ricos. Sin duda hubo otros muchos mendigos. Pero estos eran expresión inequívoca de la sociedad escindida. Una moral del abatimiento nació de esa conducta dictada por la necesidad. Su regla de oro fue que la necesidad lo justificaba todo: los métodos refinados del engaño, la astucia delicada para sortear dificultades que parecían insuperables, la apropiación de los bienes del prójimo, la venta de sí mismo si era necesaria.

A veces, la estructura misma atacaba a las víctimas de la pobreza, a través del ignominioso *chantage* de funcionarios o policías que explotaban la inseguridad de sus víctimas para empujarlas o mantenerlas en la vida delictiva. Y el descreimiento creciente acerca de las posibilidades de salir del círculo de la miseria empujaba al delito a quien no quería caer en él, como empujaba a las muchachas a la prostitución, a los jóvenes a la formación de agresivas bandas de rateros, a los hombres y mujeres desencantados al alcohol. Todo eso formó parte del modo de vida de la sociedad anómica.

Pero no fue todo. A medida que se consolidó el proceso de integración comenzaron a aparecer individuos y grupos que lograron escapar del círculo de la miseria total. Llegaron a ser, simplemente, pobres. Aun con bajos salarios mejoraron sus viviendas y sus condiciones de vida. Algunos comenzaron a tener conciencia de su situación y llegaron a tener opiniones. Un lento trabajo de personalización comenzó a arrancar de la masa a algunos de los que habían inaugurado su nueva vida incluyéndose en ella.

Algunos llegaron a tener opiniones políticas, y en su modo de vida quedó incluida una suerte de militancia. Rara vez con autonomía y claridad frente a sus objetivos: generalmente pasaron a ser clientela política de quien veía en ellos una fuerza potencial para lanzarla como catapulta en una sociedad que cuestionaba los sistemas tradicionales de representatividad. Y de ese modo dieron un paso más en la estructura incidiendo en una de sus brechas, llevados de la mano de quienes las estaban abriendo.

No llegó a elaborar la sociedad anómica un estilo de vida. Pero en los tortuosos caminos de la integración empezó a vislumbrar un conjunto de nociones que recibieron el apoyo de sus protectores, de los que los adulaban o de los que los inducían a nuevas actitudes. No llegó a elaborar la masa anómica un estilo de vida, pero en el turbio trajín de sus contactos con la estructura comenzaron a macerarse algunas tendencias oscuras —como en todos los orígenes— con las que poco a poco se elaboraría, o se está elaborando, un estilo de vida nuevo al que parecen concurrir ciertas actitudes que cobraron vigencia en el seno de la sociedad normalizada.

5. MASIFICACIÓN E IDEOLOGÍA

No sólo suscitó la masificación esas transformaciones que se operaron en las formas de vida de los distintos grupos de la sociedad escindida. También suscitó una renovación profunda y sutil de las ideologías que sustentaron a las nuevas situaciones y les propusieron vías de salida en relación con el juego de los distintos factores que operaban en la vida social, económica y política. Nadie quedó ajeno a esa sacudida que conmovió las opiniones tradicionales.

Sin duda la crisis despertaba una urgente curiosidad por entender sus términos, por adivinar sus secretos y avizorar sus perspectivas. Como en todas las crisis, la tendencia a la concientización creció intensamente, y las interpretaciones se sucedieron, las fórmulas explicativas se simplificaron y los criterios interpretativos terminaron en vagas apelaciones a palabras clave. En un torrente de palabras desembocó la aguda concientización que produjo la crisis, repetidas unas veces como estribillos, otras veces como argumentos y muchas como expresiones convenidas que identificaban a amigos y enemigos. Eran, a veces, palabras vulgares provistas de una significación especial; pero otras veces quisieron ser palabras técnicas de la ciencia política, de la economía o la sociología, empobrecidas y degradadas en sus contenidos. Muchas ideas quedaron sepultadas en el mar de palabras que suscitó esa forma maligna de concientización, estimulada por una crisis difícil de entender.

La dificultad consistía sustancialmente en que la masificación renovaba el problema de las relaciones entre individuo y sociedad. En Latinoamérica no se había producido una crisis social e ideológica semejante desde la irrupción de la sociedad criolla. Y al repetirse, se reanudó una discusión en la que se echó mano de viejos argumentos. Y no era correcto, porque si morfológicamente las situaciones se parecían, los protagonistas del proceso social se diferenciaban profundamente. Hubiera sido difícil establecer otra cosa que una analogía superficial entre los grupos criollos que emergieron con la Independencia, algunos constituidos en montoneras, y las nuevas masas urbanas. Pero lo cierto es que las nuevas masas obligaron a pensar en las relaciones entre individuo y sociedad, y esos pensamientos cristalizaron en opiniones que arraigaron tanto en los sectores de la sociedad normalizada como en los de la sociedad anómica. La iniciativa de esa revisión de las relaciones entre individuo y sociedad partió, naturalmente, de la sociedad normalizada, y en particular de los grupos más preocupados por la política y la economía. La aparición de las masas cuestionó su propia ideología y, en consecuencia, se apresuraron a examinarla, unos con ánimo de defenderla hasta el fin y otros para establecer si convenía corregirla y adaptarla a las nuevas circunstancias. Era una tarea que no se emprendía de modo tan vehemente desde los tiempos de la irrupción de la sociedad criolla y de la Independencia. Entretanto, la masa anómica cuya formación provocaba tantas reacciones permanecía ajena a esta ahincada preocupación de interpretar las situaciones sociales y de definir su propio papel. Cada uno de los grupos que la componían arrastraba cierta cosmovisión originaria pero se mostraba incapaz de adecuarla a las condiciones reales o de revisarla críticamente: un haz de nociones heterogéneas y de prejuicios componían el confuso esquema con el que la masa en formación, como conjunto, comenzó a enfrentarse con el casi lóbrego mundo urbano. Sólo algunas experiencias felices en el camino de la compenetración más profunda de los grupos migrantes con ciertos sectores de la sociedad tradicional pudieron ayudar a organizar una ideología ajustada no sólo a las necesidades y deseos de la masa sino también a las posibilidades de respuesta de la sociedad normalizada y, en general, de la estructura. La masa empezó a aprender el arte difícil de alternar el ruego y la exigencia, precisamente porque empezó a intuir que su mayor fuerza iba a ser, poco a poco, no la suya propia, sino la convicción que se arraigaba progresivamente en la sociedad normalizada acerca de los derechos y de la legitimidad de las aspiraciones de la masa.

Esa convicción debilitaría, ciertamente, el frente ideológico de la sociedad normalizada. Pero no arraigó rápidamente. Aun después de percibir la presencia de la nueva masa persistió la vieja ideología en la sociedad normalizada, dentro de la cual se contraponían sin excluirse conformistas y disconformistas. Tradicional y fuerte, la ideología conformista mantenía su apoyo a una concepción liberal de la sociedad, y proponía a cada uno de sus miembros el camino del ascenso social individual por la vía del esfuerzo, la capacidad y la competencia. Era una ideología que se tornaba cada vez más conservadora a medida que crecía el número de los competidores. En respuesta, la ideología disconformista proponía un cambio estructural destinado a generalizar la participación: tímidamente los partidarios del progreso a la manera del siglo xix y más audazmente los que no vacilaban en afirmar la necesidad de una reforma socialista o una revolución.

Excepto algunos espíritus perspicaces —por lo demás, alertados por la experiencia europea de posguerra—, la mayoría de la sociedad normalizada tardó en imaginar y prever la magnitud del impacto que produciría la presencia de la masa. Pero a medida que el impacto se manifestaba sobre sectores particulares de la estructura, distintos grupos de las élites comenzaron a abandonar su fluidez y se dispusieron a revisar sus posiciones. Poco a poco, corrientes más o menos nutridas de opinión empezaron a plegarse a sus actitudes y proyectos, y compusieron al fin un cuadro ideológico nuevo en el que se disolvía la problemática tradicional para dejar paso a la que suscitaba la trasformación social desencadenada por la presencia de la masa. Dos tipos de actitudes quedaron esbozados: la de los que se negaban a reconocer su significación y la subestimaban y la de los que decidieron aceptar el hecho consumado de su aparición como un dato insoslayable de la realidad.

Los primeros —los que subestimaron el nuevo hecho social— reaccionaron según su condición de conformistas o disconformistas. Celosos de la conservación incólume de la estructura, los conformistas adoptaron una actitud despectiva frente a la masa, estrecharon sus filas, se resistieron a toda concesión y pasaron a la defensiva sin intentar otra estrategia: fueron los conservadores clásicos, liberales originariamente pero volcados cada vez más hacia la defensa sin concesiones de sus privilegios. Por su parte, los disconformistas tradicionales, partidarios de una transformación de la estructura según las reglas que consideraban inconmovibles del mundo industrial, identificaron a la masa como un proletariado *lumpen*, sin conciencia de clase ni vocación de lucha, y dedujeron que, en última instancia, la masa era objetivamente un aliado potencial de la estructura vigente. Así, coincidiendo en eso con los conservadores clásicos, adoptaron también una actitud despectiva frente a la masa: fueron los progresistas, los reformistas y los revolucionarios cuyos esquemas ideológicos respondían a los principios del radicalismo o del marxismo, en los cuales vibraban las indestructibles reminiscencias del pensamiento ilustrado y del liberalismo filosófico.

Los segundos —los que aceptaron el nuevo hecho social— comenzaron a revisar tanto su estrategia como su interpretación de la sociedad y sus proyectos futuros. Atentos a los pequeños hechos para adivinar cuanto antes el sentido general del proceso que se desenvolvía ante sus ojos, aguzaron el análisis y la imaginación, ayudados por la experiencia de los fenómenos sociales europeos de posguerra. Pero muchos pusieron principalmente sus miras en lo que el fenómeno tenía de particular y de local, y lograron esbozar los principios de una ideología nueva para canalizar las tendencias eruptivas de la masa dentro de normas que aseguraran la conservación de lo fundamental de la estructura. Coincidiendo con los disconformistas, intuyeron que la masa era objetivamente un aliado potencial de la estructura y elaboraron, por una parte, una estrategia para mantenerla satisfactoriamente adherida a ésta, y por otra, una ideología inédita que significara una interpretación válida de las situaciones reales y que pudiera alcanzar el consenso de aquellos a quienes proponía un cambio: fue el populismo.

El cambio propuesto seguía las líneas del que se realizaba espontáneamente, mediante la lenta integración de grupos o individuos de la masa en la sociedad normalizada. Acaso el cambio propuesto sólo consistiera en facilitar y acelerar esa tendencia espontánea. Pero lo verdaderamente importante era que la nueva ideología exigía que el cambio se realizara dentro de las líneas fundamentales de desarrollo de la estructura según su propio sistema de fines. Para asegurar ese objetivo, el cambio debía ser manejado desde la estructura, por mano de quienes fueran sus notorios e insospechables defensores. Esos defensores componían el estado, concebido como una entidad abstracta de la que no se puntualizaba cuál era la filiación social. Así aparecía como tutor del proceso de cambio en el programa del Movimiento Nacionalista Revolucionario de Bolivia cuando proponía "construir la nación sobre un régimen de verdadera justicia social boliviana, sobre bases económica y políticamente condicionadas con sujeción al estado". Un régimen autoritario garantizaría el ejercicio de esa tutela, que el general colombiano Rojas Pinilla identificaba con la verdadera democracia. "Democracia —decía— es la mejor interpretación de la voluntad soberana del pueblo; democracia es oportunidad para que todos trabajen honrada y pacíficamente; democracia es el otorgamiento de garantías sin discriminación alguna; democracia es gobierno de las fuerzas armadas. ¿Quién puede dar oído a las voces que hablan de gobierno despótico y de poderes omnímodos? Vosotros diréis ahora si preferís la democracia de parlamentos vociferantes, prensa irresponsable, huelgas ilegales, elecciones prematuras y sangrientas y burocracia partidista, o preferís la democracia que los resentidos llaman dictadura, de tranquilidad y sosiego ciudadano, obras de aliento nacional, garantías para el trabajo, técnica y pulcritud administrativa y mucho campo para la verdadera libertad y las iniciativas del músculo y de la inteligencia".

Tales condiciones propuso la nueva ideología del populismo para que la estructura promoviera la aceleración del moderado cambio a que aspiraban aquellos que pretendían incorporarse a ella: eran los que componían la nueva masa urbana y que, en principio, sólo parecían querer ayuda para alcanzar el nivel de la subsistencia y la seguridad, cualesquiera fueran las condiciones que se le impusieran. Pero la nueva ideología buscaba más que una resignada aceptación de esas condiciones. Buscaba el consenso de aquellos a quienes proponía el cambio, y lo persiguió despertando en la masa los legítimos motivos de resentimiento que tenía frente a ciertos sectores de los que ya pertenecían a la estructura y estaban arraigados en ella. Fue una ideología combativa, y en sus principios estaba la pulcra identificación de los adversarios y enemigos. El programa del Movimiento Nacionalista Revolucionario boliviano de 1941 los enumeraba: "Denunciamos como antinacional toda posible relación entre los partidos políticos internacionales y las maniobras del judaísmo, entre el sistema democrático liberal y las organizaciones secretas y la invocación del socialismo como argumento tendiente a facilitar la intromisión de extranjeros en nuestra política interna o internacional, o en cualquier actividad en la que perjudiquen a los bolivianos". Judíos y masones, pero sobre todo liberales y socialistas, fueron reconocidos como hostiles a la nueva ideología que, efectivamente, se declaraba antiliberal y antisocialista. Se declaraba, en rigor, enemiga de los que se resistían a aceptar el nuevo hecho social, tanto conformistas como disconformistas.

La ideología del populismo fue implacable frente al marxismo, precisamente porque proponía otro modelo de cambio, fundado en el abandono de las líneas fundamentales del desarrollo de la estructura según su propio sistema de fines. Casi tan implacable, pero menos, fue con el liberalismo, combatido más de manera verbal que efectiva. Jorge González von Marées, fundador del Movimiento Nacional Socialista Chileno elogiaba el fascismo italiano, del que afirmaba que era un movimiento mundial. Y explicaba: "Significa el triunfo de la «gran política», o sea, de la política dirigida por los pocos hombres superiores de cada generación, sobre la mediocridad, que constituye la característica del liberalismo; significa también el predominio de la sangre y de la raza sobre el materialismo económico y el internacionalismo". Cauto y realista, el brasileño Getulio Vargas aludía a la necesidad de moderar el liberalismo sin condenarlo del todo. "El individualismo excesivo que caracterizó al siglo pasado —decía en 1932— necesitaba encontrar límite y correctivo en la preocupación predominante del interés social". Para los grupos que intuyeron y elaboraron la ideología del populismo, la presencia de la masa urbana constituyó una experiencia imborrable. Fue su fuerza potencial y presumiblemente incoercible lo que los instó a procurar su consenso, y tanto como identificar a sus enemigos pareció importante exaltar los valores tradicionales que conservaban los miembros de la masa urbana insertos en sus ideas y creencias. Los grupos migratorios, sobre todo, pero también los grupos populares arraigados que se mezclaron con ellos, conservaban casi incólume su patrimonio cultural y se necesitaba poco para suscitar su reavivamiento. Una apelación al fondo telúrico que sin duda yacía en su cultura, a calidades básicas de los grupos autóctonos y, sobre todo, a los contenidos vivientes del criollismo, pareció —y resultó— eficaz para volcar a favor de la nueva ideología el consentimiento de vastos grupos que, en la ciudad que les era ajena, oían exaltar lo que les era propio y habían sentido hasta poco antes menospreciado. "La cultura no es sino la expresión de lo telúrico", decía el filósofo boliviano Roberto Prudencio; y su compatriota Jaime Mendoza declaraba: "Cuando se habla del indio implícitamente se alude a la tierra". Dicho en las ciudades, para quienes añoraban sus lares y se sentían impotentes frente al monstruo que los atraía y los rechazaba a un tiempo, palabras como ésas sacudieron las conciencias y atrajeron la voluntad de muchos, que acaso lloraran al escucharlas. Un decidido paternalismo, sincero, espontáneo y sentimental en unos, calculado y artero en otros, fue acogido como el único camino eficaz para acelerar el proceso de incorporación de los marginales a la estructura. La figura de los protectores se agigantó a los ojos de los indefensos, y la esperanza en Dios y acaso en un ocasional y carismático caudillo que parecía encarnar su misericordia sedujo a quienes, inmersos ya irremediablemente en el mundo industrial, ignoraban los diabólicos secretos que se ocultaban en el revés de su trama. El populismo fue consentido. Una apelación de éxito indudable y legítimo fue la que se hizo al nacionalismo. Unos más que otros, todos los países latinoamericanos habían sufrido la ofensiva del capital internacional, y la figura del "gringo" constituía uno de los elementos de la mitología popular. El populismo se volvió contra ellos y exaltó el sentimiento de patria. Fue, a veces, una apelación retórica, pero en todo caso suscitó una doble respuesta: revivió el espontáneo y profundo sentimiento de adhesión de los nativos que amaban su tradición, y despertó en los recién llegados o en sus hijos el deseo de manifestar polémicamente que ellos también eran solidarios con ese patrimonio que constituía la nacionalidad. Una ola de fervorosa adhesión a la patria impregnó a la nueva masa urbana, seducida por la inesperada revelación de que los que antes los menospreciaban, los consideraban ahora como sus iguales en la fraternal unión de la nación que todos esperaban recuperar de manos de los conquistadores, de los explotadores apátridas, de los representantes del imperialismo y del capital multinacional. Fue un sentimiento creciente que condenó, bajo el estigma de "cipayos", a quienes medio siglo antes creyeron que la salvación de los países latinoamericanos —de la ignorancia, de la miseria— sólo podía lograrse aceptando el papel de núcleos periféricos en el mundo industrial. Se manifestó en cierta reivindicación de los principios del criollismo, de los caudillos que los habían adoptado y defendido en la época que siguió a la Independencia, y de sus tradiciones culturales: un intencionado retorno al folklore reveló cuánto había de polémico en ese culto del nacionalismo que pareció identificarse con formas políticas consustanciadas con el propósito de no perder el control de esa masa que, con su sola presencia, parecía amenazar a la estructura. Ya lo habían dicho los nacionalistas argentinos: "Los movimientos nacionalistas actuales se manifiestan en todos los países como una restauración de los principios políticos tradicionales, de la idea clásica del gobierno, en oposición a los errores del doctrinarismo democrático, cuyas consecuencias desastrosas denuncia. Frente a los mitos disolventes de los demagogos erige las verdades fundamentales que son la vida y la grandeza de las naciones: orden, autoridad y jerarquía".

Quizá algunos creyeron que para asegurar el triunfo de la nueva ideología era necesario abandonar todo el sistema de la tradicional democracia consagrada en casi todos los países latinoamericanos por sus constituciones al comenzar la crisis. Pero sólo en Brasil, con el *Estado Novo* impuesto por Getulio Vargas después del golpe de estado de 1937, llegó a intentarse una organización corporativa, por lo demás muy efímera. En rigor, la fuerza de la estructura capitalista y la influencia de los esquemas liberales y neoliberales que alimentaban el sistema mundial, impidieron que se fuera demasiado lejos en la busca de los mecanismos para instrumentar el populismo. Y la crisis de los países nazifascistas en 1945 desalentó nuevos experimentos. Quedó, pues, en pie lo que la nueva ideología no había negado nunca: la antigua ideología del ascenso social, que suponía, en el fondo, una concepción liberal de la sociedad apenas alcanzada por los dardos de los nuevos ideólogos, robustecida acaso por la decisión del populismo de fortalecer y modernizar el sistema capitalista. "No hay en esa actitud —decía el brasileño Getulio Vargas refiriéndose a la suya— ningún indicio de hostilidad al capital, que, al contrario, necesita ser atraído, amparado y garantizado por el poder público. Pero la mejor manera de garantizarlo está, justamente, en transformar el proletariado en una fuerza orgánica de cooperación con el estado y no dejarlo que, por el abandono de la ley, se entregue a la acción disolvente de elementos perturbadores, privados de sentimiento de patria y de familia". Era un pensamiento inequívoco, expresado en términos semejantes por el argentino Juan Perón cuando afirmaba que "nosotros defendemos la posición del trabajador y creemos que sólo aumentando enormemente su bienestar e incrementando su participación en el estado y la intervención de éste en las relaciones del trabajo, será posible que subsista lo que el sistema capitalista de libre iniciativa tiene de bueno y de aprovechable frente a los sistemas colectivistas".

Algo sacudió, sin embargo, la ideología del ascenso social. Si el populismo invitaba a cada uno de los miembros de la masa a esforzarse por ascender, su número, la competencia entablada y la rigidez del sistema tornaban impracticable para muchos la invitación. Entretanto, las necesidades de la masa urbana eran cada vez más urgentes y mayores, hasta adquirir los caracteres de una amenaza, no sólo porque provocaron reacciones multitudinarias y agresivas sino porque podían estimular deslizamientos hacia tendencias y doctrinas revolucionarias. Atento a esa amenaza, y para neutralizarla, el populismo proclamó el principio de que la sociedad estaba obligada a subvenir a las necesidades primarias de quienes carecían de recursos y de protegerlos contra la explotación de que los hacía víctimas el sistema. En esos términos quedaba expresada la ideología de la justicia social, tal como debía ser puesta en práctica por un estado paternalista y benefactor: su objetivo debía ser el bienestar social. Pero una vez enunciada, la ideología del ascenso social quedaba cuestionada. ¿Hasta dónde llegaba la obligación de la sociedad que aspiraba a la justicia social? ¿No debería llegar, acaso, a ofrecer todo aquello por lo que se afanaba el que luchaba por su ascenso social? La cuestión quedó planteada casi como un juego pendular entre dos ideologías, la liberal y la populista. No una oposición excluyente, como ocurría entre la ideología liberal y la marxista, sino, simplemente, como un equilibrio inestable entre dos concepciones mal delimitadas que parecían ser compatibles: la justicia social acudía en apoyo de los que no lograban el ascenso social; o, quizá, perfeccionaba la condición de los que empezaban a ascender. El problema consistía en que cada vez podía exigirse más de la justicia social del populismo, en tanto que la plena vigencia del sistema capitalista y de la sociedad de consumo invitaba a cada uno a la aventura del ascenso social. Para muchos, la justicia social del populismo fue un trampolín para lograrlo, en tanto que para otros fue un trampolín para tratar de profundizarla más allá de los límites tolerados por el populismo. ¿Cuáles eran esos límites? La respuesta del populismo era inequívoca: aquellos que separaban su teoría de la justicia social de la que sustentaba el marxismo, fundada en el principio radical de la socialización de los medios de producción. Los sostenedores de la ideología del populismo sabían que marchaban sobre el filo de una navaja y vigilaban cuidadosamente los deslizamientos peligrosos. Era imprescindible para ellos que la ideología de la justicia social no pusiera en peligro a la ideología del ascenso social, consustanciada con la sociedad liberal y el sistema capitalista.

Proclamada desde la estructura —cuyo símbolo podía ser un balcón del palacio presidencial—, sostenida por lúcidos sectores de la economía, de la iglesia y de las fuerzas armadas, esta ideología en la que se combinaban transaccionalmente la del ascenso social y la de la justicia social fue acogida con vehemente entusiasmo por la masa anómica. Multitudes enardecidas exteriorizaron su apoyo en las plazas públicas de muchas ciudades, y en casi todas hubo vastos grupos que se sorprendieron viéndose acariciar una esperanza. Era, en verdad, por lo que suspiraba el marginal, migrante o arraigado, que arañaba el nivel de la subsistencia: una ayuda inmediata para subvenir a sus necesidades, una oportunidad para incorporarse a la estructura y un apoyo para ascender dentro de ella. Así, la sociedad anómica empezó a elaborar oscuramente su propia ideología, caracterizada por una ambivalencia imperceptible todavía, puesto que se fundaba simultáneamente en una concepción individualista y competitiva de la sociedad —liberal en última instancia— y en una concepción gregaria o colectivista que buscaba antes la justicia que el éxito y que hundía sus raíces en el romanticismo social. Eran dos concepciones intrínsecamente incompatibles. Pero la incompatibilidad era de principios y, en consecuencia, conceptual, profunda y difícilmente perceptible sin un atento examen. No fue, pues, descubierta de inmediato. La ideología de la justicia social fue entrevista, simplemente, como una nueva forma de la caridad y la beneficencia, sobre todo allí donde fue utilizada para respaldar una política demagógica y era obligatorio dar las gracias al benefactor. En nombre de la justicia social recibió la masa lo que se le quiso otorgar —mejores salarios, beneficios sociales, quizá una vivienda para algunos—, pero cada uno de sus miembros siguió pensando que su verdadero objetivo era su integración en la estructura y su ascenso personal dentro de ella.

Ese sentimiento era el que determinaba los movimientos de cada uno, aunque ocasionalmente se sumara a ciertas formas masificadas de comportamiento para expresar sus reacciones y sus deseos, quizá porque se lo permitía el ambiente multitudinario que se constituía en algunas ciudades. Oscuramente quizá, cada uno de los miembros de la masa aspiraba a dejar de serlo, y sus aspiraciones no se detenían en los niveles de la clase popular sino que tocaban los de las pequeñas burguesías. Sin duda amaba y admiraba la estructura, y más aún si oía que desde ella se lo llamaba a participar más intensamente en sus responsabilidades y en sus bienes, si escuchaba desde ella la defensa de sus propias ideas y creencias antes subestimadas, si descubría que no era despreciable por ser mestizo o, simplemente, por ser pobre. Ese amor y esa admiración se manifestaron en la exaltación de una patria que antes consideró injusta porque lo rechazaba 'y ahora consideraba justa porque lo contaba manifiestamente entre sus hijos. ¿Cómo no amar y admirar una estructura cuyos enardecidos defensores declaraban que ellos, antes condenados por incapaces para incorporarse al proceso de modernización, eran en realidad sus verdaderos sostenedores y los imprescindibles artífices de su grandeza? Así lo declaraba, por ejemplo, el programa del Movimiento Nacionalista Revolucionario de Bolivia: "Afirmamos nuestra fe en el poder de la raza indomestiza; en la solidaridad de los bolivianos para defender el interés colectivo y el bien común antes que el individual, en el renacimiento de las tradiciones autóctonas para moldear la cultura boliviana". Un vigoroso sentimiento nacionalista impregnó la nueva ideología de las masas anómicas, para quienes su devoción patriótica significaba la esperanza de alcanzar una patria justa y, sobre todo, el reconocimiento de que no se sentían marginales sino integrados en la estructura. En ella podría ahora cada uno intentar su personal aventura de ascenso social como los que pertenecían a ella de antiguo.

Pero la adhesión de la masa anómica a la estructura no era pasiva ni estable, acaso como resultado de la intensa politización que fue ganando las ciudades. Dependía de que siguiera funcionando como lo proponía el populismo, de que se profundizara y acentuara esa línea; y creció la conciencia de que se oponían a ello otros sectores ideológicos que, de predominar, devolverían a la estructura su orientación anterior. Era, pues, una adhesión condicionada, y sus términos fueron cambiando no solamente al compás de las situaciones de hecho —críticas, cada cierto tiempo— sino también al de cierto esclarecimiento doctrinario logrado en la comunicación con otros grupos urbanos de distinta tendencia política, especialmente en las ciudades que se industrializaban. La ambivalencia ideológica del comienzo comenzó a desplegarse poco a poco, y con el tiempo creció el número de los que descubrieron la contradicción: no eran concurrentes ni compatibles la vieja ideología del ascenso social y la nueva de la justicia social.

Confusamente combinadas en el populismo, las dos ideologías se fueron identificando y entraron en conflicto, porque, llevadas hasta sus últimas consecuencias, una conducía al fortalecimiento de la estructura y otra la debilitaba más de lo que podían tolerar quienes la habían propuesto, al fin, por razones de estrategia. Más allá de cierto punto, ese debilitamiento comportaba el riesgo de su destrucción revolucionaria, y los defensores de la estructura empezaron a pensar si no habrían ido demasiado lejos. Pero en la masa anómica algunos empezaron a pensar, por el contrario, que era necesario llegar hasta las últimas consecuencias que comportaba la ideología de la justicia social, sobrepasando los límites previstos por el populismo.

El enfrentamiento sería inevitable, tarde o temprano. Los que optaron por llevar hasta sus últimas consecuencias la ideología de la justicia social comenzaron a deslizarse desde las filas de la masa anómica hasta los sectores disconformistas de la sociedad normalizada. Se vio en Brasil después de 1961, en Bolivia después de 1964. Y en esta fluctuación de los grupos sociales y de las posiciones ideológicas se exteriorizaba la magnitud y profundidad del impacto de la masificación urbana.

ÍNDICE DE AUTORES CITADOS

Esta lista contiene los datos imprescindibles para ayudar al lector a situar a los autores: país de origen, fechas de nacimiento y muerte, fecha de la primera edición de la obra o indicación, entre parentesis, de la fecha de redacción en el caso de que la obra hubiera sido publicada más tarde.

Alberdi, Juan Bautista (Argentina, 1810-1884), *Fragmento preliminar al estudio del derecho*, 1837.
Altamirano, Ignacio (México, 1834-1893), *El zarco*, 1866.
Álvarez, Mariano Alejo (Bolivia, principios del s. xix), *Discurso sobre las preferencias que deben tener los americanos en los empleos*.
Amado, Jorge (Brasil, 1912-   ), *Gabriela, cravo e canela*, 1958.
Andrews, Joseph (Inglaterra, s. xix), *Journey from Buenos Aires through the provinces of Cordoba, Tucuman and Salta to Potosi and Arica during the years of 1825 and 1826*, 1827.
Anchieta, Padre José de (España, 1530-1597), *Cartas avulsas*, 1550-68.
Anglería, Pedro Martir de (España, 1459-1526), *Décadas del Nuevo Mundo*, 1530.
Antonil, Padre André Joao (Andreoni, Joao Antonio) (Brasil, s. xviii), *Cultura e Opulencia do Brasil*.
Arguedas, Alcides (Bolivia, 1879-1946), *Pueblo enfermo*, 1909.
Arguedas, José María (Perú, 1913-1969), *Yawar Fiesta*, 1936.
Arzans de Ursúa y Vela, Bartolomé (Perú, 1676-1730), *Historia de la Villa Imperial de Potosí* (c. 1720).
Ayanque, Simon de (Esteban de Terralla y Landa) (España-Perú), *Lima por dentro y por fuera*, 1792.
Azevedo, Aluizio de (Brasil, 1857-1913), *O Cortiço*, 1890.
Azuela, Mariano (México, 1873-1952), *Los de abajo*, 1916.
Bachelier (Francia, s. xviii), *Voyage de Marseille à Lima*.
Balbuena, Bernardo de (España-México, 1561-1627), *Grandeza mexicana*, 1604.
Belaúnde, Víctor Andrés (Perú, 1883-1966), *Arequipa de mi infancia*.
Bello, Andrés (Venezuela, 1781-1865), "Resumen de Historia de Venezuela", en *Calendario manual y guia de forasteros en Venezuela*, 1808.
Benavente, Fray Toribio de (Motilinía) (España-México, ¿-1569), *Historia de los indios de Nueva España*.
Bergaño y Villegas, Simón (Guatemala, 1781-1828), *Silva de Economía Política*.
Bilac, Olavo (Brasil, 1865-1918), *Ironía e Piedade*, 1908.
Blest Gana, Alberto (Chile, 1830-1920), *Martín Rivas*, 1862; *El ideal de un calavera*, 1863.

Bunge, Carlos Octavio (Argentina, 1874-1918), *Nuestra América*, 1903.
Bustamante y Rivero, José Luis (Perú; Presidente entre 1945-48), *Mensaje al Perú*, 1960.
Calderón de la Barca, Fanny (Escocia, 1806-1882), *Life in México during a residence of three years in that country*, 1843.
Calzadilla, Santiago (Argentina, 1806-1896), *Las beldades de mi tiempo*, 1891.
Campo, Estanislao del (Argentina, 1834-1880), *Fausto*, 1866.
Cancela, Arturo (Argentina, 1892-1957), *Una semana de holgorio*, 1922.
Capelo, Joaquín (1852-1928), *Sociología de Lima*, 1900.
Capri, Roberto (Brasil), *O Estado de São Paulo e seus Municipios*, 1913.
Cardim, padre Fernão (Portugal, 1540-1625), *Narrativa epistolar de uma viagem e missão jesuítica pela bahia, Ilheos...* (1583-90).
Castillo Andraca y Tamayo, Fray Francisco (Perú, 1716-1770), *Coplas del ciego de la Merced*.
Castro, José Agustín de (México, 1730-1814), *El charro*.
Cervantes de Salazar, Francisco (España, 1514-1575), *Diálogos*, 1554.
Cieza de León, Pedro (España, 1508-1560), *Parte primera de la Crónica del Perú*, 1553.
Cisneros, Luis Benjamín (Perú, 1837-1904), *Julia*, 1860.
Cobo, Fray Bernabé (España, 1582-1657), *Historia de la Fundación de Lima* (c. 1636).
Codazzi, Agustín (Italia-Venezuela, 1793-1859), *Resumen de la Geografía de Venezuela*, 1841.
Concolorcorvo (Alonso Carrió de la Vandera) (Perú, c. 1715-d. 1778), *Lazarillo de ciegos caminantes*, 1775.
Cordovez Moure, José María (Colombia, 1835-1918), *Reminiscencias de Santa Fe y Bogotá*, 1893.
Cortés, Hernán (España, 1485-1547), *Cartas de relación*, 1522.
Cotteau, Edmond (Francia), *Promenade dans les deux Amériques*, 1876-77, 1880.
Cuéllar, José Tomás de (México, 1830-1894), *Historia de Chucho el Ninfo*, 1889; *Ensalada de pollo*, 1892.
Cunha, Euclides da (Brasil, 1886-1909), *Os Sertoes*, 1902.
Da Costa, Claudio Manuel (Brasil, 1729-1789), *Cartas chilenas*; *Villa Rica*.
Darwin, Charles (Inglaterra, 1809-1882), *Journal of researches into the Natural History and the Geology of the countries visited during the voyage of H.M.S. Beagle round the world, under the command of Captain Fitz Roy*, 1839.
Delgado, Rafael (México, 1853-1914), *Los parientes ricos*, 1903; *Historia vulgar*, 1904.
D'Espagnat, Pierre (Francia), *Souvenirs de la Nouvelle Grenade*, 1901.
Diálogo entre Atahualpa y Fernando VII, 1809.
Díaz Covarrubias, Juan (México, 1837-1859), *La clase media*.
Díaz de Guzmán, Ruy (Paraguay, 1554?-1620), *La Argentina manuscrita*, 1612.
Durão, Fray José de Santa Rita (Brasil, 1722-1784), *Caramurú*, 1781.
Edwards Bello, Joaquín (Chile, 1886-1968), *El roto*, 1920.
Estévez, Luis (Perú), *Apuntes para la historia económica del Perú*, 1882.
Feijóo, Fray Benito Jerónimo (España, 1676-1764), *Españoles americanos*,

ÍNDICE DE AUTORES CITADOS

Fernández de Lizardi, José Joaquín (México, 1776-1827), *Periquillo Sarniento*, 1816; *Vida y hechos del famoso caballero don Catrín de la Fachenda*, 1832.
Frézier, Amédie François (Francia, 1682-1773), *Voyage de la mer du Sud*, 1716.
Gage, fray Thomas (Inglaterra ?-1655), *England American. My travels in sea and land or a new survey of the West Indies*, 1648.
Gálvez, Manuel (Argentina, 1882-1962), *La maestra normal*, 1914; *El mal metafísico*, 1916; *La sombra del convento*, 1917.
Gama, José Basilio da (Brasil, 1740-1795), *Uraguay*, 1769.
Gamboa, Federico (México, 1864-1939), *Santa*, 1903.
García Márquez, Gabriel (Colombia, 1928), *Cien años de soledad*, 1967.
Gómez Restrepo, Antonio (Colombia), *Bogotá*, 1938.
González, Juan Vicente (Venezuela, 1811-1866), "Caracas", en: *Diario de la tarde*, 1846.
González de Nájera, Alonso (España), *Desengaño y reparo de la guerra del reino de Chile*, 1614.
González von Marées, Jorge (Chile), cf. Jobet, Julio César, *Ensayo crítico del desarrollo económico de Chile*, 1955.
Guzmán, Antonio Leocadio (Venezuela, 1801-1884), "El pueblo soberano", en *El Venezolano*, 1845.
Guzmán, Martín Luis (México, 1887), *La sombra del caudillo*, 1929.
Guzmán, Nicomedes (Chile, 1914-1964), *Los hombres oscuros*, 1939; *La sangre y la esperanza*, 1943.
Hernández, José (Argentina, 1834-1886), *Martín Fierro*, 1872-79.
Herrera, Luis Alberto de (Uruguay, 1873-1959), *Por la patria*, 1953.
Hidalgo, Bartolomé (Uruguay, 1788-1823), *Diálogos patrióticos*, 1820-22.
Hudson, Guillermo Enrique (Argentina-Inglaterra, 1841-1922), *Far away and long ago*, 1918.
Humboldt, Alejandro de (Alemania, 1769-1859), *Viaje a las regiones equinocciales del nuevo continente*, 1799; *Ensayo político sobre la isla de Cuba*, 1826.
Hutchinson, Thomas (Inglaterra, 1802-1883), *Buenos Ayres and other argentine provinces*, 1862.
Isaacs, Jorge (Colombia, 1837-1896), *María*, 1867.
Jotabeche, José Joaquín Vallejo (Chile, 1811-1858), *El provinciano en Santiago*, 1846.
Jovellanos, Gaspar Melchor de (España, 1744-1811), *Informe sobre el libre ejercicio de las artes*.
Judío portugués (Crónica anónima del s. xvii), *Descripción del Perú*, ed. Levín, 1958.
Laferrere, Gregorio de (Argentina, 1867-1913), *Locos de verano*, 1905.
Las Casas, Fray Bartolomé de (España, 1474-1566), *Apologética Historia Sumaria*, 1559.
Lastarria, José Victorino (Chile, 1817-1888), *Situación moral de Santiago en 1868*, 1868.
Lavardén, Manuel José de (Argentina, 1754-1809), *Nuevo aspecto del comercio del Río de la Plata* (c. 1801).
Lewis, Oscar (Estados Unidos, 1914), *Antropología de la pobreza*, 1959; *Los hijos de Sánchez*, 1965.
Lisboa, João Francisco (Brasil. 1812-1863), *Diario de Timón*.
Lynch, Benito (Argentina, 1880-1951), *Las mal calladas*, 1923.

López, Lucio V. (Argentina, 1848-1894), *La Gran Aldea,* 1884.
López de Velazco, Juan (España), *Geografía y descripción universal de las Indias,* 1574.
Lozano, Padre Pedro, S.J. (España-Paraguay, 1697-1752), *Historia de la Conquista del Paraguay, Río de la Plata y Tucumán* (c. 1750).
Mac Iver, Enrique (Chile) *(debate parlamentario,* 1880). Cf. Jobet, Julio César, *op. cit.*
Machado de Assis, Joaquín María (Brasil, 1839-1908), *Don Casmurro,* 1900.
Marino de Lovera, Pedro (España, 1536-1595), *Crónica del Reino de Chile.*
Marmier, Xavier (Francia, 1809-1892), *Lettres sur l'Amérique,* 1852.
Mármol José (Argentina, 1817-1881), *Amalia,* 1851-55.
Martel, Julián (José Miró), (Argentina, 1867-1896), *La Bolsa,* 1891.
Mattos, Gregorio de (Brasil, 1633-1696), Obra manuscrita en la Biblioteca Varnhagen, Río de Janeiro.
Mauá, Visconde de (Ireneo Evangelista de Souza), (Brasil, 1813-1889), *Exposição aos credores de Mauá and Co.,* 1878.
Mendoza, Daniel (Venezuela, 1823-1867), *El llanero en la capital,* 1850.
Middendorf, Ernst Wilhelm (Alemania, 1830-1908), *El Perú* (c. 1876).
Montesinos, Fray Anton de (España), Sermones, 1510, cf. Las Casas, *Historia de las Indias,* L. III, C. IV.
Moreno, Mariano (Argentina, 1778-1811), *Disertación jurídica,* 1802; *Representación de los Hacendados,* 1809.
Nariño, Antonio (Colombia, 1765-1823), *Ensayo sobre un nuevo plan de administración en el Nuevo Reino de Granada* (c. 1797).
Nieves y Bustamante, María (Perú, 1871-1947), *Jorge, el hijo del puebio,* 1892.
Ocantos, Carlos María (Argentina, 1860-1949), *Quilito,* 1892.
Osorio Lizarazo, José A. (Colombia, 1900-1964), *Gaitán,* 1950.
Otero, Mariano (México, s. xix), *Ensayo sobre el verdadero estado de la cuestión social,* 1842.
Otero Silva, Miguel (Venezuela, 1908), *Fiebre,* 1939.
Oviedo y Baños, José (Colombia-Venezuela, 1671-1738), *Historia de la conquista y población de la provincia de Venezuela,* 1723.
Pardo y Aliaga, Felipe (Perú, 1806-1868), *Poesías y escritos en prosa,* 1869.
Pareja Díez-Canseco, Alfredo (Ecuador, 1908), *Los nuevos años,* 1951.
Parish, Woodbine (Inglaterra, 1796-1882), *Buenos Ayres and the provinces of the Rio de la Plata,* 1852.
Paúl, Francisco Antonio (Coto Paúl), (Venezuela, s. xix), Discurso al Congreso de 1811, en *El Publicista Venezolano,* 1811.
Payno, Manuel (México, 1810-1894), *Los bandidos de Río Frío,* 1891.
Pérez Rosales, Vicente (Chile, 1807-1886), *Recuerdos del pasado,* 1886.
Perón, Juan (Argentina, Presidente entre 1946-55 y 1973-74), *Discurso,* 1946, en hoja suelta.
Picón Salas, Mariano (Venezuela, 1901-1965),
Pocaterra, José Rafael (Venezuela, 1888-1955), *El doctor Bebé,* 1917; *Tierra del sol amada,* 1918; *La casa de los Abila,* 1946.
Proclama de la ciudad de La Plata a los valerosos habitantes de La Paz, 1809.
Programa del Movimiento Nacionalista Revolucionario (Bolivia, 1941).

Radiguet, Max (Francia), cf. *Viajeros en Chile,* 1955, y en Porras Barrenechea, *Antología de Lima,* 1972.
Reyes, Jorge (Ecuador, 1900), *Quito, arrabal del cielo,* 1930.
Robertson, John y William Parish (Inglaterra), *Letters on Paraguay,* 1838; *Letters on South America,* 1843.
Rodríguez Freyle, Juan (Colombia, 1566-1640), *El Carnero,* 1859.
Rojas Pinilla, Gustavo (Colombia, Presidente entre 1953-58), *Discurso,* en *La Prensa,* Buenos Aires, 1956.
Rosas de Oquendo, Mateo (España, 1559?-1621), *Sátira a las cosas que pasan en el Perú, año de 1598.*
Rosti, Pal (Hungría, 1830-1874), *Memorias de un viaje por América,* 1861.
Rulfo, Juan (México, 1918), *Pedro Páramo,* 1955.
Salazar Bondy, Sebastián (Perú, 1924-1965), *Lima, la horrible,* 1964.
Salvador, Fray Vicente do (Brasil, 1564-1639), *Historia do Brasil,* 1627.
Samper, Miguel (Colombia, 1825-1899), *La miseria en Bogotá,* 1867.
Santa Cruz y Espejo, Francisco Eugenio de (Ecuador, 1747-1795), *Nuevo Luciano o Despertador de Ingenios,* 1779.
Sarmiento, Domingo Faustino (Argentina, 1811-1888), *Civilización y Barbarie: vida de Juan Facundo Quiroga,* 1845; *Recuerdos de Provincia,* 1850.
Sartigues, Eugène de, cf. *Dos viajeros franceses en el Perú republicano,* 1947.
Scully, William (Inglaterra, s. xix), *Brazil, its provinces and chief cities,* 1866.
Sierra, Justo (México, 1848-1912), *Evolución política del pueblo mexicano,* 1900.
Silva, José Asunción (Colombia, 1865-1896), *De sobremesa,* 1896.
Sisson, H. D. (Francia), *La République Argentine. Description, étude sociale et Histoire,* 1910.
Teixeira Pinto, Benito (Brasil, 1545-c. 1619), *Prosopopéia dirigida a Jorge D'Albuquerque Coelho, capitao e governador de Pernambuco, Nova Lusitania* (c. 1601).
Torres, Camilo (Colombia, 1766-1816), *Memorial de agravios,* 1809.
Torres, José Antonio (Chile, 1824-1864), *Los misterios de Santiago,* 1858.
Tristán, Flora (Francia, 1803-1844), *Pérégrinations d'une paria,* 1838.
Turner, Clorinda Matto de (Perú, 1854-1909), *Aves sin nido,* 1889.
Ulloa, Antonio de (España, 1716-1795) y Juan, Jorge (España, 1713-1773), *Noticias americanas,* 1772.
Un Inglés, *A five years residence in Buenos Aires during the years 1820 to 1825,* 1825.
Valdivia, Pedro de (España-Chile, 1500-1553), *Cartas al emperador Carlos V,* 1545.
Vallenilla Lanz, Laureano (Venezuela, 1870-1936), *Cesarismo democrático,* 1919.
Vargas, Getulio (Brasil, Presidente entre 1930-45 y 1951-54), *A nova política do Brasil,* 1932.
Vázquez de Espinosa, Antonio (España, c. 1570-1630), *Compendio y descripción de las Indias Occidentales* (1630).
Vergara y Vergara, José María (Colombia, 1831-1872), *Las tres tazas,* 1866.
Vetancourt, Fray Agustín de (México, 1620-1700?), *Teatro mexicano,* 1698.
Vianna, Oliveira (Brasil, s. xx), *Evoluçao do povo brasileiro,* 1933.
Vicuña Mackenna, Benjamín (Chile, 1831-1886), *Historia crítica y social de la ciudad de Santiago, desde su fundación hasta nuestros días, 1541-1868,*

1869; *Historia de Valparaíso; Crónica política, comercial y pintoresca de su ciudad y de su puerto, desde su descubrimiento hasta nuestros días, 1536-1868*, 1869.

Villava, Victorián de (España-Perú, ?-1802), *Discurso sobre la mita de Potosí*, 1793.

Zalvar, Auguste Emile (Francia), *Peregrinación por la provincia de San Pablo* (c. 1861).

Zea, Francisco Antonio (Colombia, 1766-1822), *Discurso sobre el mérito y utilidad de la botánica*.